汪晖 主编

创造
不同的未来

清华大学
政经哲课程
讲演集

（第一辑）

清华大学出版社
北京

内 容 简 介

本书根据 2017 年清华大学新雅书院和清华大学人文与社会高等科学研究所联合举办的政经哲系列讲座整理而成。政经哲研讨课（PPE）是清华大学新雅书院为政经哲专业学生量身定做的系列课程，邀请国内外人文社会科学的顶尖教授进行授课，由汪晖教授担任主持人，以扩展学生知识视野，达到通识教育的目的。

本书定位于综合性人文社会科学读物，一方面向大众传播和普及最新的学术研究成果，另一方面展示清华大学文科建设的卓越成就、雄厚的科研实力和优质的教育水平，体现清华大学重视文科的发展定位。

图书在版编目（CIP）数据

创造不同的未来：清华大学政经哲课程讲演集．第一辑 / 汪晖主编．— 北京：清华大学出版社，2024.2

ISBN 978-7-302-65271-7

Ⅰ．①创… Ⅱ．①汪… Ⅲ．①政治经济学—文集 Ⅳ．① F0-53

中国国家版本馆 CIP 数据核字（2024）第 043023 号

责任编辑：梁 斐
封面设计：傅瑞学
责任校对：刘玉霞
责任印制：杨 艳

出版发行：清华大学出版社
网　　址：https://www.tup.com.cn, https://www.wqxuetang.com
地　　址：北京清华大学学研大厦A座　　　　邮　　编：100084
社 总 机：010-83470000　　　　　　　　　邮　　购：010-62786544
投稿与读者服务：010-62776969, c-service@tup.tsinghua.edu.cn
质量反馈：010-62772015, zhiliang@tup.tsinghua.edu.cn
印 装 者：三河市东方印刷有限公司
经　　销：全国新华书店
开　　本：165mm×235mm　　　印　　张：25.25　　　字　　数：347千字
版　　次：2024年3月第1版　　　印　　次：2024年3月第1次印刷
定　　价：98.00元

产品编号：083223-01

序　言

　　《创造不同的未来》汇集了清华大学新雅书院首次开设的"政经哲课程"（PPE）的十二次演讲稿。课程由新雅书院与清华大学人文与社会科学高等研究所联合举办。2017年，应新雅书院和院长甘阳教授之邀，我担任这门课程的讲席教授，并负责第一期课程（2017年秋季至2018年春季）的策划和安排。新雅书院是清华大学通识教育实验的大本营，此前开设的通识课程享誉校园内外，但"政经哲课程"是新设选修课程，如何展开，我们都没有经验。在与甘阳教授、赵晓力教授（新雅书院副院长）进行初步商讨之后，我确定首届"政经哲课程"以系列讲座的形式进行。

　　所谓"政经哲课程"，顾名思义，即不限人文与社会科学各专业领域，以营造综合视野，拓展学生的知识面与思想能力为目标；但作为一门课程，在突破学科边界的同时，也需要考虑演讲主题的相关性或互动性，在多重知识视野中聚焦当代中国与世界面临的重大问题，在广度中谋求深度，在错综复杂的图谱中突出关联性或节点。基于这一考虑，我邀请了国内外十四位顶尖学者，从政治、经济、历史和国际关系等不同方面，审视当代世界面临的尖锐挑战。

　　对于中国而言，多民族统一国家的政治结构、历史脉络、政治经济状况及其面临的挑战，无疑是全球化和区域化时代最为重大和严峻的挑战之一。如何理解这一挑战，寻找克服危机的途径，对于重新理解中国历史、探寻中国未来极为重要，而重新理解中国又离不开世界视野。同样，重新理解中国的努力也势必对重新认识世界及其挑战提供新线索。郝时远、马戎、宝力格、沈卫荣、张志强五位教授从不同的方向和领域凸显了多民族统一国家的历史形成、知识系统和面临的多方面挑战，直接触及中国及其文化的力量和困境。康明斯（Bruce Cumings）、彼得·邦（Peter Bang）教授分别探究了 20 世纪和 21 世纪的新帝国与古代罗马帝国的历史格局及其演变；与上述两种帝国视野不同，张宁、孙歌教授在区域范畴下分析了欧洲和亚洲的演变脉络、认同政治、文化与政经结构及其在全球化条件下的危机和可能性。这四个讲座与关于中国多民族共同体的五个讲座涉及的对象完全不同，但在理论和历史脉络中又紧密相关。温铁军、余永定、崔之元、昂格尔（Robert Unger）教授立足当代危机，分别从历史和未来的维度，探索全球化时代的中国道路和全球未来。戴锦华教授是大众文化研究领域的专家，她通过对电影文本的分析，探究数码时代的性别与父权。这些学者的讨论并未聚焦于民族、区域和国家形态，而是从经济、社会政策和文化再现方面，探索危机的深度和可能的道路；事实上，离开这些探索，也不可能展现民族、区域和国家形态在全球化和区域化进程中的来龙去脉。

　　所有这些讲座都是学者们长期研究的结晶，有着各自不同的学术脉络和完全独立的意义，但将这些讲座放置在一起，形成对话和互文关系，有可能产生不同于单一脉络的新解读，在学者之间和听众之中触发新思考。由于讲授者都是各领域的顶尖学者，尽管讲座以问题为中心，但不可避免地涉及各领域的丰富学术脉络，参与这门课程的同学既对讲座充满兴趣，又不能完全理解讲座的内容，是可以预料的状况。因此，课前的阅读和课后的讨论是消化、吸收讲座内容的必要途径。随着讲座的渐次展开，同学们的学习状态从初期的不适应、抓不住重心，到通过理解每次讲座的主旨，逐渐在各讲座间建立相互关联、对话甚至辩难的关系，形成较为深入的理解，讨论渐入佳境。在学期结束前的最后一次讨论课上，参与"政经哲课程"的所有同学各自选择与课程讲座有关的主题作课程报告，报告的深度和同学们之间的互动讨论显示课程达到了预期的目标。

　　本次课程由孔元博士和汪沛博士担任助教，他们在安排讲座、组织讨论和整理讲座记录的过程中做了大量工作。本书的编辑整理工作是在他们博士后出站、离开清华之后完成的，感谢他们在繁忙的工作中抽出时间为本书的出版所做的努力。本杰明整理了彼得·邦和昂格尔教授英文讲座稿，史庆、黄梓朋将讲座稿翻译成中文，清华大学新雅书院政经哲专业学生杨茂艺、马峻、李圣乔、彭中尧、李骁原、王静姝、尉煜桐、朱晓堃、胡卓炯、刘雨桐、孔祥瑞整理了中文录音稿，清华大学人文与社会科学高等研究所博士后袁先欣、李培艳、傅正、杨涛对录音稿进行修订，在此一并致谢。

汪晖

2020 年 3 月 10 日

目　录

世界历史中的帝国：
超越后殖民[*]

彼得·邦

哥本哈根大学古典学系教授

---

[*]　讲座时间：2017 年 9 月 27 日。翻译：史庆。

我们可以将帝国放在比较研究的历史框架中，从而在超越欧洲中心主义的视野中审视这个宏大的主题。我们可以用比较研究法来为罗马帝国找到更宽泛的语境空间。本文将首先考察莫卧儿帝国，进而走向更广阔的领域，考察包括古代中国在内的欧亚帝国。其次，汪晖教授认为，对中国来说，唯一合理的且可以用来比较的是古罗马或者欧洲的民族国家，而这也正是本文要论述的一部分内容。最后，本文还谈及更宽广的帝国历史，包括罗马帝国、中国的明朝和清朝，以及欧洲殖民经历。本文的观点是如果我们从更宽广的角度来看待帝国，或者说将我们对殖民主义的看法语境化，那么帝国会如何改变？这些更古老的帝国形式，会呈现什么样的更宽广的语境？

一

海登·怀特（Hayden White）所言是正确的，他说历史只与修辞有关，所以，我们必须从事情的中间开始追溯，而我们要说的这件事的中间就是美国的占领。这一占领在某种程度上几乎不牵涉战争。当然这并不是真正的全面战争，因为几乎没有超级战争在进行，但后来发生了叛乱。

2004 年 8 月，纳贾夫的一支民兵队伍在反抗美国。这支队伍是什叶派教士萨德尔（Al-Sadr）的民兵组织。他们是叛变的反建制组织，更确切地说，他们是站在什叶派教士组织一边的人建立的，这个民兵组织后来被称为迈赫迪军（Mahdi）。他们成功地占领了纳贾夫的伊玛目阿里清真寺（Imam Ali Mosque）。

伊玛目阿里清真寺很值得一提，那是什叶派伊斯兰教最神圣的地方之一。美国人在一年前入侵并推翻了萨达姆政权，该政权由逊尼派穆斯林主导。在推翻了逊尼派政权后，该国的什叶派多数派现在有了机会尝试重申自己的主张，而那些活跃的组织中的一个就是萨德尔的组织。

然而，萨德尔来自体制之外。当时的主要政府机构由大阿亚图拉（Grand Ayatollah）阿里·西斯塔尼（Ali al-Sistani）等人把持——他现在仍活跃在伊拉克政坛。美国占领伊拉克之后，作为赢家，他突然在伊拉克获得了更大的声望和影响力，因此他有兴趣与美国人合作。虽然这种合作未必紧密，但他可以获得点什么。

但就在此时，他实际上已经到了伦敦，并声称在那里接受心脏病治疗。他在什叶派内部有一些竞争对手，其中之一就是萨德尔。萨德尔来自一个与其敌对的牧师家庭，他俩的父亲都被萨达姆杀害了，所以，萨德尔不在体制内。

西斯塔尼当时控制着伊玛目阿里清真寺。萨德尔指挥着他创建的军队迈赫迪军。迈赫迪是什叶派伊斯兰教中救世主的名字。萨德尔常说："在某个阶段，会有救世主降临拯救世界和人类（尤其是在什叶派伊斯兰教中）。"所以他的军队就号称是救世军，他们占领了清真寺，在某种程度上挑战了美国对伊拉克的占领，同时也挑战了西斯塔尼的地位，因为后者当时明显没有太大的权力。那么，接下来会发生什么呢？

像往常一样，美国军队总能赢得战争。美军行动了，当时伊拉克政府只配备了少许部队，他们羽翼未丰，或者更确切地说，伊亚德·阿拉维（Iyad Allawi）治下的伊拉克政府是一个美军和其领导班子的混合体。他们试图将迈赫迪军从清真寺附近赶跑，但当他们来到清真寺时停止了行动，因为这样做看起来来者不善——他们闯入伊斯兰教最神圣的地方，却只是为了抓住一些人。当然，作为统治力的体现，美国人需要与别人合作（这就是问题所在），因为他们希望最终的结果是不需要以军队为基础来治理国家。

毫无疑问，用军事方式来行使权力是最昂贵的，这会耗费大量的金钱，所以必须谨慎地使用军队。如果我们想要建立一种日常业务模式来让其他人完成工作，那么就需要有合作者。从某种程度上讲，冲击伊玛目阿里清真寺基本上可以表明，"我们"美国人并不真正尊重伊拉克人，更别提尊重什叶派，让那些与"我们"合作的人看看"我们"做了什么。因此，这种行为在某种程度上会削弱建立联盟的能力，而这是成功占领的必要条件。

美军停止进攻，开始对峙。这是持续一个月左右的围困，直到西斯塔尼从伦敦飞回来才停止。西斯塔尼抵达科威特，并组织车队从科威特出发前往纳贾夫。他呼吁所有伊拉克人帮助他拯救圣殿。无论如何他都要促成一场和平，让萨德尔，或者更确切地说让萨德尔的军队，能够走出清真寺，将控制权交还给自己。一切都可以重建。

纳贾夫有来自外部的占领军，有"大祭司"或阿亚图拉，还有一个社会组织内的竞争对手——另一个挑战权威的牧师。在这种情况下，和平斡旋能使每个人都挽回面子：西斯塔尼重新控制清真寺；萨德尔取得了小小的胜利，因为他们可以从清真寺里走出来说"看，我们实际上成功地挑战了美国人"；美国人仍然可以与他们合作，因为证明了美国人尊重这座清真寺。所以，在某种程度上，每个人都在这个小事件中获胜——当然从长远来看并非如此，但那是另一回事。我们需要注意三个层次的互动：神职人员（大祭司）、外部的占领军，以及来自下层的具有挑战力的神职人员。

二

当这一切发生的时候，我正在学校教授约瑟夫斯（Josephus）的《犹太战记》。约瑟夫斯是 1900 多年前罗马帝国统治时期的历史学家。约瑟夫斯本人来自犹太社会的一个牧师家庭，一直位列反对皇帝尼禄的犹太人领袖之中。公元 66 年，罗马人派出了一支庞大的部队，他们让叙利亚元老院成员指挥维斯帕先及他儿子提多的军队。他们来到犹太，就像我们前面提到的伊拉克的情况一样，当罗马军队真正团结起来的时候，犹太人并不能成为什么大的挑战。

叛军很快就逃到了乡下，作为领袖之一的约瑟夫斯被俘虏了。大多数历史学家都不是现世的人，他们也没有那么多的现世影响，但是约瑟夫斯有。在他被维斯帕先士兵俘虏的那一刻，他预言维斯帕先将成为罗马的新皇帝。

如果有一个牧师预言"你"会成为一个新的罗马皇帝，那么突然间这个牧师可能会受到"你"的欢迎，所以约瑟夫斯受到了维斯帕先的庇护，并被带进他的家庭。在那以后，约瑟夫斯在维斯帕先的家里开始体验犹太战争。他写到，由于罗马人已经消灭了大部分的叛乱，罗马皇帝尼禄自杀了，关于谁应该成为皇帝的战争爆发了。成为罗马皇帝意味着拥有军队的指挥权。如果谁拥有一支庞大的军队的指挥权，那么突然之间他就有机会成为皇帝。所以维斯帕先决定："好吧，谁在乎犹太人——我想成为罗马的皇帝，我们将从容消灭叛军，之后让我控制罗马。"因此，维斯帕先从镇压叛乱中抽出时间，成为罗马皇帝。

当时，犹太人留在耶路撒冷彼此争论："罗马人在哪里呢？发生什么事情了？他们不是快来了吗？"于是他们开始互相争斗。此时的犹太社会有大祭司阿纳努斯（Ananus），他在某种程度上控制着犹太信仰；他拥有圣殿的钥匙，那是耶路撒冷建筑的骄傲。当时，阿纳努斯控制了圣殿。罗马人在其后等待——竞争对手很快就会来。不久，竞争对手出现了。

一个叫吉斯卡拉的约翰（John of Giscala）的人，他就在被罗马人赶到乡下然后逃往耶路撒冷的众多武装之中，开始取得领导权。在那里我们看到了所谓狂热者的出现，真正的宗教狂热者生活在一个神圣的王国——就像我们之前看到的迈赫迪军，他们以救世主命名，声称将创造一个公正的世界，如此等等。狂热者认为上帝会在地球上建立他的王国，这一时刻就快到了。

他们是真的狂热分子——决不妥协。突然间，吉斯卡拉的约翰和狂热者开始在耶路撒冷周围组织发动袭击。狂热者占领了圣殿——这个犹太教最神圣的地方被占领了。掌管圣殿的大祭司命令他的军队尝试夺回圣殿，他们首先占领了圣殿周围的外部庭院。但是当他们来到最神圣的圣物所在的内殿时，阿纳努斯命令他的军队停下来，因为作为一个大祭司，他不能冒险让犹太人的血溅到最神圣的区域，这会削弱他在犹太社会的地位。在某种程度上，这样做会亵渎上帝，玷污他本应该维护和捍卫的圣殿。所以，他决定，最好是围攻他们，也许他们会出来。但接着，吉斯卡拉的约翰说："我们之中有狂热者，而对手阿纳努斯就在外面——虽然他做得不是很好。如果我能够很好地指挥狂热者，那么起义就能成功。"

因此，他设法促成了与狂热者的联盟，然后策划了一个阴谋。他们在晚上起义，意外地抓住了阿纳努斯。阿纳努斯和许多其他体制内的神职人员被杀，吉斯卡拉的约翰和狂热者控制了耶路撒冷。此时，罗马占领军在外，大祭司在内，而"虔诚的军队"占领着圣殿。

所以我讲授的事件就像 2004 年 8 月在纳贾夫所发生的一样——这种模式非常独特，怎么会这样呢？他们读过约瑟夫斯的书吗，这些人决定要重现历史？可能并不是这样。但是，这里有一些很有趣的结构性问题，这值得我们不仅从狭窄的殖民主义等概念的层面去学习帝国，而且还要去扩大它，以宽泛的历史视角来研究，因为这些相似之处是发人深思的。

三

总结可以得出帝国权力的三个基本原则，或者称之为三个矛盾，这可以说是我们在这里看到的以上情形所展现的三个基本矛盾。

第一个矛盾是军事上的。如果可能，罗马历史学家总会很高兴地引用马基雅维利（Machiavelli）的话——人们不曾错过任何机会。马基雅维利指出，我们可以用军队征服一个地区或省份，但我们不能用军队来统治，使用军队非常昂贵。但这也是一个矛盾，我们接下来该怎么做？用以建立帝国的工具，并不能用来真正控制它。大多数人会陷入一种治理矛盾，或许可以用另一种方式来表达：需要找到与当地人合作的各种不同方式。但问题是，当地人很少对帝国百分百忠诚；他们要求的事项往往不一致。例如，西斯塔尼是与美国合作最紧密的人，他的要求是在伊拉克境内进一步推进什叶派伊斯兰教，而美国人则认为他们在引入民主。

这很清楚地证明了帝国的矛盾：他们基本上只能依靠那些与其利益部分有重合的集团来治理。法国外交部部长谈到美国是一个"超级强权"的大国，即它的军队非常强大，但由于不能以军事为基础进行统治，结果就是帝国将在非常严格的约束下运作，帝国是脆弱的。帝国可以拥有世界上最强大的军队，但是当它遇到一个侵略者的时候，帝国的作为将很有限，比如，中东仍处于混乱和无序之中。

在意识形态上，这个矛盾在某种意义上表现为大多数帝国都想推广的一种普遍观念。罗马人认为他们在创造一种新的罗马世界，但后来他们发现必须尊重当地的特性并与之合作。例如，罗马皇帝通常会以自己的名义在耶路撒冷圣殿前献祭，以支持犹太信仰。但后来他们背叛了他，他不得不拆毁圣殿，但之后他又开始与其他犹太人如约瑟夫斯合作。约瑟夫斯写了关于叛乱的历史——那段生活在维斯帕先旧城区的历史。维斯帕先后来成了皇帝，搬到了皇宫，他的旧联排别墅现在成了约瑟夫斯的住所。可以说，约瑟夫斯的历史向人们传达了这样一个信息："犹太人确实反叛了，但他们是坏犹太人，是罪犯，如此等等。"有一部分真正负责任的人说——相信我们，我们会让危机妥善解决。但当然，他们只能半途而废，因为有一部分同样应负责任的人实际上发动了叛乱。所以在普遍主义和当地历史及传统之间总是存在这种紧张关系。这里就存在三个矛盾。

我们也可以用不同的方式来表达，但这些矛盾或困境事实上无法真正得到解决。每个帝国都必须处理这些矛盾或紧张局势。一个帝国如不能解决这些问题，那就不再是一个帝国了。它必须平衡不同的对立面。此外，我还提到了马基雅维利、甘地，因为甘地可能是后殖民理论的奠基人之一。他清晰地将作为构建帝国的必需的合作要素理论化了。他关于反抗英国殖民军队的观点是："听着，我们不能在战斗中打败他们，这真的不重要，我们只需要坚持我们不合作。那么英国的统治就将消失。"也许他说得不对，因为第二次世界大战也帮了不少忙。但需要说明的是，合作在这方面非常重要，而这意味着帝国是一个"混乱的东西"，它总是充满妥协。

<h1 style="text-align:center">四</h1>

所以现在我想尝试探索这些矛盾能告诉我们什么，或者，从帝国的长远角度来说，这意味着什么？它们只是一个"奇怪的巧合"吗？我不想成为一个社会科学家；我不想说帝国是永恒的。但我认为我们需要理解帝国的一些结构性的相似之处，这些相似之处在相当长的一段时间内慢慢成形，但也需要有所连接。我们可以从不同的视角观察。在人文学科，我们被告知需要学习一切细节，细节是最重要的——但是有一件事被人文学者完全忘记了，那就是大部分的人类存在很平凡，这也意味着历史是很平凡的。所以，即使我们有时谈论的平淡的真理非常重要——因为这样的谜之细节可能花了十年才被挖掘出来——但也许它本身并不重要。因此，在如此丰富的历史中，有一些关于平凡的东西是可以被言说的。

所以，我们需要一些理论来帮助我们熟悉帝国。但问题在于大多数帝国理论都诞生于后殖民时期，或者是基于 20 世纪欧洲的经验。许多理论认为帝国在本质上已经过时，帝国即将从世界上消失。每个人都能看到欧亚大陆各帝国的政权已病入膏肓，特别是奥匈帝国和沙皇俄国。它们需要现代化，否则它们会分崩离析，就像奥匈帝国或者奥斯曼帝国那样。

这是过去的事情，我们会看到帝国分裂成国家——所以没有普遍主义，只有特殊主义。实际上，在某种程度上，大多数历史学科都是以特殊主义原则为基础的；我们想研究特定的社会，比如丹麦、中国以及任何其他地方的国家。然后，当研究开始深入，我们就会发现背后有一个更复杂的故事，而不仅仅是它们分裂成国家以及帝国的消失。

其中一个例子当然是中国，正如我从汪晖教授的著作中学到的，我们看到一个国家的概念并非通过分裂，而是在帝国的层面上重新构建。在欧洲或后殖民理论中，我们看到的通常是帝国的分裂和被遗忘。当然，我们看到俄罗斯并没有分裂，这个国家提升到帝国的地位，并成功地接了棒。

所以我们需要一个更宽泛的历史，而唯一的方法就是融入历史。但在做之前，我们也会做一些定义；我只是想排布一些大家都同意的基本内容。什么是帝国？就是一个政体的统治和控制形式，通常是一个国家，尽管它可能会突然超越一个或多个政体而成为国家的敌人，所以可以说是一个国家统治着许多政体。这一点很重要，因为通常我们看到的是主权概念下的现代国家，国家即主权。成为主权意味着国家自治，不受其他国家的支配。从近代早期的欧洲宪法论述来看，人们谈论的是君主如何在他自己的王国里成为皇帝（没有人在他之上）。现代宪法规则并不擅长讨论等级制度，它通常只在原则上讨论主权。主权是平等的，但实际上，等级制度仍然存在于我们之中。这就是帝国的意义：政体和国家的等级制度。

我们会看到那里的主权更像是分层的。德国宪法学者塞缪尔·普芬道夫（Samuel von Pufendorf）能够帮助我们理解这一点，他在 17 世纪提出了主权的概念。他意识到一旦采用了主权话语，帝国就成为一种遗产。帝国有分层的主权以及混合的安排，所以他从主权话语的角度来理解帝国（精通他的理论的人可能会说我几乎曲解了他的理论，尽管我只是想用另一种说法来对它做出解释）。

这种非正规性使得统一的理论很难建立起来，实际上我们只能将帝国的某些方面理论化。所以如果我想到帝国，我就会想到社会学的理论，这些理论认为社会权力的源泉根本不存在，社会权力没有一个原则，但有四个维度：经济、政治、军事和意识形态。帝国以不同的方式组合这些权力层，但因为它们是复合的，所以任何人都不能统一它们。另一种说法是为了提醒我们关注波斯人对帝国的概念，他们将帝国视为帝王统治者、万王之王；世界上有很多国王，但只有一个超级国王。请记住这位超级国王，因为我们很快就会见到他。

五

如果现代化理论只是部分正确，等级制度在我们的世界里仍然重要，那么我们就需要超越"欧洲经验"，但是我们在这里不会将欧洲经验或殖民主义解释为一种阴谋——它需要被铭记、思考和反思，但它也需要被语境化，而这正是为了克服我所说的"高度经典现代化的学术视野"（intellectual horizon of high classical modernity）。在那里我们将关注点从帝国转向主权国家，我们将从一个文明转向一个国家——历史有明确的方向。

最后一个认为历史有明确方向的人是美国知名学者弗朗西斯·福山（Francis Fukuyama），他认为历史在 1989 年走到了尽头。然而，当我来到中国，环顾四周时发现，"历史"几乎就是从那时开始的。那时我在杭州的浙江大学，我的助理跟我说我要住的地方，她指着那幢建筑说："哦，那是幢古老的建筑！"而那栋建筑建于 20 世纪 90 年代。

所以，当我们在中国旅行时，可以看到"历史"实际上正在飞速运行，它当然不会结束。也许在欧洲事情发生得有点慢，所以，无论是马克思主义还是黑格尔主义，或者其他任何主义中，历史都没有那种曾经被经典现代化理论总结的单一方向。我们都必须有更宽广、更"散乱"的历史观。另外，我还没有讲到哲学史——这是研究世界历史的古老方法。但与此同时，事实上，很多历史学家已经不再停留在"我们只是想研究特殊主义"的阶段了；我们还想研究世界历史。所以，自 1989 年以来，有一个巨大的、关于什么是"历史"的话题开始发展。我承认，现在有较好的、关于世界历史上发生了什么事的经验概念——我们不必依赖于黑格尔的蓝图，例如他关于"逻辑上人类社会的自然发展"，抑或亚当·斯密（Adam Smith）

的。我们实际上可以更贴切地研究世界历史。

不再是研究哲学历史，或者历史哲学，抑或其他，我们也许可以创造一种更哲学化的历史形式，同时有着更好的经验基础——所以，我们需要进入世界历史。摆脱"高度现代性"的一大好处是，当人们想到后殖民理论时，实际上在消除这种影响方面做了很多；后殖民理论将批判欧洲中心主义作为其基本任务——这是一种压倒一切的努力。如果人们希望能够了解现代世界，那么就必须超越他所设定的欧洲殖民时刻。欧洲作为一种"经济力量"或其他力量，在世界上仍将是一种"强大的力量"——所以不要相信所有这些人所谓的"欧洲已经消失""欧洲再也不会有意义"的论调。为了重新认识世界，我们需要超越欧洲是世界的中心的"历史性时刻"，所有这些现代性模型都是杜撰的，它们对现代世界的意义将逐渐减少。

六

从后殖民时代的人那里学到的是，我们总是需要有一个法国哲学家来做出解释——所以我也找到了一个！他的名字甚至也是以"F"开头——但不是福柯，而是阿兰·芬克尔克劳特（Alain Finkielkraut）。他曾在一本书中写到，世界每时每刻都在变得更加现代化，同时也越来越不那么西方化。所以，这基本上就是当前世界历史的问题。我们如何塑造世界史——欧洲人想在世界上占有一席之地。欧洲人想了解世界，不是这个世界本可能怎样，也不是 100 年前的世界是怎样的。为此，我需要转向波斯——所有帝国历史都是从波斯开始的。我在研究中发现一个文本，它仿佛是伟大的中亚征服者帖木儿的回忆录，但实际上是一部 17 世纪由莫卧儿王朝所写的波斯文本，这个王朝声称自己是帖木儿的后裔。这就像一份皇家文件，展示了他们的皇家意识形态，因为它宣称自己比另一个伟大的帝国——奥斯曼更强大。

在这部历史的某个阶段，帖木儿出现了，且不得不入侵印度。王子和大臣就"我们是否应该入侵印度"展开争论。他们来回争论，最后有了充分的理由入侵印度——他们没有任何理由不这样做。他们中间有一个人说：我从书上得知有五位伟大的君王，因为他们的威势不能直呼他们的名字。他们称罗马的王为"恺撒"，称土耳其的国王为"可汗"，称伊朗的领主为"万王之王"。

当我读这篇文章的时候，我简直不敢相信，因为他们谈论了恺撒，谈论了罗马皇帝——但这是奥斯曼苏丹（穆罕默德二世），是他征服了君士坦丁堡这个由君士坦丁大帝建立的新罗马政府——他们的统治从君士坦丁堡开始，因此他们已经征服了罗马帝国，而且他们还被比作恺撒。他们还提到了"万王之王"的概念，这个概念可以追溯到青铜时代，是之后的波斯世界神皇帝的称号之一。公元前550年开始，居鲁士和阿契美尼德统治者也都这么称呼自己。

他是"伟大的国王"，是土地、国家的王——万王之王。我之所以提到这个词，是因为他们用不同的视角看待世界历史。世界由五个强大的君主统治，他们是如此强大，以至于人们不能提及统治者的名字——"这就是恺撒，这是万王之王"——他们就像超级帝国。

他们也有着悠久的历史。这个文本来自17世纪，但是他们提到的称号可以追溯到古代。他们展示了一个不同视角的帝国和世界历史，使得我们可以看到某种带有普遍意义的帝国，看到君主们喜欢认为自己是世界的统治者，也即超级君主——每个人都声称自己比其他所有的国王更厉害。王权是一种竞争，所以它是关于谁能在战场上成为最强者，或谁有最大的胃口，或谁能取得最有力的领先地位或最大的支持的竞争。拥有最大的荣耀，他就是"万王之王"。所以，这就有了一个普遍皇帝的概念，且对于超级国王而言，他可以在世界范围内做出一些主张。这是一种不同于欧洲"终极目标"主宰世界历史的观点。

七

在中国的领土上，在清朝，皇帝会在承德、北京西北部的颐和园会见蒙古诸侯，同他们骑马和射箭，偶尔也会让达赖喇嘛前来此地。

因此，来自世界各地的人们都可以看到自己在承德的缩影——清朝的皇帝是一个广阔世界的统治者，很多民族向他拥来。我在中国台北市发现清朝乾隆皇帝做过的一件事，就是制作一系列进贡国卷轴，他将所有来宫廷拜访的进贡国人，用满汉两种语言进行简单描述。"他们来自哪里，他们有奇怪的妻子，他们喝很多酒，或者其他"，"这些是法国人，他们擅长发动战争"，等等，这是一种类似民族志的观察笔记。也有人认为清朝皇帝真的是"万王之王"，世界上所有的人都会拥到他的宝座前面，向他进贡。

我还看到了一些西藏贡品，是班禅给乾隆皇帝上贡的。清朝可以说代表了中国历史多元进程的"结合"，那时的中国比宋、明王朝更大。清朝解决了"蒙古问题"，消除了历代皇帝都头疼的边患问题。如果中国古代历史有一个尽头，我们几乎可以说那就是清朝，正是因为它代表了这个多元进程的综合。

我们需要再去看看奥古斯都。在这里我们可以看到一个波斯人将一个罗马人归还给一个罗马将军。当奥古斯都登上罗马帝国的宝座时，他的父亲，或者说养父恺撒被谋杀了。他不想被谋杀，所以他必须想办法让罗马贵族接受他。恺撒被谋杀时，他正在准备远征帕提亚帝国，当时的帕提亚帝国就是波斯帝国。

恺撒当时正准备与帕提亚作战，因为有一支庞大的罗马军队被帕提亚人击败，且被屠杀殆尽，军团的阿奎拉（Aquila）银鹰旗全部丢失，这仇不能不报。但恺撒死了，而奥古斯都在帝国中赢得了一切。现在人们都在看着他——"来吧，奥古斯都，你现在不是罗马皇帝了吗？那么帕提亚人呢？"奥古斯都已经赢得了帝国的霸权，他真的不想去——如果去了，他很可能会死于与帕提亚人的战斗。

所以，既然他已经做了皇帝，为什么还要赌上一切去帕提亚呢？去帕提亚的将军简直绝望了，因为奥古斯都必须把恺撒对高卢的征服与同样壮观的场面相提并论——而唯一的对手是帕提亚人。然而，如果他不能在这场竞争中获胜，那么他就不会去做。于是，他给帕提亚国王写了一封恐吓信，帕提亚国王回答说："好吧，我们不发动战争。我将归还你们的人民。"这样，奥古斯都仿佛在罗马取得了巨大胜利，并将一座神庙献给罗马战神玛尔斯。

然后，他还会说现在甚至连帕提亚人都屈服于他——他是宇宙之主，或者至少他统治一切，所以世界上的所有人民都拥向奥古斯都的宫廷，就像达赖喇嘛和班禅，以及每个围着中国轨道转的人都去朝拜清朝皇帝一样。所以奥古斯都说："万民都想来到我的世界。"所有这些想法基本上可以追溯到阿契美尼德王朝；这就是他们所谓的"万王之王"。我们从历史深处发现了一种相互关联的帝国语法，它将世界理解为一个超级君王统辖的普遍王国。

八

殖民主义和超级君主都在一个共同的历史中，这就是本次演讲要谈及的历史部分。在青铜器时代，世界上最具活力的地区是近东——美索不达米亚和埃及，在那里我们可以看到大量的国家建构，伴随着亚述帝国的形成，这一切都在早期的铁器时代达到顶峰。然而，若干年后，它奇迹般地崩溃了——它似乎正处于权力的巅峰——然后就崩溃了。但在一个世纪内，一个更大的新帝国——波斯帝国出现了。

所以，在某种程度上，波斯帝国是在世界历史范围内扩张的（主要在欧亚大陆）。波斯帝国真正展示的是强大的国家建构过程，以至于这可以发生在肥沃平坦的山谷之外。随着世界各地耕种人口越发密集和众多，帝国就扩大到更大的规模，因为有更多的农民纳税。通常情况下，帝国会从肥沃的谷地开始扩张，因为那里有农业生产。帝国可以在那里征税，且那里被沙漠包围着，人们无法真正离开。

波斯帝国的发展逐渐证实了这一点。在这些世界历史青铜器时代中的低地"中心"之外，耕种人口增长到一个更大的密度时，它们就会扩张成一个更大的帝国。中国在青铜器时代就已经有了各种人类的活动，到了战国时期变得更加频繁，且更有活力。很快，在几个世纪的波斯帝国之后，亚历山大开始四处征服。世界看起来就像四个帝国王朝，它们统治着欧亚大陆的大片地区，基本上统治着世界上所有的耕种人口，世界上人口最密集的地区也是这些新霸权的基础。

这些帝国为自己聚敛资金，利用农民的税收来制造生产工具。同时，在大范围内建设帝国的精神文化：公共纪念碑、奢华的寺庙建筑——遍布欧亚大陆，以及文学。比如，中国文学的基础是在两汉时期建立的，战国时期文学虽然已有发展，但儒家经典真正巩固、赋权及圣人化发生在汉代。罗马帝国也是如此，在那里拉丁文学开始发展，希腊文学也广泛扩张；人们总是说希腊人现在处在罗马人的统治下，所以他们在某种程度上"堕落"了。然而，作为一种语言和文学，希腊语在罗马人的统治下继续扩张——它是一种帝国语言。贵霜帝国支配了犍陀罗的部分地区，在那里出现了第一批人形佛像，所以，有帝国才有了文明，在这种意义上文学与高级文化紧密相连。这一发展存在一个"聚集期"，这些高级文化开始接受救赎的概念，如罗马帝国开始信奉基督教。然而，基督徒很快就遇到了竞争。有另一种非常成功的宗教信仰——伊斯兰教，基于同样的宗教环境和许多相同的思想，征服了罗马帝国和波斯帝国的大部分领土。

伊斯兰教将罗马帝国和波斯帝国合并成一种"超级君主制"，即哈里发王国。中国在唐朝时期也有一种再整合，不仅具有非常多样化的民族表达方式，而且引入了佛教的元素，这些元素后来也留在了中国思想中。所以，在这个"聚集期"——一个巨大的梵语经济发展期，梵语经济在某种程度上是基于佛教及印度教发展的。我们要注意的是，就像伊斯兰教和基督教有着非常相似的背景、历史上有很多共同点一样，佛教和印度教也有着很多共同点。佛教最初是一场关于"物"的改革运动，当时它甚至还不属于印度教。

九

　　然后我们来到近代早期：五大君主王朝。我们也可以看到这里发生了一些事情，实际上还有一个君主王朝他们没有提到：西班牙君主王朝。西班牙王朝一度认为，它能够创建一个新的普遍帝国；它们甚至蔓延到了"新世界"，但并不成功。有很多关于为什么它不成功的解释，但是大多数人都没有真正把握到最简单的原因：西班牙王朝与奥斯曼竞争谁才是罗马皇帝，且他们没输也没赢。所以，我们可以看到奥斯曼人基本上代表的是晚期罗马帝国，但是没有空间留给西班牙—罗马帝国了，因为奥斯曼已经占据了那个位置。

　　相反，欧洲变成了一个失败了的"普遍帝国"。它被小的君主国所困，因为一些特别的原因它们不可能团结在一起，所以在欧洲，竞争永远都不会停止。然后，它们开始建立殖民地，并在中心地区作战，但从未获胜。它们成功地在那些不太适合竞争的地区建立了殖民帝国。所以，首先是西班牙人所拥有的"新世界"；许多领域都属于他们——且还有来自微生物的帮助。其他的浪潮随后而起，比如一些刚起步的英国殖民地……

　　总结一下"普遍帝国"。它基本上是一个缓慢扩张的世界，也就是说，"世界"和文明进程在几个世纪里缓慢扩张，所以，这是一个不断发展的世界，一个充满活力的世界。在这个世界里，有着非常稳定、持久的超级君主制和普遍帝国，文明紧随其后。就像我前面说的，清朝是这个过程的结合；在 1800 年之前，中国没有大量的农民，所以说中国停滞不前是一种误解。中国的人口从明朝早期的 5000 万至 6000 万人，到 1800 年可能达到 3 亿至 4 亿人，这是一次巨大的扩张，在各个方面都非常成功——清朝没有任何停滞。

所以，这是一段朝气蓬勃的历史，但欧洲关于帝国的论述大多认为这些帝国是"寄生的"，就像静态的、远古时代的恐龙一样——现在我们必须使其现代化。欧洲殖民主义只是漫长历史中的一个很短的阶段。欧洲殖民主义真正的、非常强大的阶段，除去西班牙外，就是 19 世纪最长的阶段——直至第二次世界大战结束。1914 年，中国已经不再施行君主制，而是一个试图现代化的共和国；印度、澳大利亚和非洲的大片土地被英国统治；非洲其他地区由法国统治；南美洲已经去殖民化了——首先是北美，紧随其后的是南美。

如此，世界不再由那些"超级君主国"所主导，而是由欧洲殖民主义所主导。它在"预备阶段"非常强大。然而，南美和北美独立的原因来自欧洲国家内部的竞争，所以，18 世纪 50 年代当法国人与英国人竞争并在七年战争中失败时，他们就付钱给美国人，将美国人从英国人手里解放出来。这些竞争削弱了殖民帝国，因为殖民帝国是在竞争较少的场景中创建的，所以当它们彼此开始竞争时，帝国实力很快就会被削弱。

然后，拿破仑试图在欧洲重新确立自己的地位，但最终失败了。他离西班牙太远了，以至于南美这个前西班牙殖民地解放了。再看看欧洲殖民主义，由于这种内部竞争，反殖民浪潮涌动起来。第一次是在美国的东部；第二次在南美国家；之后，第一次世界大战后东欧从奥匈帝国和俄国手中解放出来；第二次世界大战后，非洲和印度独立。当然，在这种叙述方式中，中国的历史在某些方面也与之相符。

十

在某种程度上，欧洲殖民主义并不代表真正的"正常"帝国主义历史，而是对旧模式的一种破坏，所以，直到殖民时期以前，世界从来没有真正以欧洲为中心。然后在那个以欧洲为中心的短时间内，我们看到的是民族国家和殖民地，而不是一个普遍帝国。旧的模式被分裂成欧洲殖民帝国。当然，这代表着一种解构，在世界范围内有着深远及革命性的影响——没有人能够一面看着现代世界，一面不知殖民主义为何物，假装殖民主义从没存在过，因为殖民主义的影响在任何地方都是巨大的。

但是这些帝国之间的对抗和竞争——世界大战，等等——也创造了一个巨大的动态系统，使帝国变得不稳定。在古老的普遍帝国里，如奥古斯都的罗马帝国等，他们已经征服了大多数敌人，剩下的敌人很少了，因而几乎没有竞争。所以，他们不必去打仗，甚至可以写信给对手称："把银鹰旗还给我，然后我们就没事了……（然后我就会庆祝胜利）。"这造就了稳定。那种巨大而激烈的竞争造成了巨大的不稳定，因而总是有问题。

这时需要提及另一位法国学者。不引用一位法国哲学家，好像我们就没法讨论问题，这不也是一种文化霸权吗？布鲁诺·拉图尔（Bruno Latour）在他对经典现代化时期的拒斥中表示："我们从未现代化。"在拉图尔之后，我们也看到了一些浪潮——被认为是"过时基督徒"的回归。例如，19世纪80年代每个人都认为帝国作为一个话题基本已经消失了，但现在每个人都在谈论它。从欧洲思想的角度来看，我们也看到了欧洲共和派的回归，古代城邦共和国、亚里士多德、柏拉图和罗马历史学家的概念被用来理解社会如何运作，我们会去读马基雅维利和美国宪法的开国元勋的书，如此等等。

然而，也有人谈论"新中世纪主义"或"新封建主义"或"中世纪的回归"，因此，随着经典现代化理论及其"纯粹方向"概念的瓦解，人们对过去的回归产生了各种各样的反应。鲍威尔（Powell）对帝国的看法基本上是这样的：古代帝国转瞬即逝，而现代殖民帝国是真正的帝国，因为它们力量强大、影响巨大。但是我们所描绘的故事几乎是相反的，殖民帝国是短命而即逝的，而老式帝国创造了文明的基础，这些基础坚韧而持久——甚至在自己缓慢发展的样式里生机勃勃。

所以，人们也许会认为我们不必回到中世纪抑或共和国时代，但我们必须保留这些旧模式，因为其中一些仍然有强大的生命力。世界在以欧洲为中心时看上去很现代，但现在不再是这样了。我们必须有一个新的世界。也许这将是一个全球化的世界，它走出殖民主义了，现在看上去有点像五个精英君主国的共存——所以，世界上一些大的区域，例如中国，已经依靠自身变得相当强大。因此，在某种程度上，后现代世界或许将是欧洲殖民主义与强大君主制的旧式联盟的结合。

欧洲建设：后国家与民主的矛盾*

张 宁

瑞士日内瓦大学东亚系讲座教授，博士生导师，法国高等社会科学院近现代中国研究中心兼任研究员，日内瓦国际学会（Rencontres Internationales de Genève）委员会成员

---

* 讲座时间：2017 年 11 月 15 日。

【主持人】大家下午好。我们今天特别高兴地邀请到日内瓦大学东亚系讲座教授、博士生导师张宁老师给我们做这场讲座。讲座的题目是《欧洲建设：后国家与民主的矛盾》。张宁老师既是日内瓦大学东亚系的讲座教授，又是法国社会高等研究学院近现代中国研究中心的兼任研究员。她长期在法国求学、工作，曾经陪同德里达（Derrida）到中国来访问，也是德里达著作的中文译者。她一直在研究中国传统法律现代化过程中的问题，对死刑的研究有很多的重要成果。

今天她会给我们介绍欧盟的历史和现状。现在我们欢迎张宁老师给我们做演讲。

【张宁】谢谢大家，首先我要感谢汪晖教授给我这样一个宝贵的机会与大家分享欧洲联盟出现的问题，即后国家与民主之间的矛盾。我是1990年年底到的欧洲，欧盟正式成立于1993年。所以它的危机、它的矛盾，我是有切身体会的。

我们现在已经很难说欧洲问题就是欧洲人的问题，跟我们没关系，很可能他们今天面临的问题，就是我们未来要面临的问题。因为全球化把世界每个角落都联系在了一起，许多欧洲的问题，都是全人类共同面临的问题。

我今天的讲座分为三个部分：第一部分先回顾一下欧盟的历史；第二部分要讨论的关键问题是后国家的理论和实践；第三部分则讨论欧洲和民主的矛盾，到底包含了哪些具体矛盾，为什么欧盟建立的初衷是要走民主道路，但在现实中做不到？为什么好的制度设计在实际操作中，会出现这么多困难？

一、欧洲联盟：1993—2017 年

首先开始第一部分，欧洲联盟的建设过程。欧洲联盟是欧洲 28 个国家通过条约的方式建立起来的，它将部分国家职能委托或转交共同体行

使，从而形成一种经济和政治联盟。欧盟现在的疆域是 438 万平方公里，居民超过 5.1 亿，这是欧洲市场的基础。

问题是欧盟的官方语言就有 24 种，光看这么多语言就知道，欧盟每次要出台一个文件都是很费钱的，而且翻译得还不一定准确。它可以说是一个每天都在翻译文件的政治体。翻译过程中还会遇到很多摩擦，这就对欧盟的民主实践构成了很大的挑战。有 24 种官方语言的政治联盟是一个成本很高的政治联盟。现在欧盟依照 2009 年生效的《里斯本条约》运作，我过会儿会讲什么是《里斯本条约》。

在政治上，所有欧盟成员国都是民主国家，或者正在完成民主转型的国家。在经济上，它是世界第一大经济体，有很多的数据显示它可能也是世界上最富裕的地区。其中，德、法、意还是"七国集团"的成员国。在军事上，大多数欧盟成员国都是北大西洋公约组织的成员国。但真正具有军事力量的是英国 ① 和法国，它们可以进行独立的军事活动。

（一）特点

欧盟现在的制度性结构有两个特点：一是跨国的，二是政府间的（intergouvernementale）。政府间主义现在已经变成欧盟最重要的特征。后面我们会看到，这既是它的优点，又是它的弱点。

我现在给大家介绍欧盟的几个重要的制度安排。首先是欧洲议会 ②（The European Parliament），这个大家都知道。其次是欧盟理事会 ③（The

① 编者注：在经过英国议会和欧洲议会投票批准后，英国已于 2020 年 1 月 31 日从法律上脱离欧盟。

② 欧盟监督、咨询机构。欧洲议会有部分预算决定权，并可以 2/3 多数弹劾委员会，迫使其集体辞职。欧洲议会由来自 27 个成员国的 705 名议员组成。议长任期两年半，议员任期 5 年。议会秘书处设在卢森堡。每月一次的议会例行全体会议在法国斯特拉斯堡举行，特别全体会议和各党团、委员会会议在布鲁塞尔举行。

③ 包括欧洲联盟理事会和欧洲理事会。欧洲联盟理事会原称部长理事会，是欧盟的决策机构，拥有欧盟的绝大部分立法权。由于《欧洲联盟条约》赋予了部长理事会以欧洲联盟范围内的政府间合作的职责，因此部长理事会自 1993 年 11 月 8 日起改称欧洲联盟理事会。欧洲联盟理事会分为总务理事会和专门理事会，前者由各国外长参加，后者由各国其他部长参加。欧洲理事会即欧共体成员国首脑会议，为欧共体内部建设和对外关系制定大政方针。

Council of the European Union），它由原来的部长理事会发展而来，是欧盟现在的决策机构，它拥有欧盟的主要立法权，也是各成员国的首脑会议，决定了欧盟的主要政治建设方向和外交关系。再次就是欧洲法院（The Court of Justice）。还有很多机构，现在越来越复杂。普通欧洲群众是不了解这些机构的，只有知识分子和精英阶层比较了解，这就影响了欧盟的民主状况。后面我会讲到精英与民众对欧盟的认识存在很大的差距。

（二）欧洲建设的历史：两个阶段

欧洲建设的历史基本可以分为两个阶段：第一个阶段，我把它称为"西欧经济合作阶段"，从 1950 年到 1992 年；第二个阶段是"欧洲联盟建设阶段"，从 1993 年到现在，其中 2008 年以前是欧盟的黄金发展期，2008 年以后则是危机期。英国"脱欧"会不会是欧盟重要转型期的开始？我们静观其变。也许这是欧盟分裂的前兆，现在所有对欧盟持怀疑态度的人都认为欧元会崩溃。欧元是欧盟稳定的最后一个要素，欧盟没有别的选择，只能尽力维持欧元的稳定。

1. 西欧经济合作阶段：1950—1990 年

欧盟的前身是欧洲经济共同体。成立这个组织主要有三个目的：第一个目的是在欧洲大陆上建立一个和平稳定的共同体，避免再出现第二次世界大战那样的惨剧。第二个目标是抑制欧洲大陆的民族主义。我们都知道，民族主义的恶性竞争导致了两次世界大战的灾难。1954 年，法国曾经提出过在欧洲建立共同防御组织，但它后来又否定了自己的方案。其后一直到 1990 年，经济合作成为西欧国家合作的手段。用舒曼（Robert Schuman）的话讲，就是建立共同市场以形成"事实上的团结"，通过共同市场削弱共同利益，从而削弱各自为己的民族主义。第三个目标就是制衡苏联。

我举一些重要的事件。1946 年 9 月，英国首相丘吉尔在瑞士以"欧洲的悲剧"为题进行过一次演讲，他提出了"欧洲合众国"的概念。当他提出这个概念时，已经把英国的角色讲得很清楚了，就是"我们同欧洲在一起，但不是其组成部分"，"我们同其联系交往，但不能被并入或同化"。通过这些观点，我们也就明白英国与欧洲的关系了，也就明白今天英国为什么要"脱欧"。

1950—1952 年间，法国、联邦德国、意大利、荷兰、比利时和卢森堡六国酝酿成立欧洲煤钢共同体，这个方案由时任法国外长罗伯特·舒曼提出，目的是要整合欧洲各国的煤和钢，以约束民主德国的军工产业。1952 年煤钢共同体成立之后，就接管了联邦德国的鲁尔区，这是德国的传统工业中心。接管以后，其他国家和联邦德国签订了一些互让原则，欧洲煤钢共同体就开始推动建立欧洲的煤炭和钢铁的生产和销售网络。

1957 年，六国外长在罗马签署了旨在建立欧洲经济共同体与欧洲原子能共同体的《罗马条约》。该条约于 1958 年生效。

2. 欧洲联盟建设阶段：1990 年至今

1989 年 11 月，柏林墙倒塌。1990 年 10 月，两德统一。1991 年 12 月 25 日，苏联解体。这进一步刺激了欧洲的一体化进程。其中最重要的成果就是发行欧元。一直到 2008 年，欧洲人对欧元都是一片赞同之声，仿佛已经看到了人类未来的唯一道路，这大概就是所谓"历史终结论"的情绪。他们认为，我们的国界已经打开了，人类历史上出现了一个前所未有的、富裕自由的欧洲。

1992 年，《马斯特里赫特条约》[①] 签署，标志着欧洲政治联盟进程的启动，亦标志着欧洲一体化从经济联盟走向政治联盟。不仅如此，这个条约里面最重要的内容就是建立欧洲经济货币联盟。1994—2002 年是欧元酝酿和诞生的过程，2002 年 7 月，欧元成为欧元区唯一合法货币。欧元出来以后，通货膨胀是很厉害的，所有处于欧元区的民众都承受了很大的代价。

---

① 1991 年 12 月 11 日，欧共体马斯特里赫特首脑会议通过了建立"欧洲经济货币联盟"和"欧洲政治联盟"的《欧洲联盟条约》（通称《马斯特里赫特条约》，简称"马约"）。

到 2015 年，已经有 19 个欧洲国家加入了欧元区。

2001 年，《尼斯条约》签订，一年后正式生效，在这之后欧盟开始起草欧盟宪法。欧盟宪法非常厚，因为要照顾所有成员国的诉求。美国宪法专家嘲笑欧盟宪法厚成那样，老百姓根本看不懂，也不能理解，怎么能实施呢？美国的宪法就那么几十页，大家一下就明白了。

果不其然，法国于 2005 年全民公投否决了欧盟宪法，之后荷兰的全民公投也否决了。随后，各个国家花了两年时间继续沟通欧盟宪法，最后基本上都放弃了。欧盟宪法被否决，反映了欧盟一个很重要的危机。它凸显了欧盟内部的各种矛盾，我把这些矛盾分为四个方面。

第一个方面是经济层面的，各成员国的经济发展非常不平衡，因此各自的诉求都有差异，尤其是在欧盟东扩以后。比如要通过一个共同的宪法保证公民权利，而各国公民权利的保障能力首先就不一样，像法国、德国的福利保障点很高，东欧国家就很低。现在的一大冲突就是，东欧国家的劳动力价格偏低，西欧国家的劳动力价格却很高，大量的东欧移民跑到了法国和德国去工作，致使法国、德国的工人失业。

第二个矛盾是社会层面的。民众很难放弃本国的民族认同，而去追求普遍性的欧洲认同。年轻一代要好一些，有些年轻人已经开始说自己是欧洲人了。

第三个矛盾是政治层面的。法、德、英"三驾马车"代表了三个不同的方向，它们之间的分歧越来越明显。

最后一个矛盾是主权层面的矛盾。民族国家虽然让渡了一部分的主权给欧盟，但这种让渡在民众那里得到了多少认可，在精英那里又得到了多少认可，这个问题到现在还没有解决。人们首先认同的是自己所在的那个最小共同体，比如说我所在的这个城市，我是北京的，这个地方与我的利益最直接相关，北京有什么样的变化与我的福利相关，我首先关心这个。然后是国家层面的认同，法国在整个欧洲里面恐怕是国家认同感最强的。最后才是大共同体。

2007 年年底，《里斯本条约》签署，这个条约代替了《欧盟宪法条约》。它与欧盟宪法比，有三个比较重要的变化。第一，《里斯本条约》简化了欧盟的机构，取消了每半年轮换一次欧盟主席国的机制，设立了常任的欧盟理事会主席职位，任期是两年半，可以连任。同时，设置了欧盟外交和安全政策高级代表这一职位来负责欧盟的外交政策。从 2014 年开始，欧盟委员会的委员人数也减少了。简言之，欧盟的机构简化了。

第二是改革了欧盟的决策方式。有效多数表决制成为决策的主要方式，因此简化了重要的决策过程。比如说司法内政这些敏感的领域，一些政策的出台都是通过有效多数制来表决的。成员国不能够再实施一票否决的程序。从 2014 年开始，还加了一个双重多数表决制，这个比较烦琐，欧洲的一些精英阶层都不一定能了解，更不要说老百姓了。它要求有关决议必须至少获得 55% 的成员国的同意，还有 65% 的欧盟人口的赞同。这样的话，像德国和法国等人口多的国家就占便宜了。所以这个决策一方面好像是扩大了民主化，另一方面其实又削弱了小国的民主。还有重要的一点就是，各成员国所占欧洲议会的议席数跟人口数量挂钩，大国又占便宜了。欧盟宪法危机在《里斯本条约》签署后似乎得以缓解，但问题并没有得到真正解决，欧盟过于乐观的迅速扩张与解除边境酝酿出了社会层面的新危机。

从 1998 年至 2004 年，欧盟有一个快速东扩的过程。这个扩张太快了，如果停止在 1996 年时的 12 国，可能欧洲的建制不会出那么多问题。比如，很多人都看不起今天的希腊，说希腊已经完全土耳其化了，它根本不是欧洲国家，极为落后。希腊债务危机让德国人非常生气，德国人和希腊人的关系一度变得很紧张：希腊人说德国法西斯主义又出现了；德国人则认为，我们这么辛苦，每天都在加班加点，希腊人却每天一杯咖啡从早喝到晚，还把大量移民放过来。又如，很多欧洲人不认为土耳其属于欧洲，一旦土耳其加入欧盟后，大量穆斯林人口进来，会使人口比例发生质变，造成宗教关系紧张。

还有另一个结构性的问题十分麻烦。欧盟建设过程中有三个相互重叠又相互区分的结构：欧盟成员国、欧元区与申根区。1990 年 6 月，欧洲多国签署《申根公约》，消除过境关卡限制，成员国从此变成无疆界的国家。《申根协定》从 1995 年正式生效，有 26 个成员国。欧盟有 28 个成员国[1]，其中 19 个是欧元区国家。但申根区的 26 个国家与这两个层面不重叠。

（三）重大危机：2009—2016 年

1. 2009 年：欧债危机

这个危机可能会把欧洲这些年的所有建设成果整个冲垮，后遗症到现在还没完全消失。欧债危机是美国次贷危机的延续和深化，其本质是政府的债务负担超过了自身的承受范围而引起的违约风险。

希腊的主权债务危机从 2009 年 12 月开始凸显，到了 2010 年，向欧洲五国，特别是南欧的葡萄牙、意大利、西班牙，以及爱尔兰蔓延。2011 年，这场危机开始波及德国，德国政府那一年拍卖了 60 亿欧元的十年期国债，可是，只有六成国债卖出去了，别人都不买，连德国这么重要的国家它的国债都不值钱了。这就是国家的信用危机。2013 年，爱尔兰退出欧债危机纾困机制，成为首个脱困的国家。这个冲击现在还没有完全解决，这也是英国"脱欧"的一个重要原因。

2. 2015 年：欧洲难民危机（European refugee crisis）

第二个危机是 2016 年凸显的欧洲难民危机。它分为两种类型：第一种是非法移民的危机，第二种才是叙利亚和中东、北非地区的那些因战乱导致的欧洲难民激增所造成的危机。非法移民的问题实际上是跟《申根协定》签署引起各国难民政策的变化相关的。

比如说在《申根协定》签订以前，原来法国北非殖民地的那些民众是可以不签证就到法国工作和居留的。但是，《申根协定》签订以后，法国

---

[1]　编者注：2020 年 1 月 31 日英国脱离欧盟后，欧盟成员国为 27 个。

的这种移民政策就改变了，北非国家的人到法国就很难获得签证了，德国也有一些相应的变化。这样一来，北非原来传统的殖民地国家的人，只有通过非法的手段才能进入欧洲。

他们有两个入欧途径，一个是从突尼斯和利比亚进入欧洲，后来我们知道利比亚危机和萨科齐的政策有关。在欧洲人看来，萨科齐是罪魁祸首，利比亚的卡扎菲被干掉以后，就等于把非洲非法移民重要的阻拦者给干掉了，这些移民就长驱直入，往欧洲跑。第二个途径就是从希腊和意大利进入欧洲大陆。意大利和希腊长期以来都是一个移民过境的堡垒，负担非常非常重。到了 2015 年，已经有 100 万非法移民进入申根区，因此欧洲各国实际上都面临着怎么样容纳这些难民的问题。

我们跟法国或者其他欧洲同事聊移民问题的时候，很多人都说，我们其实应该多吸收一些亚洲的移民。亚洲的移民没有什么宗教的问题，而且很勤奋，基本上不会给当地社会造成很多的社会矛盾和那些灾难性的问题。所以他们现在基本上改变了一些移民的对策。目前，据说在法国和英国，华人移民是教育程度最高的移民。在欧洲的华人移民全部具有大学以上学历，跟传统的其他国家和地区来的移民相比，在教育程度上高出很多，所以，在欧洲是比较受欢迎的。

2015 年的叙利亚难民危机被认为是第二次世界大战以来欧洲最大的一个难民灾难。面对这场危机，欧盟所做的决策引发了很多问题。大家也知道，德国总理默克尔变成欧洲的圣母玛利亚，所有的移民都很喜欢她。这个当然跟德国需要劳动力相关，也就是说，德国在整个欧盟里面可能是因接受外来移民而最获益的一个国家。因为德国现在的人口不断下降，退休的人越来越多，进入劳动市场的人越来越少，所以德国是非常需要移民的。重点是默克尔没有跟其他的欧盟国家商量，自己就先表态，结果引起了其他所有成员国的反抗。法国失业率最高，劳动力市场已经饱和了，不愿意再接受外来移民，或者是只愿意做些选择性的接受。结果是欧洲各地现在都在恢复边界的管理，阻止移民进入。

3. 2016 年：英国"脱欧"

最后一个危机就是我们现在正在面临的英国"脱欧"危机。首先回顾一下英国和欧盟的关系。其实，英国加入欧盟的历史是非常坎坷的。1960年，英国首相申请加入欧盟的前身欧洲经济共同体，遭到了法国总统戴高乐的否决。1973年，英国首相希斯重新启动加入欧共体的谈判，这次成功了，英国成为欧共体的成员国。1975年，英国举行公投，继续留在欧共体。实际上，英国人是很灵活的，每隔一段时间，就会采取公投的方式来看它跟欧洲大陆的利害关系。1997年，布莱尔希望加入欧元区，但是，他的财务大臣坚决反对，所以没有成功。如果当时英国加入了欧元区的话，我觉得今天它是不会退出欧盟的。

英国"脱欧"看起来有三个直接的原因。从历史上看，它一直保持货币独立和财政独立，这是英国人始终比较务实的一种经济政策和政治策略。还有一点就是欧盟的会费太高，每年交的钱太多，加上自从《申根协定》签订，以及欧盟建立以后，英国要接受欧盟各国的人到本国去工作。比如法国现在在英国工作的人非常多，法国人传统上不是一个向外移民的国家，可这几年开始变成了一个向外移民的国家。

二、后国家理论与实践

后国家理论实际就是从欧盟建立以后开始在政治学领域里出现的一套论述。它认为所有民族国家都没有办法单独应对经济全球化。

目前分成三种大的派别。第一种派别认为，市场的力量将最终让民族国家寿终正寝。第二种派别认为，哪怕有全球化，民族国家的形态也不会发生重大的改变。第三种意见则比较折中，认为民族国家完全无力面对全球经济的一体化。

我在这里介绍一下舒曼基金会主席朱力亚尼 2008 年演讲的基本论点。

他认为欧盟在应对全球化区域整合过程当中比较有代表性。欧盟的长处有三点：第一，它是一个民主整合的过程。第二，它是一种新型的软实力，因为欧盟建立的标准、时间和价值都好像是被全球模仿的，超出了欧洲本身的疆域。而且，欧盟的模式是在反复应对危机当中形成的。第三，欧盟从来没有像现在这样，吸引了那么多移民，让那么多人希望加入欧盟。

朱力亚尼认为欧盟提供了一个后民族国家新的模式，它是从一个民族国家，一个有主权的民族国家，慢慢通过民族国家间的协商发展成一个联盟的。这点和其他传统联邦不一样，比如美国联邦制的建立里面也有武力来统和的因素。

他指出，民族国家在金融全球化的过程中，基本能力和职能被削弱，表现在几个方面：

第一，国家对资本的监督能力被削弱。

第二，国家所承担的财富再分配的角色失效，就是国家收不到税收，因为逃税现在变成了一种常态。最近欧盟各国都发现了这样的情况，即资本想办法逃税的问题。国家，尤其是西欧国家没有办法，只有借债来支撑现在的这个福利国家的模式。存在大量的失业状况怎么办？法国很多原来的老工业区关了门以后，政府就完全靠借贷来维持失业人口的基本生活。

第三，国家对信息的控制完全失效。

第四，因为人口流动越来越快，国家对国界的排他性治理权丧失了。2008 年年初，世界移民数量是两亿人次，欧洲大陆已出现了一个由来自非洲和亚洲的新移民组成的问题不断的新混合体，而传统民族国家自认具有的那种整合移民人口的优势不再有效。欧洲的这些民族国家和美国一样，不知道如何整合这些新来的移民。西班牙是欧洲最典型的例子，它在过去五年接纳了将近 500 万移民。德国有 300 万土耳其移民，法国的移民也超过 400 万。这些国家传统的政治统一性被动摇，社会因此不再安定。许多民族国家赖以存在的原则，比如法国的共和精神、美式文化大熔炉模式、德国的血缘国籍法（jus sanguini）、英国的庇护权都一一受到了挑战，导致了理想化的民族国家之合法性危机。这是民族国家越来越受到争议的原因。犯罪集团和黑社会组织摆脱了国境控制，迫使国家间寻求相互合作以应对。目前估计有 80 万人是人口贩卖的受害者。跨国犯罪挑战着民族国家。

第五，对民族国家的质疑首先表现在它的绝对归属不再是理所当然的。首先，从国土归属来讲，民族国家认同被削弱，它受到宗教信仰、祖籍国和母语等人们用以强调彼此之差异以贴近根源之要素的挑战。在西班牙、英国和意大利等国，地方主义日益兴盛，直接挑战原有的民族国家架构。苏联解体后那些新成立的国家，有些表面上像个国家，但实际上不过是某些领导人主导的机会主义式的统一体。

在同一片土地上生活并纳税，已经不足以使人们分享共同归属感并接纳共同体规则，民族国家概念因此受到某种世界主义的挑战。这点尤其表现在精英阶层，能够自由离开国界东跑西跑的人多数都是精英，最爱国的都是老百姓，因为他跑不了，而且就靠国家那一点资源活着，所以欧洲最明显的民族国家认同派，或者民族主义者都是比较贫穷的人。

国际 / 世界主义者或者大欧盟主义者也多是精英。所以从精英和民众在这种实际的利益博弈当中的立场，我们就可以知道现在为什么反智情绪在欧洲、在美国都在上升，我觉得是精英和民众在经济利益方面出现了巨大的反差。

最后一点是非政府国际组织日益繁殖，在国际舞台上打击了民族国家的合法性。联合国认可的非政府组织从 1948 年的 40 个增加到 2007 年的 3052 个。这些非政府组织培植了自身的干预权，发展了一种世界性传播的非政府思想（une pensée a-étatique），利用全球信息交流之便利，有时用非法行动挑战传统国家的特权。

朱力亚尼认为欧盟这种模式在目前出现的各种区域整合模式当中，是一个比较成功和有优势的模式。他总结了五种区域整合的模式：第一种是由地缘政治造成的，第二种是功能性组合，第三种是以宗教派别为基础的组合，第四种是以种族为号召的组合，第五种是军事联盟。他认为传统的帝国模式已经结束，所以未来的区域整合是绝对不能以 19 世纪帝国主义的方式来号召的，必须以民主协商的方式进行。

三、欧盟与民主的矛盾

欧盟建设的基本目的是希望在欧洲普及民主制度，这个目标是肯定的，但为什么出现的结果不一样呢？首先我想讲一下欧洲民众对民主制度的理解，一般来说，大家都将民主理解为选举，但这是一个比较简单的理解，选举只是民主制度的一种形式。民主的实质功能是选民通过选举对执政者的执政表现进行酬谢或者惩罚。酬谢就是让默克尔继续连任，连任三次我们都认可她。惩罚就是法国总统奥朗德不行，我们就把他选下去。

欧盟与民主的矛盾首先源于其制度上的缺陷。欧盟成员国的跨国职能界限不清楚，界定不清楚。它缺乏对大多数和反对派的稳定的划分。因为在这个架构里面，谁代表大多数，谁是反对派搞不清楚，民众搞不清楚。这个架构是一个完全精英型的架构，决策过程过于复杂，找不到具体的责任人，哪一个政策由谁来负责，谁决策，老百姓不知道。因此，在选举的奖惩逻辑方面，欧盟是失效的。因为老百姓不知道应该把票投给谁，应该惩罚谁也搞不清楚，要赞赏谁也搞不清楚。

重要的问题是，欧盟现在责任越来越多，却不需要向选民交代，这是最麻烦的问题。这个架构让欧盟的运作实际上是去民主化的，这种不受选民监督的情况让大多数欧洲民众担心欧盟会进一步官僚化。

接下来我想讲一下欧盟和民意的问题。欧盟公民对欧盟的态度取决于三种因素：第一是对融入欧盟的基本态度，是赞成还是反对；第二取决于他们获得信息的程度，他能获得哪些方面的信息，另外有哪些方面的信息是缺失的；第三就是欧盟制度设计的清晰度和可见度。民众基本知道欧盟实际上承担的责任是有限的，主要责任承担者依然是各国政府。关于选民态度，民意出现了两极化的情况。欧洲怀疑派基本上是一有受挫的时候，就把所有的问题都赖到欧盟头上，不管是好事坏事，反正就是欧盟负责。而欧盟的支持者一般来说比较注重欧盟的良好的成果。

我看到过两个民意调查。其中一个调查，作者对 2009 年欧洲选举前三周各国媒体的相关报道进行了分析。基本上各国媒体都很少指责欧盟，也就是说负面报道很少。但同时这也是一种空心化的报道，就是不具体报道欧盟有哪些实际的政策，实际上影响了什么，而且使用中立性的语言比较多，跟实际的公共政策的结果联系起来分析报道的内容非常少。

大多数媒体和民众是一样的，关注的都是本国的政策，对欧盟政策的关心非常有限。一般来说，看报纸的都是精英阶层，他们比较了解欧盟，而看电视的一般是普通民众，他们并不太了解欧盟。

另外一个调查非常有意思，作者维尔日妮·范·英格尔加姆（Virginie Van Ingelgom）在她的著作《融入冷漠》（*Integrating Indifference*）中，通过分析各国公民冷漠与暧昧的态度来讨论欧洲方案的正当性，填补了欧洲研究的一个空白。她特别深入研究了那代表少数却具有意义的欧洲冷漠派，他们要么对欧盟不感兴趣，要么稀里糊涂。

研究表明，反对欧洲建设的公民的数量在 1992 年到 2002 年的 10 年间从 16.7% 增加到 17.5%，冷漠者或不确定者的数量在《马斯特里赫特条约》签订前后的百分比是 15.3% 与 23.8%。她研究的八个成员国是比利时、法国、荷兰、丹麦、英国、德国、意大利和爱尔兰。怀疑派在爱尔兰增至 9.9%，在法国增至 28.7%。

作者调动了从 2005 年 2 月到 2006 年 6 月间从布鲁塞尔、巴黎与牛津收集到的普通公民如何看待、讨论与质疑欧洲一体化的调查数据。调查显示，普通公民的欧盟视域受到国家视域的影响。作者将欧洲怀疑派分为三种形态：一种是暧昧不清者，一种是疏离派，第三种是命定论者。很多人认为欧盟会在各成员国的国家政治生活中变得更为重要。公众舆论对欧盟的态度会越来越两极化，不是赞成就是反对。但她认为只有精英阶层对欧盟的态度会产生两极化，民众没有这个两分法，她认为民众根本就无所谓，你们爱干吗就干吗，所以冷漠派是会发展壮大的，而且他们没有观点。怎么解决民主生活当中有一批人完全没有观点，而且这帮人的基数可能会越来越大的问题，我觉得这是她的调查中比较重要的地方。

　　还有一个调查是各国领导人是怎么表述欧盟的。这个调查非常有意思，各国政府领导人很少去攻击欧盟，在经济危机当中，也不把欧盟当成直接的替罪羊去批评，但是，他们采取一种双重态度。一般来说，他们习惯指责他们的前任，淡化自己的责任。有具体的经济危机需要承担责任的时候，就大谈欧盟，谈一些不相干的事情，然后把话题转移，其实就是间接地转移自己应该承担的责任，回避本国的经济难题，所以欧盟成为被政客利用的工具。

　　欧盟现在面临一个转折。我想讲讲欧盟各国原有的四种不同诉求的变化。首先，法国人希望从欧盟建设当中获得再生，推广法兰西共和价值；德国人希望从欧盟建设当中拯救自己，得到救赎；南欧各国希望加入欧盟，从而得到制度性升华与转型；东欧国家则希望通过加入欧盟变成民主国家，并进入市场经济。英国和北欧是想让自己的国家利益最大化，可是现在这些诉求完全变了，各国的诉求完全不一样。

　　我们看看现在的诉求是什么，德国已经完全摆脱了救赎逻辑，它的救赎逻辑只在外交和军事上保持着，就是一要出兵，二要解救难民。这就是说：它要成为一个正常国家。法国人觉得在欧盟建设当中，所有法国的理念都没有得以发扬。法国人一直希望在欧盟建设当中实现法国的价值，强调国家干预的经济政策，注重公共服务的重要性，反对绝对的经济自由主义，强调建设社会福利的欧洲和强大的欧洲。这些法国的理念在欧盟是被边缘化的，尤其是欧盟东扩以后，所以法国人觉得已经丧失了自己的价值。南欧国家更是觉得上了大当，东欧国家现在回归政治现实主义和有一点被当作东欧民粹特点的民族主义，比如匈牙利。因此，欧洲的转型和未来的建设可能要从这四种不同的利益诉求的转变当中重新再出发。目前欧洲各国好像主要致力于加强和巩固欧元，另外的发展我们拭目以待，可能目前首要解决的是英国的"脱欧"问题。

【主持人】谢谢张老师。张老师刚才讲座涉及的历史很长，方面众多，几十个国家，几大变迁，有些同学可能熟悉欧洲史，也有些不熟悉，所以大家可能不一定都能理解。我说几点感想，我记得张老师陪德里达来中国是在 2001 年，正好"9·11"事件发生，当时围绕欧盟有一场争论，主要是宪法争论。《读书》杂志曾经发表过哈贝马斯（Habermas）和迪特尔·格里姆（Dieter Grim）的论争。

大家都知道哈贝马斯是一个大哲学家，迪特尔·格里姆是欧盟宪法委员会的一个很重要的成员，也是学术委员会的主席，曾经是联邦德国的大法官。他们发生了一场辩论，这个辩论就跟刚才张老师提到的问题有一定的关系，主要是围绕欧盟宪法到底是不是宪法展开的，因为哈贝马斯坚持他使用的就是欧洲宪法（Euro Constitution）。但是迪特尔·格里姆认为这根本不构成宪法，他本人是支持欧盟、支持统一的，但是他认为，这只是一个会谈纪要（protocal），构不成协议。为什么？就是刚才张老师说的，这只是一些民族国家政府之间的协议，这个协议后来是一个极大的问题，因为没有统一的欧洲公民社会，所以那样的一个宪法，在目前条件下只能是协议的模式。

围绕欧洲宪法的性质，当时有一场很重要的争论。伊拉克战争的时候，德里达、哈贝马斯和瑞士一个很出名的作家，他们三个人发表了一个宣言。那个宣言当时在欧洲引起了很大的反响。他们提出了"核心欧洲"的概念，要求以原来的西欧国家德、法、意为中心。这个核心欧洲的概念一提出来，在东欧和它的边缘区域马上引发了很大的反应。

还有一个争论是有关土耳其问题的。黑山、塞尔维亚、阿尔巴尼亚，这几个国家全部都是 19 世纪中期以后所谓东方问题的一部分，欧洲的东方问题就是指奥斯曼帝国衰落过程中，这些地区出现的分离出来的民族所造成的不稳定问题。我记得有一年在欧洲，我也参加过在土耳其举办的一次关于欧盟宪法的讨论，当时土耳其非常热心，想要加入，但现在土耳其未必真的想加入。刚才张老师提到的一个线索是国家和人口的关系，在欧盟议会当中，到底投票权是以形式平等的一个国家还是要以人口为基础赋予，这是很重要的一个因素。除了文化上的问题之外，就是人口问题，因为如果土耳其加入欧盟，那么它几乎是最大的欧洲国家。这样的话，整个欧洲概念就会产生重大的分歧。

那次辩论我觉得很有意思，后来，迪特尔·格里姆在土耳其做了一个很重要的演讲，完全从法的形式主义的角度来解释这个关系，他很好地应付了这个挑战。因为要在土耳其讲这个话题，当时是非常难的，如果按照哈贝马斯他们的讲法会非常困难。哈贝马斯最早提出后民族国家、后民族民主的概念。他当时提出现在欧洲以民族和民主作为双翼，他说我们现在需要把民族和民主的逻辑变成民主和欧盟的逻辑，这是后民族国家的逻辑。这个逻辑除了人权、宪法之外，还有超国家（supernational）。在民族和民主的关系之外，还有一点就是文化认同。哈贝马斯说欧洲需要考虑文化认同，这个文化认同其实讲的就是基督教。如果按照他的这个政治哲学逻辑，放到一个超越欧洲的语境当中叙述的时候，他的排他性是很强的。相比之下，迪特尔·格里姆从法的形式主义的角度去谈，反而更容易一些。

最后，我做一个补充，大概在1992年以后，日本非常迫切地想要模仿欧盟，亚洲统一进程被提上了议事日程，当时最热心的其实是日本，因为1989年之后，它处于相对比较主动的位置。所以日本当时在报纸上提到有没有可能形成一个中日之间的和解，就像法德之间一样，如果可以对历史问题进行谈判，并且达成和解的话，区域整合就可以形成。

亚洲金融危机之后，就提到了亚元的问题。初期中国对这个问题确实比较有疑问，到现在，恐怕是日本比较有疑问了。亚洲金融风暴之后，中国首先提出了加 1，后来日本、韩国加入是加 3，之后日本为了平衡中国的力量，提出加 6，这样使得一个地缘的整合计划变成了跨区域的，因为所谓"10+6"最重要的是把美国和澳大利亚、新西兰纳入亚太的框架里边，使亚洲的总体关系变得复杂。这有点像欧洲后来到底要不要把土耳其吸收进去的问题，如果土耳其进去，他们的边界到底在哪儿就变成了一个问题，所以区域整合又成了一个问题。

"冷战"结束后，整个 20 世纪 90 年代出现的热潮基本上都是跟欧盟的刺激有关的，但是到 21 世纪之后，这个热潮逐渐退却，到今天已经接近于一种新冷战的模式。

张宁老师没有提到，欧盟当时有了组建欧洲军队的计划。20 世纪 90 年代欧洲这些国家都提出过，其背后的含义就是要废除北约，让北约边缘化。可是在南斯拉夫战争后，整个计划都结束了。我们看到的是，虽然欧洲跟亚洲的条件非常不一样，但都事关全球性的权力关系，所以我认为把张老师的演讲放到我们过去的这些讨论当中来看欧洲面临的问题，其实是很有启发性意义的。

现在大家有什么问题可以向张老师提问。

【提问】我来自中国传媒大学，我最近对 20 世纪 60 年代一些研究鲁迅的日本学者的书非常感兴趣。最让我感动的一个方面是，他们的意识真的完全超越了民族国家。我的问题就是，欧洲是否也存在着某一个人物或者事件能够使他们之间也有类似这样的联系？刚才老师提到基督教，我认为这其实不是我想要看到的东西，就想请教您这个问题。谢谢。

【提问】第一个问题就是，我们一直在说欧盟最开始的时候是一个迈向全球化的过程，但它同时走的是区域化的方向。我们看到这个世界好像离我们曾经设想的全球化的目标越来越远了，或者离共产主义的超越民族国家的那种设想越来越远了，所以说，无论它最后走向帝国还是走向一种新形式民族国家，这个梦想好像都已经有些远了，所以想问您是怎么看全球化这个事情的。

第二个问题是，阿尔蒙德（Gabriel A. Almond）曾经在《公民文化》这本书里讲过，民主政体运行的一个比较重要的硬性条件就是它需要有一批政治冷漠的人。我看到您刚才列出的欧盟里面政治冷漠的人数并不是太多，我想知道一个民主政体运行的必要条件就是它需要有这样一些政治冷漠的人存在吗？谢谢您。

【提问】我比较关注加泰罗尼亚公投以及之前发生在意大利威尼斯的一些独立公投事件。我想问一下，如果欧盟不能作为一个超国家的机构来解决一些国家的内政问题，那么这个内政问题可不可以由他们国家内部的人，比如说精英和民众来解决？如果他们把这些问题解决掉了，那会对欧盟的存在产生多大的影响？这样的独立公投以后会不会越来越多？欧盟会不会承认他们？因为我之前听过BBC的一个采访，采访的对象是当时欧盟理事会一个管外交安全的人，整个采访我觉得就像您所说的一样，他不在乎，他认为这是他们自己内政的事情，所以我想问一下您的看法。

【提问】老师您好，您之前提到了英国"脱欧"的问题。有关"脱欧"的统计显示，老年人和青年人之间的倾向性非常不同。我感觉在欧盟建设之后成长起来的青年人，因为其成长经历和经历过"二战"的那个年龄的人的思维是不一样的，那么在欧盟，比如您生活的法国，青年人和老年人之间有没有因为成长历史不一样，导致他们的思维也非常不一样？他们对于欧盟的忠诚度会不会更高？随着时间的推进，将来他们掌权之后会不会对欧盟有更高的忠诚度？

【张宁】这些都是很好的问题。我先从后面两个比较容易回答的问题开始。

第一个问题就是西班牙最近的这个危机，加泰罗尼亚公投要独立，还有比利时。其实比利时弗朗芒地区比较富裕，法语区比较穷困，所以在比利时的首都，这种拉锯战已经持续很多年了。如果欧洲整个的经济状况都很好的话，我觉得这些独立都是可以的。问题是现在的经济情况太坏了，欧盟现在是雪上加霜，我觉得加泰罗尼亚就是想趁西班牙最微弱的时候搞这个事情。如果每个人都认为自己在一个共同的大陆生活的话，其实应该有点责任感，这种事情至少你不应该选在这个最坏的时间来做。

我对它有一个价值判断，我可以理解马德里的人为什么上街去反对。我以前也觉得无所谓。他们觉得这样生活会更好，因为加泰罗尼亚是西班牙最富裕的地方，它要独立，然后把那些穷的地方都扔在一边。很多人反应很激烈，我觉得这涉及公民责任的问题。至于你提的代际这个问题，年轻一代没有战争经历的人，对责任的意识是比较弱的，真的是这样，但是他们是这个世界的未来。从情感上讲，我更认同老一代的人，老一代欧洲人。我到欧洲的时候，跟战后成长起来的老一代知识分子，有很多东西可以谈到一起。因为大家经历过那个不容易，就很珍惜，大家能够共同生活在一起，就要多承担一点责任和义务。

但是年轻一代不是这样想的，因为欧洲疆界打开了，他们到处交流，年轻一代的人彼此之间没有隔阂，他们身上背的确实比过去传统的负担少一点，可能更容易认同欧盟，因此在这方面可能会对欧盟的未来产生影响。如果年轻人都上去，可能执政的风格也会发生改变，生活的方式和观念都会改变。不过，那也要看之后的世界局势怎么样，你处的是什么位置，一切都还不好讲。因为历史决定我们很多人的思维方式和生活方式，不是我们有这个思维方式，我们就能完全改变历史。欧盟的建设者都是经过战争考验的那一代人，他们希望欧洲和平，为年轻人建立一个美好的未来，谁能想到现在会是这样的？

很多老一代人现在都变成民族主义者，很奇怪，真的是这样的。可能老了就变得弱了，国界以外别的地方发生的事情跟我没什么关系，我的国家好像比较重要。老年人大多是民主派，退休的人大多是民主派，没有权利的人大多是民主派。我这么讲有点不精确，但这是我自己的一个观察。我不知道我回答了你的问题没有，你有不满意的地方可以继续问。

【提问】从整个现实法律的角度来考虑，欧盟对这个公投确实没有办法管，是吗？

【张宁】它是不能管，那不属于欧盟的权限范围。那个发言人他故意绕过去这个话题是对的，因为他一表态，就跟西班牙主权国家的权限发生冲突，要出很大的问题。公投是主权国家内部的事务，他们希望欧盟救他们一把，跳出他们的主权国家，但是欧盟现在完全不能表态，它一表态，可能各地都会发生这样的问题。这在政治上非常难操作。所以大家都踢皮球，踢到哪儿算哪儿，因为这个问题太难解决了。

而且现在是一个最坏的时候。其实，它早几年发生的话，这个危机可能不会这么大。现在西班牙的债务危机还没了结，如果加泰罗尼亚公投独立，那在欧洲可能引发多米诺骨牌效应。比利时欧盟总部也会跟着跑，马上就面临着分裂。现在踢皮球是对的，政治有时候就需要踢皮球，因为太复杂了，责任也太大了。刚才这边的问题是？

【提问】我是全球化的问题。

【张宁】你想知道我对全球化有什么看法，是吧？

【提问】对，主要是欧盟方面，对全球化的贡献或者是……

【张宁】这个贡献与否，我觉得我们对全球化有一个整体的评估，因为全球化是在"冷战"结束以后很仓促地启动的，就是在一片乐观主义的情绪下，以黑格尔的历史哲学方式启动的。

我觉得全球化最大的问题可能是经济全球化里面出现的一些新的资本主义形态，比如说金融市场化，我觉得这个方向可能不能代表人类的未来，而是一个灾难性的东西。因为这个泡沫经济，欧洲被冲击，美国和亚洲次贷，这套玩法到底要把全世界的老百姓玩到哪一步，我不知道。我个人基本上认为，全球化中出现的金融市场化危机不光是欧盟的问题，而且是一个世界性的问题。

现在又回到我们刚才讲的传统的国家的问题上，因为国家有一个传统的角色，它要平衡资本，要承担社会再分配的责任，贫富要大概都过得去，这样大家才能够基本上接受被剥削，使之可以持续进行，这叫可持续发展。因为我们这个世界不可能完全平等，在资本主义晚期，人们认识到这一点，你不能把一个人剥夺到他基本上活不下去，使社会再生产不可能维系。资本主义生产方式要持续的话，它就会不断地平衡生产关系。现在新一轮金融资本主义发展的情况是，这个平衡被打破了，然后需要寻求新的平衡方式，这就产生全球治理的新诉求，需要探讨怎么管理资本的问题。其实大赢家是全球流动的资本，在全球化过程中，贫富两极的悬殊分化是世界性的，不是一个国家的问题。赢家都是有能力来玩、来参加资本流动的人员，被甩出去的则是大部分。

这是全人类的问题，我觉得现在应该是一个重要的反省时刻。欧盟的这个危机，也是我们反省的一个起点，所以这个危机也应该是一个反省的契机。可以这样说吗？

【提问】大概能接受。

【张宁】您刚才问到欧洲是否也存在像鲁迅那样超越民族的人物。其实有很多，但是我不能具体地给出名字，像孙中山、鲁迅，还有早期的一批亚洲主义、泛亚洲主义的人，其实每个地方都有。但重点是在我们的现实政治当中，这种文化理想主义者和浪漫主义者，可能一段时间内他们代表着思想的主流，但面临严酷的现实的时候，他们经常会被忘记。我们可能今天要更多地珍惜这样的人，因为面对灾难的时候，就会出现一些很重要的文化理想主义者，比如当时日本侵略中国的时候，有一个日本的外交官在瑞士自杀了，因为他想阻止却阻止不了这样一个灾难的出现，所以他干脆选择自杀，就跟王国维先生当年的行为是一样的。世界各国都有这样的人。

【主持人】因为时间的关系，我们公共的部分就到此为止。请PPE的同学留下来跟张老师再互动一下。

【提问】刚才您谈到欧洲认同和民族认同的矛盾，但是我们看到，在这个难民危机的背景下，我觉得它实际上是把一个全球认同的逻辑也拉了进来，拉入欧洲，之前的二层结构变成了三层结构，于是就可以看到一种欧洲主义的回归，比如说前一阵巴黎知识分子的那个宣言，欧洲主义似乎有了新一轮的回归，这种回归对于之前欧洲认同的建设是不是有一定的促进作用？或者在促进的同时，我感觉它其实有一些危机在其中隐藏着。想问问您的看法。

【张宁】你说得很好。在各种各样的危机出来以后，现在有一个欧洲问题的回归，我想强调两点。一个是死在海滩上的那个叙利亚难民小孩的照片一出现，把欧洲人的某种欧洲认同感、很多人的人道情怀重新唤起来了。之前很长一段时间，《申根协定》出台以后，很多欧洲人都认为，欧洲难民问题主要是经济难民，是全球化带来的一个负面的东西。这些人跑到欧洲来都是因为经济的原因，但是叙利亚难民的情况改变了很多个人和团体的看法。很多志愿者都跑去帮助难民。这个时候我们可以看到欧洲认同里边一些传统价值的回归，在应对危机的时候，个人和国家的行为方式不完全一样，当然是因为国家层面处理的问题会更难一点、更复杂一点，国家有一个综合的考虑，但是至少很多民众会自动成为欧洲价值的体现者。我不知道我回答了你的问题没有。

【提问】10月份巴黎知识分子宣言是不是对知识分子或者精英阶层有一定的影响？

【张宁】巴黎知识分子的宣言是欧洲几个国家的知识分子在巴黎签署的一个宣言，在欧洲的反响其实是非常小的，没有什么特别大的代表性。我当时没有特别注意这个，有人跟我疯传，传过来我自己看了以后就很生气，我觉得他们的逻辑混乱，否定启蒙与欧盟，那欧洲就没什么值得追求的了。我不认同那些人的想法。他们想的是情感的寄托，代表老一代，和新一代的想法相去甚远，代际距离很明显。欧洲知识分子中很多是法国传统的人权捍卫者，这几年知识界出现了一些变化，就是宗教的冲突太明显，人权价值根本讲不通，这个迅速变化的局面让人权在欧洲没法讲下去，就是你跟人家讲人权，人家跟你讲宗教，人家跟你讲上帝，你跟人家讲别的。

有人开始认为欧洲价值不是普世价值，现在已经有很多人这样表述了。过去欧洲人一直很自信，觉得在上帝死后的这个世界里，宗教的号召不会那么强，现在反过来一看，宗教的号召厉害得很，人权号召好像号召不动了，所以对普世价值的叙述最近有很多的反省。

【提问】我想问一下，您刚才提到了精英性的架构使得欧盟民意产生了二分。您说民众的态度有暧昧式冷漠，等等，那精英阶层对民众抱有一种怎样的态度？

【张宁】精英阶层中的一部分在忙着使精英利益最大化，这真的是一个问题，精英包括资本的精英、知识界的精英、政界的精英，他们在继续着利益的最大化、全球化，到处跑，做个讲座就可能挣一笔钱，去欧盟开个会就又能挣一笔钱，反正国家的工资也拿着，另外在欧盟那边也能领取一份工资，所以很多人是忽略民众的。

他们对民众的看法是现在玩不下去了，不能再玩了。民众反抗程度已经不只是在街头，而是到了各地。我住在法国南部，那是一个传统的农业省，当地人多数都是法国本地人，再加上西班牙早期移民的后代。这个地方非常典型，当地人跟外国人其实没有什么接触，跟现在的移民也没有什么接触，但是最近这几年发生了变化，市里面强行安置移民点，田里的大型机器经常就被人偷跑了，而原来的情况是村子里的人从来不关门的，最近不行了。去年村子里发生了一件事，有两个小偷去人家家里偷盗，主人回来了，两个家伙就从窗户跳向河里。结果有一个人被挂在半空，被一个什么东西挂住了，当地政府派了一个直升机来救那两个小偷，把两个人都救了。

当时我们那个村子里还有一个英国人，他在那个地方住了二十几年，就因为喜欢法国的红葡萄酒，在那里开了一个酒庄。那天，他在他的酒庄里被一群人抢了钱。他说，他到了这里这么多年，从来都没有想到有人会来抢他的钱。两个人把他骗到下面去品酒，另外一个人就把他收银柜里的钱全拿走了。那天的反差是什么？我们那个村子里的人为此事讨论了一个礼拜，惊魂不定：对那两个小偷用直升机进行救援，但没人关心这个英国人被抢了钱。

这种非常具体的反差，我不知道你们会怎么看，当地的民众对所谓的人权叙述非常有意见，就是觉得一般老百姓有事，谁都无所谓，反而是那些边缘人干了什么坏事，我们却要去帮助。这是个矛盾的状况。我没有回答你的问题，我扯远了，我不知道为什么我会想到这件事情，就跟你们分享一下这个细节吧。

【提问】我想了解一下欧盟的精英阶层对民众的态度，因为阅读了那个论文，我感觉欧盟现在是一种寡头政治，上面一大堆精英，下面是可怜的民众。

【张宁】下面可怜的民众不是少数，问题的重点是民众的声音现在也用极端的诉求方式来表达。其实还是有人关心民众的，问题是哪怕是动员起现在的民众，但换了新的民选政府，新政府能解决多少问题？很多问题是经济问题，还有就是国家职能的问题，我刚才讲过，民族国家的职能已经被削弱了，有些问题它想管也管不了，它不是不听民众的，只是听了也解决不了所有问题，因为国家现在都负债运转，国家没钱，其实百姓还有一点钱，欧洲的民众相对来说是比较富裕的，尤其是法国。真正一贫如洗的人并不是很多，因此，这种局面还能维持，要不然我们同事好多人就说，现在法国怎么还没搞第二次大革命，就是因为民众基本上都还富裕，还能承受得起。

精英和民众的二分问题可能也到了非常时刻，不管是欧盟还是传统的民族国家，都要重新思考现在这个新一轮的紧张问题。可能这个民众和精英的二分已经变成一个僵硬的制度，比如说什么人进入政府。法国的精英制度是很典型的。你进入精英学校，然后从行政管理学院出来以后，才能进入高层，政府的高层。一般的民众，你就是选进去也成不了大事。也就是说，你一个吃瓜群众，把你选去当总理，你也当不了。非精英教育的人不是选不上，而是很多人选进去了，但进去以后连办公室都找不着，他找不着北。这个精英政治现在变得很行政化，很官僚化，你没有一定的行政能力和经验，你是干不了的。再加上民主制度不停轮换，五年换一次。一个新进政府的人刚把办公室搞清楚，把各地方各部门搞清楚，他就走人了，又换一批人，又去重新弄清楚，这个很麻烦。我有些时候觉得民主制的轮换制度可能太短视了，这方面有很多负面的议论。这不只是精英和民众二分的问题，不是因为有了大学教育，你就变成精英了，不是的，因为行政精英是一套体系，政治精英又是另外一套体系。

比如说搞环保的人进去，他说的话根本没有人听，很快就被孤立了，发挥不了什么作用。法国那个极右派勒庞（Marine Le Pen）是全体人都堵她。其实，我有时候想想，是不是让她进去了以后，情况反而会好一点？因为她实际执政能力是很差的，她在两个地方的实际执政能力都不行，没有干部培养，没有干部队伍。民粹派只管壮大队伍，是个人都拉进来，实际你要真正让他们运作一个国家，他们是运作不了的。拿法国一个大的市让他们去管理试试看，看他们怎么把外国人全部赶出去，你试了以后，大家就知道我们要不要选这样的人来执政了。但因为你完全把他排除掉了，所以反而激发了一些逆反诉求。我老觉得反对派正常化一点可能会让情况得以改善，这是我个人的想法，我不知道汪老师怎么看。

民粹派的玛丽·勒庞和马克龙（Emmanuel Macron）有一场辩论，我听完以后，觉得这个人完全不会管理经济，怎么能把法国交给她？讲欧元的时候，她稀里糊涂，都是乱讲，所以你让她参加公开辩论以后，大家就发现她脑子不够用，这个国家不能交给她，她就下去了。如果只讲仇外、讲激情，她真的有可能上去。所以有些人说，是骡子是马拿出来遛遛，真有本事你试试看，大家都认同你那个方式，那你就试着执政吧。因为发动仇恨比较容易做，可是你要负责照顾所有人的利益是非常难做的。

【提问】您刚刚提到民族文化，就是宗教等这些共同体，似乎它们并不相重合，那如果说在过去，描述欧洲民族国家形成的主要逻辑是民族和文化认同的话，那么您觉得在今天，在后民族国家理论和实践遇到问题的时候，我们描述当代历史的最要紧的动力有可能是什么？除了您刚刚提到的精英政治的逻辑，比方说宗教或者民族主义思潮这种所谓的保守主义的思想在今天有可能会成为一种帝国的逻辑吗？

【张宁】我觉得所有的逻辑都在我们的现实生活当中，而且每个人都有不同的逻辑。这个东西不是你预设好就可以，我们所有的预设都是往理性化的方向预设的，所有的预设都很完美。欧盟一开始的预期就挺好的。所有的好方案都需要同时设计一个纠错机制，预设可能出现的问题。世界上每个人的利益诉求都是不一样的，哪怕你谈恋爱也是如此，你认为最好的想法，别人就不一定认为是最好的，所以一定要沟通。更何况世界上有这么多的文化记忆、文化传统，还有利益诉求，追求自己的利益最大化不要逼人家减少利益，因为那样的结果只能是极端化。

【提问】我是来自法学院的学生。我想问一下，之前您提到忠诚度的问题，我还是不太理解。您之前提到欧洲的老一辈在建设欧盟的时候，花费了很大的心血，有很大的认同。但是等到他们老了之后又会退缩到自己的民族国家或者可以说是洞穴里边。您还提到，欧洲的年轻一代，他们在一个自由流动的欧洲社会里面会得到很多好处，但可能会缺乏责任感。又说，在这样一种情况之下，他们既然享受了这样一个既得利益，照理说会对这个东西更加认同。

【张宁】认同矛盾的问题，是吧？

【提问】对，现在欧盟又出现了这样的问题，其实这对于他们来说是一种损害。之前说到老一辈和年轻一辈的代际导致年轻一辈更忠诚还是更不忠诚的问题。如果说更不忠诚，那我们寄希望于年轻一代的话，那不就是把欧盟倾向于一种瓦解吗？或者有没有可能说，其实根本不应该对一个代际和代际认同问题作评判？

【张宁】可以作评判，但不是立即下个定论，就像判一个死刑，弄个尘埃落定的结果。不是的。经过"二战"的老一代，他们忠诚于民族国家，对欧盟忠诚是为了避免民族国家间的战争，其实还是以捍卫民族国家为重心，所以他们的这个忠诚度仍是以对民族国家的认同为主的。对于年轻一代来说，因为他没有遇到过民族国家的这个危难，危机感比较少，所以他们目前对欧洲的认同感比较强。

刚才有一位朋友问欧盟十年内会不会瓦解？反正从地理上是瓦解不了的，从地理位置上看，它永远在那儿。欧元从目前来看，也是瓦解不了的。如果大家都要自救的话，因为政治的分裂和文化的冲击，还有宗教方面各种各样的考量，最后会把欧盟推到什么地步，我们目前不知道。只有到了那个时候，我们才能看到年轻一代会怎样应对危机，也只有到那个时候，他们的认同感或者是忠诚度才会真正出现，因为年轻一代他们现在不掌权，他们不需要负责。认同感是当你要承担责任的时候，才会变得非常明晰的。你是一个政治人物，或者你是一个家里的父亲，或者你是一个孩子，身份不同，你的认同感完全不一样。我们讲认同感要区分很多很多的层次。

【提问】您觉得现在的环境对年轻人的认同感会起到什么样的作用？

【张宁】目前欧洲一般的年轻人对欧洲的情况还是比较乐观的，也比较积极。由于欧盟与民族国家相比，它提供了更广阔的就业市场和机会，这对年轻人有利。比如年轻一代优秀的法国青年可以跑到英国去就业，有一大批金融界的青年真的跑到英国去就业了。他们对欧洲的认同当然是越一体化越好。马克龙也够年轻了吧？三十多岁，他就有一个很强的欧洲认同。

【提问】相比马克思主要关注市场、生产和阶级，波兰尼（Karl Polanyi）主要关注市场和商品化，他在《大转型》一书中提出了一个钟摆运动，认为这个社会在商品化和社会运动中做着类似钟摆的循环，也就是说，利益危机、利润危机和合法性危机的钟摆运动，那么这样一个模型是否对全球化的逆转具有足够的解释力？

【张宁】我个人觉得有一部分的解释力。这个解释力的长项就是在资本和生产方式等传统的资本主义要素里面进行分析，这是它的长项，但是也可能是它的弱项。因为资本还有社会，还有国家的问题，一定要在这种三角关系的互动中才能看出来哪个东西是优势，哪个东西不是。我们这几十年的全球经济化，整个占主流精英位置的、掌握话语权的人全都是经济学精英，人文学的人已经彻底不知道被赶到哪里去了。

最近所有人文学学者，包括历史学家就在大力呼吁这种让经济精英主导世界的解释权再平衡一下。是应该再平衡，因为现在经济冲击了所有的思考方式，是应该换一种角度重新考虑社会、政府和资本这三者的关系，只用一个思路来分析全球化是肯定不够的。

欧盟到最后有没有可能通过欧元的既成现实，最后整合成一个主权让渡适中的国家联盟？这可能是欧盟的理想状况，但是能不能达成我们不知道。欧洲这个共同体，现在有一个很好的开始，但是我们是否能见得到那个很理想的结果？我们这一代人也许看不到那个结果了。

【主持人】我插两句，欧盟发展比较好的时期，其实是布什执政的时期。然后欧洲认同比较强的时期是跟美国有一定紧张感的时期。等到奥巴马执政时期，认同感又不行了，这也是一个很有意思的现象，就是说，考虑一个地缘政治共同体的时候，它的外部跟你的关系，有时候好会促进你的团结，有时候不好也会促进你的团结。如果没有戈尔巴乔夫他们终结欧洲冷战的历史，欧盟是不可能实现的，这是促进欧盟的。但是反过来看，布什上台的时候，是普遍激发起欧洲人对美国不满的一个时期，但是同时我觉得也是欧盟认同比较强的一个时期。刚才你也提到了平等，虽然欧洲所谓的福利国家已经千疮百孔，但是总的说来，它比较尊重平等。但是，欧洲作为一个共同体，有这么多民族国家，它的不平等程度是以民族国家形式被固定下来的，所以实际上它的不平等程度是极高的，南北之间的差别、东西之间的差别是非常高的，但是，它在一个单一共同体内的差别小于美国。过去美国有一个学者做过一个研究，包括新自由主义时期对于美国的不平等的批评，他提出如果把欧洲和美国作为统一共同体的话，那么实际上欧洲的不平等程度要高于美国。

【张宁】可能应该说是一个结构性的经济不平等的问题。

【主持人】因为它在民族国家的架构下，比如德国跟希腊，整个南部国家和西欧国家之间，跟美国之间，不但有差别，而且有冲突。这个冲突是社会不平等，但是是以国家形式表达出来的政治上的后果。我记得有一次欧盟有一个群体到清华大学来跟我们座谈。他们问我一个问题说，如果希腊危机发生在中国会怎么样？我说，中国不会发生希腊危机，希腊危机不就是贵族出了点问题吗，然后你就弄中央财政和各省，马上这个问题就过去了。会有别的危机，但是不会出现欧洲危机，这个是政治结构的问题。我们现在不同的政治制度都处在各种不同的危机当中，没有一个政治制度、没有一个体制可以说是真的能够避开危机，过去的那个相对的优越感现在都很难维持，就是你有你的问题，我有我的问题。在这个状态下，倒反而有了一个比较的空间，要不然的话，大家优越感都很强，就没办法来做这个比较了。中国基尼系数大家都知道，非常高，但是另外一方面，它的确不会爆发类似的危机，因为它的财政统一。

有一些精英反对"脱欧"，其实际是支持欧盟的，但是他们的想法跟欧洲大陆知识分子的想法不同，这点是非常清晰的。对英国来说，由于它有早期的非连续性的所谓的帝国，所以它没有对于欧洲统一体的强烈的需求。我有一次在伦敦跟几个知识分子聊天，那个时候还没有"脱欧"这回事，英国的这些知识分子都是支持欧盟的，但是他们说得很清楚，他们说没有必要在欧盟里面，那对他们实在没有什么好处，他们可以是欧盟的一部分，但是，为什么不跟中国、印度搞一个联合共同体？如果从经济的角度说，英国跟中国的贸易加上印度的贸易，要远远多于英国和欧盟的贸易，它跟亚洲的经济联系实际上要远远高于跟欧洲的经济联系，而且传统上，在19世纪之前，它就已经是一个亚洲帝国了。

英国并不完全是一个欧洲帝国，英国本身就曾经是一个亚洲帝国，当然还包括非洲。我感觉英国人跟欧洲人之间的想象差别的问题是被忽略掉的，尤其被欧洲人所忽略。欧洲人不是不知道，但是就像你说的，他们把丘吉尔都给忘掉了。要知道，欧盟正是丘吉尔提出来的。但是从欧洲的角度说，英国就是实用主义，其实英国已经在跟美国交往了，它跟美国的关系早就超过了跟欧洲的关系，早就如此了。我确实不知道欧盟在英国"脱欧"之后，会怎样重新建构欧盟计划，因为这个洞太大了。

【张宁】现在有两种观点，法国人是高兴的，德国人觉得损失很大。因为法国跟英国是传统的宿敌。法国人认为，英国人总是计算利害，不愿意承担义务，这是他们基本的判断。你刚才讲得很对，英国的想象是超出欧洲的，可是欧洲的这些国家首先要有一个大陆的共同体，因为传统的殖民地没有了，也不能再去想象，市场就成为实现利益的战场。哪里出兵都有利益，打成一团糟的地方都是大国利益在博弈，所以那个地方的人就很倒霉。其实都是有想象的，这些帝国的想象其实就是根据每一个国家的历史记忆形成的，现在我们不是说大国间的关系就是记忆的战争、记忆的博弈？就是因为在它的政治逻辑里面，永远都不会忘记那一段时间。一出现危机，它就会想几个点，这其实很正常，就像中国历代的帝王将相整天想《资治通鉴》，这是传统的政治记忆的博弈。

但是这种东西现在做不了，做不了怎么办？要想办法，这就要转换，从记忆的战争走向记忆的转换，然后还有记忆的延续，怎么做？咱们就只能看着，因为我觉得欧洲现在没有退路，所以要看它怎么整合。现在对英国的谈判有两种说法，一个是瑞士那种形态，另外一个就看它怎么样来转换。因为那5.1亿的人口，那个市场，英国还是想就近进入的。还有就是人员，欧洲好多知识分子还有精英都跑到英国去，那是自由流动的，可以不费劲地交往。还有就是年轻一代的互相交流的成本问题。像瑞士退出以后，要付很多钱。但瑞士富裕，它无所谓。瑞士的年轻人想到国外去，请外面的人到瑞士来，现在都存在各种各样的障碍，很麻烦。没办法，就这么着吧，这一点钱还能付得起，它就承担这个后果。英国现在可能也要付 600 个亿，可能它也承担得起，无所谓，好像达成了。

【主持人】经济上应该是比较短期的，不过问题还是会很大。

【张宁】对，可能英国和欧盟的博弈因为地理与地缘政治的因素，它不能够完全不顾欧元这个市场。但是代价、责任和义务的问题它怎么平衡，这个我们要再看，加上它有它英联邦的一个大市场，还有跟美国的特殊关系。

【主持人】实际上，英国国家认同也会受到影响，因为它还有苏格兰和爱尔兰。所以它一旦分离出去以后，如果欧盟是一个相对开放的，对它来说也会遇到新的问题。刚才说到一个是记忆，还有一个是无意识。比记忆更深刻的部分是无意识，因为无意识是你根本不知道自己已经在那你就在那了，想都没想就在那了，别人看到你的行为的时候心里是很明白的。你是这个逻辑，可是你不知道自己是这个逻辑。这有很多很多例子。

以法国做个例子，当年法国出兵马里的时候，我问过好几个法国人，他们好像完全不清楚这件事，就是说，对这个事情没有太大反应。后来有一个学者就解释，法国对外出兵这种事情，从来不会引起特别大的反感，因为这是在历史上已经造就的一个模式。当国家实行干预政策的时候，这就很日常。欧洲人是特别会修辞的，但是我发现说到土耳其的时候，他们经常会脱口而出，这就是他们的反应，是日常生活里的，根本不觉得需要掩饰。

【张宁】我有一个法国朋友是土耳其的后裔，完全融入了法国社会，因为法国的共和理念是想通过教育使每个人都可以成为共和国的公民，不管你来自哪里，都可以成为法兰西公民，找到你的价值。这一点土耳其人、西班牙人在法国早期移民时期都没有问题，但现在的新移民有问题了。

【主持人】我们今天的时间到了，希望大家可以把今天谈到的问题放在一个比较宽的范围内做进一步的思考。

寻找亚洲原理 *

孙　歌

中国社会科学院文学研究所研究员

---

*　讲座时间：2017 年 12 月 13 日。

【**主持人**】欢迎大家来参加我们今天的讲座。今天讲座的主讲老师是孙歌老师，她所讲的题目是《寻找亚洲原理》。孙歌老师也不需要我作太多介绍，在座的一些同学，年轻一些的可能不熟悉，但稍微年长一点的研究生大概都了解。首先，从她的专业领域来说，她是做比较文学的，而且她做的是比较文学、比较文化、比较思想史，在这其中，她的研究重心是日本，同时涉及其他东亚地区的思想文化史。一般来说，一个学者都有自己专门的研究领域。从孙歌老师的专业领域来看，她是一个外国文学、外国文化的研究者，但是另外一方面，我们看到她的工作，包括她的影响，以及与她相关的许多讨论，并不仅仅局限在日本，也不仅仅局限在比较文学的范围内。换句话说，对她来说，文学也好，历史也好，日本也好，韩国也好，或者是东亚也好，都是思考当代世界、当代中国的一个基本方法。在这个意义上，我想说的是，虽然我们从事的都是非常专门性的学术研究，但是这些学术研究的重要突破都取决于人们对他们自身所面对的问题的寻找和界定，以及从不同的领域去面对这些问题。因此，虽然我跟孙歌老师的专业领域不一样，但我从没觉得这对我们的对话产生过任何问题。这是一个很有意思的现象。

之所以说这一段话，是因为在座的有一部分同学是我们政经哲专业的同学。我们这个课程本身带有很强的跨学科的特点，有很多同学看到别的学院，比如说经管学院，一进来就开始专业化的学习，他们常常会因此觉得有一点忧虑，说我们怎么好像还没有进入很专业的学习过程。我觉得专业的过程是会很自然地形成的。在你们以后求学的岁月中，你们会很自然地形成自己的专业领域，比如你们的工作所主要依托的那些专门领域。但是要能够产生出广阔和深入的思考过程，却是非常不容易的。我的确也感觉到，虽然在很多领域都能找到不错的学者，但是要想在这些领域里面，从这些很好的学者里面再找出有思想、有灵魂、有突破力的学者是非常不容易的。而这也正是今天的同学，尤其是学习政经哲课程的同学尤其要注意的。我们这个学期找了不同领域的一些学术带头人，一些顶尖的学者，他们工作的领域都非常不同，但同时我们也可以看到这些研究欧洲的、研究朝鲜半岛的、研究中国问题的、研究蒙古的、研究各个领域的学者尽管在不同的领域工作，学术的范围很不相同，但事实上都能找到他们相互碰撞的那些相关点。对于同学们来说，找到这些相关点，看到他们之间的这种相关的关系，也就是寻找自己思考方向的一个出发点，但这并不是说不需要专业性的研究。专业性的研究当然需要，可是这个过程是很自然的。说到孙歌老师的时候，我会很自然地想到这些问题，因此就跟同学们说一说。

我们还是要认真介绍一下。孙歌老师是中国社会科学院文学研究所的研究员，是北京第二外国语学院的特聘教授。她早年在吉林大学上学，后来在日本东京都立大学法学部获得了政治学博士。我们可以看到，她学的是文学，拿的学位却是政治学博士。我也是今天才知道她拿的是政治学博士学位。她的著作很多，在这里简单地介绍一下，主要的著作有《主体弥散的空间》《竹内好的悖论》《文学的位置》《我们为什么要谈东亚》《求错集》，最新的著作是《思想史中的日本与中国》。我认为，就当代思想史的文学研究来说，她对竹内好的重新阐释，无论在日本还是在中国，都有重要的影响。她也可以说是当代中国思想领域里面最早对亚洲问题进行探索的人。在我们中国学术界，亚洲这个概念其实有点模糊，我们不知道应该怎么界定这个范畴。我印象当中孙歌老师最早是 1996 年在《读书》杂志上发表了关于亚洲的论文，那恐怕是中国学术界最早的关于亚洲问题的探讨了。

孙歌老师关于亚洲问题的探讨，结合她对其他各种思想的分析，已经形成了一套系统性的解释。我想今天她要做的这个讲座就是对这个系统解释的一个比较凝练的总结。大概从 20 世纪 90 年代开始，一直到 21 世纪的第一个 10 年的前半期，这段时间是讨论区域整合、讨论亚洲问题、讨论东亚问题的一个比较集中的爆发期，在相关的国家和地区都产生了大量的讨论。在今天，这个进程本身并没有中断，并且仍然在不断地发展，但是话语上似乎在发生着变化与转型。今天，我们非常高兴能够邀请孙歌老师在这样一个时刻重新提出这个话题，重新探讨亚洲的原理问题。现在我们欢迎孙歌老师！

【孙歌】很荣幸能有这样一个机会来跟清华的朋友们一起讨论一些问题。我想先说一点题外话。这次来做演讲是受汪晖老师的邀请，其实21年前我写第一篇关于亚洲的评论的时候，汪晖老师刚刚接手《读书》的主编工作。那是他跟我约的稿。昨天为了准备今天的这个讲演，我突然想起来，当年我在《读书》杂志上第一次应汪老师之约写的书评叫作《亚洲意味着什么》。相隔21年，现在我还在寻寻觅觅。今天我要讨论的还是在"寻找"，或者说它顶多是个逗号，里面包含了问号，绝对还不是个句号。

其实我已经忘了当年汪老师跟我约稿的时候，我具体写了些什么内容。昨天我把《求错集》翻出来看了一下，觉得非常有意思。我当年给《读书》杂志连续写了三篇评论，第一篇叫作《亚洲意味着什么》，第二篇叫作《在历史中寻找什么》，第三篇叫作《普遍性的载体是什么》。其实这三个问题也正好是我今天要讲的"寻找亚洲原理"的三个最主要的命题。换句话说，这21年里我虽然有一点进步，但直到昨天我才意识到，原来我现在一直追问的这些问题，在21年前就已经存在了，只是那个时候我不太知道应该怎么去追问。这些问题伴随着我走了这么久，我也做了很多的研究，当然每一个研究都不是直接地回应这个问题，可是走到最后，走到今天，到了我觉得应该整理一下自己这些年所思考的问题的时候，居然又回到了21年前。这是一个很有趣的经历。以上是一点题外话，是跟年轻的同学们做的一点分享。

我今天要讨论的其实不是亚洲问题，而是我们有没有可能通过对亚洲各种各样的历史和现状的了解、分析和追问，来建立亚洲原理。如果亚洲原理可以成立的话，那它可能带来一些什么样的问题群，以及它可能会带来一些什么样的思考方向，这是我希望跟大家分享的基本想法。

在进入正题之前，我想先确认一些问题，确认一些我们可以形成的共识，也就是一些今天在这里不需要再讨论的问题。

首先，亚洲这个概念不是亚洲人自己生产的，它来源于欧洲。这个我想不用我多说。关于这一点，汪晖老师早年有一篇关于亚洲想象的论文，在其中他已经集中讨论了这个问题。我要谈的是起源于欧洲的亚洲概念，在历史沿革当中具有一些基本的变化特征。其一是对于欧洲来说，亚洲在刚被命名的时候只是地中海东岸，亦即亚洲西部的一个有限的区域，也就是所谓的小亚细亚。最早诞生的这个亚洲概念其实是地中海文化的一个组成部分，而地中海文化很难被欧洲和亚洲这样一个分界线给区隔开来。有一个很有趣的神话就是欧罗巴。我们把欧洲叫作欧罗巴，但欧罗巴本来是腓尼基一个公主的名字，被宙斯掳走，腓尼基就是现在的黎巴嫩一带。欧罗巴是一个西亚公主的名字，它后来成了欧洲的名字。据说亚细亚和非洲的称呼也都是女孩子的名字，当然这两个名字我没有考证过。当然这些名字的来源并不重要，它们仅仅是某种象征或者隐喻，重要的是历史过程。总而言之，实际上在古代，围绕着地中海，曾经存在一个相当紧密的政治、经济、文化区域，它们曾共享半希腊化时代的一些基本文化特征。所以地中海文化本身就是我们进行亚洲论述时的第一个大麻烦，假如想把亚洲和欧洲分开，那么地中海文化的一体性就必须被人为地切断，事实上，论述亚洲的学者好像没有试图这样做过。但是同时我们也知道，历史上发生过十字军东征，它实际上暗示了欧洲和西亚之间的剧烈冲突，所以地中海文化也并不是我们想象得那样一团和谐。这只是我要确认和暂时搁置的一个问题。尽管地中海内部包含了历史上的各种各样的紧张问题，但如果要讨论亚洲的一体化问题，必须要在亚洲视野里边给地中海和它的一体性留一个位置。

还有一个问题是我们必须确认的。尽管在起源上，亚洲这个范畴是被欧洲命名的，但是随着历史的沿革，特别是到了 19 世纪下半叶，进入 20 世纪之后，尤其是在第二次世界大战之后，亚洲这个名称就已经属于亚洲人了。至少对这个区域中大部分所谓的"后发国家"，以及具有被殖民历史的地区，亚洲这个称呼是一个主体性认同的范畴。所以，尽管在起源上亚洲不是一个自我的命名，但是在历史沿革的过程当中，它转化成为一个主体认同的范畴。体现这一主体认同的标志性事件就是 1955 年的万隆会议，所以亚洲这个概念确实是非常复杂的，很难用单一的思路去讨论它。

第三个需要我们确认的问题，就是概念的准确性和清晰度的问题。在学界讨论各种问题的时候，概念的准确性和清晰度通常被作为常识性的要求，但是亚洲范畴是一个例外。我们可以观察到，很多讨论亚洲的论文与会议实际上讨论的仅仅是一个国家，甚至只是一个国家内部的一部分问题。有时它可能是一个区域性的问题，只涉及了两三个国家。最常见的一种偷换概念的方式，就是用"东亚论述"来替换"亚洲论述"，且人们通常是用东北亚指代东亚，东南亚则常常被淡化。有趣的是，虽然亚洲论述常常被偷换为东北亚论述，但很少有人会质疑这样一种偷换，因为大家都不会产生歧义。从这个现象中我们可以得出一个结论：到目前为止，亚洲这一概念的使用通常只是指称亚洲内部的某一个区域，它很少指称地理意义上的那个整体性的空间。同时还有一些更棘手的问题。在历史上的一个时期内，亚洲人包括阿拉伯世界都曾产生过亚洲认同。那个时期便是日本在日俄战争中取得胜利之后。日俄战争意味着有色人种第一次打败了白人。孙中山在他关于大亚洲主义的演讲中谈了他的体会。在从欧洲回国的船上，他被一个阿拉伯人拉住问："你是日本人吗？我们要谢谢你们，因为你们打败了俄国人。"但到了后来，实际上西亚，也就是阿拉伯世界，和南亚，也就是以印度、巴基斯坦为中心的这个南亚地区，都很少再使用亚洲这个概念。真正持续性地使用亚洲概念的其实主要是东北亚，而且主要是日本。

中国基本上没有产生出能够让亚洲概念作为一种论述的原理生长的土壤。在 20 世纪初期，我们能看到两篇谈论大亚细亚主义和新亚细亚主义的代表性文章。谈大亚细亚主义的是孙中山，谈新亚细亚主义的是李大钊，他们两人的出发点是不一样的。孙中山以王道为中心来论述亚洲作为一体的发展前景；李大钊以马克思主义的国际主义，也就是大小国家一律平等为前提来论述亚细亚主义的发展前景。其中有一点是共同的，即他们的亚洲论述都是作为反命题提出的。也就是说，他们的观点都是为了对抗日本渐渐扩张的那个所谓"大亚细亚主义"而提出的，那是一种警告。但是后来中国的历史发展并没有提供让亚洲论述生长的土壤和条件。一直到今天，中国的思想界、学术界其实都还没有产生一种迫切地要去追寻亚洲论述可能性的需求，这是最基本的现状。

因此，亚洲论述的必然性，或者说这样一种实际的历史需求，是在我们没有意识、没有充分关注的情况下悄悄地降临在了今天的知识状况之中。对于这个问题，接下来我还会做一点简单的讨论。现在我想进入正题。刚才谈的那些，算是我跟大家先作为共识搁置的一些问题。搁置它们，是为了深入地正面讨论亚洲原理本身，并不是因为这些问题不需要讨论或者不重要。其实这些问题也是我们今天讨论亚洲原理时面对的一些困境。正因为有这样一些困境，我们才必须多下些功夫，来寻找建构亚洲原理的途径。

我想先从一个和亚洲不直接相关的话题谈起：我们应该怎么去感知历史？提到历史，可能很多年轻的朋友会觉得自己是有历史感觉的，因为历史似乎是由历史时间串联而成的。这是对的，但不全面。历史是一个时空概念，除了时间之外，它还有空间，而且有非常重要的空间要素。没有空间的历史是浮在半空中的。所以在讨论历史的时候，我们的知识感觉里边必须要有空间感觉。空间是什么呢？大概不需要我讲定义，大家都知道，空间就是能让人活动的场域。就历史这样一个范畴来说，空间首先就是自然环境，地球上的自然环境各不相同，所以尽管自然时间的节奏在这个星球上任何一个地方都是相同的，但是由于各种空间状况的不同，由于在各自不同的空间里面活动的人群各不相同，因此历史时间是不同的。

怎么去理解这样一种历史范畴呢？我们先从最容易理解的地方入手。我不知道大家有没有读过前两年中华书局出的一本书，叫作《中国历史政治地理十六讲》，是复旦大学周振鹤教授的著作。这是他以大学课堂上的讲义为底本写就的一本学术著作，它很容易读，但是是下了很多功夫的，很有内容。通过这本书来理解历史的时空感觉，我觉得是比较合适的。因为周教授主要讨论的是中国历朝历代的行政区划是如何与山川地理这样的自然环境相结合的，所以这本书有两个核心的概念，一个叫"山川形变"，一个叫"犬牙相入"，也叫"犬牙相错"。所谓"山川形变"就是以地形地貌为基本特征来划分行政区划。历史上，特别是割据时代，常常是以这样的方式来建立小的政治体。但如果是一个试图掌控全局的大一统王朝，那它有时会故意打破山川的自然隔离状态，并人为地去制造一些跨越自然障碍的行政区划。

这本书有一些很有趣的例子，在这里我简单地讲两个。一个就是汉文帝刘恒登基之后，当时南越国的国王赵佗给他去了一封信，说我们能不能调整一下边境，因为当时南越国紧邻着长沙国，而长沙国有一个县深入到了南岭之南。今天这个地方已经变成了广东省的一个县，但是那个时候它属于长沙国，也就是说它属于湖南。这个南越王很着急，想把长沙国的这个县划过来。后来刘恒就回了一封信，说这是先王所定，我们不能改。周教授举这个例子是想说明，那个时候刘恒忙着在中原打仗，没工夫收复南越国，所以他留下这么一个弃子，就可以直插岭南，而这为后来统一南越国埋下了一个伏笔。这就是所谓"犬牙相入"的原则。

更明显的其实是在元朝。元朝统一了中国，最初是故意打破原来用山川做边界的行政区划，并把东西走向的山岭用南北区隔的方式划成不同的政区。但是这种统治很辛苦，因为只要中间有大山，那么在整个人为的区划中，不同区域的风俗习惯，甚至语言都是不相通的。所以到了后期，元朝重新改变了它的区划方式，又重新采用了山川形变的方式。总而言之，以山川河流作为行政区划的边界有易于统一的方便之处，但同时也存在着便于割据与破坏中央集权格局的危险。

周教授讨论的问题，对我们而言，是进入地理空间感觉的一个相对比较容易，却又起点很高的入口。它向我们表明，人组织起来的这个相对流动、变化的社会与自然状态之间其实有一个相互利用、相互制约的关系。但其实在周教授那里，人与自然地理仍然可以用二分法作相对清楚的区分。在这个意义上，《中国历史政治地理十六讲》是便于我们理解历史空间性的一本很好的入门书。但是再往下走我要介绍一本更难读的书，也就是和辻哲郎的《风土》。这本书已经有中译本了。和辻哲郎是日本一位非常著名的伦理学家，《风土》一书由他在 20 世纪 20 年代后半期所写的一些论文结集而成，是日本伦理学方面的一本名著。

　　"风土"这个概念不是纯粹的自然概念，而是一个人文地理概念，《风土》这本书的内容很多，也很复杂，特别是为了自圆其说，和辻哲郎有一些绕来绕去的论证，所以我没有时间在这里介绍书中内容的推论过程，我只能讲里边一两个比较重要的问题点。和辻哲郎写这本书的时候，或者说写这一系列论文的时候，他主要针对的是海德格尔的《存在与时间》。他认为海德格尔过分忽略了空间的作用，而如果只强调时间的话，这个世界有可能被抽象为一个单一的世界，所以为了帮助海德格尔纠偏，他开始强调以空间为主来看历史、看世界的另外一种思路。这是和辻哲郎写作《风土》的最初的动机。

　　和辻哲郎在《风土》里边把人类世界大致分成了三个区域，而这种划分并不完全是按照自然的风土状况来的，其中有相当一部分是他自己的想象。第一种类型是"季风型社会"，或者说"季风型风土"。和辻哲郎心目中典型的季风风土是印度。他说季风有一个最大的特点，就是在它到来之时，最剧烈的一种就是台风，不剧烈的也会是狂风暴雨。季风的来临对于人类来说是不可抗拒的。它会带来丰沛的雨量，所以会让季风地区有好的收成。可是同时它又有一定的破坏性，所以在这个地区生活的人们不可能不劳而获，相反，你必须要辛勤地劳作，而且要和各种自然灾害做斗争，才能拥有充足的食物。因此，他说这样的风土塑造了一种季风型的性格，也就是说，这个区域的人们具有非常强烈的被动性和忍耐性，因为狂风骤雨来了，你只好接受它，你没有办法改变它，但是过去之后人们会想办法收拾残局。他还有一些其他的分析，比如说对印度的分析。他说季风风土使印度人形成了一种被动的性格，所以印度人不太好战。这确实让我们想起了甘地主义。和辻又说，但是印度人一点都不冷漠，其实他们很热情。为什么呢？因为尽管是处于相对单调的季风风土，只有旱季和雨季两个季节，但由于内部山势的多样性，印度能够具有不同的植被，环境并不单调，所以印度人的感情其实很丰富。但是他们把这种丰富的感情用在了宗教、神话、传说，以及艺术方面，而不是用于战斗。

第二种风土是"沙漠型"，也就是游牧民族所处的环境。在这种环境中，人要活下去是一件很艰难的事，因为水源有限，植被很少，所以为了活下去，人就得彪悍，就得抱团。因此沙漠型风土的人格特征就是有极强的战斗性，因为水源少的时候不同的部落之间会发生争抢，如果不战斗的话有可能会被渴死。他们同时具有高度的服从性，纪律性很强，不像季风型社会的人们那么散漫。

还有一种风土是"牧草型"，这就是欧洲，特别是西欧的风土。其实和辻哲郎举的主要的例子是南欧和西北欧，主要是以希腊、罗马为例来谈欧洲的牧草型风土。他说在这些地方人不需要耕种，牧草会自然地长出来，而且杂草在这个地方还长不起来，于是人就没有多少活可以干。没活干，那干吗呢？那就享受吧。他们就喝葡萄酒，吃奶酪，唱歌跳舞，可谓是得天独厚。还有其他的一些分析我在这里就不多说了。

和辻哲郎在最初构想这三种风土的时候，他的初稿其实是按地区划分的。他把前两种类型分成东亚和西亚，把第三种类型，也就是牧草型社会归纳为欧洲。但是后来到发表的时候他取消了分类。在论述的时候他会谈到亚洲、欧洲，但不是他区分的标准。实际上，《风土》这本书真正要论述的并不是重新划分人类世界类型这样一种空间标准，它的核心内容可以概括为一句话，就是"幸福是风土性的"。这个命题其实是从德国的一位人文地理学家赫尔德（Johann Gottfried Herder）那里点化来的。在《风土》这本书中，自然和人是结合在一起的。和辻哲郎举了一句我们大家都知道、毛泽东也曾引用过的诗，叫"埋骨何需桑梓地，人生无处不青山"。这个青山并不是周振鹤教授讲自然地理区划中的山川形变的那个山，而是一个人文概念，因为"人生无处不青山"讲的是一种生活方式。有的人一辈子不离开家，这是一种活法，而"人生无处不青山"是说我可以四海为家，它也是一种活法。"四海为家"包含了空间，但同时它并不是一个外在于人的空间，它变成了人文意义上的地理概念，所以当幸福变成一种风土性概念的时候，问题就来了。通常我们定义幸福的时候，大家都会有一些想象。中央电视台采访过如今的中国老百姓，问他们的幸福感怎样，得到了很多答案。但如果你去北欧采访，问"你幸福吗？你幸福的内容是什么？"你得到的答案肯定是不一样的。但这里边有先进和落后之分吗？赫尔德的答案是否定的。他认为幸福本来应该是一种人对他所处的那个空间的最质朴、最纯粹的感觉。和辻哲郎在此基础上做了一个发挥。他说，虽然欧洲人现在认为他们的幸福观、他们的幸福感觉应该是全世界的表率，但这是错的，欧洲人的幸福观其实只是人类幸福观里边的一种。其实如果对欧洲人说"欧洲人的幸福观"，他们是不会配合的，他会追问，你具体说的是哪个国家或哪个地区的幸福观呢？总而言之，幸福是和人文、地理、风土，以及历史沿革的结果密不可分的。因此，有多少种文化就有多少种幸福观。和辻哲郎要强调的是，如果我们把空间这样一个外在于人的地理环境文化，让它成为风土，那么世界上就不会只存在一种生活感觉。相反，所有的生活感觉都是从某一种特定的风土中生长出来的。价值观也是如此。

　　说到这里，我还有一个需要确认然后暂时搁置起来的问题。19世纪后期到20世纪初期，也就是到第一次世界大战爆发前后，欧洲出现过"地缘政治学"这样一个流派。赫尔德把他自己的地理风土学推向了一个很健康的方向，也就是提倡东欧的弱小民族也有自己判断人生和历史的价值标准，应该平等地对待所有的民族，但这种观点并没有成为地缘政治学的主流。成为主流的是所谓的"国家有机体"学说，它的创始人也是一个德国人，叫拉采尔（Ratzel）。但拉采尔本人并没有明确地试图把国家有机体学说变成扩张侵略的意识形态。后来到了20世纪初，瑞典的一个地缘政治学家，也是地缘政治学的创始人鲁道夫·契伦（Rudolf Kjellén），把国家有机体这个概念进一步发展论述成了强有力的生命体。按照达尔文的理论，这个生命体既然生命力旺盛，就应该扩张它自己，那些弱势的、生命力不够旺盛的国家有机体就只好让出生存空间，所以在这个意义上，"二战"之后很少有人再愿意去梳理地缘政治学，因为它政治上非常不正确，这是我要确认的一点。

我希望在这里提示一下，我的思路是，当我们要讨论亚洲的时候，我们在面对各种各样的正面的和反面的，或者是混沌的，无法用正确和错误去判断的那样一些思想资源和知识资源时，是否能够将它们转化为我们建构亚洲原理的营养是进行讨论的原则，这当然不意味着不需要批判精神，但是仅有批判精神会在半路上停下来，还需要在批判之后进行建设。对待地缘政治学这笔历史遗产，不能因为它的主流部分政治不正确就不去转化它，因为姑且不论契伦的地缘政治学是否有可以扬弃的成分，至少可以说，赫尔德的思考里面有很多重要的要素，虽然没有成为主流，却值得我们认真继承。

以上其实算是我的导论，现在我们来讨论亚洲原理问题。

其实一路说到这里，我想大家已经听明白了，亚洲的统合是一件非常困难的事。想要把亚洲当作一个像非洲和拉丁美洲那样，可以用一体化的口号相对有效地统合起来的整体，基本上是做不到的。但是确实在一些历史的瞬间中产生过这样的需求。1950年在印度召开了太平洋学会的年会。太平洋学会是一个由美国的民间人士发起的跨国组织，它很关心亚洲的问题。主导1950年年会发言的是来自美国的一些进步知识分子，他们提出了一个面对西方世界的、很尖锐的批判：迄今为止，也就是说到1950年为止，西方世界仍然认为东方是没有民族的，因为东方不存在真正意义上的人，只有一些没有自觉意识的、像动物一样的群体，所以不可能产生民族。因此这次会议试图讨论东方的民族主义。在这个会上作基调报告的是尼赫鲁（Jawaharlal Nehru），他提出了这样一个说法：亚洲其实是一个很广大的区域，文化不一样，历史也不相同，我们很难把亚洲作为一个单数来统合性地去对待它和称呼它，但是在今天，我们可以把亚洲作为一个整体，连带地去称呼它，因为亚洲人有共同的苦恼，这个苦恼就是在西方人眼里，我们连成为民族的资格都没有，我们一直饱受殖民之苦。所以在 1950 年的这次年会上，亚洲变成了一个苦恼的代名词。在这个历史瞬间，亚洲成为一体。当然这是一个历史的产物，不可以把它直接挪用到今天来。

同时尼赫鲁又谈了另外一个问题。他说民族主义是一把"双刃剑"，在没有获得独立的时候它是进步的，但在亚洲各国获得了主权之后，它又有可能是破坏性的，因为它有可能转变成对外扩张的基础。1955 年万隆会议同样把亚洲作为一个整体，提出"亚非连带"这样一个命题。在今天看来，这些历史好像没有办法被直接挪用来支撑亚洲论述，因为时代变了。今天我们面对的问题可以与"亚投行"这样一个新兴事物结合起来认识。"亚投行"的全称是"亚洲基础设施投资银行"，虽然它是以亚洲命名的，但是它的参与者并不都是亚洲人。这其实是一个象征，亚洲在历史上曾经被统合为一个有机的整体，它有它内在的黏合剂，那就是尼赫鲁说的被歧视的屈辱的苦恼。但是当那个历史阶段过去之后，我们看到的则是更为常态化的亚洲状态，也就是一个开放的亚洲。而且在 19 世纪后，西方在某种意义上已经内在于亚洲了。一个显在的符号就是今天朝鲜半岛上的"六方会谈"，它虽是一个东北亚的问题，但是成员国里还包含了美国和俄罗斯；如果说这个显在的符号显示了亚洲在近代不平等世界秩序中不得不在暴力威慑之下接受西方的霸权的话，那么还有一个潜在的符号，就是亚洲各国在历法上都不同程度地采用了西方的历法，有些国家以自己的历法为主，辅以西历；有些国家以西历为主，以本国历法为辅；有些国家干脆就只用西历，废掉自己的历法。这个潜在的符号显示的是亚洲各国不同程度地把西方主动地内在化于自身了。

那么，这样一个开放的亚洲，作为区别于其他地区的独立单位，它的根据到底是什么呢？很多人认为亚洲这个范畴根本就不能成立，原因就在这里。很难以我们所习惯的界定方式把亚洲视为一个独立对象，因为它无论从外部关系看还是从内部构成看，都不是一个可以整合起来成为单一主体的自足单位。既然如此，那么亚洲这个范畴被置换为其中的一部分地区乃至一个国家或社会，大家不加质疑就很自然了。

可是，把一部分亚洲国家与社会的问题当作亚洲问题来讨论，是否才是我们今天讨论亚洲的唯一出路呢？这当然是一种很重要的方式，但是这种讨论是不可能生产原理的。如果亚洲要生产原理的话，这个原理一定来自"亚洲无法统合"这样一个基本特征。可能会有很多同学说，老师你是在说胡话，不能统合为一体的概念它是不成立的，我想大家都会有这样的第一反应。当年我应汪晖老师之约写那篇《亚洲意味着什么》的时候，其实我最大的苦恼就是这个。这个苦恼缠绕了我 21 年，到今天我才算找到了突破它的可能性：我们为什么不可以把不统一的对象作为一个可以成立的对象来讨论呢？如果说我们面前存在障碍的话，那么这个障碍不是来自现实，而是来自我们的认识论。

现在我要讲一点稍微难的话题：为了有效地从亚洲这种特殊的状态中生产出我们所需要的原理，我们要如何生产或者说改变我们现有的认识论？首先，当我们讨论问题的时候，我们会设定一个目标。当我们讨论亚洲的时候，我想很多同学会立刻条件反射似的认为，我们要讨论的就是我们如何让亚洲具有清晰的轮廓，从而成为我们研究的对象。这是最基本的学术思考认识论，它没有错。但除此之外，还有另外一种认识论。这种认识论看上去好像有点背离学术常识，但是如果我们经过认真思考的话，这种认识论可能更有效，而且更能帮助我们接近那些复杂的问题，那就是我们不把我们讨论的对象作为论述的目标，而只是作为我们论述的一个媒介。你们中学时代都上过化学课，所以"媒介"这个词就不需要我来定义了。思想史是需要媒介的，而且媒介通常是不可取代的。亚洲是个不可取代的概念。曾经有很多人问我，说孙老师你讨论的这些问题其实在欧洲也有，也发生过，你为什么不直接用欧洲的原理？而且如果就历史沿革来说，非洲、拉美都是差不多的，那亚洲原理是不是还可以用非洲原理或者拉美原理来取代呢？

我认为这是不行的。为什么呢？因为只有亚洲具备一个最基本的特征，那就是这个地理空间里边包含了几大没有办法相互融合或相互替代，也没有办法分出高下的文明，有几大相互不能取代的宗教。这一点不用我多说，大家都知道。印度至少有两种，印度教和佛教，而佛教其实真正开花结果的地方是在印度之外，包括我们的藏传佛教。然后是伊斯兰教，它包含了西亚广大地区的文明，它也有一些分支。在东亚，我们也有一种虽然不能被当成宗教，却是一种很强的文明传统，那就是儒学传统。这几种文化可以和平共存，在某一些局部的地方它们也可以借助另外一些条件发生某些融合，但是它们并存的形态恐怕是很难被改变的，而我们在欧洲、非洲和拉美是看不到这种情况的，这才是亚洲最基本的特征。这个特征存在的时间比亚洲沦为西方殖民地的那个历史阶段要更长，也更稳定。

在这样一种情况下，仅仅用地理空间，用时空来解释历史还不够，我们还需要观察在亚洲的历史沿革中，在这样一个脉络里面产生过什么样的理念。所以亚洲除了是一个历史的范畴之外，还是一个理念的范畴。日本对这个理念有最持续的追求，它也经历了最痛苦的挫折，但最终还是产生出了一系列文化成果。我们知道将亚洲作为一种理念提出来是在19世纪末，这种理念也就是所谓的"亚细亚主义"，那个时候亚洲的其他地区还没有产生"亚洲主义"这样的想法。后来，在20世纪初，出现了像孙中山和李大钊等人的一些批判。这些批判之所以产生，是因为日本的亚洲主义走了歪路。但其实最初日本的亚洲主义和它的国家主义是不完全重合的。竹内好编辑过一本叫作《亚洲主义》的著作，收录了日本从19世纪末期开始出现的亚洲主义论述，是他在1963年选择和编辑而成的。今天因为时间关系我没有办法仔细对其加以介绍。他还写了一篇很长的序言，叫作《亚洲主义的展望》，后来收录进全集的时候将题目改为《日本的亚洲主义》。

在编辑这部文集的时候，竹内好追问的是这样一个问题：为什么亚洲主义在日本的历史上作为一种理念、作为一个思想传统是不确定的？它跟国家主义、民族主义，甚至跟法西斯主义都不一样。左派有左派的亚洲主义，右派有右派的亚洲主义，你很难把它们统合起来。而且它们有时与民族主义的形式，有时与国家主义的形式，有时与国际主义的形式相重合，或者说是部分重合，竹内好认为它跟国际主义部分重合得最少。他说，如果这样的话，我们不能把日本的亚洲主义作为独立的传统，作为一个可以代代相承的理念来处理，它只是一条线索。

日本的亚洲主义作为理念，其诞生之时的基础是亚洲地区谋求连带，用以对抗来自西方的不平等条约乃至入侵。竹内好追问的是，日本的亚洲主义，作为涵盖了这么大一个地区的连带感，为什么后来被挫败了？日本的亚洲主义者在早期确实是非常有国际主义情怀的，只是他们的这种情怀不以国际主义的面貌呈现。比如在 19 世纪的最后十年里，日本的亚洲主义者提出要将日韩平等地合并成一个联邦，这种说法被叫作"日韩合邦论"。从大韩民国成立之前开始，当时日本的亚洲主义者就积极地联合韩国的民间力量打算推进这个计划，他们的设想是，日韩合邦的基本前提是两国的权利对等，合邦之后，可以进一步跟清朝"合纵"。可结果到了1910 年，朝鲜半岛被日本吞并了。日韩合邦没有出现，出现的是日本独霸朝鲜。

就像前面所说的，竹内好的疑问是亚洲主义的这个理念究竟在什么地方发生了挫败？它为什么没有向着更健康的方向发展？当然竹内好的追问基本上止于问题的提出，因为不仅在那个时候，其实一直到今天，这个问题也都很难被真正地回答和解决。那是一个很特殊的时代，但竹内好抓到了一个关键点。他说因为主张大亚细亚主义被视为右翼头目的头山满，和被视为至少是进步知识分子的中江兆民是好朋友。头山满是玄洋社真正的创始人，他的弟子叫内田良平，而中江兆民的弟子叫幸德秋水。幸德秋水代表了日本的左翼，他在 20 世纪 20 年代的时候就提倡国际主义，反对帝国主义。但内田良平后来成立了事实上是右翼组织的黑龙会，而且这个组织具有侵略扩张的意识形态。竹内好问道：为什么上一代人是好朋友，而到了下一代却变成了这样的一种敌我关系？竹内好做了一个很有限的分析。他说因为幸德那一代的左翼具有理论化的倾向，而他们的理论脱离了日本的实际，所以在这个意义上他们本来应该抢夺具有很强烈的连带的感情色彩的亚洲主义，但是他们将其拱手让给了右派。竹内好认为，从这个意义上来看，日本的亚洲主义最后变成了"大东亚共荣圈"这样一个法西斯侵略意识形态，日本的左翼也是同罪的，也就是说幸德秋水也有一份责任。但是他的分析到此就停止了。

竹内好所做的另外一个工作是讨论亚洲理念的真实内容，这也是1961 年他做的一个讲演，叫《作为方法的亚洲》。这篇文章在网上应该可以找到中文译本。我想讲的是其中一个容易被人忽略的部分。它的前半部分很好理解，说的是"五四"时期的中国，虽然看似很落后，但其实要比在当时看似十分现代化的日本更具有现代性，也更具有现代精神。中国与日本是两种现代化的模式，第三种就是泰戈尔所代表的印度。竹内好这篇讲演的前半部分很好理解，但在后半部分答疑的时候出现了一个问题：有人提出，既然你讲亚洲有亚洲的道路，是不是日本的教育应该用亚洲自己的资源，而不要用美国的方式进行平等啦、自由啦之类的教育。竹内好说，我和你的意见不一样。他说，我认为人类是不应该这样被区分的。这个回答非常有意思。在前面讲演中，他非常实体性地讲了日本、中国、印度分别是什么样的，如果不加以仔细甄别，我们会觉得他就是讨论了三个国家。但是到了讲演的后半部分，他突然话锋一转，说人类其实是没有区别的，他认为人类是等质的。只不过人类虽是等质的，但是不能活在半空中，所以人一定是活在某种文化里边，而各种文化是不一样的。可是人类也会有一些共同的价值，比如说自由和平等。这样的一些价值虽然是由欧洲人创造出来的，但它们本应该是人类共通的价值。

说到这里，可能大家会认为竹内好想要说的是，美国人对当时的日本人讲的自由、平等都是日本的语汇里边很难讲明白的东西，因此要借助英语的思维来做这个工作，但是这并不是竹内好的意思。他在这里把握了一个非常重要的分寸感：他说这些价值虽然是欧洲人发明的，但是他们并没有把其开放给全人类，而是任由一小部分人独霸了这些价值。他说只有通过我们亚洲重新改变这个世界，其中包括重新改变欧洲，才能让这些价值上升为人类的价值。他说在这个过程当中我们必须要有主体性，而这个主体性就是他说的"作为方法的亚洲"。

竹内好想说明的是什么？简单来说，竹内好是在讲亚洲并不是方法论，而是一种机制。主体性就是一种机制，而且这个机制是我们没有办法用实体辨认的方式去确认的，所以它可以是一种有内在逻辑的行为方式，可以是一种连续性的、延展的论述，也可以是一个社会组织结构的原理。当亚洲这种主体性确立了的时候，自由、平等这些产生自欧美，但是被欧美用来作为打压后发国家的意识形态，才能够转化为我们的价值。近代以来受到欧美霸权欺凌的亚洲，更有能力把自由、平等这类价值开放为人类的价值。所以当竹内好在谈亚洲理念的时候，他所讲的是一种功能，一种机制。理解了这一点，我们才能理解为什么他不用亚洲对抗美国这类实体性视角去讨论价值的问题。

同理，今天当我们去谈亚洲的时候，统合不统合的问题尽管会构成实体认知的障碍，但不会妨碍我们推进对亚洲的思考，因为我们要寻找的原理是一种机制。谈到这一点，其实竹内好还有一些非常有趣的说法，比如说他认为古巴属于亚洲，以色列不属于亚洲，所以其实他所说的"作为方法的亚洲"，那个机制和亚洲的地理空间是不完全重合的，但这也并不意味着他完全脱离了地理空间。不过我们现在要先离开竹内好了。

现在我想进一步谈一点理论的问题。我讲得会稍微抽象一点，请大家忍耐一下。我论文里边引用了一本书，讲的是 20 世纪 50 年代末期美国地理学界的一个讨论，我看的是中译本，书名叫《地理学性质的透视》，作者是一位地理学家。这本书讨论的都是地理学的问题，但是作者在其中提出了一些非常有趣的视角。他说一个有抱负的地理学家，一定不会甘于去寻找那些一般性的规律，因为在地理学这个领域里面，对地理风土一般规律的分析只能在极其粗浅的层面上进行，再稍微精细一点的话，那个所谓的规律就会被打破。我们知道地理学方面有一位巨匠叫洪堡（Alexander von Humboldt），他认为整个地球是一个整体，因此他有很多很宏观的论述，但本书的作者认为洪堡真正的贡献其实并不是他那些宏观的大部头著作，而是他那些具体的局部性研究。在地理学领域内，只要你去深入了解地质地貌，你就会发现每一种地质地貌都是特殊的，而它的魅力也就在于它的特殊状态。于是这个作者就遇到了一个难题：我们究竟是研究一般规律，还是研究特殊状态呢？在那个时候这两者是被对立起来的。后来他把美国地理学家的一些讨论加以总结，形成了这样一个理论形式：地理学家去寻找一般规律的时候，他会将普遍性的一般规律作为他的出发点，而他接下来要寻找的是差异，并且差异就是相似性。这是一个非常有意思的界定。我们必须要费一些力气，才能理解差异是相似性这样一个命题，因为在常识里，差异一定是不相似的，所以我们才说求同存异。但是地理学家说差异就是相似性，而且他觉得相似性也不太准确，不如把它称为"变异"。

这会让我们联想起结构主义理论的一个最基本的问题：当你结构性地去思考历史和人类社会的时候，你关注到的每一个点在这个结构中其实都处在不同的位置上，而结构的产生则取决于你如何在不同的位置之间，也就是在不同的点之间建立起联系。联系建立起来了，结构也就产生了。因此，假如这个世界是一个整体的话，那这个整体不是依靠趋同建立起来的，而是依靠差异之间的相关性建立起来的。

说到这里，我们要牵扯到另外的一个理论概念，即关于普遍性的思考。到目前为止，对于普遍性这个概念的理解，我相信我们大家其实都是口是心非的，因为我们与地理学家面对着相同的问题：当我们去讨论一个普遍性问题的时候，我们必须把它高度抽象为一个没有内容的范畴，但实际上这只是一个幌子，因为我们真正要做的是讨论可以塞进这个范畴里的那些最有趣的、个别的现象，因为只有那些个别的现象是我知道而别人不知道的，其他人想要知道的时候，我们大家才会愿意分享。个别的东西是什么呢？是"特殊性"。因此，我们其实已经在做另外一种普遍性的论述了，只是我们自己不知道。我们总觉得到了最后，还是要把我们讨论的特殊性问题抽象到某一个大家都认可的理论命题中去，特别是现在刚刚学习做研究的年轻的硕士生、博士生，他们会有这种寻求安全感的必要性：我最后总要有一个理论模式，证明我讨论的是普遍性问题，它因为具有普遍性，所以有意义。但这样的方式是不是真的能帮助我们解决我们要面对的问题？实际上这就是我思考亚洲原理的时候遇到的最基本的问题。我们知道亚洲是一个没有办法统合的区域，但是当我们把它作为一个整体来论述时，如何操作才是可行的呢？我们不用一部分区域去取代整个亚洲，而是让具有不同文明、不同宗教的区域成为一个和而不同，而不是求同存异的整体，那么这个整体就有一个我们经常说的现成的概念表述，即"多元化"。但是多元化不太可靠，因为在我们使用多元化这个范畴的时候，如果不去纠正那唯一的普遍性想象，也就是认为抽象为一才是普遍的想象，那么多元只有在到达一个普遍的状况，即作为一元的时候才能成立，不然的话就成了所谓的文化本质主义。现在这样的论述好像也有点过时了，但是它的余威尚在，因为我们总是觉得如果不能达到一个唯一的、普遍性的抽象论述，那么我们的论述可能就是不上不下的。为什么会这样？我不愿意粗暴地说这是西方中心论产生的认识论结果。从历史的角度看，西欧产生的认识论确实最能支撑这种认知方式，但是当代西欧的思想家们也正在试图解构这种一元化的思维，只不过他们必须用"解构"的方式，这种努力仍然还是有它的困境的，因为解构之后很难提供正面的论述。但是解构仍然是欧美思想家的重要工作，因为当代世界的霸权结构，只有通过他们从内部进行解构，才能在认识论层面失去正当性。而亚洲人的工作有所不同，因为在霸权结构关系里，亚洲绝大部分区域都处在反抗的位置，同时我们具有欧美社会缺少的精神风土，即前面我们刚刚讨论过的多样的和开放的结构关系。在建立新的世界秩序时，亚洲的精神风土更有利于用"建构"的方式来实现一个不以"一"为前提的多元，这是我们的风土所孕育的要求，也是避免亚洲重蹈西方覆辙的最好方式。

在建构这样一个新的普遍性理论时，我觉得有几点必须澄清。尽管我刚才一直在说把各种各样的特殊状态抽象为一的普遍性思维是有局限性的，但这并不意味着这样的思维没有用。相反，这是一种非常重要的思维训练，因为它让我们可以概括。对于普遍性，我们首先要把它从高高在上的宝座上拉下来。我们说这是人类思维的一种重要的能力，即概括，但同时我们还要寻找另外的一些普遍性。概括是普遍性的一种操作，但是它的结果往往因为抽象，因为对覆盖面之大的追求，而伴随着越变越空洞的危险。

那么我们能不能建立另外一种普遍性呢？其实可以有很多选择，也就是说可以有很多种普遍性。首都师范大学的陈嘉映教授就组织过一个论坛，主题叫作"普遍性种种"。这个讨论对我启发很大。但是我的脑袋太小，只想到另一种可能性，就是不进行抽象，而是在特殊性内部帮助特殊性向其他特殊性开放的普遍性，它自始至终都是特殊的，它以特殊的形态使自己成为普遍。那么这种普遍性是什么呢？是媒介。成为特殊性相互开放之媒介的普遍性，其最基本的特征就是自己无法独立存在，因为它自己是不完整的。假如想要使它具有完整的意义，它就必须在某一种特殊状态中，也就是说，它的完整性是特殊性的完整性，但是这种特殊性不再处于封闭状态时，它对其他的特殊性开放。它保持自身的特殊性，既不依附于其他的特殊性，又不被其他特殊性同化，但是它并不因此而排他。当特殊性处于这样的状态时，它就同时具有普遍性。相反，那些排他的特殊性，就不具备普遍性。

这是什么意思呢？简单地说，两种特殊性，比如说伊斯兰教和印度教，相互之间如果要开放的话，它们需要有一些媒介。我不在这两种宗教之中，不太敢继续举例子，但是这个媒介一定会是人类共通的一些最基本的生存感觉。这种感觉不一定都是一致的，它可以使一个不同宗教的信仰者对其他的宗教发生兴趣、产生好奇，并且可以去了解它，可以去进入它，但是自己不必改宗。换句话说，他可以拒绝信仰另一个宗教，但是他不需要拒绝了解它。当人处于这样的状态的时候，这种状态本身就是普遍的。就好比我们作为中国人，生活在自己熟悉的特殊性文化中，我们可以试图去理解印度人、土耳其人，但是我们没有办法成为印度人或土耳其人，因为他们同样是特殊的，有一些生活方式可能是我们不能接受的，但我们也认为那样的生活方式对他们而言有一种风土性的幸福感，并且我们承认并尊重这种幸福感。当我们这样去感觉的时候，我们就具有了普遍性。

这个问题要讲起来还有一些内容，更多的理论探讨我就不展开了。最近几年我一直在推进一个概念，叫作"形而下之理"，这是中国思想史提供的一笔宝贵的资源。"五四"时期曾经有过一场论战，争论中国到底有没有哲学。中国哲学的概念都是形而下的，它在每个时代的含义都不一样，而且它传承的方式也不仅仅保持概念上的一致性。因此，在形而上的层面，"五四"时期有一些学者认为中国是没有哲学的。但是形而下之理是不是哲学有那么重要吗？重要的是形而下之理有可能就是我们建构亚洲原理的最基本的认识论，而且不仅中国是这样，印度、伊斯兰世界，应该说亚洲大部分区域的原理都具有形而下的特征，只是它们的内涵和指向性不一样。

这个问题我暂时先讨论到这里。最后想跟大家分享一个很有趣的问题，但对这个问题我并没有很成熟的结论。我没有去过伊斯兰世界，我不太知道是不是这样，但至少在亚洲一些大的国家与地区中，比如说中国、印度、东南亚，我观察到一个很有意思的现象，那就是亚洲最基本的宗教和文明其实是内在于这几个政治体的。我们知道在中国内部通过多民族的形式，亚洲的几大文明其实基本上都进入了中国文化的范畴。不仅如此，不同的民族其实还共同建构了中国的历史。中国的历史并不仅仅是汉族的历史，它的多民族性表现在几大民族共同建构了一个多元的民族文化。那么我们是否可以用中国来取代亚洲呢？我目前的想法是不太可能。为什么？因为中国作为一个多民族国家的同时还是一个现代主权国家，所以中国还有一个能让各个民族结合起来的国家认同，它也可以是一种文化认同，这与亚洲几大文明和平共处的状态是不一样的。

其实在很多地方都可以找到这样的例子。比如说在印度，泰姬陵是一个融合了佛教和伊斯兰教的经典建筑物，但是如果你到印度去，你就会发现，不同的宗教还是保持了自己的特性，当然还有很多争端，比如说印巴分离，以及其他一些地区的紧张局势，也都和宗教有关系。去年我在马来西亚观察到了一个很有趣的现象。在吉隆坡，你可以观察到华人街旁边就是印度街，然后再远一点，占更多区域的可能是伊斯兰教的清真寺。从国家宗教的角度讲，马来西亚是一个伊斯兰教执政的国家。当我和当地的马来西亚华人交流的时候，他们告诉我，尽管他们拼命地让他们的后代学汉语，从而让中华文化在马来西亚的华人社群中传承下去，但是他们在认同上仍然是马来西亚国民，他们认同的是马来西亚。这说明如果我们仅仅在单一的国家层面来认知亚洲原理的话，那么它的性质和方向都会是不一样的。

如何在亚洲各个地区不同的文明之间建立平等的、互相尊重的纽带，我觉得这是一个具有现实性的理论命题。在理论上我们可以通过这样的现实得到一些启示，特别是方向感上的调整，也就是我们可以去设想一个没有地缘、没有抽象普遍性凌驾其上的，一个由开放的特殊性所组成的集合。当各个特殊性彼此开放的时候，我们就会发现它们是一个有机的整体，因为只有当所有的特殊性充分发展了它们的特殊状态之后，那才是人类最理想的风土性的幸福，也是人类最理想的生存状态。

今天我就先讲到这里，还有一些问题的话我们可以在讨论时间里继续探讨。谢谢。

【主持人】谢谢孙歌老师的娓娓道来。我们这个学期的讨论有从国家视角出发的，也有从民族视角出发的，还有从帝国视角出发的，在这之前还有一讲讨论过欧洲问题。孙歌老师今天带来了亚洲的话题，而且她的这个"亚洲"比较特别，既不是一个宗教的概念，又不是一个政治的概念，比较复杂，我们可以说它不是通常意义上的政治共同体的概念，而是一个拒绝被概括的概念。这个拒绝被概括的概念让我突然想到，去年我恰好在东京艺术大学做客座，大学里有一个冈仓天心的碑。冈仓天心是当年东京美术学校的校长，日本艺术领域的一位核心人物，也是在日本艺术领域提出亚洲主义的一个影响非常深远的人物。这个碑的题字叫作"亚洲是一个"，这后来是日本讨论亚洲问题时影响巨大的一个命题。

我刚刚听孙歌老师在讲述的时候说到亚洲不是一个，不过听到最后发现亚洲其实也还是一个。昨天我们上课的时候安乐哲教授说，中国的古典思想，特别是易经的思想，其根本的认识论跟欧洲思想，跟柏拉图、亚里士多德最大的区别就是一总是多，一永远意味着多，所以没有办法在一的范畴内来解释一，而且一和多完全是同一个范畴。也正因为这样，当你在描述一件事情的时候，说它是一的时候，它是拒绝这么被界定的，但是如果你要说它没有一，它也会拒绝。这是我觉得很有趣的一个现象。

我们现在留一些时间开放给大家提问。

【提问】老师您好，我是一名建筑系的学生，我想请教您的问题是关于您提到的竹内好的问题。日本的亚洲主义在诞生的时候至少是一种在东北亚层面的连带感情，但这种连带的感情不久之后便在政治上遭受了挫败。您刚刚提到竹内好对此的解释说这是一种左翼理论化的倾向，您是否同意他这种解释？您觉着这个过程是否可以用一种话语生产的政治过程来替代呢？谢谢！

【孙歌】竹内好确实一辈子都在生产话语，但他知道历史不是由话语推动的，同时他也知道历史是由话语书写的。1960 年在安保斗争最激烈的时候，竹内好作为知识界的代表之一去见了时任首相岸信介。竹内好说，岸信介是创造历史的人，他是书写历史的人，他希望岸信介能创造值得他书写的历史。什么意思呢？就是说你不要跟着美国屁股后头走，签订那个安保条约，如果你能做到，你就可以青史留名。这是竹内好对于话语的定位。实际上，讨论亚洲并不一定是我们的目的，今天在很多情况下我们给自己设定的讨论目标，有可能只是我们讨论真实问题的媒介。我们并不是为了论证这个目标是否合理。

竹内好写作《亚洲主义的展望》和《作为方法的亚洲》的时候，面对的是当时从 20 世纪 50 年代末开始一直持续到 60 年代初的日本新一轮"脱亚"的风潮。当时的进步知识分子没有人愿意谈日本的亚洲主义，因为它实在是一盆脏水里边的一个小婴儿，洗白了没有还不好说，所以进步知识分子都避之唯恐不及，而竹内好大概是唯一一个右翼阵营之外讨论亚洲主义的进步知识分子了。他与讨论日本亚洲主义的右派最大的区别在于，右派采取了历史主义的态度，说当年他们搞"大东亚共荣"，搞侵略战争，那是"迫不得已"，因为西欧逼到门口了，如果不这样做的话就会被灭掉，因此如果想保存自身，就必须使自己强大。这是一种追认现实的态度。在我看来，竹内好讨论日本亚洲主义的真实冲动是一个有些让人容易产生误解的说法：改写历史。但这确实是他历史观的核心。改写历史不等同于篡改历史，历史尽管不是实体，但也不是话语。他改写历史的方式是在日本整个被记录下来的历史过程当中，去发现曾经存在着其他可能性的那些转折点。换句话说，他讨论亚洲主义是为了追问日本的亚洲主义为什么没有能够成长为一种健康的、可以成为人类精神遗产的思想，而仅仅止于一种早期的亚洲主义。支持中国辛亥革命的宫崎滔天、头山满，他们对中国、对亚洲其实都有一种情怀，但是这个情怀只是一种"心情"。

刚才汪老师讲到了冈仓天心。竹内好选的这个论文集中，开篇的第一篇就叫《东洋的觉醒》，而第一篇的第一句话就是"亚洲是一体"，所以东京艺术大学的那块碑上就刻着这句话。战争时期有很多人，比如说津田左右吉，就反驳说亚洲根本不是一体的。冈仓天心写作这篇带有"亚洲是一体"说法的论文的时期，是日俄战争爆发的前一年，他的论文是用英文写的，是写给西方人看的。他说亚洲之所以是一体，是因为你们西方人只知道用武力去征服全球，而亚洲人懂得什么是爱，爱让亚洲成为一体。竹内好认为这个论述基本上还是一种心情，不太可能成为思想或理论，但它又是一种非常重要的心情，因为它给处于开端的日本亚洲主义打造了一个连带的追求。后来他讨论的是为什么这种心情没有升华为思想，而这也是他提出来的问题。

在我刚才讨论"日本右翼独占了亚洲主义，左翼同罪"这个问题的时候，可能因为之前我对幸德秋水的表述有些抽象，所以你的理解被我给领歪了。你的理解是日本亚洲主义走上了军国主义法西斯道路的责任在左翼，当然不是这样。但左翼不能够不负责任，因为应该你抢夺的那个东西你没有去抢，这是你的责任，但这并不是说你因此就应该受到审判。

【提问】老师您好，我是来自新雅书院 PPE 的同学。我对您刚才提的风土问题非常感兴趣，但我觉得这个概念有些模糊，所以想请教老师，风土这个概念它到底是具体的物质性的还是精神性的？如果说它是物质性的话，那么为什么在一个资本主义全球扩张的时代，人们对幸福的定义在这种原有的风土中发生了变化？如果说它是纯粹精神性的，那么它为什么不是左翼的？我觉得这个概念是否仍然有一些模糊？

【孙歌】风土这个概念最难理解的地方在于，它是一个主观和客观、自然和人文融合的结果。我们比较容易接受的是像周振鹤教授所使用的二分法，即一个国家怎样去利用地理条件创设行政区划。但是在和辻哲郎这里，自然环境是能动的，它不仅仅是被利用的对象，比如说它要刮风，它要下雨，它刮风下雨的时候人就要适应它，就要产生一系列适应的方式，你说它是主观的还是客观的呢？但是它是不会轻易被人们征服的，所以游牧民族和农耕民族拥有两种不同的文化，乃至两种不同的文明，而这和他们所处的那个自然状态是有直接关系的。

反过来说，所有的风土都会被改造。但改造当然有限度。改造过头了，就会产生我们今天观察到的很多糟糕的后果，那些就是人为无限扩展的结果。你说的资本主义全球扩张改变了人们的幸福观念，就是这种无限扩展的形态。这里有很多自然环境的制约和人为的改造之间的矛盾，它们导致风土的内涵不断地发生变化。我觉得如果用概念来定义它的话是很简单的：风土是一个自然环境和人的主观精神的互动场。这个互动实际上在历史过程当中表现为一种相互制约的关系，不是那么轻松的。但是其实这个概念没什么用。真正有用的是当我们说到风土的时候，当我们试图理解这个概念的时候，我们的知识感觉里面要开一扇窗，看到新的风景，不要急于把它回收到旧有的框架里面去，也就是说我们不要总用二分法去看自然和人的关系。

【提问】老师您好，我是来自新雅书院PPE的学生。回溯历史我们可以看到，日本脱亚入欧是有三个阶梯的：第一次工业革命、第二次工业革命到《巴黎条约》，也就是凡尔赛—华盛顿体系的建立。这是一个不断地从经济转向政治的过程。如果我们说亚细亚主义和脱亚入欧论在19世纪末20世纪初是两种大的思想的话，我们看到日本其实是在摇摆的：在明治维新要开始的时候是要脱亚入欧；朝鲜战争和朝鲜战争胜利之后他们看到辛亥革命造成了中国的分裂，于是又想要进入中国，从而有了亚洲连带论；后来再看到中国不断地强大起来，他们又渐渐地抛弃了日本方面的制度学说，转向脱亚入欧。这种思想，与其说它是日本人的亚洲原理，不如说它是历史条件下对外政策在思想上的表现，因此我们就不能把它称之为原理。在您的书中，您提到亚洲原理奠基于亚洲近代反抗殖民的历史，但是我个人的感觉是，在这段历史过程当中，所有重要的思想其实都不是真正具有规律性的原理，而只是对时局的反映。您能给这个原理一个更为清晰的概括吗？

【孙歌】谢谢你的问题，你很善于思考。这里边有两个问题。一个问题就是原理是什么。我个人认为原理既不是规则，又不是规律，更不是一些既定的前提。如果我们这样去理解原理的话，我们就有可能变成原教旨主义者，然后说原理是铁定的，是不能动的，但原理本身不是这样的。我个人认为原理实际上是我们看待世界、看待历史的一个基本立足点，或者说是一个基本的认识方式。它不应该是一个模式，不是一个能拿来套用的现成的东西。同时，如果原理和时局没有任何关系，那么这个原理就是苍白的、没有生命力的。但是原理从来不能改变时局，因为它只是一个认识方式。你刚才讲原理是对时局的反映，这其实是原理的一种现实作为。实际上，原理和现实的关系是一个断裂性的连接关系。你可能觉得老师在要滑头，什么叫断裂性的连接，这个确实挺麻烦的。简单地说，就是你不能要求它有用，但是没有它又不行。

我现在来回答你的第二个问题，也就是日本的亚洲主义问题。你刚才问的是脱亚入欧到底是不是原理。如果从我刚才的定义来看，它的确曾是日本人在某一时期的原理，但是我们今天这样去看福泽谕吉就不太公平了。福泽谕吉当年写的那一篇很短的《脱亚论》，真是他写的。他当时在报纸上连载的一系列很短的文章，大部分是他徒弟写的，只不过都署了他的名字。为什么说这篇是他写的呢？是因为他那时刚刚在天津见过李鸿章，跟李鸿章讨论说日本要和大清联合起来，但李鸿章对待他的态度很轻慢，这样就把他给惹怒了。后来到了朝鲜半岛，他也试图游说同样的事情，结果也碰了钉子，于是他就写了《脱亚论》。我们只有读完了《脱亚论》才能知道福泽谕吉在说什么。他的第一句话是说西方文明传入了东方，就像麻疹一样。《脱亚论》确实是讲脱亚，而且说得很刻薄，他说"谢绝东方恶友进入世界的文明之林"，但是他从来没说过入欧，那只是后来人的比附。对福泽谕吉来说，欧洲之外是亚洲，而亚洲是他要创造的新的文明，只不过亚洲邻居不肯跟他一起唱戏，他很郁闷，就写了这么一篇东西。很有意思的是，我推测竹内好在编他那本从冈仓天心开始一直到他的同代人谈论日本亚洲主义，或者说"亚洲是一体"的论文集的时候，是很想把福泽谕吉也放进去的，但是他没法放，因为其他人都是谈亚洲的。怎么办呢？竹内好就全文引用了《脱亚论》放在他的序里。

这是非常有意思的事。竹内好从来没有对此做过说明，但是很显然，在讨论日本的亚细亚主义的时候，他认为福泽谕吉是同样重要的一个起点。那个起点是什么呢？是福泽谕吉所处的日本在19世纪七八十年代的高度紧张状态，他的《脱亚论》呈现的就是那种高度的紧张感。侵华战争和"二战"时期，日本没有提出脱亚论，搞的是大东亚共荣圈，因为它要代表亚洲。战后又一次出现脱亚论是在20世纪50年代，那时已经完全没有这种紧张感了。这一脱亚论的代表人物中有一位叫竹山道雄，竹内好有一篇文章就分析了竹山道雄讲的脱亚问题。竹山其实是要入欧的。他讲亚洲只有日本不属于亚洲，因为它跟亚洲太不一样了。当时有一位文明生态史的专家，叫梅棹忠夫。梅棹忠夫就认为日本不属于亚洲，因为它的方式太不一样了。但是他并不是脱亚论者，而是亚洲多元论者。梅棹忠夫最担心的是到了战后，世界政治格局反转了，亚洲的几个文明大国会重新崛起，而他认为亚洲的这几个大国，包括中国，都有文明一元论的倾向，因此很难期待它们真的能够实现多元化。

你刚才问这个亚洲原理到底是什么。简单地说，就是以形而下之理的方式建立新的普遍性，而这种普遍性是一种不自足的、不自立的，依靠特殊性才能存在的媒介，所以亚洲原理是另外一种普遍性的想象，我们只有借助于亚洲的历史和现实，才能够推进这一原理的生产。日本的亚洲主义显然不提供这样的可能性。竹内好艰难地想要寻找一些最初步的线索。除了我刚才讲的那些，他还比较了福泽谕吉和竹山道雄的思想。他说福泽谕吉的《脱亚论》并不包含文明一元论，而竹山道雄则是忠实的文明一元论者。同时，福泽谕吉的《脱亚论》显示了极度的时代紧张感，而竹山道雄的没有。福泽谕吉之所以讲脱亚，是因为他认为当时如果不脱亚，日本这整个国家就会沦陷。我们要配合他的《文明论概略》来理解他的脱亚论。大家读一下他的《文明论概略》就会明白，他讲脱亚的真实的目标并不是入欧，而是如何改变日本的民众。这才是他所忧虑的。他认为日本落后的原因不在政府，而在民风。他认为日本的民风太愚昧，因此如何开启民智才是他最关心的问题。而且他把"智"放在"德"之上，他说德是可以伪装的，所以世上有很多伪君子，但世上很少有伪智者，因为智是装不出来的。所以他说要开启民智。到了竹山那里，他认为日本不属于亚洲的原因和福泽谕吉的也是不一样的。同时他认为日本虽然不属于亚洲，但日本用西方的方式在亚洲最早实现了现代化，所以日本是亚洲各国的榜样。日本这一百年来走过的路，亚洲各国在"二战"之后要在短时间内迅速赶上，所以日本有很多事情可以做，因为它是榜样。这跟福泽谕吉说的脱亚入欧在方向上完全是两回事。

因此，在我们讨论日本脱亚入欧的这样一条线索的时候，需要在历史上下一些功夫。讨论形而上原理相对简单，讨论历史其实最麻烦，因为你要看历史人物是对谁说话，他是想讨论什么样的问题，在他使用的语言和他思考的那个问题之间有什么样的错位，这是我们读历史的时候不得不做的一些文献学方面的功夫。所以在这个意义上来说，按竹内好的说法，日本的亚洲主义虽然不是一个能够整合起来的思想流派，但是它作为一个媒介确实能给我们提供很多思考的契机，但这不意味着从现在开始，中国知识界必须要建立一个亚洲主义的视野。中国可以不谈亚洲，这没有问题，但是当我们谈亚洲的时候，怎么谈就变成了一个问题。

【提问】我叫宝力格，是来自剑桥大学的访问学者。我想问您一个问题。其实我们中国现在有"内亚"这样一个概念，而且这个概念越来越风行。也有人在批判这个概念，说中国应该是一体的，不应该是多元的，或者说内亚并不是政治实体。总之现在有争议。今天的中国又是一个开放的国家，要分不同的道路，走向世界，比如说"一带一路"，因此之后会出现一个中国如何与世界相连接的问题。在这样一个时代，中国应当如何利用亚洲这样一个概念来对接我们的一些战略，同时对接我们自己的一些理念资源，如果内亚算是一种资源的话。这是我想提出的一个问题。

另外一个我想评论的是这个原理。您的这个讲述让我想起欧内斯特·盖尔纳（Ernest Gellner）的民族主义，他说一开始是有民族主义，而不是民族。他讲了一个民族形成或者民族主义形成的过程，他将人类的社会分成三个步骤："primitive society"，原始社会当然没有那么多的意识；"agricultural society"，农耕社会里面每个社区自己的外部同质性很强，一个帝国是不能够把这些同化为一体的，在这样一个国家形态里面不可能有民族或者民族主义这样的东西。每个特殊性自己可以独立存在，可以不相互交流，不相互依赖。到了资本主义时代，他说每一个人都是独立的，自己有一亩三分地就可以生产，每个人都受到教育，在城市这样的环境里面，他只懂得一个东西，他自己是不能够生存的，必须依赖于其他人，他说的是劳动分工，不管说什么语言，信仰什么宗教，这都无所谓，只要纳入这样一个劳动分工，就可能变成一个团体。所以他其实给我们一个启示，这个启示很可能跟您讲的亚洲原理有相似之处，也就是说我们应该先有这样的理念，但是同时把这些形而下的原理，最后变成一个实践，相互牵扯，相互依靠，到了分不开的时候，亚洲自然而然就会形成。我的理解是这样的，跟您的说法有一点相似之处。

【孙歌】我先回应一下您最后这个问题。我想举两个例子。一个就是和辻哲郎在《风土》中把中国归为季风型风土的特例。这个特例指的是什么呢？他说中国其实不是一个典型的季风型风土，因为它内部区域非常广大，其中甚至还有一部分区域是沙漠型的，所以它的文化就跟印度这样的典型的季风型风土社会不一样。哪里不一样呢？他说中国人对于国家事务非常冷漠。他刚好在 20 世纪 20 年代后期在中国逗留了一阵。"四一二"反革命政变之后他到上海去看了一下，他说国民党那个时候已经开始屠杀共产党了，把人头吊在电线杆上，但老百姓若无其事，认为那些事跟他们没有关系。相反，在证券交易所里挤满了老百姓，他们说现在是发财的好机会。和辻哲郎没有说是国民性，他说这个时候就会看到，这样一个季风风土也可以制造出国民对国家事务的冷漠。这有一点像您刚才援引的第二个阶段所讲的民族主义。和辻哲郎的分析很有意思，他说实际上这个冷漠是假的，他们对国家冷漠，但他们对自己的血缘、地缘的团体一点都不冷漠。我们都知道孙中山在"三民主义"里就诉之于这样的血缘、地缘关系，他认为这是中国打造民族和国家的基础。他还说一个中国人可以对自己宗族以外的事情很冷淡，但是为了宗族他可以抛弃身家性命。非常有意思的是，他把这样一种他想要打造的民族和欧洲的民族做了一个对比，他说欧洲的民族是直接建立国家的基础，因此是人为构造的，而中国的民族是因为血缘关系结合而成的，所以它是自然的，自然的一定会胜过人为的。

接下来就是您的第一个问题：中国到底有没有内亚。在我看来，如果我们把不同文明通过宗教呈现的形态置于中国这样一个现代政治体内部来观察的话，可以认为中国是有内亚的，但这个内亚和亚洲是两回事。我再举一个例子。有一次我去牛街参观清真寺，正好赶上穆斯林做礼拜。清真寺一进门那儿有一个传达室，传达室里面的老大爷当然也是伊斯兰教徒，他很热情，请我进去坐，然后就给我讲了一大串道理，比如他说汉字是穆罕默德创造的，等等，他举出了几个汉字，用伊斯兰教义来解释笔画的构成。可惜我当时没做笔记，具体的字现在都想不起来了。他的结论就是整个中华文明都是穆罕默德造出来的。我很后悔没带录音笔去，因为我的脑袋不太好使，回来就忘了。这说明什么？说明他有他自己的认同。还有一个例子是我到呼和浩特去参观博物馆，博物馆内有关中国通史的讲述和我在北京看到的，或者说从教科书上读过的很不一样。在呼和浩特历史博物馆的叙述里，中国的历史主要是游牧民族创造出来，但是前提是我们共有一个中国，所以我觉得可以有内亚的说法，有内亚并不意味着我们必须分裂。

我还可以举一个例子。有一次我去给首尔大学在北京举办的夏令营活动做讲演，他们派了一辆专车来接我。司机是朝鲜族人。韩国人到这里来一定会找朝鲜族的人帮忙办事的，所以北京就有一个朝鲜族司机的车队，专门给韩国人服务。车队司机的汉语讲得很好。我遇上的这个司机很有意思，他上了车就跟我讲，他常跟那些韩国人说，你们不要在萨德问题上犯浑，你们跟中国作对是没有好下场的，我们友好相处其实挺好的，你们韩国人好好办你们韩国人的事，我们中国人好好办我们中国人的事。当然，我不知道是不是所有朝鲜族人都这么说话，但至少我遇到的牛街的那位回民老大爷，以及这位朝鲜族司机，他们给我传递的信息都是他们是有中国认同的。这其实是没问题的。有问题的可能是有没有霸权。这个问题就复杂了，因为霸权不一定是种族间的，或仅仅是种族间关于谁掌权谁不掌权的问题，它也是一个民族的内部问题。从结构上看，这就是竹内好在讲《作为方法的亚洲》的时候强调不可以将亚洲实体化的原因。实际上，真正要反对的并不是西方这个实体，而是这个实体在所谓的现代化过程当中，通过殖民对人类施加的霸权结构。因此，推翻这个霸权结构也是东西方进步人士的共同责任，而并不是亚洲管亚洲的，西方管西方的。这也是我刚才讲的机制的问题。

从这个意义上来说，我觉得内亚作为一个视角是没有问题的。如果因为有了内亚就认为中国必须分裂，那是论述者的问题。内亚视角并不必然导向分裂。这就像我们刚才讲赫尔德的风土观和地缘政治学的国家有机体论，它们本来讲的都是空间和人的关系，并不必然走到霸权的或者侵略的地步。中国如何应对世界，如何用亚洲的视野去履行自己的责任，这其实不是我在这里应该讨论的问题，那是政治局要讨论的问题。但是我觉得，这同样是一个需要我们作为学术研究者要思考的问题。但是学者的思考侧重点并不一样。当年梅棹忠夫提出文明生态史观的时候，他就认为凡是大国都会有一元化的倾向，都会有这样的危险，因此，如果中国不自觉地控制或自觉地警惕一元化倾向，就会有形成霸权的危险。但就像之前我所说的，我们在今天确实可以看到一些很有意思的现象，只不过我不知道它们是否会在将来成为主流，但应该是有一些可能性的。

外交部有一位女外交官叫傅莹，前一阵我在网上看了一个视频，内容是她对西方记者提问的回答。西方记者问，朝鲜现在这个局势你们中国为什么不出手，为什么不管？傅莹的回答是，这个问题好西方啊！这个回答很精彩。西方世界习惯了干涉别国事务，傅莹戳破了这层窗户纸。

我个人是很支持傅莹这种思路的。当然，我不知道它是否会成为将来中国政治发展的主导方向。这样的思考其实并不像网民们想得那么简单，仅仅说我们需要先韬光养晦，因为我们现在的能力还不够称霸世界，我觉得这未必是正确的。可能也会有这样的一些政治家，但在我们的传统中，确实一直存在着从庄子一直到章太炎那样的"不齐之齐"的思想脉络，而且这个传统在儒家学说中也一直是一股非常重要的潜流。问题是我们今天如何去转化它，如何去发扬它。我觉得现实生活中有很多能被观察到的现象，它一方面证实了孙中山当年所说的宗族转变为民族的可能性，也就是中国人为了宗族、为了国家能贡献自己的一切；另一方面，它不一定意味着我要直接为一个抽象的国家献身，而可能是去帮助那个你可以看到的、需要你帮助的群体或个人。其实英国人也未必能为抽象的国家献身。我认为这样的传统在今天的中国社会仍然传承着。

【提问】追问一个问题，像战国，还有其他时代，在没有宗族这样的概念的情况下，它是怎么从某种社会形态转化成一个民族（中华民族）的？您刚才是说一个路径，对宗族的这种热情转化成对民族的热情，那么，如果它自己本身没有这样一个宗族热情，那转化就应该是宗教的事情，该怎么做呢？我们说中国很可能是一个多元的社会，我们承认这个国家是具有宗族基础的，但是我们这个国家还有很多其他民族，而这些民族对国家是非常重要的。

【孙歌】这里可能涉及理解"中国原理"的问题。其实我觉得中国论述到目前为止过于偏重汉族传统，而且总有一个误解，认为儒家学说就是汉族的产物，而其他民族都是后来被同化进儒家传统中来的。现代中国是个多民族国家，它不是一个单一民族国家，也不是一个以宗族为基础的国家，这一点很重要。但是家族在古代就是最基本的社会单位，有没有概念表述它，主要是看是否有现实需求。我刚才讲20世纪20年代，孙中山看到中国人只在自己的小群体内有热情，他们是没有国家观念的，所以他要转化中国人的那种热情。他跟福泽谕吉一样重视民风，他认为这种民风会导致中国亡国。在孙中山看来，中国那个时候连半殖民地都不如。但其实现在我们面对的是更为真实的人。"三民主义"中其实有很多强词夺理的地方，那是那个时代他所面对的课题导致的结果。那里面说我们都是一个民族，这只是一个说法，孙中山讲四万万人其实都有血缘关系，在他的思考里汉族可以统合所有的民族，但我觉得这其中有个核心问题，就是中国是一个多民族的国家，对此，我们应该没有人会产生质疑，但是多民族如何产生一个能够共享的中国原理，这是一个需要学术人一起来思考和推进的问题。因为如果你斜着画一条线，说这边是汉族，也就是农耕民族，那边是游牧民族，然后用这边的农耕民族去解释那边的游牧民族，这种直接套用是没有任何意义的。但是我们有没有可能找到一些机制，比如说我们使用的汉语，我们可以从汉语文献里面去找到一些这个社会代代延续下来的基本精神。我们两千多年的历史是各个民族轮流执政的，并不总是汉族大一统。每个民族在传承和建构中国的时候，我们应该思考如何把它们所遗留下的遗产转化为同一种文化中的多元组成部分，如何用一种融合的方式去锤炼我们的中国原理，这些问题可能不像我们今天想象得那么单纯。从这个意义上来说，我确实不认为这些少数民族的历史都是边疆史，我认为在中国文化的建构过程中，如果有中心的话，那么各个民族都是中心，只不过我们没有找到一种有效的方式作为一种结构性的机制，来让各个民族能够有效地组合成一个"不齐之齐"的论述。

【提问】老师您好，我是一个本科二年级的学生。我在此之前没有接触过关于亚洲问题的讨论，只是感觉到中国和日本知识分子有一个讨论，那就是究竟谁是这个地区的主导型国家。为什么是中国跟日本在讨论这个问题？亚洲其他国家有没有在关注这个问题？

【孙歌】在某一些历史阶段里，比如在万隆会议时期，亚洲的大部分国家，特别是弱小国家，都觉得我们亚洲人是一家，后来就没有那么明显了。所以现在亚洲不是原理，亚洲只是美国东亚系区域研究的一个别称。其实我们在这里对亚洲和欧美作实体性的区分是没有意义的，因为这是一个逃避实质性问题的讨论方式，这种方式是脱离现实的。我今天讲欧美已经内在于亚洲，经历了"被殖民"，我们连历法都改成公元了，我们的衣服样式也改了，整个生活方式都不同程度地被西化了，这个过程在资本全球化之前就开始了。但是文化这个东西它是潜移默化的，一个在美国生活了一辈子的中国人回到中国来，他也需要适应，需要改变。为什么？美国化的人没有办法理解中国的人际关系、社会规则，以及各种潜规则，这跟好坏没关系。文化有它自己底层的沉淀，变得快的是表层的那些东西，所以亚洲有意义没意义，亚洲到底是谁，这些都不是一个太需要追问的问题。我今天之所以讲亚洲不仅仅是个地区，它还是个媒介，是因为我们需要建立另外一种普遍性想象。刚才有人问，如果建立一个形而下的普遍性，建立一种新的普遍性感觉，是不是会带来扩张？其实任何一个理论都有可能被误用，你讲多元，立刻就会有排他的问题出来。但是任何理论，哪怕是最危险的理论，都有可能生产好的契机。所以不要怕危险，不冒险的理论一定是没有生命力的理论。人活着本身就是一件有危险的事。一个活的理论也一定会有风险，特别是当它还不成熟的时候。所有的理论都是"双刃剑"，问题在于我们是否有能力不断地把它往前推，然后不断地抢救出那些有价值的要素。这是很难的，而且不是一个人，甚至是一代人能做到的，但是这也正是一代代思想者追求的目标。

【主持人】特别感谢孙歌老师非常耐心的演讲和回答，也谢谢大家的参与。我们今天的活动到此结束。

漂移、碎裂与亡灵出没：数码时代的性别与父权*

戴锦华

北京大学中文系比较文学研究所教授

* 讲座时间：2017 年 11 月 1 日。

【主持人】大家好，今天我们非常高兴邀请到北京大学中文系戴锦华教授给我们上课。戴锦华是中国著名学者，在大众文化、电影文化、女性文化领域都有很深的造诣和学术影响力。今天她将通过几部电影，讲述如何理解数码时代的道德责任和伦理问题。

【戴锦华】大家好，我又一次感到受宠若惊，有这么多的朋友来听讲座。刚才有年轻的朋友告诉我说，他们专程从外地赶来，这让我感到很有压力。在接下来这个短暂、有限的时间之内，我希望能跟大家一起分享我近期关于性别议题的思考，希望能不辜负大家的期待。

在公开演讲中，我会先声明一点：大学的讲堂不只是传授知识的空间，更是分享问题的空间。如果大家期待的是一个你们走出门去的时候茅塞顿开、豁然开朗的讲座，那你们现在就可以离开了，因为我希望和大家分享的，是迄今为止我自己尚未找到答案的问题。如果大家带着困惑而来，那在讲座结束时会产生更大的困惑。太多时候，人们发问的时候，提出的是自己预设了答案的问题，它显现的并非独立思考与特立独行，而可能刚好相反，证明了普遍存在的思想贫困的状态。我曾反复重申自己的观察：我们正置身在一个"行易知难"的时代，想要勇于直面我们这个斑驳繁复、阴晴不定、日新月异的社会现实，就要去寻找、发现真问题——对我来说，所谓的"真问题"最直接的定义便是尚未有答案的问题。从提出问题到获得答案的路可能极为漫长，甚至没有一定会获得答案的承诺。因为，也许我们提出的问题原本无法在既有的知识范围内获得答案。然而，提出真问题不仅是思想性工作的起点，而且是我们尝试去改变现实、改变社会的开始。

一、重启性别议题

今天的选题，对我有特殊意义。我不敢说我是中国新时期以来最早的女性主义者，但正如刚才汪老师所说，我是较早在中国将性别理论或者性别研究的思路运用到文学研究中的学者。在很长的一段时间内，给我贴标签的最简单的一个方式就是称我为"女性主义者"。尽管有一段时间我很不争气地经常声称我是"Toothless Feminist"，没牙的女性主义者，我不咬人，但没有用。男权沙文主义还是恐惧，用现在更贴切的说法叫作"直男癌"感到恐惧。其实我早就不认为"女性主义者"是我的唯一身份，但以我的性格，当这个名字仍然是"脏字"和"恶名"的时候，我不会否认它。

但最近20年，我不曾单独就性别问题开设课程、讲座和撰写论著。尽管我始终在坚持性别研究的工作，性别维度始终是我所有思考的一个必须和内在的维度，但我认为性别这个在社会积淀当中始终遭受冲击的领域，它从来不能单一地、自命地展现它所遭受的社会冲击的性质。从某种程度上讲，性别议题和阶级、种族议题这些自身携带着历史性的大学术一样，形成了某种自洽，或者说好像以自洽的形态出现了封闭性：它先在地排除了其他议题，同时先在地抹杀了自己作为一个议题的内在差异和内部分裂。每一个与性别有关的议题都必须在现实情境当中，和其他参数、其他议题彼此关联，比如说和阶级、种族、年龄、地域，比如说和越来越复杂的身份政治，比如说和全球化以及全球化当中的巨大流动……一旦你把性别研究作为一个单独的议题来讨论的时候，那么你就会面临无法避免的众多理论陷阱、思想陷阱和事实陷阱。

我很长时间没有专门处理性别议题的另外一个原因是，随着性别研究在中国的学科化，普遍发生的一个状态是，性别议题日益被中产阶层化。其实，当我们说性别议题时，最有效、最有力、最有针对性的是城市的、相对年轻的、受过足够高教育的女性群体。我没否认过我是女性主义者，但我不会站出来说"我是个女性主义者"，因为当我做这样的声称和自我定位的时候，我感觉到自己浑身散发着中产阶层气息，好像我们带了某种优雅而且专业化的姿态。同时"Gender Studies""Feminism"在中国的现实语境当中，越来越国际化。它国际化的进程使它向着两个方向发展：一是性别议题直接演化成了边缘社群的女性问题，比如说农村妇女问题、老年妇女问题、残疾妇女问题，成为底层研究、社会学的一个分支；而朝向另一个端点，是更为激进化的，也更为都市化和青年女性化的，更中产阶层的议题——性少数议题，就是所谓"酷儿"（Queer）和 LGBT 社群的生存问题。

还可以说出更多类似的原因，这一系列原因使我长期以来自觉避免把性别议题作为一个独立的、自足的议题拿出来讨论；相反，我始终尝试着去寻找那个曾经被女性主义运动、女性主义理论所宣告的"不快乐的婚姻"，也就是女性主义和马克思主义，或者说性别议题和阶级议题难以共融的困境。我一直尝试在这个困窘的空间当中寻找突围的可能，但是始终没有能够真正得其门而出或得其门再入。今天是我这么多年来第一次展示"尝试突围"的结果，所以我说今天这个题目对我来说有特殊的意义。

不过我还是要补充说明一句，这个议题围绕着性别展开，但不仅限于性别框架。我是把彼此缠绕、彼此关联的一系列问题拿来跟大家讨论，而且我思考的边界或者对象立足于中国，但也不仅是中国。对于资本主义全球化的进程而言，中国崛起毫无疑问提供了一个巨大的变数，在此面前，西方的经典理论、经典学科范式、经典阐释路径都有些失效。面对这种失效，西方主流且右翼的学者，尝试提出一种描述或者说是命名，叫作"中国模式"或"中国道路"，以表明中国是一个例外。主流阐释对非例外仍然有效。过去中国也是例外，但是滞后于现代化进程的例外，今天中国仍然作为一个例外被展示、被描述，但这次是加入历史进程的例外。我记得当年《红高粱》在纽约放映时，几个美国观众跟我说他们走出电影院，走在灯光璀璨的曼哈顿街道时，他们突然恍惚了，今夕何夕啊？美国学者周蕾也曾用"原始激情"来描述中国电影，意思是在我们的电影中充满了原始激情，前现代的、前文明的激情，就好像十八里坡荒野中的野合。当然，另一种尽人皆知的基调是"中国是邪恶的"，充满了神秘的邪恶。这两种基调今天仍在，但是正在淡去。今天人们开始恍惚，原始激情、神秘邪恶、崛起大国……到底如何有效地阐释中国？中国作为一个不可知的变数，中国的未来是否可预言？中国是西方眼中的例外，但对于全球资本主义的进程来说，中国真的是例外吗？到底在多大程度上可以说我们置身于这一进程之外或者边缘，或者我们对于这个进程有另外的选择，或者我们已经 / 可能提供另外的出路？基于这样的一些思考和困惑，像汪老师非常准确地介绍的那样，我尝试用我的文化研究去覆盖我的电影研究和性别研究，以及我对于社会的思考，同时我的文化研究始终是带有某种政治经济学维度的思考。在这个过程当中，我一直在尝试着将中国问题溢出中国的边境，用世界性的观察和世界性的视野来重新坐落和定位中国所发生的现实。

二、家庭的多元化与表象化

让我们先把大问题放在一边，按照我的习惯，我还是带着大家先从文本切入。我们从一部电影开始，娄烨的《浮城谜事》。娄烨是第六代导演当中一个非常特殊、非常突出的青年导演——这一点非常好笑，我一直把第六代导演中的一些人当成青年，因为他们曾经是我的学生，虽然我教他们的时候跟他们差不了几岁，可能正是这样一个奇怪的身份，让我始终觉得他们是青年导演。回来说《浮城谜事》，这部电影刚刚出来的时候，多多少少引起了一些社会轰动，因为这是娄烨因《颐和园》遭受五年严格禁令之后在国内复出的第一部电影。到现在为止，我可以断言娄烨是最优秀的第六代电影导演之一，《浮城谜事》作为他的回归之作，延续了他高度风格化的个人艺术特征，是当下罕见的带有批判锋芒的中国艺术电影。

电影从名字看就知道是个悬疑故事。但娄烨是艺术电影导演，他并没有把它拍成一个商业类型片。鉴于很多朋友没有看过这部电影，我稍做一些描述。故事开始的时候是一个暴雨之日，高速公路上突然出现了一个张皇无措的少女，同时一辆满载着酗酒的富二代的轿车也正行驶在这条高速公路上。这个女孩的突然出现是完全始料不及的。酗酒者的车撞上了女孩。车祸发生后肇事者被吓坏了，他们下来探查的时候发现女孩没死，然后在极度的恐惧中，他们开始群殴这个女孩，把她打死在高速公路上。女孩很快被发现是一个来自山村的贫穷家庭的女大学生。这个女大学生的寡母尽管心都碎了，但最后还是接受了庭外和解，接受了富二代们的赔偿。作为悬疑片，《浮城谜事》显然不够典型，因为没什么悬念。但是这里面设置了另外一条线索，年轻的刑警是女孩子的同乡，他一直暗恋这个姑娘却来不及告白。他认为这个案情有极大的不明之处，不在于她被车撞伤并被殴打致死，而在于她怎么会在这样一个暴雨之夜出现在封闭的高速公路上？于是这个刑警开始调查，他发现女孩有从高速公路旁边山坡上滑落的痕迹，后来还在那个地方发现有打斗的痕迹。然后他发现了一串不属于这个姑娘的钥匙。于是他展开案情的调查，从这里娄烨要讲的故事才真正开始，从家庭引出今日社会怪诞图画的缩影。很快我们看到了一个标准的都市中产之家：新的商品公寓，窗明几净，一对夫妻，一个女儿。夫妻都受过高等教育，相敬如宾。当然，如果我们细读的话会注意到，娄烨利用电梯空间当中的不锈钢四壁形成镜子，人物和自己面面相觑，或者形成人物的撕裂，这是他非常擅长的手法。故事从这个家庭展开，他们的女儿和幼儿园里的一个小男孩是好朋友，所以两个妈妈也成了朋友。但是很快我们就会发现，这两个母亲其实拥有的是同一个男人。小男孩是男主人公的非婚子。第二个家庭在旧式的家属楼中，物质条件相对较差，男主人公对待这个女人的态度和对待他妻子的态度非常不同，简单直接、权威粗暴，如果话不投机的话，可以张口就骂，抬手就打。等到这两个好像是朋友的女人终于知道彼此的真实身份的时候，第三者完全没有任何负疚，也没有道德恐慌，她对着那个正妻（如果有时间我们可能会说，正室、太太，像这样的词复活本身就使一夫一妻制遭到了挑战）非常骄傲、非常从容地说了一句话，这句话非常有力量。她说："我们的孩子叫宇航（宇宙的宇，航空的航，本身就很有意思），孩子的名字是他奶奶给起的。"我们看到了两种家庭样式，两种家庭样式所携带的不同的价值：第一个是关于中产者的、奋斗的、成功的、都市生活的、核心家庭的；而第二个是关于父子相继的、血缘的、被家族所认可的。这个男人已经够恐怖的了，他这样不动声色地维系着双重生活、两个家庭。但娄烨肯定也不是要拍婚外恋的伦理剧，因为他明确地在造型空间、生活状态、相互关系上向我们表现了两种家庭价值、两种关于家庭的想象及支持两个家庭的不同的社会评价系统。第三者之所以浮出水面，通过孩子的关系去和正室太太建立联系，是因为她发现了其他威胁存在——男人还在外面嫖娼。要制止这种行为，以她的身份地位是不够的，所以她要动员男人法律意义上的妻子来改变这种局面。她非常有心机地把妻子领到一个茶楼上，两个人临窗而坐喝茶，于是就看到了叫蚊子的女大学生，她来自贫困乡村，在大都市生存的压力之下，选择出卖自己来维系学习和生活，然后她遇到了那个男人。于是蚊子成为妻子和第三者共同的敌人。蚊子就是在她们二人的追打和推搡之下，才从山坡滑到高速公路上，造成了最后的悲剧。

大家稍微查一下就知道电影是改编自"天涯"的一个直播帖（我们姑且不讨论直播帖的真实性），帖子原名叫《看我怎么收拾贱男和小三》，很显然故事的讲述者是那位正妻。电影当中提到但没有刻意强调她的身份，而从直播帖当中可以看得很清楚，妻子是成功的创业者，结婚以后心甘情愿地回到女性的角色，把公司交给丈夫去打理，自己成为全职家庭主妇，相夫教子。但是真相一旦暴露，妻子的处理方法"简单粗暴"，她把钥匙放在丈夫面前说："房租交到下个月，公司你不用去了。"她把他解雇了，像解雇一个 CEO 一样，因为妻子是资产的拥有者。被解雇的丈夫回到他的另一个更普通、更接地气的家，两个人带着孩子一起去参加家长会，很亲密。虽然两个女人都与蚊子之死脱不开干系，但面对刑警，妻子有足够的知识和资本说："少跟我说，找我的律师，你捡到我的一串钥匙能说明什么？什么都不能说明，你不用跟我讨论这些问题，你不用恫吓我。"可是第三者就没这么有底气。一个拾荒者偶然目击了那一幕，他开始敲诈第三者。当男人发现后，他就在一个类似于贫民窟的地方，把拾荒者杀了。电影结束的时候，心碎了但被迫庭外和解的母亲深夜在女儿死的高速公路上烧纸。在那缕青烟当中，电影呈现出娄烨少有的温情，女孩的幽灵显现，深情地望着母亲，嫣然一笑，飘远了。这是这部以手提摄影机拍摄的、具有高度纪实风格的冷郁的影片中唯一的一点暖色。但我感到了另一种痛，还有另一个死者，另一个亡灵，他连一个祭奠和一缕幽魂都没有。这个女孩如此悲惨，但她毕竟是一个女大学生，她仍然是我们这个世界上可见的底层，而那些不可见的底层，那些真正的低端人口，他们的来去没有人会真的关注。在电影中那个姑娘叫蚊子，这已经是个象征，但她仍然是个有名字的人，而那个拾荒者完全无名，所以说这个罪案故事向我们展示的是家庭的、婚姻的、伦理的观念的变化和碎裂，但同时所有的变化背后是一个简单的直接关于资本的、关于阶级的事实。

但这也不是我要讨论的，我要讨论的重点是，这部影片向我们传递了在绝大多数的中国电影、中国文学中，人们没有关注或者不曾透露的信息，这个信息是矛盾的、双重的。一重信息是它展示了一种似乎越来越仿照西方核心家庭或美国中产阶级的家庭观念、婚姻观念、性爱观念以及对孩子的养育观念的中国家庭表象旁边，我所说的"亡灵出没"现象——传统中国价值观、血缘家庭的权威性、重男轻女。所以地下婚姻在另一种常规和习俗的意义上更加神圣，是被血缘家庭背书的婚姻。造成这一现象的并非传统文化，而是新的资本权力的背书和父权过程，所以我们才会在这部电影中看到一个相反的事实：固然这个男人非常风流，但他只是一个雇佣经理，他不是资本的拥有者，于是他可以被别人很轻松地解雇。所以我说，这部电影向我们展现了中国家庭状态多重、并置、混乱的状态，向我们揭示了今天中国家庭状态的脆弱。

那么，这是中国独有的吗？我做一个对照，我们看一下近几年来在国际电影节上获奖的另外一种影片所展示出来的另外一些相关的事实。我选择的这两部电影是前后两年在法国戛纳电影节上获得金棕榈奖的影片。一部是 2015 年的《流浪的迪潘》，它获奖的时候，我在期待侯孝贤导演的《刺客聂隐娘》得奖，可是侯孝贤导演只得了最佳导演奖。我很快就看到了《流浪的迪潘》，那时候我就觉得它在电影语言、电影表现力上都乏善可陈。直到四个月之后，巴黎恐怖袭击事件发生，我才明白这部电影的意义和它获奖的原因。欧洲三大艺术电影节，尤其是戛纳电影节，一向不仅以艺术的前沿性，而且以政治的激进性自负。"冷战"时期欧洲艺术电影的文化位置，约等于欧洲新左派的位置。它们的激进性表现在对美国所代表的资本主义、帝国主义的坚决批判和深深蔑视上，同时表现在对苏联所代表的社会主义霸权的不妥协的批判之上。但是当"冷战"终结之后，它们就像广义的新左派一样，成了孤儿，成了漂泊者，成了流浪者——对资本主义的批判不再得到呼应，对社会主义的批判已经丧失了对象。曾经，它们在两大阵营的对峙状态当中"两间余一卒，荷戟独彷徨"，但是毕竟可以参照两种巨大的力量来定位自己、界说自己，可是"冷战"终结之后，它们完全丧失了有效的坐标。欧洲艺术电影的命运也是如此。巴黎恐怖袭击事件发生的时候，我突然对戛纳电影节及其评委们恢复了一点敬意，我意识到他们试图通过给这部电影大奖来表明他们的政治敏感和现实关注。2016 年金棕榈颁发给了《我是布莱克》，肯·罗奇（Ken Loach）的作品。肯·罗奇是我最尊敬的欧洲老导演，我称之为"英国的老战士"，他一辈子跟资本主义死磕，一辈子跟底层站在一起，他的政治立场是如此强烈和鲜明，以至于在撒切尔当权期间，他曾因为政府干预而被剥夺了电影的拍摄权，所以在那些年当中，他只能拍演舞台剧。撒切尔夫人下台后，他才又开始拍电影，之后几乎每一部电影都得奖，然后各大电影节都争着给他发终身成就奖，他现在快九十岁的高龄了，仍然是极有活力的电影人。但坦率地说，《我是布莱克》并不是肯·罗奇最好的作品。那么为什么要让它得奖呢？因为它跟《流浪的迪潘》一样都是一个信号，让我们去看向那些边缘的、不可见的、生活在你内部和你身边的人群，让你看到如果你继续无视他们、排挤他们，认为他们可以随意地被摆弄和抹除，他们将爆发出一种什么样的可能和力量。

　　回到这两部电影，我们可以看一下它们的海报（见图1、图2），就会发现海报上都是一个貌似核心家庭的合影。但事实上，他们都是异姓家庭，就是家庭成员没有任何血缘关系，他们的家庭只是某种家庭表象，是在某种现实当中完全偶然地被外在的力量推动所组织起来的家庭，但履行着苦难面前家庭成员才有的相互扶助的义务。《流浪的迪潘》当中一个单身男人、一个单身女人、一个丧失了父母的孩子，他们为了移民临时组成了一个家庭，准备一旦进入西欧就各奔前程。当然最后男女主人公相濡以沫，生活在了一起，但一点都不浪漫，它只是底层人的最基本的生存挣扎。《我是布莱克》是一个独居的孤独老人和一个只能通过卖淫来养活自己孩子的单身母亲这两个底层人相濡以沫的故事。在这部电影中我第一次知道在英国的白人社群当中，会有人没用过电脑，会有孩子没有见过任何电子设备，甚至连卡带式录音机都没见过。它向我们展示了欧洲内部的第三世界，它向我们展示了欧洲内部在短短二三十年的阶级再度分化当中的那个底层。对于这些底层来说，家庭成为一种奢侈。但是家庭又成为一种去面对现代文明所必需的表象。以上是我想跟大家分享的第一组例子，关于多元的家庭和只有表象的家庭。

图1　《流浪的迪潘》　　　　图2　《我是布莱克》

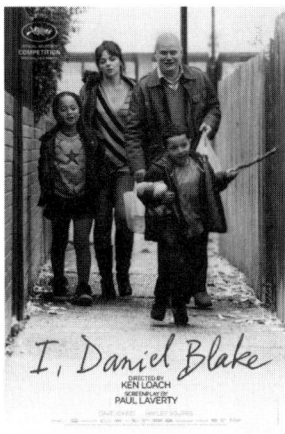

三、家庭的碎裂

我先把文本都陈列出来，再展开讨论。我要跟大家讨论的第二组文本，是一部根本没有进入院线发行的艺术电影——德格娜导演的《告别》。它获得了第九届"FIRST青年电影展"的最佳影片。我必须说，它的获奖跟我不遗余力地与其他四位男性评委进行辩论有直接关系，最后我听说这几位男性评委对我的评价是"近乎无礼"。当然，我力挺它并不单纯因为它是一个年轻女导演的作品，而是因为这部影片和《浮城谜事》一样，我在其中看到了我们的主流媒体、主流表述甚至我们的思考和观察都忽略掉的一个基本事实，即今天从城市到乡村，我们的家庭生活状态："碎裂"。

这个故事很简单，而且带有德格娜的相当清晰的自传色彩。德格娜是文二代，她的父母是内蒙古电影制片厂的塞夫和麦丽丝，是著名的蒙古族夫妻导演。他们拍了一系列少数民族题材的电影，比如《东归英雄传》《悲情布鲁克》，包括《一代天骄成吉思汗》，等等。《告别》中的父亲同样是这样一个知名导演，一个濒临破产的国营电影制片厂的厂长。他要面对被遣散的职工，面对因被遣散以至于衣食无着的职工的生命状态。故事相当简单，父亲得了晚期癌症，母亲是成功的商人，非常忙碌，是个空中飞人，所以无法照顾丈夫。似乎丈夫也丝毫不想让她照顾，于是丈夫就住到了自己母亲家，由母亲和妹妹照顾。妻子在丈夫濒危的情况下召回了在英国留学的女儿。女儿回来后和父母以及整个家庭格格不入。故事大概就是这样一个缓慢细腻的父女和解，以及父亲最终死亡的故事。《告别》就是女儿对父亲的告别。这部影片不期然地显露了在这样一个全球化的进程当中中国家庭的碎裂。一方面，我们说家庭的多元化和围绕着家庭的伦理道德的多元化；但同时也有一个趋势就是中国的家庭概念加强。每年春节前后，我从不同的年龄段和不同的阶层那里都能听到各种关于逼婚的故事。围绕着独生子女政策所显现的一系列中国人对于血缘、对于后代的重视，中国家庭的这种紧密程度，所有的这些都在表明家庭观念的加重、强化或家庭的凸显。

这个现象很容易阐释：新时期到今天以来中国社会变化无外乎是一个现代化、商业化、全球化和资本主义化的进程，其中一个重要的变化就是20世纪50年代到70年代的基本样态，社会价值结构在缓慢地碎裂，完成置换、重构。就我们现在所讨论的这个议题来说，一个最直接的变化就是集体性的消失。虽然说我们有很多既定的路线去描述新时期以来中国社会的变化，但在我看来，这个变化和个人经验最相关的东西就是个人主义在经过一百年之后开始在中国生根落地。研究中国现当代文学的朋友们可能知道，我们一直在讨论悬浮的个人主义、无根的个人主义，我们一直说个人在中国、在漫长的20世纪中国历史中，它是个集体名词。比如我们说"天上没有玉皇，地上没有龙王，我就是玉皇我就是龙王，喝令三山五岳开道，我来了！"（"大跃进"民歌），这个"我"从来没有被当作"我"，被当作个人，它是我们，是一种集体。新时期以来，以个人之名，以个人自由之名高举个人主义的时候，这里的个人也不是每一个身体，也不是每一个有个性的人，我们是寻找自由和尝试反叛的集体。直到20世纪90年代，个人主义才真正开始在中国生根，在我的观察中，我认为是两个重要基本因素造成了中国个人主义的生根，因此中国个人主义是高度畸形的。这两个因素中的一个是消费主义，个人主义终于找到了它的身体和形象，这个形象是通过消费行为，通过占有的商品来标识的。而另外一个因素，就是独生子女政策。独生子女政策使得个人主义文化有了一个奇特的结构性依托，你一出生就必须是个人主义者，一出生就在宇宙中心上。你在所有的长辈、长者、权威者因爱之名的暴力侵害当中，你要图存，你就必须成为绝对的个人主义者。我自己所做的理论描述是，独生子女图存求生的一个重要步骤是将他人功能化。我不能把你当作人，我不能人同此心、心同此理，我干脆觉得你是一个功能、一个相对于我的功能。比如这个人可以辅导论文，那个人可以洗衣服做饭，那个人可以给钱花……把他人功能化，个人主义极端到了个体与个体之间、主体与主体之间的主体间性很难建立，因为你不能体验到他人是一个主体，你不能体验到他人是一个人。这样极端的个人主义反而以另一种方式强化了中国的家庭结构。我们再度重视家庭、血缘、子嗣，是因为在这样的一个环境中，血缘、基因意义上的延续成了唯一可指认的延续。与其说爱孩子不如说是自恋的扩张，我爱孩子不是爱另一个主体、另一个个体，我爱孩子是爱我的基因的播散，我爱孩子是爱我个人身体和生命的延续。

电影《告别》的意义对我来说，它凸显的是反面。在我们不断重新阐释家庭价值，不断把自己的生命重心再次坐落回家庭的同时，在中国广大的城市，以及乡村，事实上造成的是家庭的碎裂和解体。这个现象在两个层面发生，而这两个层面都联系着全球化时代的流动。一个层面发生在人才跟着绿旗走的环境中，就是择业以收入为基本依据，这造成了巨大的流动性。跨城工作、异地分居，这是家庭事实上的瓦解；另一个层面的流动是跟着孩子走。我们把孩子送到国外去读书的年龄越来越小了。前面我说中国的家庭围绕着孩子构建宇宙，一旦宇宙中心离去的时候家庭就自然解体了。还有一种可能性是，这个宇宙继续追随着中心旋转，于是就出现了"陪读"这种情形。通常是母亲或老人跟到国外去陪读了，或者去另外一个城市、另外一个乡镇去陪读。由于乡村撤点并校、考试工厂的存在，也出现了大量陪读家长群体。此外还有陪练，比如丁俊晖、郎朗都是很著名的例子。

我们如何去评价和描述这样的现实，我们究竟对于家庭、血缘、孩子、亲情，是过高估计还是过低估计了呢？显然我们过高估计了血缘关系，所以整个家庭围绕着"宇宙中心"运转，人们倾其所有试图成就这个中心，不断地说为了孩子，要给孩子更好的生活，于是让他远渡重洋。我们过低估计了亲友关系，因为我们完全不把离别视为很大的代价和付出，完全不把离别视为伤害。中国的家庭作为社会的基本单元开始松动和解体，开始呈现出非常奇特的流散样式。我选择《告别》这个文本，就是想让大家注意到这一以重构家庭价值与伦理为名带来的家庭的分崩离析。

四、父亲的缺席与回家

我举的第三组文本比较多样化，一个是电视真人秀节目《爸爸去哪儿》。这个真人秀非常成功，也再一次向我们提示前面所强调的以孩子为中心的家庭，和完全坐落在孩子身上的家庭的价值观念。《爸爸去哪儿》造成的广告效应极度成功，孩子的家长们购买了所有植入性广告产品。真人秀的成功我们可以从各种各样的角度去解释，但我所关注的角度是，它开启了一个句型叫"××去哪儿了"，而且它的主语是"爸爸"。这是很久之后在中国的流行文化场突然出现的强烈的"对于父亲的呼唤"。但是这种"呼唤"对于我们文化研究者来说太简单了，它这么大声地喊，本身就说了"爸爸不在"。这不是一个父权重建、父权显现自己威力的文本，相反地，它告诉我们父权缺失、父权缺位，父权已经不能够真实地君临，才会有这样一个巨大的呼唤父亲、展示父亲的过程。

另外一个文本仍旧是一部电影，张艺谋的《归来》，据说哭垮了半个中国。电影局的领导告诉我说，审片时一片哭声，电影结束时很多人都还在抽泣。因为对《归来》的评价，我和张艺谋永远做不成朋友了，因为我直接使用"烂片"这样的评价，即使它是少数受到官方的高度评价而且受到了市场肯定的一部电影，但我仍然使用"烂片"来形容它。我这个评价本身的支撑是非常朴素和形而下的。我对这部影片的评价大概是基于一个电影从业人员朴素的感受，因为我觉得这部电影很成问题。这部电影在剧本还没写好的情况下就开拍了，它有一个核心的情节没搞清楚，就是女主人公到底得的是什么病。如果是失忆症的话，由于"文革"的创伤失忆了，那么她将拥有此后的记忆，所以她始终不会承认这个"归来的男人"是她的丈夫，但是她会认识一直在她身边、出现在她生活中的男人，这是失忆症。另一种解释是，她得了老年病。得了老年病，她就会逐渐地丧失记忆，丧失辨识能力，可是大家也注意到，直到最后一分钟，她还记得十五号去接丈夫，那么她到底得的是什么病呢？故事可以虚构和想象，但是它必须自洽，不能自洽你还讲什么故事？而且在我看来，这部电影具有另外一个层面的症候性，这个症候性就是丈夫陆焉识试图唤醒她的记忆，而这记忆似乎就要涌现出来的时候，她（冯婉瑜）就突然受到惊吓，把丈夫认作方师傅（强暴她的人）。从中，你可以引申出两个结论：一个是她真正唯一的目的就是不要认识她的丈夫，最重要的一件事就是不要他回来，这是一种解释。这是一种强大的心理愿望，永远把这个人的身份阻隔在背后，他永远只是一个"能指"——我的丈夫陆焉识，不能是一个身体，不能是真人。而另外一种解释就是，她深深爱着的是她深深所恐惧的，换句话说就是，方师傅是真爱。我完全不是歪读，这是简单的精神分析的逻辑。影片的结尾非常"感人"，陆焉识推着冯婉瑜的轮椅，手执"陆焉识"的名牌，到车站等候陆焉识。我的解读是，在这个画面中存在三个"陆焉识"：名牌上的能指"陆焉识"、妻子期待归来但永远不会归来的不存在的"陆焉识"，以及身体的真实的没有名字的不被承认的"陆焉识"。如果我们把《归来》看作一部关于"文革"记忆的精神分裂的故事，我们是完全精神分裂的，我们是分身三处的。

但是使我对这部影片的意义有了完全不同认识的，是我的学生孙柏的解读。他说这个故事的主角既不是妻子又不是丈夫，真正的主角是女儿。不是丈夫和妻子身上，而是女儿身上有当代中国历史的重负。因为大家记得在这个故事当中是女儿出卖了父亲，女儿使父亲被抓走。女儿的出卖使得母亲遭遇某种精神分裂式的症状。他说这个故事当中真正的主角是女儿，这个故事当中的"归来"不是丈夫的归来，不是爱人的归来，是父亲的归来。而父亲归来的意义是赦免女儿。我完全认同他的这个解读。我觉得这才是在剧情的不严谨不自洽、情节表述上的精神分裂的意义上，它仍然感动了我们的原因。关于爱情的线索没有达成任何完满，但是父女和解了。女儿是出卖父亲的人，女儿是那个历史中全部罪责的承担者，女儿才真正背负着那段历史，所以女儿需要被宽恕，女儿需要父亲。这个故事中唯一达致完满的是父女关系的修复，因为在那段历史当中，甚至在很多延续的结构当中，我们置身在女儿的位置。我们既不是蒙难者，又不是单纯的受害者，我们也不是单纯的勇者，我们其实是为了各种各样的现实驱动做出各种各样的妥协，并且有着各种各样污点的女儿。我们需要一种以父亲之名的力量来赦免我们，以便我们与历史和解，从而与现实和解，以便我们能有资格畅想未来。"爸爸去哪儿"和"爸爸归来"是一阕互相呼应的呼唤。

但是让我们假想一下，当我们观看这部电影的时候，叙事人、观众真的有可能站在女儿的角度吗？在电影本身是不可能的，它并没有给我们那样的镜头、机位、段落或是运动，让我们能够完全认同这个女儿——我们完全外在于女儿，我们内在于陆焉识。一个有趣的情形就出现了：究竟是子一辈在焦虑地呼唤着父亲，在极力召唤着父权呢，还是父亲和父权在焦虑地召唤着儿女？毕竟没有儿女，何来父亲。这是孙柏文章中的直接表述，爸爸去哪儿了？爸爸归来的召唤并不来自孩子，相反来自父亲。换句话说，在这种表述中，主体的位置不是由孩子占据的，主体的焦虑也不产生和负担在孩子一边；相反，是那个原本象征着权力、象征着权威、象征着机器、象征着压抑性力量的父亲感到了张皇和焦虑。他们需要孩子来赋予自己意义，来使他们仍然能够想象性地占据父权的象征地位。

顺便提一下，20世纪90年代的俄罗斯，在同一年出现了三部以父子关系为主题的电影。三部电影都在国际电影节上风靡一时，两部电影获得很多个大奖，其中有一部就叫《归来》，而且也是"爸爸归来"。但是很有意思的是，和我们中国式的"父亲言说""父子故事"相对应的是，这三个故事本身表达的都不是"正常"意义上的父子情感。比如说《归来》（Возвращение）讲的是一个弑父的故事——爸爸归来。爸爸带着被妈妈惯坏了的孩子出去旅行，最后孩子杀死了父亲。当然是失手杀死的，但也是在疯狂的反抗中失手杀死了父亲。第一个故事是一个弑父故事。第二个故事是著名的索科洛夫的影片《父与子》，也叫《父子迷情》，是一个父子乱伦的故事。第三部同样以父子为主角的故事在我看来非常具有政治寓言性，作品名字是《消失在地图上的名字》，是说父子俩旅行去看望姑姑，却怎么都找不到姑姑，后来发现是那个地名没了，所以找不到。父亲最后遇到了一个风流寡妇，留下来不再走了，儿子独自上路。三个故事放在一起的时候，我相信大家可能会同意，这不是过分解读，或者文化研究式的批评方法使然，这是一个俄罗斯电影关于"消失了的苏联"的寓言，是一个昔日强大的苏联帝国和今日衰微的俄罗斯民族国家之间的故事。我在这儿不去展开。其实如果我们再把这时候它的通俗电影、它的科幻写作带进来，我们会发现父子关系、父子故事成为这一时期俄罗斯文化的一个核心命题。我之所以把它放在这儿，不是因为我偶然联想到这样一个事实。首先，我们跟苏联共享着前社会主义的历史、"冷战"时代的历史。其次，在所有的这些故事当中，它都自觉不自觉地表现着一种对父权的呼唤，和对父权已经缺席、父权已经颓败这样一个事实的宣告。在我们提到的这一组文本中，父亲都不再是那个不可撼动的权力所在，父亲不再拥有他曾经所拥有的、似乎也必须拥有的神圣。父亲、父权，与政治强权，与国家机器之间，原本是高度同构的，那么这样一种父权颓败的寓言背后究竟携带着怎样的政治潜意识，携带着怎样的社会记忆？在提醒着我们哪些关于今天世界和20世纪终结、21世纪开启的信息？

相信大家都看过《盗梦空间》，在中国大陆热映的诺兰的影片。有些人说我是"诺兰黑No.1"。我并不想黑诺兰，我只是没像一般的中国观众那么爱他。好莱坞惨淡的日子里，诺兰成为最代表好莱坞症候的一位导演，所以我在谈他的症候。《盗梦空间》有前所未有的大制作，不用我说大家可能也都知道。其取景遍布四大洲、八个国家，耗费了巨额的制片成本，大概是近年来最烧钱的一部电影。这部电影建立了极端复杂的叙事结构、造型空间和造型语言，集聚了欧美各界明星来出演。那这部电影用了这么大的力量讲了一个什么故事？爸爸回家。具体内容我不在这儿展开。如果展开我们会说，阻碍爸爸回家的力量是妈妈，是那个妻子的亡灵。当然你可以辩护，说那个亡灵是男人潜意识里的女人，不是真实的女人，但是在故事中是那个真实的女人陷害了丈夫，阻断了丈夫的回家之路，所以她才在丈夫的潜意识当中。我们不再进行文本细读。这部电影花了如此大的力气在讲一个"爸爸回家"的故事。不久之后诺兰拍摄了《星际穿越》，据说很多中国观众在影院痛哭失声。它同时又是一部"末日电影"，某种意义上，诺兰再次表现了他的敏感、他的锋芒，在这个文明高度发达的社会，他直接让我们面对我们未来可能面临的生态灾难和能源危机，以及未来会是个什么样子。我们在荧幕上看到了虫洞、黑洞，据说诺兰请了全球最顶尖的黑洞专家来营造黑洞的影像，NASA 的官员们也为这部影片背书。这是一部不得了的太空巨制。那么这部电影讲的是一个什么故事？还是爸爸回家。爸爸回家的意志和愿望是如此强大，以致从黑洞里就掉回家了。我记得当时我买了一桶很大的爆米花，坐在电影院里看这部电影。当他们一飞上太空的时候，我就跟旁边跟我一起看电影的朋友说："好吧，这电影是爸爸回家。"后来我朋友就半开玩笑地说："怎么回呀？"我说："没关系，从黑洞里掉出来。"我本来是想用一个最荒唐的想象来嘲笑，结果他真的从黑洞里掉出来了。然后因为这个我就开玩笑地说，掉到他们家后花园。好吧，真的掉他们家后院了。那么这样一个故事在诺兰的叙事中，排除万难和否定逾越一切的太空生命知识也要完成的一个伟大的召唤和渴望，已经到了这个程度。什么能够通过黑洞？这个只需要最简单的知识，我们都知道是不可能的。但是在故事中，它完成了。同样，在这个故事当中，我们再次看到一个有趣的地方——在《归来》中出现的东西——这是一个父女情深，而不是父子情深的故事。

再举《银翼杀手2049》，1985 年类型科幻电影序列中的不朽之作，被重新拍成了一个寻父、寻子的故事，并且整体地把一个所谓后人类的故事改写为一个人道主义的故事。这些文本中，父亲／父权、家庭／血缘、性别，究竟在指涉什么？这显然不是传统的性别研究和女性主义能不言自明的。换句话说，他们都丧失了固有的位置，也被剥夺了原有的光辉和权威，开始在不断的变动中显现出挣扎的苍白。

再提一个电影《敦刻尔克》。"敦刻尔克大撤退"在这个故事当中被减缩为一个怕死小兵的逃命之路，逃命的终点是"home"，回家。网友吐槽的是对的，因为我们的翻译不负责任地把"home"翻译成"祖国"。第一次在英语的主旋律影片中，我看到他们在以家代国，我们还给换回去了。我们回来说，立体重现敦刻尔克，只为了成就一个怕死小兵的回家之路。家如此重要，但是家在所有故事当中又都如此残破不全。

五、同性恋·耽美与父权制危机

第四组文本要从另外一部 2013 年戛纳电影节获奖影片开始，《阿黛尔的生活》，直译就是"蓝色是最温暖的颜色"。这是一部女同性恋题材的影片，获得了金棕榈大奖，而不是一个专门的奖。这很值得关注：不再专设奖项用以表示政治正确和对性少数的宽容支持、理解尊重，而是把大奖授予一个同性恋题材的影片。有意思的是，去年奥斯卡把最佳影片颁给一个黑人同性恋主题的作品《月光男孩》，而且这还是双重禁忌的主题——种族的禁忌和性别的禁忌。长久以来，同性恋题材，准确地说是男同性恋题材，始终是基督教当中一个高度内在的禁忌。当《阿黛尔的生活》在戛纳得奖时，它只是个先声。而当《月光男孩》在奥斯卡得奖的时候，它已经成为某种明确的兆示：一个变化发生了。而且一系列事实发生了，比如西方主要国家相继通过同性恋婚姻律法，但我并不因此而乐观，因为我觉得社会的基本结构并没有变化，甚至在世界范围内，性别状态在总体地、全面地倒退。

一方面是非常乐观的情景。大家也许知道，作为网络亚文化的耽美社群，高度呼应全球同步着的"腐文化"。两年前网络上流行一个段子，第一条叫作"猫狗是主人"，第二条叫作"同志不能黑"，第三条叫作"直男癌去死"，何其政治正确、何其开明自主！英国先行，好莱坞跌跌撞撞地跟进。因为好莱坞实在保守惯了，玩不来这个。但是大家注意到，近年来几乎所有的好莱坞高成本的动作片都会非常勉强生涩地"卖点腐"。好莱坞式大团圆结局是英雄人物战胜恶魔，抱得美人归，这是标准的结局。但是它会狗尾续貂。在两位英雄都抱得美人归之后，突然出了一个结尾是两个人突然出现在同一辆车上，兄弟情谊战胜了女人的温柔乡，两人又去冒险了。但并不是下一集的开始，只是为了卖腐而卖腐。那么，为什么？耽美——作为一种异性恋社群——为什么热衷于想象男性与男性之间的性爱关系？为什么耽美如此流行？做一些简单的解释是非常容易的：对欲望的消费是战后资本主义的基本消费模式和动力，当我们已经把欲望过度消费以后，必须不断寻找新的欲望想象可能，寻找新的禁忌之恋的可能性。但是这可以解释太多的问题，它未必能够有效地解释这个特定的问题。我先把这个疑惑存在这里，一会儿再阐释。

另一方面是不容乐观的现实。我不能接受腐文化的全球风靡，同性恋婚姻合法化的趋势变化本身是整个社会进步开放的自然结果。就在美国通过同性恋立法的同时，我接触了一个同性恋群体，他们在设法援助俄克拉荷马州的少年男同性恋者，因为这些少年被家庭托管去精神病院电击，教堂请牧师来对少年们驱魔驱邪，囚禁甚至毒打他们。这个现实之间的落差告诉我们，这不是简单的进步，但这个进步确实发生了，它只能引申出某一种疑惑。

对于这一组例子，我要提出几个困惑：首先，整个父权制度对于女同性恋者始终采取的是某种漠视和鄙视的态度，但今天成为流行文化热点的男同性恋问题意味着什么？他们对于整个父权社会的威胁消失了吗？他们不再能威胁了，所以可以赦免他们了？还是父权社会整体自我改变了？抑或是父权制自身在坍塌和碎裂呢？我的问题的真正关注点在于作为女性主义者，我自己始终有一个基本的理论前提和一个基本的理论支点，这个支点是资本主义就是父权制的。或者说，父权制的最新形态就是现代资本主义。因为对我来说，父权制是什么？父权制就是等级接续，是暴力维系的等级接续。把前面两个问题带进来说，今天资本主义不必再借助父权制的样式了吗？如果不必再借助父权制的样式，支撑现在资本主义秩序的东西到底是什么？引申开去，一边是资本成了赤裸裸的父亲，比如"马云爸爸"，万民由衷地深情呼唤。马云何以成为爸爸？因为马云有钱。只有他的钱，可以令他成为爸爸。一边是这样赤裸裸的状态，而另一边我们会发现，现代的权力制度前所未有地不需要人格化的形式，或者说现代权力制度也不能够再获得它的人格化的形式了。一个特别简单的道理，我们说，父权曾经具有某种天然合法性，因为父亲更年长，更有经验，更有力量，所以儿子和父亲之间的那种服从关系和指导启蒙教育的关系是天然的。而今天特别简单的一件事，最典型的情境是，爸爸在干活，儿子拿着手机在指挥，说这件事第一步这么做，第二步这么做。那么在这一幕出现之前，一定有一幕是父亲向儿子请教，说你上网查查，这事怎么做呢？这是一个非常典型的预言式的情境。知识不再是累积型的，所以"先生"这个尊敬的称谓将丧失它的神圣性。因为此前我先闻道，所以我就先解惑、先授业，但今天整个与数码相关的知识是断裂性地发生的，当技术换代出现的时候，正当其令的那一代远比此前有着几十年经验的人更胜任，所以在这样一种知识结构、生产结构情况下，父权制已经不需要它的肉身形式、它的人格化形式。那么回到我的问题，支撑着今天资本主义文化的结构究竟变成了什么？在这样一个变化过程当中，是资本主义可以剥离了父权制的形式而继续生存和获得生机，还是父权制的危机本身将成为资本主义的危机？这是我真正问题的焦点。

或者我们抛开这一套性别的修辞不谈，我的问题是今天这个世界的新的权力秩序靠什么维系？今天的金融资本主义制度，今天的 VR 技术所带来的整个人类生存的虚拟化建筑在怎样的物质结构和物质基础之上？在这样的一种资本主义体系当中，究竟是整个社会的排斥系统、整个社会的新生系统、整个社会的挤压系统注定依旧按照旧有的权力秩序发生，说得明白一点，它仍然是阶级的构造，仍然按照性别、种族、地域、年龄、身份来完成它的排斥放逐呢，还是它已经可能建立了一种新的权力的挤压和排斥秩序？所以对我来说，性别议题是一个切口。

六、数码转型与生物学革命之后的性别议题

我再举最后一组文本来结束这一系列问题的讨论。一部是 *Her*，我们翻译成《她》《触不到的情人》《云端情人》《虚拟情人》，等等。它是一个迷人的小清新爱情故事，但女主人公甚至没有身体。她是电脑软件合成的一个声音。唯一能够让我自我安慰的是这个声音是由女演员录的，不是真的数码合成的。另外还有一个轰动的新闻，沙特阿拉伯授予了第一位机器人以公民身份。这个过程好快，从 Alpha Go 战胜世界象棋大师，到 Alpha Go 横扫世界围棋大师，到 Alpha Go Zero 以 100 比 0 战胜 Alpha Go，到机器人被赋予公民权，整个过程太快了。那段采访真是太精彩了，记者问机器人，你怎么看待与人类的区别？机器人反问，你怎么知道、你怎么证明你是人类？太切中要害了！这就是今天我们最重要的变化，数码转型、生物学革命、人工智能、生物工程正在改变人类自身。这个改变人类自身过程的惊心动魄之处是，它前所未有地完全由资本主导、为资本助推，而在此当中，曾经非常不着调的哲学问题、哲学表述开始成为一个逼向我们、使我们不得不正视的议题，即"后人类"和"后人类主义"。它们直接面对的问题是关于身体、关于欲望的被改变。男人爱女人，女人爱男人，男人爱男人，女人爱女人，但总而言之我们爱人，我们需要人；我们也厌恶人，主体、个人都无法共处，所以有各种各样的个人主义试图调节现代的个人、现代的主体之间这种永恒的冲突和困境——今天我们解决了，我们不需要人了，我们独自不孤独，我们不再需要他人就可以享有生命的完满、情感的完满、性爱的完满。技术层面的这些目标已经可以达成。

关于性别的讨论、关于女性主义的讨论、关于所谓的性少数问题的讨论，最后都会包含这个命题，或者我们会把这个命题回到最后的防线上。这个防线是关于身体和欲望的，到最后我们去讨论身体、讨论欲望。可是在这个故事当中，我们看到在今天这样一种技术条件、这样一种生存环境、

这样一种社会结构下，我们究竟是在什么意义上去定义身体和欲望的？我们在什么意义上仍然可能拥有真实的欲望？我用"真实"的欲望、"身体"的欲望来表达，无外乎是说人类社会最基本的甚至是动物性的行为就是欲望、身体、冲动、性。而在现在这样一个物质的社会结构当中，所有的这一切都不必须以他者的真实存在为前提。在最新技术前沿的前提下，资本相对于劳动的关系已经不一定以性别作为它重要的或必要的参数。那么在今天，我们怎么讨论性别？性别的意义究竟是什么？在网络上没有人知道你是一条狗，也没有人关心你是一个男人还是一个女人。当精子库、卵子库，当代孕和各种各样的生物技术迅速成熟，家庭、婚姻、身体的意义和生命的意义究竟是什么？当身体碎裂时，当身体作为福柯所谓的"尸体"——尸体才是人学的起点，非常有意思的悖论，人之生是人之死的时刻——当这样的基础开始被碎裂时，我们怎么去回答与人、与人学、与人文学相关的这一系列基本命题？这是一个很学术的思考路径。

把这个电影放在最后来讨论，是因为另外一个思考路径，我用一部电影 Repo Men（《回收人》）来作为结束。我自己到处讲这部电影，但有个细节一直没看见，作为电影专业人员真的非常惭愧，后来是外国学生向我指出的。这个故事是一个幽暗的未来想象，二〇四几年欧洲已经非常破败了的故事。他告诉我说，你没有注意到吗，所有主要道路上的路牌的主要标识都是中文，底下的小字是英文，换句话说，这个英国 B 级片导演在暗示，那个幽暗的未来是中国统治的，很有意思。中国的这个统治不关文化、不关政治，只关系着资本。这是一个人类已经战胜了死亡、战胜了疾病、战胜了一切的年代，我们什么都可以换，从姑娘们需要的电眼、丰唇，到坏掉的人体器官，都可以换，只不过极端昂贵。这个电影拍在 2009 年，毫无疑问联系着金融海啸的背景。电影中每个人为了健康和美丽都变成负债者，还不上怎么办？还不上回收员就来回收。一开始对白叫作"还不起房债的收房，还不起车贷的收车，还不起肝贷的收肝"，用回收来加快运转。在这部电影当中，首页甚至有一个链接，做得非常真切，你可以打开那个链接，那是一个器官公司的链接，当然是假的。里面标明每一种器官的价格，大腿骨多少钱，心多少钱，肺多少钱，每一个都是天文数字。

我关注这部电影是因为它把这一轮技术革命对于人类身体的改造和冲击、战胜死亡永生不老的这样一种承诺或者预期，与今日世界一个基本的事实联系在了一起：资本的推动和金钱的占有。它意味着什么？意味着无论是赛博化，还是大脑的上传和下载，任何一种技术革命所提供的我们超越身体、战胜死亡的前提，都是人类分化的一个前所未有的推进和物化过程。有一些人可以不老不死，但不是所有人。"死亡面前人人平等"这一最后的公平被剥夺了。

当这样的问题真正开始出现，并且已经在变成现实的时候，我们怎么去讨论人、生命、社会、性别、家庭、亲情这些人类社会的议题？从另外一个角度来讲，这一轮新技术革命使我们同时遭遇到了资本主义全面危机和现代主义自身前所未有的危机状态。在危机状态和文明冲顶状态相遇的时刻，整个讨论问题的方式或者说立论的角度，究竟可能在什么意义上被确认——我们站在哪里？是作为个人还是作为阶级，还是作为一个性别，还是作为某个国家的国民，抑或是作为一种生命体而存在？所有的问题都在被资本主导的强大的技术文明的浪潮冲击。所以我曾经用"没有坐标的文化地形"来描述和定义我自己的研究，我尝试界定这个时代、这个社会、这个社会的文化，但是我丧失了坐标，我意识到既有的坐标已经不再生效，不再充分有效。正是在这样的意义上，我重新尝试把性别作为切入点。

时间已到，我把正在思考的一个混乱庞大的问题非常草率、匆忙地跟大家做了分享，谢谢大家忍受到现在。

【提问】戴老师您好！您刚刚提到男同性恋和女同性恋的问题。现在我们都知道，大家讲究 LGBT 群体的平权，除了 LGB 以外最后还有一个 T，就是跨性别（Transgender）群体，对于这样一种有自我性别认知障碍的群体，您认为它在我们这个社会中应该属于什么样的位置？我们应该在家庭包括父权结构下如何定义这样的结构？谢谢。

【戴锦华】我试着回答你的问题。同性恋通过立法可以进入婚姻，它本身是比把同性恋非罪化更激进的做法，它客观上已经完全合法化，这一定是它的社会、文化意义及其效果。在这个意义上说，当然意味着它不再威胁到父权，不再被父权制视为一种威胁，这是一个分步骤的推动过程。第一步是同性恋婚姻立法本身意味着同性恋的合法化，同时引申出同性恋可以合法化，而不再被禁忌化，意味着权力机器不再觉得它是一个威胁，所以才把它合法化。我们要问的是，在这么漫长的历史中，各种各样的进步、变化都在发生，但始终拒绝打开这个禁忌——这本身意味着它作为一种威胁的强大——那么现在为什么突然之间它不威胁了？你可以引申出更多结论，我引申出的结论就是，可能是它真的不威胁了，那就说明父权制自我调整了，这是一种可能性。

但我们可以看到，父权制也罢，现代资本主义也罢，如今整个世界危机四伏：无论是右翼民粹主义的兴起，还是全球的难民问题、种族冲突、法西斯主义的威胁、男权的复兴——特朗普上台时间并不长，但他甚至将经过几十年抗争完成的对性骚扰惩罚的法律都废了——整个世界危机四伏、不断倒退。那么为什么这个威胁不在了？真的是威胁不在了吗？可能是它的对立面自己出了问题，所以我引申到父权制出了问题。再进一步要提出的问题就是，父权制跟资本主义到底是什么关系？父权制可不可以没有资本主义？资本主义可不可以不介入父权制？或者父权制可不可以不化身为资本主义？这是我要问的问题。刚才我引了那么多影片，其实是想跟大家说，我认为这是一种全球性的文化潜意识的流入，我们都意识到那个爸爸出事了，爸爸也觉得自己出事了，所以才会要孩子要得这么急迫，这个孩子是男孩女孩都不重要，女儿也是宝贵的，女儿也得回家。

另一个问题我在北大讨论过，新技术革命、数码网络一个最重要的变化就是它把父权制先在的权威性抹除了。此前爸爸特别了不起，爸爸知道得多，爸爸走南闯北，啥事都得问爸爸；现在是爸爸要问儿子，儿子赶快拿手机上网，一个家庭当中最典型的情境就是儿子在念，爸爸在做。换句话说，父权制已经不能再获得它的肉身呈现，或者说具有合法性。但是，我们有了另外一些赤裸裸的爸爸，比如说"马云爸爸"。"马云爸爸"在干什么呢？他搞的这一系列电子商务，整体上在粉碎既有的全球金融资本主义的秩序，他是成功者，也是"造反者"。没有经过任何讨论，没做任何准备，中国几乎成为世界上唯一一个完成了非货币化的国家，资本瞬间流动、瞬间到位，无流向、无指向，这个时候金融资本主义到底是什么？是彻底胜利了还是完全被威胁了？然后全球的生产分工、全球的物流体系之上，挂着我们的"宅"——我们如此自由是因为我们如此依赖制度，而整个制度是如此脆弱。这到底是父权和资本主义胜利了，还是极端脆弱，危机一触即发呢？

我大概是把这个问题经过推论联系到那个大的结构性的思考，以它为切入点提出来的。对我来说，可能就因为我作为女性主义者，我对资本主义的思考和批判始终联系着，或者高度内在化了我对父权制的思考。然而现在我必须要回答这个问题：资本主义仍然是父权制的吗？还是父权制怎么了？父权制垮掉时是不是女性站起来了？是不是同性恋者站起来了？是不是跨性别者胜利了？不一定。关于同性恋的婚姻问题，其实同性恋社群始终在争论：这到底是不是缴械投降？我们是不是要面对这种西方的清教伦理，或者资本主义理论下的家庭制度来创造一种新的生命的和生活的可能呢？这是另外一个大的文化议题。我本人当然更认同激进的观点，可是我同时深刻地理解，为什么同性恋婚姻在世界范围之内的实行得到如此广泛的欢呼，是因为整个战后、后革命的资本主义制度再一次压缩了社会福利、社会自由、社会自主的空间，把人们向那个唯一的生活样式上缩紧。你在这里当然可以说，你作为同性恋者为什么要结婚？你不应该更自由、更激进吗？但你没有说的是，如果你的伴侣死了，财产被远方亲戚拿走了，以及更重要的是我不能给伴侣以医疗保险，不能让伴侣分享我基本的生活保障——因为制度规定只能如此，所以，大概我所有的同性恋朋友都跟我说，我结婚了，因为我实在想给他 / 她我的保险。面对这种越来越挤压的现实，你又怎么可以在这喊激进的口号呢？这也正是我们今天面临的一个基本现实。

另外说到女同性恋被无视的问题。在全球范围之内女同性恋都是处在被无视，但是某种程度上被容忍的状态中，只有男同性恋才作为一个可见的禁忌、可见的污秽不断被打压。原因很简单，同样也联系着父权制。中国文明、中国的性别制度、中国的性别想象和基督教有很大的不同，但是从父权制的意义上，它们有异曲同工之妙。父权制的基本象征，当然和男性的性行为、生殖器所赋予的象征意义联系在一起。在这个意义上，男性作为一个被赋予了象征权力的社会群体，他不容象征权力本身产生歧义或者被颠覆；而女性作为原本残缺不全的次等人，做什么都不会对男性，对这个体制、象征和权力核心构成威胁，简单的回答是这样的。

对于刚才那个同学问的问题，我只能做一般性的回答。性别研究始终面临这样的问题，我说"我们女性"，就有黑人女性出来说，什么你们女性？你们是白女性，我们是黑女性！接着同性恋者出来说，什么男性女性？我们是同性恋者！然后就有另外的性少数，更边缘的群体出来说，我们是……这经常会造成一种使性别研究不断激进化、自我分裂和窄化的过程。我简单地说，女性主义对于我是一个非常朴素的东西，只包含两件事：一件事是反本质主义，一件事是关于平等、自主、自由地去选择个人生活形态的乌托邦想象。所以你不要问我，我怎么安放其他性少数群体，我会认为理想状态是争取使每一种人都有自己选择的可能性。我也不是那种可以去安放他人的人。

（同学提示：技术革命是不是应该从传统文化资源当中去比照？）

【戴锦华】恐怕不是直接跟技术革命相关，而是跟全球资本主义的整体危机和中国崛起相关。我觉得更直接相关的是，面临全球资本主义的危机、西方文明的自我消解和自我内爆的过程，我们作为中国人当然尤其应该有一种自觉：在西方文明之外，包括我们自己的文明之内，去寻找资源性的存在。而另外一个东西就是所谓"中国崛起"，不管你愿意不愿意、自觉不自觉，只要中国经济不崩溃，只要中国今天的国际地位没有大幅倒退，中国就已经参与到世界角色分配，甚至引导世界未来的过程中了。我们拿什么去引导？面对危机四伏的世界，我们可不可能提供一点不一样的东西？我认为我们应该能，我们也确实能，但是我们应该怎样做？我总说中国传统文化的现代化从中国现代化的起点处就已经提出，一百多年来我们没有本质性的推进，说明有很多东西跨不过去。可是我们今天必须跨过去，或者今天我们有更多的空间、更多的自信去跨那些坎，虽然那些坎都在、那些沟都在。而且一个基本的认识是，前现代中国、传统中国的文化是极端丰富和多元的，有太多太多的东西被历史淹没，或者被我们自己成功地放逐，现在是重新去进入、去寻找、去思考的时候，但永远不要想象一个可以自外于中国现代化历史和西方现代历史进程的状况，那个中国不存在；我们要在所有历史之上去重新创造我们的文化主题、文化位置，它不光要面对新技术革命，新技术革命到现在为止是被资本所主导的，也是现代主义的一个发扬光大、同时自我抹除的过程，现在它把自己退到极致，它要抹除它自身这样一个过程，所以它仍然是在既有的资本主义逻辑内部，我们有没有可能从中去引申出新的空间和可能，那也是一种必须去争取的可能。谢谢大家。

【主持人】由于时间的缘故，我们今天的讨论就到此结束了，我不发表什么特别的评论，就谈一两点感想。一个感想是，上个星期我们邀请了罗伯托·昂格尔（Roberto Unger）教授在这里做了演讲，他告诫我们说要活得像个样子，只死一次，大家记得他说的话吗？现在看来我们必然地要死很多次，每个人的身份、每个人的道路似乎已经处在碎片、漂移的过程之中，我们怎么去把握这个命运？当我们说"我们"的时候——刚才戴老师说到这个困难，怎么去界定的问题，她通过影片，通过性别问题的勾勒，把当代世界、今日社会和我们每一个人所面临的最基本的挑战提出来，我觉得这是个很重要的启发思考的话题，就像她说的：不是给我们结论，而是给我们这样一个问题。

第二个感想是跟这个问题一样的一个问题，也就是戴老师说到的"失效"，路径、知识和既有判断、判断方式、它们的解释模式开始对变化的世界失效——不仅仅是西方世界的知识，也同样是我们的知识，我们整个一百多年的现代化历程所接受的就是这个。所以一个新的问题的开端是重新解放自己，从我们自己的思考方式中重新打开，我觉得这一点很重要。因为有时候我觉得这就是一个悖论，像同性恋似乎是个绝对的开放进程，但这个开放的进程突然失去了尖锐性，它似乎又变成了另外一个自我封闭的保守进程的一步，到底这背后的动力是什么？戴老师讲到了资本主义，讲到了现代资本的变换无形的力量，等等，这些问题我觉得都需要我们比较深入地思考。

举一个简单的例子，前一个星期，余永定教授讲资本外逃、资本账户开放等问题。刚才戴老师也讲到支付宝，前几天一个朋友去法兰克福参加书展，他回到北京跟我说，法兰克福的商店里面竟然放着支付宝和微信的支付代码。关于原有这些控制资本流动、资本账户流动的理论我们都知道，经济学界已经讨论了好些年，争论了很多年，逐渐地形成了一个共识，但今天这一套技术革命，马云的"造反"，它的多重角色，到最后一个新的，一个好像新的、无序的世界正在呈现。这让我想起近代历史，那些虚拟的秩序，像国际法是怎么形成的？它是由国王们、海盗们、各种各样的商人们，很多人参与其中形成的。我们今天也可以看到，在所有象征意义上父权结构的解体所带来的危机感是某种解放，而这同时，新的控制模式正在形成于另一个潮流的趋势之中。这就带来了问题，对我们每个人来说，怎么去重新思考自己和所处的时代的问题。

今天的讲座就到这里，谢谢大家！

2014：民族问题的世界变局 与中国抉择*

郝时远

中国社会科学院学部委员、研究员，蒙古国科学院外籍院士，兼任中国世界民族学会会长、中国人类学学会会长等。第十一、十二届全国政协委员。

* 讲座时间：2017 年 10 月 11 日。

【主持人】我们今天特别高兴，也特别荣幸能够邀请到郝时远教授来给我们做这样一场演讲，演讲的题目叫"2014：民族问题的世界变局与中国抉择"。郝时远教授是中国社会科学院的学部委员，我们知道这是中国社会科学院内最高的学术称号。他现在还是蒙古国科学院外籍院士，兼任中国世界民族学会会长，中国人类学学会会长，等等。郝教授过去长期担任中国社会科学院民族研究所的所长，这是我们国家最权威的民族问题研究机构，他一直是这个机构的领导者。他有很多著述，这里我就不一一列举了，他的研究包括民族理论、国内外的民族问题和民族历史，这些民族政策不仅是中国的民族问题，而且是世界各地的民族问题、元代的历史、北方的民族史、台湾少数民族的历史、涉藏问题，等等，在族群的理论文化多样性等方面，他也有大量的著述，可以说作出了杰出的贡献。

今天我们非常荣幸能够邀请郝老师来给我们做这样一个讲座，我知道郝老师特别给我们准备了非常详备的内容，今天讲座的时间可能要略微长一点，现在让我们用热烈的掌声欢迎郝时远教授。

【郝时远】各位同学、老师，大家好，很高兴应汪晖教授的邀请，来和大家做这次交流。因为内容比较多，我也就不做更多的寒暄了。

今天这个题目是我最近开始讲的一个题目，也是我们中国在目前面对的国际形势当中需要关注的一些问题，特别是在民族事务的领域，世界范围内都在发生一些微妙的变化，甚至有一些是很突出的变化。比如说最近这两天西班牙加泰罗尼亚独立公投问题，媒体、整个社会，包括学术界都在关注着。

2014这样一个时间节点并不是我个人的发明，而是源自2010年英国的一位学者，他在一本书里提到一个规律性的认知，也就是在过去的500年当中，每个世纪的第二个十年的中期都会有一些重大的事件发生，这些事件不仅会决定那个世纪的独特风格，而且会产生长久的国际性影响。他为此列举了过去500年间的一系列事情，包括马丁·路德的改革，包括30

年战争，乃至于 1914 年第一次世界大战的爆发。由此他也提出一个问题，就是在 21 世纪第二个十年的中期会发生什么样的事情？他也作了一个判断，认为在 2015 年左右可能会有大的历史事件爆发，其中一个指向就是中美冲突，他认为进入 21 世纪的中国和 19 世纪末 20 世纪初的德国非常相似，经济发展非常迅速，同时历史上的屈辱感造成的民族主义也特别高涨。

所以从这个意义上讲，他认为中美之间是必定有一战的。在国际政治学界讨论最多的也是中美之间的"修昔底德陷阱"问题。这个问题，2015 年中国的领导人习近平主席在联合国的讲话当中专门讲到，说世界上本来没有"修昔底德陷阱"，但是如果双方一再误判，那么就有可能引起冲突。当然，迄今为止有关中美冲突的问题仍然是国际政治研究当中很重要的方面，但事实上它并没有发生，到今天为止，这种发生的可能性我们也看不到，摩擦肯定是会持续的，而且经常发生，但是说到战争，目前没有这方面的迹象。

从这样一个思路出发，我也搜集了一些资料。我感觉到 2014 年已经发生并且正在产生广泛影响的是广义的民族问题，这也是我这个报告的基点。所谓广义的民族问题就是指种族的、民族的、宗教的、语言的和移民的问题。移民问题也就是我们通常说的"族群"性质的问题。这些问题应该说从 20 世纪 80 年代中期苏联改革以后开始受到人们的广泛关注，并且随着苏联解体，形成了"冷战"后世界范围内的民族主义问题。这股民族主义浪潮有一个非常显著的特征，即"冷战"格局结束后，国家的数量显著增多。当然我们再往前推的话，也可以看到第一次世界大战结束，世界范围的国家数量出现了一个批量增长，特别是在中东欧地区。第二次世界大战以后在亚非拉大量的新兴国家出现，"冷战"之后同样也遵循这样一个规律，而且这个规律仍然在继续。

我记得苏联解体时，联合国的秘书长叫加利。加利曾经有一句话让我印象特别深刻，他说如此下去，世界范围恐怕三四百个国家也不止，不停地重新划分边界，重新厘清你我的关系，这恐怕会使这个世界变得无法控制。当然，世界上国家究竟是多好还是少好，这个问题我们恐怕还得不出结论。全球化的进程当然是希望壁垒越少越好。人们也普遍认为欧盟这种超国家的模式可能更容易实现地球村、全球化这样一种人们期盼的态势。我们要注意到的是，在苏联解体时，国际社会上出现了一个民间性的团体，也就是所谓联合国"无代表的民族和人民"（The Unrepresented Nations and Peoples Organization，UNPO）这样一个组织。这个组织成立时的核心成员与我们中国直接相关，比如说达赖喇嘛流亡势力、境外的"东突"恐怖势力和我国台湾地区的民进党，这三股势力是这个组织的核心成员。这个组织在海牙成立的时候，大概有 58 个成员，它既有代表相关国家内源性的本土分离主义要求的政治力量，同样也有流亡性的、在境外张扬独立建国主张的一些政治势力，这些成员绝大部分都属于发展中国家。发达国家参与到这个组织当中的主要是土著人民运动，比如说澳大利亚、美国的夏威夷等。参与这个组织的分离主义运动只是世界范围的一部分，如果把欧洲、美洲等类似的政治势力算上，就接近加利所说的三四百个了。就所谓"无代表的民族和人民"组织而言，其初始成员中的确有若干像科索沃乃至波罗的海的三个国家最终实现了独立建国的目标，当然绝大部分目前仍然处在宣示和运动的状态。也是在这样一种形势下，"冷战"后的西方国家开始全球性出击，我将这种全球性出击称为"西式民主殖民主义"。它们通过各种途径、各种方式来改变世界，包括战争颠覆、颜色革命等，欧盟东扩也是如此。当然，这种出击必然会受到阻遏，并产生反弹乃至于后坐力。

我们下面看到的这些大事件，应该说都是反弹和后坐力产生的结果。首先是 2014 年 3 月的克里米亚公投、入俄、乌克兰内战，结果是乌克兰东部形成了两个"国中之国"，它们有自己的护照，俄罗斯也在一定限度内承认这些护照的合法性，也就是说他们可以自由往来于俄罗斯。乌克兰的问题背后当然有深刻的民族历史、民族宗教问题，其实质反映了俄罗斯和北约美西国家之间的地缘政治争夺，但乌克兰的东部地区就是俄语区和东正教区，还有很长的大俄罗斯和小俄罗斯的纠葛历史，民族、宗教的背景彰显，这方面我就不展开了。紧接着，我们看到欧洲委员会 2014 年 4 月发布的人权报告，第一次披露了欧洲国家在面对多样性，特别是在移民和少数民族问题上出现的人权危机，包括 39 个国家存在着歧视少数民族问题，还有暴力执法，乃至于网络上的种族和民族间的仇恨语言问题，以及宗教问题。

2014 年 6 月，西班牙的加泰罗尼亚自治区宣布 10 月进行独立公投，因西班牙宪法法院裁决认定它违宪非法，改为 11 月进行一个民意测验式的公投。这实际上是我们 2017 年所看到的加泰罗尼亚公投的前奏。2014 年 6 月，巴格达迪在伊拉克宣布"伊斯兰国"正式建立，这是一个"哈里发的帝国"。这个极端宗教恐怖主义的组织，它的宗教、民族排斥性，甚至对历史文化的排斥性都非常极端，而且非常残暴，甚至叙利亚、伊拉克境内很多非伊斯兰的古迹文物都遭到了毁灭性的破坏。这其中既有他们筹钱的需要，更重要的是他们本身的不宽容和极端性。

2014 年 8 月，美国的弗格森小镇出现了一位黑人青年遭到白人警察枪击的案件。这虽然是一个很偶然的事件，但是由此引起的骚乱引发了美国社会的一个普遍问题。这个案件之后几百起同类的骚乱事件，造成了美国政界、学界和整个社会对种族冲突的重新认知，很多人都认为这是民权运动以来最大规模的种族骚乱。2014 年 9 月，英国的苏格兰民主党发动的独立公投付诸实施，虽然公投并没有通过，但是苏格兰独立的问题将会在英国"脱欧"进程中继续发生作用。美国国务院发布的报告显示，2014 年全球恐怖主义袭击达到了一个前所未有的高潮，无论是袭击规模、死伤人数，还是袭击频次，数字都很大。也正是从 2014 年和 2015 年开始，西方国家的独狼式袭击、内源性恐怖主义事件越来越多。这些在欧洲国家发生的恐怖袭击，虽然有"伊斯兰国"买账，但事实上，并没有哪一起恐怖袭击是由"伊斯兰国"策划，或者是由其派人实施，或者是假扮难民混入欧洲国家来实施破坏的，实施袭击的都是地地道道的本地人，甚至有的是第二代、第三代。像比利时恐怖袭击这么大的案件，三名恐怖主义分子都是地道的讲法语的比利时人，在当地大学毕业，在当地就业，正是他们最后制造了危害国家的重大的恐怖主义事件。

这些事件虽然都发生在 2014 年，但都有前因后果。如果从乌克兰问题来看，表明的确进入了一个新的"冷战"状态。苏联解体后，在叶利钦时代，俄罗斯和西方的关系相当好，一直到普京执政初期，有关俄罗斯加入欧盟的讨论都已经开始了。但是 2008 年的格鲁吉亚问题之后，这本身也涉及民族、国家、领土的一些问题，俄罗斯和西方的关系开始走下坡路，最终在乌克兰的节点上爆发。同样在 2010 年前后，西方国家包括英国、法国、德国相继都在政府层面，也就是由国家首脑宣布了多元文化主义的失败。我们知道多元文化主义是西方国家在面对种族、民族、文化、语言、移民多样性问题而形成的一种开明政策，它源自美国的民权运动，在美国、加拿大、澳大利亚这些典型的移民国家实施，进而影响到所有的西方国家，即从过去的同化政策或不承认多样性，转向了承认多样、承认各种文化的平等价值，乃至于承认承载这些文化的群体的社会存在困境及其面对的问题，诸如教育、就业、收入差距、社会权利等，所以采取了包括平权、配额在内的很多政策。当然依照我们对西方国家的了解，这些政策主要是针对移民群体，即所谓"族群政策"。简单地说，像英国的民族政策主要针对的是苏格兰、威尔士和北爱尔兰，乃至于 2014 年新近承认的康沃尔人，都是本土民族；而英国推行的多元文化主义、平权配额等政策主要针对的是各色移民，这是两套体系。所以我们不能简单地把西方国家针对移民融入的多元文化主义政策拿来和我们中国的民族政策去做比较，我们要认识到，西方国家有两套政策，比如美国对印第安人有本土性的一套政策，对移民有另一套政策。

宣布多元文化主义失败，实际上最早是从美国开始的，美国既是多元文化主义的发明者，又是抨击多元文化的始作俑者。但是在 2008 年，美国毕竟选出了一个黑人总统。黑人总统奥巴马 2009 年就获得了诺贝尔和平奖，他自己在乘飞机去领那个奖时，可能都没想明白自己为什么会获奖。德克勒克和曼德拉终结了南非的种族隔离制度，因此他们两位都获得了诺贝尔和平奖。而奥巴马获诺贝尔和平奖，仅仅是由于美国这样一个国家，种族主义如此根深蒂固，居然选择了一个黑人当总统。理由就这么简单。对于奥巴马的当选，2008年的世界舆论认为，美国能够选出黑人总统的确非常了不起，但事实上，2009年奥巴马上台时，也正是美国的"茶党运动"复兴高涨的时期。"茶党运动"就是一个白人至上主义、民粹主义的底层运动，特别到特朗普当选的过程中，这个趋势可以看得更清楚。奥巴马执政八年来并没有缓解美国的种族矛盾，从2014年的弗格森小镇事件到今天为止，可以说美国的种族关系完全暴露出了它问题的根深蒂固，甚至跌落到了20世纪60年代的水平。

2014年以后，随着2015年难民危机的爆发，欧洲国家出现的问题也越来越多，包括恐怖袭击、难民的接纳、移民的融入，乃至于"脱欧"。英国"脱欧"、欧盟解体的说法都在持续增多。美西国家的效应在资本主义世界蔓延，相应的问题也很突出。我个人的看法是，如果从社会制度的角度讲，这个世界的主体还是资本主义世界，施行社会主义制度的国家非常少，我们并没有超越这样一个资本主义时代，资本主义时代最重要的标志是民族国家，按照马克思主义经典作家的话，民族国家是资本主义时代的通则。我们今天所面对的将近200个国家，都在努力构建自己的民族国家，它最重要的特征是主权的独立、领土的完整、国民的整合。

我们中国对民族国家这个概念是非常陌生，甚至是回避的。近代，民族国家概念引入中国，中华人民共和国成立以后，甚至政治学都不怎么去研究它。今天我们讨论民族国家，着眼点往往有局限，局限在"一个民族、一个国家"的传统领域，而忽略了民族国家最本质的东西是主权国家。"民族自决"也好，"独立公投"也罢，它谋求的是主权独立，而不是说一定要构建"一个民族、一个国家"，这就如同苏格兰独立公投，在苏格兰地区之外的苏格兰人（族）并没有投票权，而在苏格兰地区的所有民众则都可以参加投票一样。一个国家可以包容很多种人，但要在"自立于世界民族之林"这样一个意义上去确立一个共同身份，就像我们中国自立于世界民族之林，就是中华民族。不能说中国的汉族自立于世界民族之林，中国的蒙古族自立于世界民族之林，所以国家民族（state-nation）这个概念事实上是民族国家的国民整合象征，更重要的是国家的主权。对于我们中国来说，维护主权独立、领土完整的问题还没有完全解决，所以，构建国家民族的任务也在进行中。

大部分发展中国家都还处在构建民族国家的进程中，而有几百年、三四百年历史的欧美民族国家，应该说是更成熟。但是我们很遗憾地看到，它们构建民族国家的进程同样没有完成。虽然出现了超越民族国家的欧洲联盟，但事实上现在它们重新退回洞穴的愿望越来越强烈，其国家内部的国家民族认同和国民整合问题并未解决。美西国家的这种效应，上述出现的问题，在一些发展中国家也就是我说的资本主义世界蔓延，其中包括缅甸和印度。印度是引进多元文化主义平权配额制度最多的一个国家，为了解决民族、宗教以及交织在一起的种姓问题，印度对所有公立和私立大学提出，要拿出 50% 的名额来实行平权。由此也引起了高种姓的反弹，高种姓表示我们也要成为"落后阶级"，来享受上大学的机会。

伊拉克库尔德公投独立，引起的反响不仅仅在周边国家，可能对整个中东的和平、国际未来的形势，都会产生影响。也就是说目前存在一个如何管控的问题。当然，我们要看到，这些问题的确都是西方制造的，包括罗兴亚人、库尔德人。美国打伊拉克时所号称的理由当然是虚假的，小布什、布莱尔承认了大规模生化武器根本不存在，但是没有任何一个法律机制能够追究这方面的责任。美国攻打伊拉克的具体理由之一是萨达姆镇压库尔德人，美军用"飞毛腿"导弹把萨达姆政权打得一塌糊涂之后，进入伊拉克时，库尔德人就是先导。库尔德人也最早得到武器装备，形成自己的军队。当然在反"伊斯兰国"的反恐斗争当中，库尔德人的武装力量也参与了，他们的武器全部是由西方和美国提供的，装备最好也最能打仗，控制的区域也最多。所以库尔德人进行公投有一定实力和背景。

我们要看一下现在最现实的问题，2017年10月1日，西班牙进行了独立公投，这是完全在违宪甚至在西班牙国民警卫队暴力弹压的情况下举行的一次公投，其中发生的冲突，已经导致900多人受伤。当然在此之前，西班牙国民警卫队已经提前逮捕了很多议员和市长。但这个公投仍然举行了，虽说参与公投的选民比例不超过50%，但是投票率显示的独立倾向是非常显著的。同样在10月1日，美国的枪击事件也是非常令人震惊的，我个人认为这就是恐怖主义袭击，与同时发生在加拿大、法国马赛的没什么区别。当然，美国并不承认它是恐怖袭击，也不买"伊斯兰国"的账，但从中我们可以看出美国对恐怖主义的双重标准。我在网络上看到很多讨论，也有很多人写过文章，包括美国人自己都讲，如果袭击者是一个阿拉伯人，是一个穆斯林，那就没有任何怀疑，甚至可以脱口而出就是恐怖主义。但袭击者是一个白人，且没有伊斯兰教的信仰背景，到现在还不清楚他的动机是什么。

按照传统的恐怖主义的定义，恐怖主义有什么政治动机呢？我的看法很简单，就是他的行径是否造成了社会恐惧，这也是我观察其他国家甚至包括中国社会问题的一个基本视角。前几年的确有新疆的爆炸、砍人等暴力恐怖问题，2014年也出现了昆明的暴力恐怖袭击事件，都是典型的新疆问题外溢的恐怖袭击事件。可是我们不清楚在内地汉族当中是否出现过类似的暴力事件，是没有还是我们不知道。不知道的原因是因为它不是恐怖袭击，或者没有张扬政治意图。但是那个事件有可能是一模一样的，也是见人就砍，甚至为了个人的报复去炸居民楼，等等。所以我们到底应该怎样来判断？如果我们要把恐怖主义和某个宗教、某个民族联系在一起的话，恐怕这些问题仍然解决不了。所以我想，10月1日其实除了对中国、尼日利亚有国庆节的意义外，对其他国家没有任何特殊意义，但非常巧合，出现在这样一个时间点的诸多事件，的确反映了这类问题的普遍性。西方国家面对的内政问题越来越多，而且也有很强的极端性，这些我们都可以从 2014 年的那个时间节点开始产生的后续影响去加以理解。

第二个问题我想讲的是，对中国来说，2014 年有什么大的事件值得我们在广义的民族问题范围内去讨论？ 2008 年的拉萨"3·14"事件、2009 年的乌鲁木齐"7·5"事件之后，中国的确面对着非常令人费解、难以接受的民族间关系的态势。当然 2008 年出现这样的问题，和当时的具体形势有关。这些事件对国内社会舆论产生的最大影响就是如何看待中国的民族政策。当时，西方国家的一些传媒已经作出的结论性看法是，2008 年事件之后，中国解决民族问题失败了。问题在于我们国内也有很多类似的评价，对我们的民族区域自治制度、各项民族政策提出质疑甚至是否定性意见，其中包括认为我们对苏联模式抱残守缺，我们应该"去政治化"，应该向美国、巴西、印度学习，这些国家都成功地实现了"大熔炉"的目标，把各色人等熔冶成了一个国家层面的民族，把他们变成了美利坚人、巴西人、印度人，等等。甚至包括巴西的混血比例也成为解决民族和种族问题最优选择的一个指向，诸如此类。说到底，这些人认为中国的民族政策要改弦更张、另起炉灶，实行所谓"第二代民族政策"。在此背景下，我们如何审视自己选择的解决民族问题的道路？在西方国家相继宣布多元文化主义失败的情况下，中国是否要继续坚持走自己的道路？

2014 年我国召开了中央民族工作会议，这是改革开放后第四次中央民族工作会议，这次会议应该说是在面对那么激烈的冲突和区域问题，乃至于社会舆论包括党内外很多的质疑之声中作出的一次抉择。这次抉择重申了中国特色解决民族问题的正确道路，要坚持走这条道路。那么这条道路到底是怎么来的？有什么样的中国特色？我想在这次会议当中，或者说在中共十八大以来对中国特色的有关解读，包括习近平治国理政思想中都可以找到答案，尤其是关于"中国特色"注重中国历史、注重中国文化、注重中国传统的提法，都是这一思路的体现。也就是说，中国之所以成为一个统一的多民族国家，中华文明发展没有中断，有它内在的基因传承，这就包括了各民族共同建立统一的多民族国家的历史过程。

2017 年上半年，我们在西班牙加泰罗尼亚进行涉藏外宣，也就是出去介绍中国西藏的发展情况，包括中央对西藏地区的政策。加泰罗尼亚有一些"流亡藏人"，我们在里头讲，他们在外头举着旗帜抗议。报名入场的当地西方人有学者，也有各种各样身份的人，他们现场提问时提到一个问题，质疑中国说西藏在元朝归属了中央王朝统治。我的回应是，其实这些话不是我们中国人自己说的，都是你们西方人做的记载。比如说马可·波罗，马可·波罗没去过西藏，他站在四川某地一个山头遥望那一片土地，说吐蕃地区是一个很大的州，这个地方有自己独特的偶像信仰，有他们自己的语言，但他们所有的事情都要由北京的大汗来解决。这些历史都是你们西方人的祖先记录下来的，包括西藏在近代的时候，是封建农奴制度，相当于欧洲中世纪那样黑暗的社会，我说这也见诸西方的记者、旅行者、传教士和入侵者的笔记和他们出版的著作。而且西方人拍摄了大量的旧西藏照片，那时候中国人还没有照相机，故宫里给慈禧太后拍照的是西方人。没有中国人扛着机器到西藏去照相片，近代西藏留下来的所有照片都是西方人拍的，可是你们比较善于数典忘祖，你们对这些东西根本不了解，天天就盯着中国政府的白皮书较劲。

紧接着对方又提出另一个问题，即那个时代属于元朝而非中国。这是国外很典型的一种对中国历史的错误认识。在中国的历史上，概要说有四次大的统一：第一次是秦汉，第二次是隋唐，第三次是元朝，第四次是清朝。这四次大的统一都有"五方之民"的因素。说到"五方之民"，可能很多同学看过金庸的小说，金庸的小说里有南帝、北丐、东邪、西毒、中神通。这个观念哪来的？来自先秦时代"五方之民"的观念，即南蛮、北狄、西戎、东夷、中华夏。中国历史从最早天圆地方的时代开始，就是这样一个格局。秦始皇统一中国，建立统一王朝，他是西戎之属，不是华夏之属。隋唐大统一：王朝的一半血统都是北狄、西戎。蒙古族就是典型的北狄。满族那里就是东夷加北狄。中国是这样建立起来的，我们的版图是这样固定下来的。中央民族工作会议第一次对这样的历史作出了表述。在中国的历史上，无论哪个民族建鼎称雄入主中原，建立的都是统一的多民族国家，都把自己视为正统，这就是中国的历史。

从回应那位记者关于"你说的元朝那不是中国，是蒙古"的问题中，我们能够体会西方人对中国历史那种基于所谓"一族一国"的民族主义的现代理解。这种认识在国外是有普遍性的，包括美国现在的"新清史"研究、日本的中国蒙元史研究，甚至我们的近邻蒙古国的相关研究，都隐含或内含了这样一个问题，就是说"满蒙非中国"，元朝不是中国，清朝也不是中国。在我们的网络上也很容易看到，我们很多年轻人也在这样讲，说"元朝就是蒙古人占领了中原""中国灭国"如何如何。我和蒙古国的一个学者也讨论过这个问题，他半开玩笑地说这样也好，我们一定比日本人表现得好，我们向你们道歉，历史上我们征服了你们，侵害了你们，压迫了你们，等等。我们如何看待自己的历史是关系到我们的现实的，如果看不清历史问题、摸不准主线，那就会产生现实的民族问题。我要强调的一个观点是，不能用历史上的"非我族类"来观察今天的民族关系，也不能用历史上的"其心必异"来解释我们今天大家庭内部存在的问题，否则的话就要出问题。

中国选择这样一条道路，它的核心实际就是民族区域自治，这个民族区域自治，用习近平总书记在报告当中的话，就是说中国历史上就有既重视差别又维护一统的政治智慧，这对中华民族的形成和发展至关重要。这里说的不仅仅是形成，还有发展。我们现在还要构建中华民族，也就是说还要再继续发展。既尊重差异又要维护一统，这是中国大一统的传统。历朝历代都搞"因俗而治"，包括辽代的南面官、北面官，元朝的所谓"人分四等"，蒙古、色目、汉人、南人，都是因俗而治，土司制度、伯克制度，甚至保留西藏的政教合一制度。当然同时还要维护统一，活佛转世需要中央批准，实现金瓶掣签等一套制度，所以中国是这样形成的。

在现实当中，在中国共产党的历史上，我们的确引用了很多苏联的东西，甚至被迫由苏联的共产国际派来的人员，把苏联宪法和他们的一些条文直接写入我们解决民族问题的一些纲领中，比如先建立一个苏维埃联邦共和国，然后各个地区独立建国，再加入中华苏维埃联邦，这就是苏联模式。可是红军长征经过了那么多的少数民族聚集的地区，到达延安后，作出的选择是，1947年在内蒙古成立第一个自治区。这个道路或制度架构的选择，意义非常重大。在新中国成立前，我们一个基本政治制度在1947年就确立了，制度的基石奠定了。从这个意义上讲，在制度问题上，习近平总书记特别强调的是，不可能有飞来峰，一定要立足自己本国的实际。我们在作比较时也不能说，别的国家有我们没有，我们就是欠缺的；或者说我们有了别的国家没有，我们就是多余。

　　当时讨论民族区域自治制度和民族政策的过程中，有一些知名学者都对媒体去作最简单的逻辑推理，来回答为什么美国没有民族问题？其推理至简到了这样的程度，因为美国没有搞民族识别，所以没有族别身份证，故而美国不搞民族区域自治，因此美国没有民族分裂。对于这方面没有专业知识的人来说，对呀，一个中华民族挺好的，干吗分成56个民族？这完全是人为制造的，所以取消身份证上民族身份的话语非常流行。这些话是不负责任的。美国是没有我们这样的身份证。可是美国的社会信用卡和驾照里储存的信息，要比我们身份证里的信息多得多。美国是没有在身份证上标注你是黑人还是白人，可是人口统计规定得一清二楚。你长得白你就向人口统计员说我是白人，根本没门，他访问你三代，直接查你的爷爷是南方哪个种植园出来的，甚至包括奥巴马，你说他的黑人血统到底有多少？可他就叫黑人。他家族混血了那么多，但就叫黑人总统，这是美国的"一滴血规则"。这个规定从1954年的那个最有名的案例当中就已经确立了。有一个人生在美国黑人家庭里，但他长得和白人毫无差别。他受不了社会上的隔离制度，凭什么黑人要从公共汽车的后门上下，白人就能从前门上下？所以他就从前门上。黑人从前门上车是违法的，于是他被告到法庭，最后法庭的判决是，你是黑人，违反了种族隔离法。在美国的警察系统中，有一整套的脸谱识别系统，白人跟黑人结了婚以后，他们后代可能是什么样的？这套训练实际是很严格的。我们不去评价人家的社会管理，但你要说它没有"族群分类""种族识别"，那就是不负责任。

中国的民族政策，简单地讲就是八个字，第一是尊重差异，第二是缩小差距。从尊重差异的精神层面讲，我们应该承认我们是统一的多民族国家，由 56 个民族组成，承认是实事求是，也属于一个"承认的政治"范畴，其要在于对每个民族的语言文化、宗教信仰、生活习俗给予尊重。在物质层面，缩小差距就是要解决各民族以及他们所聚居地区之间经济社会发展的差距问题。这有历史造成的，有自然地理环境造成的，有不同的经济模式、经济发展的生产方式造成的，比方说畜牧业和农耕肯定有不同的发展路径。这次中央民族工作会议首先强调的是坚持我们的民族区域自治制度不动摇，这是道路的基石，是我们的根本。如果这个基石动摇了，中国就也会产生"多米诺骨牌"效应。我们是统一的多民族国家，这个"多民族"是财富，不是负担。不能把少数民族当外人、当麻烦，把解决民族问题当成一种负担，否则这个国家很难维护统一和民族团结。习近平总书记对统一的多民族国家的发展有利条件，作出了民族地区是资源富集区、水系源头区、生态屏障区、文化特色区和边疆地区、贫困地区的概括，进而强调了民族工作的重要性和做好民族工作的艰巨性，对此需要深刻理解。

那种效仿美国"大熔炉"政策的鼓噪和论说，的确曾产生了很大影响，这种影响无视美国历史上的种族隔离、强迫同化政策的失败及其向多元文化主义的转变，甚至有人从对印第安人赶尽杀绝的罪恶行径中去寻求解决民族问题的"历史经验"。我们且不说美国印第安人保留地在搞什么独立建国的土著人运动，希特勒杀了 600 多万犹太人，杀光了吗？照样出来一个以色列国家。历史已经反复证明这种极端性的行为、强迫式的同盟都是行不通的。即便是美西国家转向后的土著人政策、多元文化主义，今天也面临着严峻的挑战。所以，中央民族工作会议强调指出，西方国家在解决民族问题方面没有什么包治百病的灵丹妙药！这是一个事实。民族问题具有长期性和复杂性等特性，试图用激进的方式解决长期的问题、用简化的方式处理复杂的问题，只能导致冲突或后遗症的反弹。

面对现实，就要承认社会是多样性的，承认每个人有他自己的某种认同归属，有他自身的母语源头，甚至有他遵循的一些从家庭传承下来的风俗习惯，要承认这种多样性。同时要尊重他们对自身文化的认同，所以我认为，这次中央民族工作会议吸收了很多学术界的观点，比如直接谈到民族认同的问题，特别强调了不能让一个民族不认同自己的文化，认同本民族的文化与认同中华文化是并育而不悖，这不是相互矛盾或必然相互折损的关系，而有可能是相互促进的关系。就像谈双语教育、学汉语的问题，我也是持这样的观点，所有中国的少数民族，没有任何一个少数民族对学习汉语心存抵触，但是也没有任何一个少数民族对自己的母语不尊重。即便他可能像歌里面唱的，不能再用母语诉说，但他仍然尊重母语。我们国家有 130 多种语言，除了汉语以外，其他都属于少数民族的语言，语言所承载的知识财富我们还没有很好地发掘，更何况这也涉及教育权利的问题。怎么通过双语教育更好地培养双语人？双语教育的目的应该是双语人而不是单语人。这种包容的观念是非常重要的，构建各民族共有的精神家园，一个民族也不能少，这与构建各民族共享的物质田园一个也不能掉队是一样的。

推动各民族及其聚居地区的经济社会发展是关键，要使各民族、各地区共同发展繁荣，共享改革开放的成就，这是建设中华民族共同体的物质基础。现在对西部地区也有了新的定位，就是"一带一路"，特别是丝绸之路经济带的沿边地区。这对我们整个陆路边疆、边境地区都是一个新的定位，而这是未来中国发展的一个新空间。习近平总书记在讲话当中特别引用了司马迁的一句话，是很有寓意的："夫作事者必于东南，收功实者常于西北。"他是在讲到"一带一路"建设对民族地区是一个大利好时用了这个典故，意思就是说，经常在东南地方策划、筹谋、起事，最后常于西北收功实、取得成效。打一个不恰当的比喻，那就是孙中山起事东南，毛泽东收功实于西北，延安是在西北。这不一定是规律，但他讲出了西部地区对未来中国发展的重要地位，西部地区承担着拓展未来发展新空间的历史责任。这本身也是对西部地区的一个激励。

说到具体政策，的确有很多，加分政策、计划生育等大家议论了好多，我也没时间去一一讨论。我们可以从微观角度去观察中国的民族政策体系并进行国际比较，1951 年中央政府发布了一个政令，在社会上消除那些影响民族关系的旧痕迹，包括碑、匾、地名，等等，北京市有一些胡同比如骚鞑胡同、回回胡同、回回营等，都改为团结、友好的社区名称。诸如此类，还有很多地名，像迪化改回到乌鲁木齐，归化改回到了呼和浩特。呼和浩特、乌鲁木齐建城的时候就是这个名字，但是万历皇帝居高临下、恩威并重，说你归顺了，就给你起个名，就叫归化城。历史上所有带"化"字的地名，都具有从"化外"转为"化内"的含义，也都反映了中央王朝恩威并重、地方或群体归顺降服的含义。这种改变不是为了掩盖历史，而是为了创造一个有利于民族关系新发展的社会环境。

今天我们看美国，美国 2014 年枪击事件后，连续发生了好几起事件，包括 2015 年的教堂事件，查尔斯顿一个白人枪手把当地一个黑人教堂的牧师和信众全部扫射枪杀，查尔斯顿所在的南卡罗来纳州当天就作出了取掉邦联旗的决定。差不多一百年来，不停地有人质疑议会广场上的这面邦联旗，但就是取不掉。它是代表南方奴隶制度和 3K 党种族主义的一个很重要的标志。这一消除历史上种族关系"负资产"的做法，到 2017 年形成了美国的"文化战争"。罗伯特·李到底是南方的英雄还是奴隶制度的代表，争论得一塌糊涂，甚至导致了白人至上主义势力以恐怖主义方式造成的民间冲突。有些城市怕发生这类冲突，就在晚上悄悄地拆除这类雕像。美国从 20 世纪 60 年代以后有很多"政治正确"的要求，比如政治家在任何公众场合不能说某些禁忌的词，比如"黑鬼"，如果你说了，你的政治生涯就完蛋了，媒体能把你追得没完没了。"政治正确"形成了一些规矩，但在现实中出现这些引发争议和冲突的问题，是美国人、美国社会所始料不及的。怎么去重新审视作为"负面资产"的社会文化遗存，对美国来说成了新问题。这是见微知著的比较。

如果从共同发展的大格局去比较，在一个国家当中，经济社会发展的不平衡、区域的不平衡是普遍存在的，中国是东部和西部问题，欧洲很多国家是北部和南部的问题。1993年，也就在苏联解体后第二、三年，比利时北部的弗莱芒人掀起了谋求独立的弗兰德斯运动，形成很大规模，其中就有借助苏联解体的民族主义效应，其重要的动因就是不愿意在经济上与南方瓦隆人捆绑在一起，凭什么要多交税去养南方？比利时北方是荷兰语区，南方是法语区，北方经济发达，南方有老工业基地的地位，最后国家为了维护比利时的统一，变成了联邦制国家。联邦制当然是高度分权、两级政府的高度自治。无独有偶，这类问题在其他国家也不鲜见。2014年3月，意大利北部的威尼托大区，也就是威尼斯所在的大区，进行民间网络测评，380万人参与，脱离意大利建立自己的威尼托共和国的支持率是65%。10月22日，威尼托和伦巴第两个地方正式提出公投，公投的目标是不破坏国家的宪法、国家的统一，但要求高度的自治，就是说我们不能为南方包括还存在黑手党的那样一些地方去埋单。北方联盟虽然不具有族别性，但它也利用了大量历史资源，包括一千多年前的"威尼托共和国"来炒作。所以我说，地方—民族分离主义运动在欧洲的许多国家存在，包括德国的巴伐利亚，还有法国的科西嘉，西班牙的巴斯克。巴斯克和加泰罗尼亚都是最富裕的地方，2017年3月，巴斯克的恐怖主义组织埃塔彻底放下武器，交出武器库，算是走上了和平之路，但巴斯克已经享有了包括历史上的和现实中的中央给予的非常优惠的税收制度，地方留成非常多，所以现在不闹了。加泰罗尼亚不干，它的人口数占总人口的16%，但为西班牙贡献了20%的税收，中央拿走了那么多，给它的转移支付很少，都把钱用在其他经济贡献少的地方了，所以加泰罗尼亚认为独立了就可以在欧盟舞台上如鱼得水，也不用再去供养西班牙国王，也不需要再供养西班牙军队。虽然这其中也有历史上与西班牙王朝的恩恩怨怨、语言文化等方面的因素，但是出于经济利益、谋求政治"主权"地位的动因彰显，这个冲突应该说仍在继续。类似于意大利北方的地区性的分离主义运动也是如此，谋求"高度自治"就是"国中之国"，属于联邦制范畴。谋求独立，就是要建立一个主权独立的国家，而建立国家的动力就是构建民族，就是要依托民族主义，或者把地方主义进行"民族化"的包装，这是民族国家时代毫无疑问的通则。

我们中国怎么解决区域发展不平衡这个问题呢？大的政策很清楚，共同团结奋斗、共同繁荣发展，56 个民族一个也不能少。2000 年开始，西部大开发的实施，使整个国家的经济发展重心移向西部，动员东部所有的发达省区支援西部地区，全国支援西藏，19 个省市支援新疆，甚至要拿出地方 GDP 的千分之一直接投入所支援的地方。没有一个统一的全国一盘棋的政治眼光，没有一个坚强有力的中央领导，这么大的国家，经济社会发展差距这么大的条件下，怎么可能实现协调共同发展、共同繁荣？我们说制度优势，这也是中国的制度优势。制度优势不能老盯着你们选举没选举，你们是民主还是不民主，你是三院还是两院。你老盯着那个东西干什么？的确是有很多选举出来的政府，比如这些年选举出来的，泰国的英拉现在在跑路，韩国的朴槿惠现在在坐监狱，是不是？选举出来的很多政府也在推行"强人政治"，等等。西方国家，特别是西方的这套民主制度，现在的确面临着很多问题。不是说我们自身有多么优越，但是它出了问题是一个事实，我们不可能按照它的这套东西再去办。

"冷战"前后国际政治有一些变化，包括后来推动的"颜色革命"，甚至伴随着阿富汗、伊拉克战争，包括颠覆利比亚、叙利亚的战争，最后仗打得就像是小孩过家家一样，强迫巴沙尔政改，我打这个仗就是让你政改。当然这些实践背后有很多的地缘政治因素，有未来的经济和利益设计。最后俄罗斯介入，现在"伊斯兰国"也行将覆灭，巴沙尔的政权还越来越巩固，形成了中东地区美国和俄罗斯之间新的地缘政治对抗。但是我们可以回头看看，从突尼斯的小贩自焚开始，持续几年的"阿拉伯之春"，哪个国家走上了民主发展的正轨？或者哪个国家找到了自己的发展道路？所有都一塌糊涂。在那之前，东欧的一些国家也有几轮"颜色革命"，换来换去，结果又是怎样的？包括美国介入培育的一些极端力量，最后的结果都是有"后坐力"的，这些"后坐力"最后都作用于美国自己。美国扶持塔利班、扶持基地、扶持本·拉登，最后这些都变成了它最强硬的敌人。所以从这样的角度讲，加上2008年西方国家次贷危机以来的经济低迷、全球化贸易的受挫，乃至于近两年来的难民问题，西方国家普遍地出现了一个民粹化的"底层"，这种所谓底层其实也都是精英，当然也有很多是工人蓝领阶层。很多人都说，西方是精英受到了挑战，其实我们看来，更多的还是"精英的反叛"，而不是说它的阶层受到了挑战。

我觉得这种困局很重要的一个原因就是内政和外交的矛盾。西方国家对内实行多元文化主义政策，实行得很开明，承认包括文化在内的多样性。但它实行西式民主的统一标准，用这个标准去衡量所有国家、评判异己国家，甚至用各种手段改造别国，以期"一统天下"。欧盟急切地努力东扩也是如此。像保加利亚、匈牙利这些国家在进入欧盟的时候，欧盟都对这些国家作了各种考察，你的公路没达标，你的人权没达标，你的什么开会仪式没达标，等等。最后投大量的钱，让它们去改造，希望迅速把它们吸纳为欧盟国家，目的就是要用它们的政治模式去一统天下。它未必需要匈牙利那个市场，但是它需要步步为营的地缘政治立足点，最后扩到乌克兰，到了俄罗斯的战略边际，引发地缘政治危机和乌克兰的分裂。乌克兰危机中包含了深厚的民族历史、语言、宗教和领土问题，也就是广义的民族问题，乌克兰东部地区是俄语区、东正教区，还有历史上俄罗斯民族的起源问题。这场危机的最后结果，可能就是乌克兰国家联邦化，也就是说它必须给东部特殊的、有发言权的地位，才能够制止北约的导弹部署在乌克兰。所以普京虽然拿到了克里米亚，但他绝对不会兼并乌克兰东部，而是要把乌克兰东部地区变为乌克兰国家中的"俄罗斯前沿阵地"，他需要的是一个屏障、一个缓冲地带。

我们可以看到，西方自身对民主多样性的各种研究都表明了一种状况，某种所谓柔性的威权在上升，包括杜特尔特、埃尔多安，甚至普京，都被视为这种类型，既有民主的选票，又有个人的权威。这是目前的一种现状。包括西方人在内，越来越多的人开始意识到，西方的这种自由民主仅仅是"人种—民族的多数"（ethno-national majority），西方国家现在最重要的内政问题，如果我们用民族问题的角度去观察，就是主体人口的身份缺失，即"我是谁"？这个国家怎么了？美国的课堂里在讲黑人，在讲印第安人，白人哪儿去了？这种"白（人）危机"（the crisis of whiteness）非常显著，以至于多元文化主义，加上平权配额政策的实践，使"白人"的愤愤不平感日益增强。美国的这种诉讼非常多。我上这个学校，我要考1300分，但是没有名额了，名额哪儿去了？被只需要考1200分、1100分的拉美裔、非裔占掉了，因为这是配额，名额都归了他们，所谓"有色人种"的各色移民成了"美国梦"旅途的"外来加塞者"（"outsiders" seemed to be cutting the line），所以这变成"逆向歧视"。我们国内这些年谈"逆向歧视"的也很多，都是这类"学说"。

2004年亨廷顿发表他的《我们是谁？》，就提出了一个非常实用的建议，说美国应该承认世界是多样的，在国际事务中要放弃西方模式的普世主义，但在国内应该废弃多元文化主义，重新树立盎格鲁—撒克逊的新教的核心文化价值，这是唯一的。不能让黑人等各色人等的文化都进入课堂，忘掉自己的核心价值。前两天欧洲的十多位学者签署了一份保守主义《巴黎声明》，讲的也是这一套，他们认为真实的欧洲应该以基督教为根基，否则现在的欧洲就是一个虚假的欧洲。认为多元文化主义是从美国传来的话语，只有帝国才是多元文化的，他们要重返民族国家。虽然说欧洲的历史从文化帝国开始，有很多帝国，包括第三帝国，大家都谋求当帝国，但最后的胜利者是民族国家，所以他们现在要重返民族国家，收回自己的主权。从什么地方收呢？当然从欧盟收。《巴黎声明》没说要退出欧盟，但是从来不提欧盟，就是说欧洲的理想要构建一个超越民族国家的东西，但现在还是要重建一个真正意义上的欧洲。这个声明很有意思，大家不妨找来看一看，澎湃新闻上有译文，微信上也有很多转载。它实际和我们对西方国家目前困境的观察一致，里面经济问题讲得不太多，但讲了很多文化、民族、移民问题，移民问题讲得特别有意思。他说移民来到欧洲国家不同化就是殖民者，他们忘了自己国家历史上的全球性移民过程中哪一些移民同化于殖民地的土著了，同化于印第安人了？没有，他们在同化世界！英国的殖民地都讲英语，其他西方殖民地也被西语化。没有英国的移民跑去讲澳大利亚的土著语言或者印第安的某种语言的。但今天所接纳的移民则被认为只要不同化就是殖民者，实质还是种族优劣、西方文化至上而产生的对多样性的恐惧。这些变化我觉得很有意思，实际上这种危机触及了很多西方的核心的价值观念，而且这也会对世界产生相应影响。

所以从这个意义上讲，如果说 17 世纪的第二个十年的中期，结束了三十年欧洲战争以后形成的《威斯特伐利亚和约》，开启了民族国家的时代，可以说迄今为止，民族国家构建的进程，包括发达国家在内，都没有结束。美国有一个学者的一本书讨论"民主的阴暗面"，谈到这个问题，他认为西方国家在构建民族国家的路途上已经走到了成功的最后阶段，他比较乐观，认为最后的阶段应该是比较完善、成功的，甚至可以是超越性的。但事实上，我认为现在重返民族国家的势头绝对不仅发生在英国，还会有其他国家脱离欧盟，或者欧盟自身发生改变。虽然我们这几天看到欧盟还在罗马尼亚部署兵力，增加武装，继续东扩，但我觉得这是强弩之末，是在转移视线，在转移欧盟国家自身关心的那些问题。我的判断是，苏联解体时，西方国家并没有宣称资本主义战胜了共产主义，他讲的是"民族主义战胜了共产主义"，当然也有福山的"历史终结论"，但都是过眼烟云。今天西方国家正在面对双重的民族主义，这种挑战不仅仅是外缘性的，或者是外溢性的国家层面的民族主义，更多的是国家内部的内源性民族主义。这里既有少数民族，诸如加泰罗尼亚、巴斯克、魁北克、苏格兰，又有多数民族，像弗莱芒就是多数。而且如果你让英格兰人去投票决定是否同意苏格兰独立，很可能苏格兰就出去了。欧美的族际关系已经发生了这样的变化，主体民族的危机甚至导致主体民族对少数的不满，认为你们占了更多的便宜，而我们自己好像什么也没有得到，我们正在失去自我。如果我们留心观察一下今天中国的民族关系领域里面一些网络语言的话，就会发现这种情绪和论调也是存在的，而我认为这是最危险的。

所有这些价值观念的变化，包括法国《查理周刊》事件所涉及的言论自由问题、法国的布基尼禁令，美国的"禁穆令"，等等，发生了很多的、人们难以理解的现象，而且到了一个没有办法解决问题而且观念上说不通的境地。比如说布基尼的问题，布基尼是穆斯林游泳装，除了脸和手脚露着，其余全身包上，有些像潜水服，这是一个很高明的设计师专门设计的，不是穆斯林自己发明的传统衣服。在法国的海滩上，几个警察围着一个穿布基尼的穆斯林妇女，要求她当场脱掉罩袍，这个事情成了一个很大的国际性事件，触发了女权主义运动，包括非穆斯林的女权主义者都上街买布基尼穿着抗议示威，我们妇女穿什么你管得着吗？而且大家又把 20 世纪 50 年代的东西翻腾出来，当时妇女穿着三点式比基尼站在海滩上，被警察罚款，认为有伤风化。今天我全身都遮住了，又让我脱了衣服，观念到底在发生什么变化？有一个漫画讲的是，警察让一个妇女脱下衣服，说怀疑她的衣服底下有炸弹，也就是说，"维稳"和"反恐"处在有些无计可施的境地。从这个意义上讲，我们的一些排斥、捆绑，某些不让住宿等非常态的措施，似乎也是如此。你没有更好的办法，这就有可能回到那个"宁可错杀三千，绝不放过一个"的地步，而这都不是常态性的，并且会产生非常严重的后果或后遗症。

西方国家发生的这些变化，相应地也提出了这样一些观点：到底要的是公平的不平等，还是不公平的平等？这就是说，平等和公平不是一回事，平等有可能从来都实现不了，绝对平等是不可能的，你生来就在一定的家庭、经济条件当中，去跟另一个人比本来就没有道理。但是公平行不行呢？大家都有机会面对同样的社会条件。所以人们现在讨论这个虽然涉及的是收入分配问题，但也引申到关于平权配额政策等多元文化主义的本质问题。我认为，西方国家有可能会从针对群体性差别化的一个平等（多元主义的目的就是为了这个平等），转向个别性无差别的公平。其实从理论上讲，这两套东西早已辩论过太多了，有关自由主义和社群主义的讨论，是个体权利重要还是群体权利重要的问题，包括涉及罗尔斯的正义论，细节的概念讨论非常多。但实践这么多年，所谓多元文化主义的平权配额政策现在受到了根本挑战。国内现在也有人在写一些文章、理论，也有这个观点，说如果我们中国的民族政策过去是属于社群主义、是面对集体的，那么今后中国的民族政策也得转向自由主义和个人。其实就是要回到人人生来平等、法律面前人人平等这样一个空洞的宣示。"人人生来平等"不错，但社会机会是否人人平等？承认生来的平等和后天境遇面对的机会不平等是否属于"公平"？所以如何面对差异的问题在理论与实践方面存在着抽象与具体的差别，也有人提出，人人生来平等是一个很好的口号，但还有一句话叫人人生来不同，这也是一个事实。这都涉及西方国家多数与少数、原住人口与外来人口的问题。

总的来讲，我觉得一个社会的人口主体或者文化的主流群体，如果对公平提出了新的"我是谁"的诉求，那这个社会是很危险的。他如果觉得不公平，那这个社会就没有公平了。苏联就是前车之鉴。我最近看到一篇文章，说斯大林在民族问题上犯了历史错误，就是他没有及时地把苏联按照列宁的思想，从联邦制这样一个过渡形式变成统一的中央集权形式。我觉得这种观察完全是本末倒置。恰恰是由于斯大林急于改变这个过渡期，一下子把苏联从一个宪法规定的联邦式国家变成了一个高度中央集权的国度，才造成了所有的加盟共和国离心离德。而这种对内的高度中央集权也体现为对外的霸权，他甚至要求东欧的所有国家包括蒙古国在内，都要像苏联一模一样，这只有在高度中央集权下才能做得到，抹杀各自的、族别的、加盟的、区域的特征。当然，这样的观点对中国来说并没有什么意义，我们中国是在单一制、中央集权体制下实行民族区域自治制度的，不是说把民族区域自治制度取消了才算单一制国家，否则国家就要出问题。我们不是从这个意义上接受苏联的教训，而是要看到，苏联解体，真正对国家造成沉重一击的是俄罗斯的主权宣言。在这之前，俄罗斯作为举国"最优秀的民族"，这在整个苏联社会是广为树立的意识，其中也包括了隐含在社会中的大俄罗斯民族主义优越性，这是遍布整个苏联的。所有人都认可俄罗斯是老大哥民族、最优秀的民族，人人都要向俄罗斯人学习，俄罗斯联邦成为苏联的代表。但当各个加盟共和国发生了冲突和问题，向中央提出挑战的时候，俄罗斯人的民族主义开始从社会化收缩到俄罗斯联邦化。俄罗斯人觉得很亏，觉得自己不能再当"大奶牛"了，他们觉得他们那么多年对其他人那么好，其他人却不够意思，他们凭什么养着别人，于是在不再当"大奶牛"的条件下，率先发表宣言声称俄罗斯的主权高于国家宪法，就是苏联宪法。其他的几个加盟共和国的兄弟一看，俄罗斯人不带他们玩了，那他们也不玩了。于是出现了主权宣言大战。这对于波罗的海三个国家来说是非常好的时机，它们立刻宣布独立。这样的教训我觉得需要接受。西方世界会怎样面对这些问题，我觉得还需要观察。

最后在结语部分，我想我们首先应该进行这样的比较，主要是来坚定对自己的制度、道路选择的自信，但自信不是盲目的。我们现在作出的成绩，或是取得的一些经验，都是属于我们常说的社会主义初级阶段的经验。开明，但是可能也没有达到那么好的程度；取得了成就，还没有出现不好的结果；经济总量排到世界第二，但是人均仍然还在七八十位，这些问题都属于我们所处的这样一个阶段的问题。另外，你就算是有一个非常好的制度、理念，确立后效果也不是立竿见影的。制度效能的发挥要在改革当中不断去完善。在国际的比较当中，我们也不要作那种很直接的、表象式的理解和比较。好像加泰罗尼亚独立公投了，那我们的民族区域自治制度就不能再搞下去了，这完全是两回事。西方国家所有的独立运动都源自多党民主制所提供的政治舞台，加泰罗尼亚有加泰罗尼亚的民族党，苏格兰有苏格兰的民族党，魁北克有魁北克人党，弗莱芒有法兰德斯民族党。多党制和民族群体性的结合，是造成这些地区民族分离主义的非常重要的政治条件，例子非常多。从这个意义上讲，我们反倒可以思考中国不搞西方多党制的好处。中央民族工作会议特别强调，所有的民族自治地方，都是在中国共产党领导下的地方，而且事实上也是，中国的155个民族自治地方，没有任何一个地方曾经提出过违背宪法的诉求。不能说哪个学者或哪个干部说了什么过分的话或情绪性表达，就代表哪个地区或哪个民族。国外的这套是不一样的，加泰罗尼亚的某个政党选举上台组建了加泰罗尼亚的地方政府，就可以和中央政府谈条件，可以动员地方去搞公投，这完全是两回事。进行国际比较研究和观察问题，不能脱离自己和参照系的基本国情、政治国情。

其次，我们不要把民族区域自治制度看成一些人说的是当时对少数民族的妥协，是个权宜之计，是一个"买哄"的方式，似乎今天已经没有意义。如果这么去考虑问题，同样会出大问题。历史上中国有因俗而制等维护一统又重视差别的传统，有"修其教不易其俗、齐其政不易其宜"的智慧，但是其实质脱不开那个时代的"怀柔""羁縻"的本质。我们可以从研究中国传统文化的角度去讨论这些政治智慧的历史作用，但不能将其等同于民族区域自治制度。这是"老一套"，也就是毛泽东说过的在新中国"行不通"的"老一套"。民族区域自治制度是中国共产党立足中国国情作出的现代政治制度设计，用习近平总书记的话讲就是"我们党采取了这个新办法"。今天中国是在构建一个现代的国家制度，民族区域自治制度是坚持和完善中国特色社会主义制度的重要内容，其提出和确立不是什么"策略"或"政治阴谋"，这是党和国家对中国人民的政治承诺，不能说我们是搞假的。国家的基本政治制度当然要在实践中去完善，包括我们的根本政治制度——人民代表大会制度。西方人说，人民代表大会光是举手通过，没有否定某一个议案，都是"橡皮图章"，但他们看不到那些议案背后，已经做了多长时间的沟通、征求意见，包括民主协商，甚至很多法律都是在网络上公开征求意见，最后由代表们去讨论，提出修改意见。中国这套政治机制的确跟西方的运作方式不一样，西方的每个议员背后都有自己的选区，要想办法上镜，实在没办法就抢着凳子互相肢体接触，让他那个选区的选民们看到选了他，他花了多大力气去为他们争取利益。这是不一样的。在这个意义上，我们力图构建一种在差异中求和谐之道，在多样中求共生之道，这不是容易的事情。

最重要的，我们中国坚持内政和外交的统一，我们对内承认多民族，尊重多样性，对外承认各个国家的道路选择，强调世界上没有两片相同的树叶，习近平总书记在国际舞台上讲了很多类似的话。我们不可想象，人们去讲一种语言，做一种行为，穿一样的衣服。我们对内尊重多样，对国际社会也是如此。西方正好是相反的，它对内尊重多样，对外拿西方标准要求别人，或者按照亨廷顿的干脆承认外部是多样的，但是对内要搞同化，不能搞多元文化。这仍然是内政和外交的矛盾，很多问题就出在这种矛盾上，外交是内政的延伸。我们从观念上尊重多样，无论是国内还是国外。从发展的角度讲，对内我们努力消除差别、缩小差距，对外我们亲诚惠容，平等发达，互利共赢，所以包括"一带一路"，你要给对方国家发展的机会和发展的成果，而不是只顾自己。从这个意义上讲，我觉得也正是因为这样一个内政和外交统一的理念，二者间关系互动和相互影响的关系就非常一致。对外交往做得好会反馈于对内，更重要的当然是，如果内部我们在尊重差异、缩小差距、构建中华民族共同体方面做得有成效，会决定我们对外"亲诚惠容"构建人类命运共同体的成果。内因是变化的依据，这一原理没有改变。谢谢大家。

【主持人】谢谢郝老师非常精彩的讲演。他从历史的纵深角度，也从横向的世界广度，从各个方面论述了当前整个世界包括中国围绕民族问题所引发的系列危机，以及我们现在应对民族危机的各种选择。他作出一个阐释，中国今天应当以什么方式来面对这些挑战。我自己获益良多，在这里先作几个简单的注释。

前面我们讨论过关于帝国的问题，今天郝老师跟我们说，实际上我们各个方向上还有另一个趋势是重回民族国家，或者说，民族国家不但没有终结，而且重新在恢复这个过程。这里有两个趋势：一个是区域化的趋势、帝国化的趋势，一个是重新民族化的趋势。这两个不同的趋势在当代世界中到底扮演着什么样的角色？刚才郝老师讲了美国尤其是欧洲的状况，再加上中国和苏联，以及后苏联地区，包括南斯拉夫地区，这些地区发生的民族运动、分离运动和新的冲突与危机。我作一个小的注释。

马哈茂德·马姆达尼是乌干达，也可以说整个非洲最重要的政治理论家之一，他自己其实也是哥伦比亚大学的教授。他说西方世界每天都在讨论"nation state"，所有的问题都是"nation state"的问题，到了非洲马上就会发现，这个"nation state"的框架的人造程度有多高。大家都知道非洲的很多"nation states"是殖民主义、帝国主义的后果。但是他说当这个框架垮了的时候，他们不知道在非洲出现的根本性问题会是部落主义。其实他是说现在非洲的冲突变得更加不能化约，是部落和部落之间的冲突。不要说像苏丹这些地区的状况，包括伊拉克、叙利亚，能够看到不仅是非洲，包括中亚、西亚地区，他说甚至南非这样的国家，相对来说，作为主权国家形态比较完整，可是如果你观察它现在的排外主义和内部冲突，已经带有强烈的部落性冲突特征。它的排外主义不完全表现在黑人和白人之间，也包括了黑人部落和黑人部落之间的冲突，或者是这个国家的黑人部落和那个国家的黑人移民之间的冲突，这些新的趋势，导致在今天似乎还找不到解决问题的方略。所以马姆达尼的意思是，在大家习惯阅读的、主要从西方舶来的理论里面，几乎很难找到解决他们自己社会面临的那些基本冲突的答案。怎么重新回到每一个社会自己的历史脉络里去寻找答案，这不光是民族问题，而且是政治制度和其他社会问题的基本条件。我忽然就想到列宁当年回答欧洲社会民主党党内论战的时候，说过一句话，他说没有普遍的民族问题，民族问题总是在具体的历史条件、地缘政治、各种具体的关系当中才能展开的问题，所以理论的思考跟历史的再研究和具体的社会关系的再研究之间，有非常密切的关联。

关于今天的讨论，还有一点我想特别提出，大家注意到 2014 年民族工作会议，这一次会议和 2016 年年底又一次的民族工作和后来的宗教工作会议，这些会议形成一套新的决议和表述，回应了过去大概 20 年间在中国的知识领域进而政策领域围绕着民族问题的重大争论。可能在座有些同学不太了解这些争论，大家可以关注一下。实际上在中国的学术界和政策制定领域，围绕民族问题是有重大的争论、有很多不同的声音的，这些会议提出的方略，一定程度上，也是对这些争论的回应。刚才郝老师的解释，实际上也给了我们重新理解这些年相关争论和政策变动的一些路向与线索，大家可以去了解。

今天出席的还有中央民族大学的潘蛟教授，他是人类民族学领域的一个非常杰出的学者，我不知道潘老师能不能作几句评论，在大家提问之前作一个发言。

【潘蛟】我说两句。刚才的讲演，郝老师把这几年国际国内关于民族理论的争论，作了一个很系统的梳理，尤其是对国际的说明我觉得很细致。确实我们看到很多病症，一方面是全球化的，另一方面，刚才你谈到，欧洲的几个右翼保守学者提出要重回民族国家。全球化和重回民族国家是一个什么样的关系？这让我想了很多，一时间我也找不到答案。今天反全球化，像刚才你谈的网上流传的那个保守的巴黎声明，是一个希望重新回到民族国家的思潮，而另一边是建立帝国、走到帝国去，这两者间跨度很大。我觉得问题是我们怎么来理解全球化？好像反全球化的力量主要是在欧洲和发达国家，包括美国总统特朗普。第三世界国家看起来似乎没那么强烈，这个我不知道该如何理解。如果可能的话，我希望听听你们的看法。

【主持人】那一会儿请郝老师作回应，我们现在先让大家提一些问题。

【提问】郝老师您好，我有两个问题想请问您，一是您在一篇文章中提到了民族这个词的来源，它并不仅仅是对应英文的"nation"，在我们中国古典文化里面，有好多内容是跟氏族和宗族联系在一起的。我想问的是，对民族的重新阐发如何能够落实到制度设计的层面？像我了解的一些情况，比如壮族，它的整个生产方式还是以稻种农耕为主，但是我们现在对壮族的身份权利理解，还是体现在高考加分这样的个人层面。我想问，如何能够把中国古典文化重新阐发落实到制度层面？应该怎么去思考这个问题。第二个问题是关于经济跟民族之间的关系，为什么我们谈论到经济发达地区的时候，我们只谈经济发达，却没有体会到经济发达地区背后的经济不发达地区做出了什么样的牺牲。我不了解国外的情况，我想举的例子是中国的广西和广东，因为我是广西人，实际上广东的发达背后是有好多广西的劳动力，还有比如说水利资源方面的支撑。谢谢。

【郝时远】你刚才提的两个问题非常有意思。第一个，如果我们单纯从"民族"这样一个汉语词来讲，它的确是中国的发明，当然我们现在更多的人认同的"民族"这个概念是梁启超从日本引进的，它被赋予了现代民族国家的意义。甚至很多做跨文化研究和语言学研究的人，也忽略了这个词在日文中的词源，在他们编纂的外来语辞典当中，"民族"这个词始终被作为外来语。我的基本推论是，首先，民族这个词的确是中国传统的，是汉语名词。到近代，当然也可以推到近代以前，日本来华文化交流可能使得某些书、某些古代文献传入日本，日本在明治维新以后引进西学，特别是跟德国的学问、政治学对应的时候利用了这个词，赋予它现代"nation"的含义。日本学者也考证"民族"这个词的来源，我在日本翻过他们所有的词典，民族这个词到底是从哪来的？他们没有词源记载。所以我发表那篇文章以后，他们很快就跟我索要构建这个词的出处，但他们始终没有找到在日本最早使用这个词的证据。从这个意义上讲，民族这个词在古代使用得并不很多，不像氏族、部族、种族、家族用得多，有时只对应皇族，就是皇族与民族，有时它又确指，比如"五方之民"里的"南蛮"或是中原人，也就是说，这是一个比较平等的词。比如唐代文献中用这个词指广东的"南蛮"，"上自太古，粤有民族"，讲的就是这个地方的居民（时称"南蛮"之地），有时也用在中原。我们现在在中国的哲学社会科学体系发展的进程当中，包括中央的很多讲话，也都要求我们更多地提炼和使用中国的概念。所以我想这样的一些话语是我们既往拥有的一些概念，我们应该把它们发掘出来。赋予了现代意义没有任何问题，但我们在使用中应该不把它看成一个外来语，而是有中国自己底蕴的。这是我觉得处理现实很重要的一个方面。

第二个问题，我觉得你说得很对，我们可能更多地宣传了中央支持西部地区，东部支持西部地区，甚至包括东部支持西部地区的时候，都会留下符号和标记，这条路叫什么路，比如说立一个碑，这是东部的哪个省、哪个市、哪个部门修建的这条路或是这座桥，永世纪念，甚至要代代感恩，有这样的一些要求。可是西气东输、南水北调、西电东运、北煤南运，没有这种数字化的或者标志和符号来宣传。这些贡献是不得了的。为什么东部地区的很多省空气变好了，因为它不烧煤，烧气。这些气从哪里来？当然是从西部过来的，所以我也经常建议我们的传媒要量化，甚至要像有的文章里写到的，北京四个灯泡里就有一个用的是内蒙古的电，作诸如此类的描述，这样才能让人们知道，东西部的经济社会发展关系是什么样的。

【提问】郝老师，您好，刚才您提到了英国，包括美国，它们的民族和种族是有两套政治的，但我们中国像您所说的，有一个历史基因，我们对民族问题的解决状态应该说比较好。2014年，有日本媒体报道说，在广州有30万黑人移民，随着"一带一路"不断往前推进，中国的经济地位、综合国力不断提升，势必会有越来越多的外国人，尤其是非洲人来到中国。我想问的是，我们中国是否已经准备好了迎接这些人，我们应该如何处理跟他们的关系？我们是否可以从英国、美国过去的经验当中吸取一些教训？有哪些经验可以拿来借鉴？谢谢。

【郝时远】其实对外国人取得中国国籍，或者在中国长期居留和工作，这些年来已经有了一些比较具体的规定和规则，包括入籍后到底应该标注什么民族。比如说我入籍了，我可以讲汉语，我想当汉族人，那是不可能的，乌克兰人就是乌克兰人，俄罗斯人就是俄罗斯人，但是因为正好中国有俄罗斯这个民族，所以可以直接划在里面。公安部有这样一些规定。但我们还没有面对移民群体的准备。虽然说前一段涉及难民问题有所讨论，而且也揭示出中国实际上存在跟国际社会难民的合作，国家会收留一些难民，必要的时候送回去，或者到其他地方去。但就我的感觉，针对移民群体未来会有一个什么样的政策体系出现，还不清楚。相应的是"一国两制"下，澳门的土生葡人这个群体已经是一个既成事实，而且也形成一个社会，就叫"土生葡人"，但我们现在既不能把他们纳入大陆民族的范围当中，又不能把他们完全排斥，把他们就当成汉族人也不行，所以只能是在"一国两制"的框架下，由澳门自己去解决这个问题。

我国台湾地区现在也是这样。我们从前说台湾只有一个高山族，但实际上台湾地区现在已经识别出十六个民族，是五十几万台湾少数民族之间的拆分，在台湾地区属于自我识别的"正名"，并已经得到承认。所以，过去一个泰雅族分化为赛德克族、太鲁阁族、泰雅族，这种分化既有政治、经济、文化方面的因素，又包括了一些历史资源的分享，抗日战争、雾社起义，那都是赛德克族的荣耀，跟泰雅族没关系。这些问题我想现在大陆的民族政策还不能去介入，通常笼统地称为台湾地区少数民族，在大陆的四千多来自台湾地区的少数民族，我们叫高山族。

【提问】老师您好，您在《中国特色解决民族问题之路》中谈到一个问题，现在少数民族在面对城镇化时，越来越脱离他们的聚居地，进入城市。您提到可能现在的城市正在面临一个新的城市治理危机，但我认为，在这个过程中可能会产生的问题是，少数民族在面对城镇所代表的现代文明时，它如何能保存自己文化的主体性。我想请教您，在这个过程中，我们是不是应该注意一些问题，对此应该有应对措施。

【郝时远】城镇化是中国现在发展的一个非常重要的势能，它很大程度上代表了进步、文明或者国民整合进程中的身份变化。少数民族进入城市，从我的理解，可能还是带有本乡本土的痕迹，比如说进入北京那肯定是因为考学，或者是比较高的阶层进入北京。真正在北京打工的少数民族也有，但相对来说，他们很难长久留在这些地方。一般南方的少数民族更愿意到珠三角去，北方的少数民族如蒙古族、维吾尔族、回族，他们进入城市，鲜见于建筑工地或普遍性的社会服务，如家政、快递等。他们大都是在经商，包括餐饮、娱乐性的表演、文化性的特色产品的销售，大体上是这么一种职业选择。更重要的是，我觉得这个过程应该发生在他们的传统聚居地。家乡建设中的城镇化，是少数民族进入城市的最基础的一个阶段。聚居性的少数民族不可能同步大规模地跨省流动迁徙，在家乡实现现代化、城镇化是西部大开发的内涵。

我觉得城镇化趋势是不可阻挡的，城市也是各个民族融散发展的地方，不可能一个民族占有一个城市，城市就是在流动。现在很多少数民族在聚居，未来几十年，这种聚居的格局可能会被打破，大家都会集中到各种规模的城镇，城市是多元的、多民族的结构，我们现在提倡各民族嵌入式居住，就希望大家混在一起。在这种情况下，保留民族文化，第一取决于个体，第二取决于社会条件，比方说我的语言能不能传承下去，有没有这样的教育机构？我的家乡有母语的教学，可是到北京来就不可能有这种教育，不会因为我一个人或者几个人，去给你设置教育的载体和机制。所以文化的保护第一就是自身自觉的需求，当然也会有民间团体开展这种文化传承的公益事业。第二是社会，它不仅仅提供条件，而且一般来讲，在少数民族聚居区的新兴的城市，或者聚居比较多的少数民族人口的城市，也都会把少数民族的文化作为标识地方特色的符号，来开展旅游业或者发展一些特殊的文化产业产品，所以我觉得文化传承问题不用太担心。西方的经验，像加泰罗尼亚语、巴斯克语，尤其是巴斯克语，在弗朗哥时代就基本上已经废止，基本上没有人会讲，可是在20世纪80年代以后，他们的语言学家遍布巴斯克地区去采集语料，深入到山沟去找能说巴斯克语的老人。2006年我应他们的邀请，实地去观摩他们的政治运作模式。在他们的议会上，每个议员，不管你是卡斯蒂利亚人，还是巴斯克人，每个发言人都是一段巴斯克语、一段西班牙语。巴斯克语恢复得很好，这就仰赖他们地区经济的发展，还有一批精英知识分子的努力。

所以我们今天观察民族问题的长期性的时候，你要看到，有可能今天失去了的东西，明天会在某个企业家、文化机构的支持下重生。这个重生的过程可能是构建的，可能跟原来有所不同，但也有可能呈现更强化的发展，所以我对文化的流失不是特别担心。城镇化对文化流失会有影响，但也会提供创新转化的条件。传统也是在不断的发明中传承的。但是，无论如何，让少数民族融入城市、城市留住少数民族，都必须创造各民族文化传承的社会条件和保障。

【提问】谢谢老师非常精彩的报告，我也非常喜欢您从全球的角度来谈中国民族问题，还有其他国家的民族问题。我有两个问题想请教，第一是您说中国不是民族国家，但是其他整个资本主义世界都是民族国家，我觉得这个提法很有意思。但这里有两个问题，一是您说中国不是单一民族，所以中国不是民族国家，但问题是，好多国家比如美国也不是单一民族，所以这个问题可能还要进一步考虑，尤其是中华民族的问题，到底中华民族跟中国的主权是什么关系？而且这里我觉得涉及另一个问题，就是说您怎么看1949年以后的中国跟现在的关系？您的文章或讲演经常回顾中国历史，非常精彩，比如谈到回到元代，但我觉得1949年对理解当代也挺重要的，无论是内政还是外交，1949年和现在有连续性，也有一些断裂。中国支持亚非拉第三世界的运动，反殖民的民族主义实际上跟社会主义也有一些联系，所以民族国家跟资本主义的关系可能还得考虑一下。

【郝时远】你说得很对，可能我在刚才讲的过程中没说清楚。第一，我没有说中国不是民族国家，我说我们现在所处的时代还是一个民族国家的时代，而这个时代的特征按照马克思主义经典作家的判断是，民族国家是资本主义时代的通则和通例。关于中国是不是一个民族国家，的确理论上有很多讨论，我们自己在宪法里讲，我们是一个统一的多民族国家，但我们要意识到，这个民族国家的"nation state"和中华民族作为民族国家的代表不同，后者是"state nation"，这跟多民族是两回事。真正是多民族的，即多个"nation"组成一个国家的只有苏联，每个加盟共和国都是一个"nation"。在英国，苏格兰、威尔士，包括北爱尔兰，也声称自己是一个"nation"，加泰罗尼亚也在谋求这个"nation"，甚至有一次在文本里面暗藏了这样一个字句，结果国家议会不小心给通过了，通过了以后加泰罗尼亚人走上街头说西班牙议会承认我们是一个"nation"，以此来进行鼓动。的确有这样的事情，2006 年魁北克在加拿大的议会里获得了一个决议，承认魁北克是加拿大联邦内的一个"nation"，即承认它有"国中之国"的地位。

中国的 56 个民族属于"nationality"的范畴。当然现在很多人愿意把它跟西方族群的"ethnic group"勾连在一起，我并不赞同。我认为"nationality"和"nation"是一个完整的体系，你可以把"nationality"理解成国籍，也可以把它理解成族籍，56 个民族是享有中华民族族籍的成员，和你作为中国人享有中华人民共和国国籍是一回事情。包括英国政府，它对苏格兰、威尔士、康沃尔，它是怎么去称呼、定位的？它称之为"national minority"，少数民族，或者叫"民族的少数"。哪个民族的少数？大不列颠民族的少数，我们中国也应该在英语表述中改称少数民族为"national minority"，即中华民族中的少数。至于中华民族与主权的关系，从民族国家的国民整合角度讲，中华民族是中国民族国家的唯一代表，即自立于世界民族之林的代表。同时，民族国家的实质是主权独立，所以也称主权国家，这是现代国家共同的属性，也是国际社会、联合国所接纳的合法性国际行为主体。从这个意义上说，中华民族是中国国家主权的享有者、维护者，这也可以从西方"主权在民"的观点去理解。

你刚才也提到了，亚非拉反殖民时代，各个国家建立的思潮的确包含了民族主义、去殖民化，还有社会主义思想的传播，这是一个事实。我在刚才的报告里强调，真正建立社会主义制度的国家还是少数，从这个意义上讲，涉及自由市场、所有制、政治体制、意识形态等资本主义的最基本的特征，我们现在面对的可能还是一个资本主义世界，这个资本主义世界是一个中性表述，包括了发达资本主义国家和绝大多数实行资本主义基本政治制度的发展中国家。至于说1949年，对中国来说，肯定是一个非常重要的时间节点。我们说是新中国，的确有很多新的东西，但是我认为不应该把历史去掉，不能因为有了新的，旧的东西什么都丢掉。现在学术界对民国时期，包括抗日战争时期的一些主题都在重新审视和研究，有些甚至是在补课。我们民族学研究领域，现在也都非常关注1949年以前的东西。我想这样才能更好地理解历史，理解历史才能更好地去认识现在，认识好了现在才能更好地去展望未来。谢谢。

【主持人】因为时间的原因，我们今天的公开讨论部分就结束了。谢谢大家。

中国民族区域自治制度的
历史演变轨迹*

马 戎

北京大学社会学系教授

* 马戎教授在 2017 年 11 月 22 日的讲座基础上撰写了文章《中国民族区域自治制度的历史演变轨迹》，并发表于《中央社会主义学院学报》2019 年第 3 期。经其同意，特将该文纳入本书中，以飨读者。

20 世纪 90 年代，中国一些民族地区开始出现一些值得警惕的不良势头（如 1990 年 5 月新疆巴仁乡"东突"暴乱事件）。进入 21 世纪后，随着全国社会经济全面发展和"西部大开发"战略的推进，地区之间的经济发展水平差距和地区之间的语言、文化与宗教差异逐步凸显，先后出现 2008 年拉萨"3·14"事件和 2009 年乌鲁木齐"7·5"事件等一系列震惊全国的群体性暴力恐怖事件，引发全国人民和学术界的反思。因此，我国学术界自 2000 年以来围绕着是否需要对新中国成立以来我国民族理论、制度和相关政策进行反思开展讨论，并在如何改善当前我国民族关系的基本思路等方面出现重大争议。[①] 由于"民族区域自治"是我党民族工作中的旗帜和核心话语，因此在对新中国成立以来我国处理民族问题的理论、制度、政策进行反思的讨论中，如何看待民族区域自治制度必然成为核心议题和主要的争议焦点。

一、理解和改善我国民族关系的两个思路

对于今后应如何改善我国民族关系的对策性建议，学者们在讨论中提出两个完全不同的思路。

（一）认为改善我国民族关系的核心是真正落实《民族区域自治法》

学者提出的第一个思路，即在理论上不仅应继续坚持新中国成立以来的"民族"话语体系和基本制度政策，还应当通过进一步加强民族区域自治制度建设并强化民族优惠政策的力度来保护少数民族的特殊政治权利和各项群体性利益。一些人认为唯有全面落实《民族区域自治法》，特别是

[①] 马戎：《重构中国的民族话语体系》，《中央社会主义学院学报》2017 年第 2 期，第 40-42 页。

为五大自治区制定《自治条例》，才是真正落实"自治权"，从而改善中国一些地区趋于恶化的民族关系，实现西藏、新疆的社会稳定。因此，应当加紧全面制订各自治区、自治州的"民族区域自治条例"，制定各自治地方政府可在相关方面实施自主管理权的具体法规，并要求给民族区域自治制度提级和扩容。

一些学者尖锐批评《民族区域自治法》始终没有得到全面和切实的落实，认为制定五大自治区的自治条例是当前坚持和完善民族区域制度和改善民族关系所面临的最大问题，同时呼吁加强国家民委在指导民族工作中的权威地位，认为民委系统应当成为真正能够在中央和地方政府中代表少数民族利益和捍卫少数民族自治权的代表机构，以便与其他部委和各级机构进行有效的博弈。

（二）认为应当通过加强中华民族的"民族"认同来消除族群隔阂

学者提出的第二个思路，认为中国社会发展到 21 世纪已无法界定各少数民族的"本民族内部事务"并确立"自主管理"的权限范围，因此在新的社会历史条件下，应当在充分尊重少数民族各自历史记忆和传统文化的前提下，逐步强化全体国民对"中华民族"的政治认同，以现代公民权的法理为依据，积极改善少数民族国民的生存和发展条件；认为少数民族关心的所有权益（语言文化权、宗教信仰自由、就业发展权、生存环境保护、司法平等权等），都可以在合法公民权利和中华人民共和国宪法框架下得到圆满解决。[①] 我国《国家人权行动计划（2012—2015 年）》在"工作权利""基本生活水准权利""社会保障权利""健康权利""受教育权利""文化权利""环境权利"这 7 个方面都提出了具体的量化指标，政府正在积极推动各地区、各族群的公共服务和社会福利均等化。因此，我国民族工作今后努力的方向应是加强各族民众对"中华民族"的认同，大力宣传宪法、宣传公民权的具体内容并制定落实措施；清晰界定各类具体事件（如

---

① 马戎：《重构中国的民族话语体系》，《中央社会主义学院学报》2017 年第 2 期，第 44 页。

宗教活动）的"合法"与"非法"性质，按照国家法律（而不是基层政府的"土政策"）进行管理。

与此同时，在处理各类纠纷矛盾时，应把对涉及者身份的认定从"某民族成员"转换为"公民个体"，凡是涉及公民权责的纠纷不应由民委机关来"落实民族政策"，而应当由民政、公安、司法等机构根据我国民法、刑法等法律规范来裁决和处理。我国民族工作中的"法治"应该是宪法、国家法律框架内的法治，而不是脱离宪法精神去强调"民族区域自治"和各民族特定集体权利的法治。政府的教育、人事、就业部门应当努力提高少数民族劳动者在各行业参与国家工业化、现代化发展的程度，使他们逐步达到与汉族劳动者大致相同的竞争能力，从而在自尊和自信的基础上实现共同繁荣。

从以上争论可以看出，真正的核心议题都是围绕《民族区域自治法》而展开。今天，面对严峻的国际形势和一些地区出现的民族分裂活动，中央大力号召构建并铸牢中华民族共同体意识，而《民族区域自治法》完全不提"中华民族"。由于当前所有与民族理论和对策建议的讨论都无法回避 1984 年颁布的《民族区域自治法》，因此，非常有必要回顾《民族区域自治法》出台的历史背景，并对它的基本内容进行讨论。

二、我国"民族区域自治制度"产生的历史过程

首先回顾一下我国"民族区域自治制度"产生的历史过程。

（一）"联邦制"和"民族自决权"

中国共产党自建党初始便深受列宁、斯大林民族理论和苏联体制的影响。列宁的民族理论有一个重要观点是"民族自决权"。1922 年党的二大文件提出的建国纲领是"统一中国本部（包括东三省）为真正民主共和

国；蒙古、西藏、回疆三部实行自治，为民主自治邦；在自由联邦制原则上，联合蒙古、西藏、回疆，建立中华联邦共和国"①。1931 年《中华苏维埃共和国宪法大纲》提出："中国苏维埃政权承认中国境内少数民族的自决权，一直承认到各弱小民族有同中国脱离，自己成立独立的国家的权利。"②1945 年《党章》提出的目标是"建立独立、自由、民主、统一和富强的各革命阶级联盟与各民族自由联合的新民主主义联邦共和国"③。抗日战争胜利后，中国国内外形势发生重大变化。1946 年 1 月，中共代表团在政治协商会议提出的《和平建国纲领草案》提出"在少数民族区域，应承认各民族的平等地位及其自治权"④，没有再提"联邦制"。"联邦制"从此退出中国共产党的话语体系，党也不再强调"民族自决权"。

1949 年 9 月的《中国人民政治协商会议共同纲领》（以下简称《共同纲领》），是为新中国成立后政治制度创建提出的纲领性文件。《共同纲领》第六章"民族政策"的第 51 条中，提出"各少数民族聚居的地区，应实行民族的区域自治，按照民族聚居的人口多少和区域大小，分别建立各种民族自治机关。凡各民族杂居的地方及民族自治区内，各民族在当地政权机关中均应有相当名额的代表"。在 1949 年的国内外形势下，《共同纲领》明确把"民族区域自治"作为新中国处理民族问题的基本政治制度，展示出中共中央在民族问题政治纲领上的历史演变。同时，整部《共同纲领》没有提及"中华民族"这个概念，这与 1954 年《宪法》的话语体系是一致的。

（二）1952 年的《中华人民共和国民族区域自治实施纲要》

1952 年 8 月，政务院颁布《中华人民共和国民族区域自治实施纲要》，该文件成为 1984 年《民族区域自治法》的雏形，其整体结构与 1984 年《民

---

① 中共中央统战部编：《民族问题文献汇编（1921.7—1949.9）》，北京：中共中央党校出版社，1991 年，第 18 页。
② 中共中央统战部编：《民族问题文献汇编（1921.7—1949.9）》，第 166 页。
③ 中共中央统战部编：《民族问题文献汇编（1921.7—1949.9）》，第 748 页。
④ 中共中央统战部编：《民族问题文献汇编（1921.7—1949.9）》，第 991 页。

族区域自治法》基本相同。与《实施纲要》相比，1984年的《民族区域自治法》增加了"序言"，在结构上保留了第一章"总则"，并从原来的3条增加到11条。《实施纲要》的第二章"自治区"（6条）和第三章"自治机关"（4条）在《民族区域自治法》中被合并为第二章"民族自治地方的建立和自治机关的组成"（7条）。《实施纲要》的第四章"自治权利"成为《民族区域自治法》的第三章"自治机关的自治权"，从11条大幅增加到28条。《民族区域自治法》的第四章"民族自治地方的人民法院和人民检察院"（2条）是新增内容。《实施纲要》的第五章"自治区内的民族关系"（5条），在《民族区域自治法》中仍是第五章"民族自治地方内的民族关系"（6条）。《实施纲要》的第六章"上级人民政府的领导原则"（6条），在《民族区域自治法》中仍为第六章"上级国家机关的职责"，数量增至19条。《实施纲要》的第七章"附则"有5条，《民族区域自治法》第七章"附则"只有2条。①

　　整体比较，1984年的《民族区域自治法》与1952年的《民族区域自治实施纲要》的基本结构相似，"自治权"部分从11条增至28条，新增部分主要涉及招工、鼓励发展非公有制经济、森林草场所有权、自然资源、基本建设、企事业管理、外贸、开支标准、税收、银行、流动人口管理、环境保护等。"上级国家机关的职责"部分从6条增至19条，具体开列了对自治地方各项事业进行扶助、指导和提供资助的具体领域。1984年《民族区域自治法》的突出特点，是第21条至第45条共在25个方面详细规定了民族自治地方各项自主权或自治权。②

　　对比《实施纲要》和《民族区域自治法》，有几点特别值得关注。

　　第一，两个文件都没有提到"中华民族"这一最重要的概念，这是二者的共性。

　　第二，在《实施纲要》第四章"自治权利"的第14条"各民族自治

---

① 全国人大常委会秘书处秘书组、国家民委政法司编：《中国民族区域自治法律法规通典》，北京：中央民族大学出版社，2002年，第13-28页、第87-92页。
② 宋才发主编：《民族区域自治法通论》，北京：民族出版社，2003年，第361-364页。

区自治机关的具体形式，依照实行区域自治的民族大多数人民及与人民有联系的领袖人物的志愿"和第 18 条"各民族自治区的内部改革，依照各民族大多数人民及与人民有联系的领袖人物的志愿"。这两条是《民族区域自治法》没有的，体现出 20 世纪 50 年代初期中国的特殊国情。那时西藏刚刚和平解放，噶厦政府依然存在，中央政府提及今后如何在像西藏这样具有特殊情况的地区建立自治地方时，在"自治机关的具体形式"和"何时开启内部改革"方面保留了一定的协商空间，没有采取全国"一刀切"的统一形式和时间表，体现的是"实事求是"的务实精神。

第三，《民族区域自治法》"自治机关的自治权"增添了第 20 条："上级国家机关的决议、决定、命令和指示，如有不适合民族自治地方实际情况的，自治机关可以报经该上级国家机关批准，变通执行或者停止执行；该上级国家机关应当在收到报告之日起六十日内给予答复"。这一条是《实施纲要》中不曾有的，客观上赋予自治地方政府"变通执行或拒绝执行中央政府命令和决议的自治权"，在法律层面提高了自治地方的行政自主权，这一条是二者之间最大的区别，在基本思路上与 20 世纪 80 年代初"拨乱反正"中反"左"的方向是一致的。我国一些边疆地区的历史发展轨迹和社会内部状况与内地差别较大，一些符合汉族地区实际情况的制度和政策，有可能并不适宜在这些地区推行，给予民族聚居地区以一定的变通执行的权利，符合"实事求是"的科学精神，但是应以什么样的表述形式和分寸拿捏写入《民族区域自治法》，这是需要慎重考虑的大问题。如果这个"变通执行或拒绝执行中央政府命令和决议的自治权"缺乏约束机制或被无限放大，在一定的内部和外部条件下，就有可能带来政治分裂的风险。

（三）历次《宪法》中的"民族区域自治"

在 1954 年、1975 年、1978 年和 1982 年，我国先后制定了 4 部《宪法》。在 1954 年《宪法》中，涉及民族自治区地方自治机关的规定有 6 条。1975 年《宪法》是在"文化大革命"过程中制定的，涉及民族区域自治地方自治机关的规定从 6 条锐减为 1 条。"文革"结束后制定的 1978 年《宪法》,涉及民族自治地方自治机关的规定从 1 条增至 3 条。

1982 年,中国已全面推动"拨乱反正"和落实政策。这一年制定的《宪法》对民族自治地方自治机关的规定从 3 条大幅增至 11 条,不仅恢复了 1954 年《宪法》关于"各少数民族聚居的地方实行区域自治"的要求,并增加了"设立自治机关,行使自治权"部分,罗列和强化了"自治权"的各项具体内容[1]。在 20 世纪 80 年代初期的中国社会,自上而下地针对"文革"中极左思潮开展了"拨乱反正"和对阶级斗争扩大化行为的"落实政策",这是当时国内社会的政治大气候,也是理解 1982 年《宪法》有关"民族区域自治"部分的论述和随后出台的 1984 年《民族区域自治法》的重要历史背景。

（四）1984 年《民族区域自治法》颁布后已成为民族工作的旗帜和核心话语

《中华人民共和国民族区域自治法》于 1984 年正式颁布[2]。此后,人民代表大会制度、中国共产党领导的多党合作与政治协商制度、民族区域自治制度,已经被中央政府视为我国三大基本政治制度。

邓小平同志 1987 年 10 月会见匈牙利社会主义工人党总书记卡达尔时说:"解决民族问题,中国采取的不是民族共和国联邦的制度,而是民族区域自治的制度。"江泽民同志在 1999 年 9 月中央第二次民族工作会议上的讲话中说:"民族区域自治,是我国的一项基本政治制度。它把国家的集中统一领导与少数民族聚居区的区域自治紧密结合起来,具有强大的政治生命力。我们要始终不渝地坚持并不断加以完善。"胡锦涛同志在 2005 年 5 月中央第三次民族工作会议上的讲话中说:"民族区域自治,作为解决我

---

[1] 雷振扬、王明龙:《改革开放 40 年民族区域制度的发展与完善》,《中南民族大学学报》2018 年第 9 期,第 10 页。

[2] 2001 年 2 月的第九届全国人民代表大会常务委员会通过了关于修改《中华人民共和国民族区域自治法》的决定,进行了部分章节的修订,但基本架构和主要内容没有变化。

国民族问题的一条基本经验不容置疑，作为我国的一项基本政治制度不容动摇，作为我国社会主义的一大政治优势不容削弱。"由此可见，民族区域自治制度在中央最高领导人的历次讲话中，不断地被加以肯定，多年来已经成为中国共产党民族工作话语体系中的核心部分，成为政府官员、学者和民众都不敢轻易质疑的"政治传统"。

需要再次指出，1984 年《民族区域自治法》提到"中华人民共和国是全国各族人民共同缔造的统一的多民族国家"，坚持"各民族自治地方都是中华人民共和国不可分离的部分"，强调"各少数民族聚居的地方实行区域自治，设立自治机关，行使自治权。实行民族区域自治，体现了国家充分尊重和保障各少数民族管理本民族内部事务权利的精神"。但是，这部设计用来指导中国民族关系的《民族区域自治法》，却没有一处提及"中华民族"。在今天看来，这不能不说是一个重大缺失。

三、中央第四次民族工作会议对于 "民族区域自治" 的表述

我国有关民族理论的学术辩论（包括"民族"概念的定义、是否存在"中华民族"、今后应当加强民族区域自治制度还是构建中华民族共同体意识）已经持续近 20 年。2014 年中央第四次民族工作会议提出的主要任务是"准确把握新形势下民族问题、民族工作的特点和规律，统一思想认识，明确目标任务，坚定信心决心，提高做好民族工作能力和水平"。因此，仔细解读这次会议的文件，有助于我们理解我国民族工作的大方向。

（一）坚持和完善民族区域自治制度要做到"两个结合"

如上所述，民族区域自治是新中国成立之初就被正式确定为解决中国民族问题的基本制度，获得多位最高领导人一再肯定，已成为中国共产党

民族工作话语体系的核心部分。同时，由于我国许多与少数民族权益相关的政策（计划生育、高考加分、就业优惠、特殊福利、自治地方干部任命、"两少一宽"等）其法律基础和施行依据都与《民族区域自治法》和每个国民的"民族身份"相关，牵一发而动全身，不仅涉及全国上亿少数民族民众每个人的具体权益和社会福利，同时与几百万少数民族考生的大学梦[①]、几百万少数民族干部的进入渠道和晋升空间[②]等切身利益密切相关。由于我国以少数民族整体为对象的各类"民族政策"已经实行了几十年，事实上已经形成了某种兼有法律依据和代际延续性的"既得利益群体"。因此，当学术界的讨论触及这一基本制度时，必然引发各级少数民族干部、知识分子和部分民众的激烈反弹，而这些少数民族干部和知识分子又是中央政府在各自治地方党政干部队伍和学术界中的重要依靠对象。大概是出于这一考虑，2014年中央第四次民族工作会议再次确认了这一制度："民族区域自治是党的民族政策的源头，我们的民族政策都是由此而来、依此而存。这个源头变了，根基就动摇了，在民族理论、民族政策、民族关系等问题上就会产生多米诺效应。"

但是在再次肯定这一制度的同时，对于在今天的新形势下我们应当如何解读当年构建的民族区域自治制度，民族工作会议提出了两个全新的视角："坚持和完善民族区域自治制度，要做到'两个结合'。一是坚持统一和自治相结合。团结统一是国家最高利益，是各族人民共同利益，是实行民族区域自治的前提和基础。没有国家的团结统一，就谈不上民族区域自治。同时，要在确保国家法律和政令实施的基础上，依法保障自治地方行使自治权，给予自治地方特殊支持，解决好自治地方特殊问题。二是坚持民族因素和区域因素相结合。民族区域自治，既包括了民族因素，又包括了区域因素。民族区域自治不是某个民族独享的自治，民族自治地方更不

---

① 根据教育部统计资料，2015年我国少数民族各类大学生为233.3万人。http://old.moe.gov.cn/publicfiles/business/htmlfiles/moe/s7567/201309/156878.html。

② 2009年我国少数民族干部已超过290万人，占干部队伍的7.4%。http://www.china.com.cn/news/txt/2010-09-26/ content_21006871.htm。

是某个民族独有的地方。这一点必须搞清楚，否则就会走到错误的方向上去。"中国将继续坚持民族区域自治制度，但是关于应当如何解读这个制度和在实践中引导其未来走向，我们必须"与时俱进"。

（二）如何理解我国民族自治地方以"民族"命名

在设定我国民族区域自治地方的行政边界和名称时，新中国与苏联、南斯拉夫的思路相似，参考了传统的民族聚居地域并以当地少数民族命名[①]。对于我们今天应当如何理解这种命名方式，民族工作会议明确指出："我们的自治区戴了民族的'帽子'，戴这个'帽子'是要这个民族担负起维护国家统一、民族团结的更大责任。"这个视角与人们对"自治民族"在其自治地区的权力机构和经济活动中享有更多权益的通常理解很不相同。对于"自治民族"应承担什么责任的这一新提法，非常发人深省。至于为什么目前仍然必须维持民族区域自治制度，民族工作会议指出："在改革问题上绝不能出现颠覆性错误，大的制度和方针政策不能搞一百八十度的大转弯，否则没有不跌跟头的。"对于这些论述，都需要我们从更深的理论层次和更长的历史跨度来加以领会。

与此同时，第四次中央民族工作会议提出"把宪法和民族区域自治法的规定落实好，关键是帮助自治地方发展经济、改善民生"，而不是像有些人提议的那样，去加快制定 5 大自治区和新疆各民族自治地方的《区域自治法》实施条例[②]，这在客观上间接地回答了一些人要求制定 5 大自治区自治条例的呼吁。

---

① 世界上有许多联邦制国家（德国、瑞士、美国、印度等），但以民族聚居区划分联邦形成单元边界，并以当地主要民族给联邦单元（州、邦、自治共和国等）命名的，苏联是第一个。"苏维埃俄国……成为把民族原则作为联邦结构的基础的第一个现代国家"（Suny, Ronald Grigor, *The Revenge of the Past*：*Nationalism, Revolution, and the Collapse of the Soviet Union*, Stanford：Stanford University Press, 1993，p. 89.）。

② 在 1985—1990 年，我国各少数民族自治地方先后制定了 25 个自治州《自治条例》和 99 个自治县《自治条例》。在我国所有的 155 个不同层级的自治地方（5 个自治区、30 个自治州、120 自治旗 / 县）中，目前只有 5 个自治区和新疆维吾尔自治区境内的各自治州、自治县尚未出台本地的《自治条例》。

（三）对几个争议问题的表态

长期以来，有些人一直呼吁给民族区域自治"提级"和"扩容"。所谓"提级"，是在国家层面上提高民族区域自治制度的级别，设立相应的中央机构和地方机构与民族区域自治制度匹配，即要求建立与人大、政协相同级别的民族事务机构。在中央一级，我国现在有全国人民代表大会的组织机构、办公地点（人民大会堂）和全国政治协商会议的组织机构、办公地点（政协礼堂），这两个机构的"年会"是中国政治生活中最重大的事件（俗称"两会"）。上述呼吁即要求在中央层面组建一个与这两个重要机构相平行的政治组织（全国少数民族区域自治委员会），并在北京建造一个与人民大会堂、政协礼堂相当的办公、开会的建筑物。

在某种意义上，这个设计思路像苏联时期最高苏维埃"两院"中的"民族院"（另一个是"联盟院"）。苏联时期的"民族院"代表着苏联各民族自治地方的特殊利益。苏联宪法规定，民族院是由各加盟共和国、自治共和国、自治州、自治专区，在普遍、平等、直接的原则上，以秘密投票方式在各类自治地方分别选出 32 名、11 名、5 名、1 名代表共 750 名代表组成，任期 5 年。民族院每年举行两次例会，讨论和磋商民族问题和有关提案。院内设主席 1 人，副主席 4 人和 30 多个常设委员会。[1]"根据 1924 年苏联宪法，为苏联中央执行委员会的议院之一。"[2] 苏联的任何重大决策，都要通过"两院"（联盟院、民族院）投票通过。众所周知，在我国的全国人大代表选举和全国政协委员推选过程中已经充分考虑到各少数民族的代表性，在目前的体制下，是否还需要专门成立一个"代表少数民族自治地区"的全国性权力机构？这个机构与全国人大、全国政协之间应当是一种什么性质的关系？这是必须慎重考虑的。

所谓"扩容"，即提出要突破宪法、民族区域自治法关于民族自治地

---

[1] 《苏联民族院》，《中国民族》1988 年第 4 期，第 35 页。

[2] ［苏联］普罗霍罗夫主编：《苏联百科词典》，丁祖永等译，北京：中国大百科全书出版社，1986 年，第 922 页。

方行政区划的规定，设立民族自治市或市辖的民族自治区，使民族自治地方由原来的自治区、自治州、自治县（旗）变为自治区、自治州（市）、自治县（旗、市、区）。

自我国实行"改革开放"政策以来，各地城镇经济发展和城市化步伐加快，当一些自治县（旗）的非农经济发展与人口规模达到建市标准时[①]，少数民族人口在总人口中所占比例通常显著下降。在中国社会发展的大潮流中，全国人口中的城镇人口比例已经从 2000 年的 36.9% 迅速增至 2017 年年底的 58.52%。在当前中国推进"西部大开发"和快速城镇化发展过程中，这些新设城市的发展方向应当是更加开放，更加积极地加入中国各民族交往交流交融的发展洪流，而不应当是继续坚持某个本地民族的"区域自治"。

（四）提出"加强中华民族交往交流交融"

中央第四次民族工作会议提出："全国统一市场的形成，地区封闭的打破，民族交往交流的增多，会极大地促进交融，这是历史趋势，是社会主义市场经济发展的必然结果，是坚持社会主义属性的必然结果，是中华文明前进的必然结果……要尊重规律，把握好民族交往交流交融的历史方向，而不能无视民族共性放弃引导，也不能超越历史阶段，忽视民族差异用行政手段强行推进。"由此可见，进一步强化民族区域自治并对自治地方"提级"和"扩容"的思路，是与中央呼吁加强各民族交往交流交融的历史大方向背道而驰的。

此外，在 2010 年普查时我国还有 64 万"未识别人口"，有些群体（如贵州"穿青人"、澳门"土生葡人"等）希望被正式承认为新的"民族"，以新"民族"身份进入中国的民族大家庭和政治格局。还有一些地区仍在申请建立新自治县或城市"民族区"。中央第四次民族工作会议正式表态，

---

① 根据 1993 年民政部提出的"设市标准"，根据各县的人口密度，当其非农人口规模和比例、工业产值规模和比例、基础设施条件达到一定的量化指标后，可设立"市"。

我国的"民族识别"工作已经基本完成。

（五）关于"民族自决权"的新呼声

20 世纪 40 年代后期，中共中央除了不再提联邦制之外，也不再提"民族自决权"。1949 年 10 月 5 日《中共中央关于少数民族"自决权"问题给二野前委的指示》明确指出："关于党的民族政策的申述，应根据人民政协共同纲领中民族政策的规定。又关于各少数民族的'自决权'问题，今天不应再去强调。过去在内战时期，我党为了争取少数民族，以反对国民党的反动统治（它对各少数民族特别表现为大汉族主义），曾强调过这一口号，这在当时是完全正确的。但今天的情况，已有了根本的变化，国民党的反动统治基本上已被打倒，我党领导的新中国业经诞生，为了完成我们国家的统一大业，为了反对帝国主义及其走狗分裂中国民族团结的阴谋，在国内民族问题上，就不应再强调这一口号，以免为帝国主义及国内各少数民族中的反动分子所利用，而使我们陷于被动的地位。"[1] 因此，自20 世纪 40 年代后期以来，党中央已明确表示在中国的民族工作中放弃"民族自决"的口号和思路。2014 年中央第四次民族工作会议明确提出："我们坚决不搞任何形式的'民族自决'。毛泽东同志、周恩来同志一再告诫，不搞这些不仅是因为与我国国情不符，也是为了防止外部势力利用民族问题挑拨离间。"

《中国民族报》2017 年 11 月 17 日发表的一篇文章强调："'民族自决'是民族区域自治制度的重要理论……马克思列宁主义并不反对民族自决，相反，还把民族自决作为处理民族问题的重要理论与指针……虽然从名称上看，中国共产党从建党之初到中日之间全面战争爆发所坚持的民族自决并没有演化成为处理各民族共同建国问题的制度选择，但是从思想内核上看，'民族自决'所提倡的尊重处于弱势的人数较少的民族的政治自主权

---

[1] 中共中央文献研究室编：《建国以来重要文献选编》，北京：中央文献出版社，第 20 页。

利的想法，却得到了中国共产党的肯定。"[1] 这篇文章虽然承认党在 20 世纪 40 年代后不再提"民族自决"，但是强调指出"民族自决"的"内核"是被党接受和肯定的，而且坚持在理论上把"民族自决"与我国现行的民族区域自治制度联系起来。《中国民族报》2016 年 8 月 12 日发表了另一篇文章，公开质疑"中华民族"作为一个政治实体是否已经形成[2]，为强化民族区域自治做理论注脚。

四、《民族区域自治法》与《宪法》条款的比较

（一）《民族区域自治法》的基本内容

为什么说 1984 年《民族区域自治法》带有 20 世纪 80 年代在民族工作领域"矫枉过正"的重大痕迹？我们可以把《民族区域自治法》的内容与 2014 年中央第四次民族工作会议讲话进行对比，分析二者之间的异同。

（1）整部《民族区域自治法》通篇讲的"民族"都是 56 个民族层面的"民族"，完全没有提到"中华民族"，这部重要法律对"民族"这个基本概念的理解和阐述是不全面的。但也需要指出，直至 2018 年的《宪法》修订案才出现"中华民族"，之前历次《宪法》也没有提到这个概念。

（2）"序言"第二段，"民族区域自治是在国家统一领导下，各少数民族聚居的地方实行区域自治，设立自治机关，行使自治权……体现了国家充分尊重和保障各少数民族管理本民族内部事务权利的精神"。这里虽然提到"国家统一领导""巩固国家的统一"，在"总则"第五条提出"自治机关必须维护国家的统一"，但是重点和核心是"设立自治机关，行使自治权""尊重和保障各少数民族管理本民族内部事务权利"。中国社会发展

---

① 熊文钊、多杰昂秀：《我国民族区域自治制度的三大源流》，《中国民族报》2017 年 11 月 17 日，第 6 版。

② 李贽：《中华民族观的时代解析》，《中国民族报》2016 年 8 月 12 日，第 5 版。

到今天，各民族成员不同程度地混合居住、在工作单位混同就业、在医院混同就医，有哪些事务还可以真正称得上是"本民族内部事务"？"内部"和"外部"的边界具体如何划定？自治机关即自治地方的政府机构，如果由自治地方（自治区、自治州、自治县）政府行使权利，是否就可以被视为已经落实了"少数民族管理本民族内部事务"？如果说这些还不算，那么政府权力机构究竟应当如何设置，才能算是"少数民族管理本民族内部事务"？

（3）"序言"第三段，"要反对大民族主义，主要是大汉族主义，也要反对地方民族主义"。这一提法写进了历次宪法。2014 年中央第四次民族工作会议的讲话在坚持反对大汉族主义的同时，把"地方民族主义"改为"狭隘民族主义"，这一点值得关注。通过新中国成立后 70 年的社会经济发展和人口迁移，许多地区已出现了不同程度的各族混居，因此目前各地的"民族主义"思潮更多地体现在狭隘的群体（××族）"民族主义"，而不是行政区域的（××地区）"民族主义"。

（4）自治机关组成部分的第十七条："自治区主席、自治州州长、自治县县长由实行区域自治的民族的公民担任"。除了"文革"这一特殊时期外，这一条一直得到落实。由于中国领导体制是由共产党组织领导行政部门，各级自治地方党委书记的权力和影响力大于自治区主席、州长和县长，因此在干部选举和任命中，各自治区主席、州长和县长都由当地少数民族公民担任，各级党委书记通常由汉族干部担任。中央第四次民族工作会议提出："对政治过硬、敢于担当的优秀少数民族干部要放到重要领导岗位上来，让他们当主官、挑大梁，还可以交流到内地、中央和国家机关任职。"如果一个自治地方任命优秀民族干部担任党委书记，同时按照《自治法》规定当地行政部门首脑也必须由民族干部担任，那么党政两个机构的主要领导人中没有汉族，这未必是最优搭配。所以，目前《自治法》的上述相关规定，其实并不利于任命少数民族干部担任民族自治地方的党委书记职务。

有关自治权的第十九条到第四十五条，曾有文章对其内容进行了归纳："《宪法》和《民族区域自治法》也有明确的规定。民族区域地方享有以下自治事权：政治方面的自治权，有立法自治权、变通执行或停止执行权、语言文字自治权、人事管理自治权、公安部队自治权等；经济方面的自治权，有经济建设管理自治权、自然资源管理自治权、企业事业管理自治权、对外经济贸易管理自治权、地方财税管理自治权、金融建设管理自治权等；社会管理方面的自治权，有民族教育管理自治权、民族文化管理自治权、民族科技管理自治权、民族医药卫生管理自治权、民族体育管理自治权、人口管理自治权、环境管理自治权等。"① 下面选择部分内容做一些具体分析。

（5）第十九条："民族自治地方的人民代表大会有权按照当地民族的政治、经济和文化的特点，制定自治条例和单行条例……报全国人民代表大会常务委员会批准后生效。"现在全国5大自治区尚未制定各自的《自治条例》，我国的省/自治区是国家行政体系中的重要环节，如果5大自治区要把各种"自治权利"全部落实在《自治条例》中，在今后各项工作的推行中有可能与中央各部委的权限和国家整体发展规划发生摩擦，与相邻其他省市或其他自治地方出现矛盾②，而且在相互交往中会以"民族"为单元来开展权力、利益的"零和博弈"。这样的权力分割与利益博弈必然会不断加强少数民族和中央政府（以汉族干部为主）双方的"民族"意识，从而可能造成各"民族"之间、"自治地方"与中央政府机构之间更深的隔阂与矛盾。

（6）第二十条："上级国家机关的决议、决定、命令和指示，如有不适合民族自治地方实际情况的，自治机关可以报该上级国家机关批准，变

---

① 熊文钊、多杰昂秀：《推进中央与民族自治地方关系法治化》，《中国民族报》2017年12月1日，第6版。

② 在我国的民族自治地方建立时，有的自治区内部设有其他民族的自治州、自治县，在不同层级的自治地方政府之间各自的"自治权"应如何落实？谁具有仲裁权？这是无法避免的问题。

通执行或者停止执行。"在 20 世纪 50 年代，有些少数民族地区的社会、经济、文化、教育发展状况与沿海和中部省份差异很大，而且西部各民族聚居区之间的差异也很大，简单按照国家统一指令和计划推行，很可能因脱离当地实际情况而造成工作中的重大损失。新中国成立 70 年来，全国各地之间的差异虽然正在逐步缩小，但是为了确保不出现失误，坚持"实事求是"的精神，仍然需要各民族聚居区（或"自治地方"）政府与上级机关乃至中央政府进行沟通和协调。从理论上讲，当上级命令与当地社会情况存在差异，如果生硬执行有可能导致不好的客观后果时，下级政府应当有权争取变通执行或停止执行。

不过，即使在那些不属于民族自治地方的其他省（如江苏、浙江）的市、县、乡镇，上级的决定和命令也可能出现不符合下级单位实际情况的现象，在这种情况下，同样需要下级单位根据"实事求是""因地制宜"的精神与上级机构进行沟通和协调。这种沟通与协商就不一定需要提升到"法定权利"（自治权）的高度。因此，如果把这一条理解为"对于中央与民族自治地方之间存在的公共事权，应当遵循协调与协商的原则"[1]，把自治地方行政部门和中央国家机关放到几乎平等的地位，相互"协调与协商"公共事权，这在理解上就可能存在重大偏差。从 70 年的社会发展来看，我国不同地区之间、东部省市与西部自治地区之间在社会制度、经济体制、劳动力市场方面的差异在不断缩小，中央与基层政府之间在公共事权方面的"协调与协商"将更加普遍，即使在法律上规定了"自治权"，其实际意义也将越来越淡化。

（7）第二十一条："民族自治地方的自治机关在执行职务的时候，依照本民族自治地方自治条例的规定，使用当地通用的一种或者几种语言文字；同时使用几种通用的语言文字执行职务的，可以以实行区域自治的民族的语言文字为主。"在 20 世纪 50 年代西藏、新疆、内蒙古牧区等地少

---

① 熊文钊、多杰昂秀：《推进中央与民族自治地方关系法治化》，《中国民族报》2017 年 12 月 1 日，第 6 版。

数民族语言仍然流行、当地大多数民众不掌握汉语的情况下，这一条是十分必要的。但是经过了近70年的学校义务教育、广播电视的普及、城镇化和大规模人口流动，除了偏远藏区和南疆农村外，汉语文已经成为大多数少数民族青少年学习和就业的工具性语言。今天如果不加强国家通用语言的学习，在藏区和南疆不推行双语教育，仍然坚持"以实行区域自治的民族的语言文字为主"，这与中国社会的整体发展态势及少数民族年轻一代的发展是不相符合的。未来我国各地区语言文字使用的发展方向，必然是以国家通用语言为主、当地民族语言和方言为辅。

第四次民族工作会议指出："语言不通就难以沟通，不沟通就难以达成理解，就难以形成认同。在一些有关民族地区推行双语教育，既要求少数民族学习国家通用语言，也要鼓励在民族地区生活的汉族群众学习少数民族语言。少数民族学好国家通用语言，对就业、接受现代科学文化知识、融入社会都有利。要积极推进民汉合校、混合编班，形成共学共进的氛围和条件。"

（8）第二十二条："采取各种措施从当地民族中大量培养各级干部、各种科学技术、经营管理等专业人才和技术工人……自治机关录用工作人员的时候，对实行区域自治的民族和其他少数民族的人员应当给予适当的照顾。"我们观察到的事实是，各自治地方的党政机关多年来都在努力这样去做，但是把这一条归纳为"人事管理自治权"，并不十分确切。中国省（自治区）级领导干部由中组部选拔任命，地州级、县市级领导干部一般由省委组织部选拔任命并报中组部审批备案。在选拔自治区、州、县的行政机构主要领导干部时，除了需要考虑其民族身份外，其他标准并无二致。所以，今天强调民族自治地方应有"人事管理自治权"，其意义究竟在哪里？

第四次民族工作会议指出："无论是少数民族干部还是汉族干部，都是党和国家的干部，都要以党和国家事业为重、以造福各族人民为念……要坚持德才兼备原则，大力培养选拔。对政治过硬、敢于担当的优秀少数民族干部要大胆使用，放到重要领导岗位上来，让他们当主官、挑大梁，还可以交流到内地、中央和国家机关任职。"对于优秀少数民族干部，中央完全信任并委以重任，而且任职的地域超出自治地方。在这样的大政策下，如果仍然坚持少数民族地区的"人事自治权"，是一种狭隘的眼界。

（9）第二十四条："经国务院批准，可以组织本地方维护社会治安的公安部队。"1952年《实施纲要》的第二十二条："各民族自治地方自治机关按照国家统一的军事制度，得组织本自治区的公安部队和民兵。"在20世纪50年代初，噶厦政府的藏军尚未改编，西南和青海地区的一些土司仍保留了传统的卫队武装。《实施纲要》的这一条为这些尚未改编或解散的传统地方武装保留了某种存在空间，避免了把它们归于"非法"而激化矛盾。1984年的《民族区域自治法》保留这一条，在2001年的修订版中这一条继续予以保留。但如果将其视为"公安部队自治权"，是需要讨论的。

（10）第二十五条至第三十条，涉及"自主地安排和管理地方性的经济建设事业""确定本地方内草场和森林的所有权和使用权""管理和保护本地方的自然资源""自主地安排地方基本建设项目""自主地管理隶属于本地方的企业、事业"。管理"地方性的经济建设事业"等权利本身就属于省级及地、县级政府的权限范围。如果中央部委决定由一些中央企业在某个民族自治地方开展基础设施建设、资源开发项目，这是出于国家全局整体规划的建设事业，已不属于"地方性经济建设事业"。在这种情况下，国家发改委和国家机关通常都会适当考虑当地政府的财税收入和社会民众利益。但如果把自治地方的财税管理权等上升到"经济建设管理自治权、自然资源管理自治权、企业事业管理自治权"的法律层面，做出比较固化的具有法律意义的权限划分，那样未必有利于民族地区获得中央部门的财政和项目支持，未必有利于把民族地区的发展纳入全国性的整体发展规划。

从各自治区的经济年鉴中，可以看到2011年中央财政补助在5大自治区财政收入中所占的比例：西藏（91.7%）、宁夏（68.8%）、广西（62.8%）、新疆（60.0%）、内蒙古（24.3%）[①]。总体而言，我国各少数民族自治地方的财政收入在很大程度上依赖于中央政府的财政转移支付和各种形式的"对口支援"。在这样一个基本上是资金单向流动的模式下，强调各自治地方在经济建设方面的"自治权"，可能只有政治上的意义。

（11）第三十一条："按照国家规定，可以开展对外经济贸易活动，经过国务院批准，可以开辟对外贸易口岸。与外国接壤的民族自治地方经国务院批准，开展边境贸易。民族自治地方在对外经济贸易活动中，享受国家的优惠政策。"这一条除了最后"优惠政策"这部分外，所要求的与中国其他行政单位的权限并没有实质区别。无论是哪个地区，开展外贸活动和边贸贸易都需要国务院的审批。把这一条称为"对外经济贸易管理自治权"并不确切，只是突出其政治和法律含义。

（12）第三十二条："有管理地方财政的自治权。凡是依照国家财政体制属于民族自治地方的财政收入，都应当由民族自治地方的自治机关自主地安排使用。民族自治地方在全国统一的财政体制下，通过国家实行的规范的财政转移支付制度，享受上级财政的照顾。民族自治地方的财政预算，按照国家规定，设机动资金，预备费在预算中所占比例高于一般地区。民族自治地方的自治机关在执行财政预算过程中，自行安排使用收入的超收和支出的结余资金。"如上所述，在各自治地方财政上依赖于中央财政转移支付和东部省市对口支援的现实中，"管理地方财政的自治权"的实际意义是很有限的，列出这一条仅仅突出了"自治权"的政治和法律含义。

（13）第三十六条："根据国家的教育方针，依照法律规定，决定本地方的教育规划，各级各类学校的设置、学制、办学形式、教学内容、教学用语和招生办法。"我们看到新疆维吾尔自治区长期实行民族分校体制、母语为主的教学模式和在高考中以少数民族考生为对象设定降低录取分数线等做法，其法律依据即是这一条。"招收少数民族为主的学校（班级）

[①] 从 2013 年开始，各省区市《统计年鉴》不再公布这一数据。

和其他教育机构，有条件的应当采用少数民族文字的课本，并用少数民族语言讲课；根据情况从小学低年级或者高年级起开设汉语文课，推广全国通用的普通话和规范汉字。"如西藏和新疆在 20 世纪 80 年代初推行民汉分校、分班，在民族学校实行除汉语文课程外其他课程用母语文授课，即是依据这一精神，也被人们称为"民族教育管理自治权"。

自 20 世纪 80 年代以来，新疆各大学所有院系长期实行民汉学生分别用母语和汉语授课的体制[1]，维吾尔族、哈萨克族大学生的专业知识均用母语学习，数理化生等专业的母语教材的质量和教学效果无法与汉文专业教材相比，加上"民考民"学生重点高校理科院系的数学录取分数线在 2018 年仍仅为 35 分（汉族学生的数学及格分数线为 90 分）[2]。这样的母语教育体制实际上影响了少数民族学生的专业学习成绩，使他们无法进入内地一流大学，也为他们毕业后在城镇劳动力市场的就业和发展制造了语言障碍。

（14）第三十八条至第四十二条，分别涉及民族文化事业、科技发展规划、医疗卫生事业、体育事业、对外文化教育交流等方面的管理权。在这些领域中的所谓"自治权"，其实与其他省市相关行政部门（文化厅、教育厅、卫生厅等）的管理权限并无本质差别。

（15）第四十三条、第四十四条："根据法律规定，制定管理流动人口的办法""实行计划生育和优生优育，提高各民族人口素质"。这被称作"人口管理自治权"。在实际社会中，我们看到长期以来南疆和许多藏区的少数民族民众实际上并没有推行计划生育，保持了高生育率[3]。如 1972 年南

---

[1] 因为民语授课的大学毕业生就业困难，2002 年自治区政府开始要求新疆大学各专业普遍推行汉语授课，2003 年要求新疆其余大学开始汉语授课。但在校园实际教学中，这一政策推行难度很大。

[2] 资料来源：http://edu.sina.com.cn/gaokao/2018-06-26/doc-ihencxtu2120236.shtml。

[3] 1984 年 4 月，中共中央批转的国家计生委党组《关于计划生育工作情况的汇报》："对少数民族的生育政策，可以考虑，人口在一千万以下的少数民族，允许一对夫妇生育二胎，个别的可以生育三胎，不准生四胎，具体规定由民族自治地方的人大和政府，有关的省、自治区，根据当地实际情况制定，报上一级人大常委会或人民政府批准后执行。"

疆墨玉县维吾尔族总和生育率（根据年龄别生育率推算的女性一生生育子女数）为 6.64，1981 年全新疆维吾尔族总和生育率为 5.56。[1]

第三章《自治机关的自治权》中的上述各条，除了涉及语言文字使用（第二十二条）、民族学校及母语教育（第三十六条、第三十七条）之外，其余领域提出的权限范围其实与其他地区各级行政单元（省、地、县）政府的权限大致相当。[2] 但是这些行政管理权限在这部《民族区域自治法》中都以"民族自治权"的法律高度提出。这恰恰反映出 20 世纪 80 年代初期中国 56 个民族这一层面"民族"意识的空前高涨，尽管这部《自治法》的多个条文中提到"根据法律规定和国家统一规划""依照国家规定""经国务院批准""在国家计划的指导下"等前提，但是都从"民族自治权"的角度来强调这些权力，而且这部《自治法》并没有说明：中央部门的这些决议、命令等是否适合民族自治地方的实际情况，这个结论应当由谁（或哪些机构）来确认？如果出现争议，又应当由谁来裁决？

在苏联宪法中，各自治共和国有脱离苏联并成为独立国家的权力。在国家政权稳定并实行高度集权体制、中央政府享有很高权威并掌握国家主要资源的年代，这个"独立权"没有人真正努力去推动实现，甚至没有人去认真对待这个条文，苏联政府中有许多人在对外宣传中还沾沾自喜，认为这一条文显示出苏联共产党和中央政府对少数民族"自决权"和"民主精神"的诚心维护。但是，一旦国家政治格局发生动荡，例如戈尔巴乔夫的"政治体制改革"导致传统意识形态失去影响力和中央政府权威弱化，此时，就可能有一些共和国（波罗的海三国、格鲁吉亚等）依据宪法中明文规定的"脱离权"而争取独立建国。苏联这个当年的"超级大国"就是这样解体的。人们也有可能提问：中国《民族区域自治法》中有关"变通执行或者停止执行"这一权利，是否也有可能在未来某个时刻发挥关键作

---

[1] 原新：《维吾尔族人口问题综合研究》，载黄荣清主编：《中国少数民族人口研究》，北京：民族出版社，2015 年，第 99-136 页。

[2] 2001 年对 1984 年版的《民族区域自治法》做了修订，上述基本内容没有实质变化。

用，为民族自治地方公开挑战中央政府和国家的权威提供法律依据呢？

（二）我国《宪法》中有关"民族"（56个"民族"层面）的条文①

《宪法》第四条、第九十九条、第一百一十二条至第一百二十二条是关于民族区域自治的规定。把《宪法》的第一百一十二条至第一百二十二条和《民族区域自治法》前述内容相比，我们可以看到，《宪法》中关于自治地方的人民代表大会、自治地方政府首脑任命、财政自治权、经济建设和文教事业管理、地方公安部队、使用当地通用文字等方面，已经涵盖了《民族区域自治法》中有关"自治权利"的基本内容。上述条文在1982年《宪法》中已经出现②，与1984年《民族区域自治法》的颁布几乎同期，两个重要文件都是在20世纪80年代初期中国社会整体的政治氛围中出台的。在2018年进行《宪法》修订时，上述条文没有修改。

《宪法》是确定一个国家根本制度的基本大法。从文本内容的对比中，我们看到《民族区域自治法》的这些内容与《宪法》的相关条款大致重合。换言之，如果《宪法》上述具体条款能够在政府各项工作中得到切实落实，《民族区域自治法》的这些内容即是可有可无的。

（三）近年来对于提高《民族区域自治法》的地位及作用的呼吁

2017年年底，《中国民族报》发表的一篇文章声称："民族区域自治制度实施不足的重要原因，是缺乏自治权及其地位的宪法保障。根据宪法原则，民族自治地方条例本应发挥民族自治地方'小宪法'的作用，但迟迟没有进入立法程序阶段。有鉴于此，中央应当在民族自治地方条例的制定过程中承担主导责任。同时根据《宪法》第三条原则，采取必要的具

---

① 这里引用的《宪法》文本是2018年3月11日第十三届全国人民代表大会第一次会议通过的《中华人民共和国宪法修正案》。http://news.ifeng.com/a/20180322/56942590_0.shtml。

② 《中华人民共和国宪法》，北京：中国法制出版社，2004年，第2-24页。

体职权划分来规范和完善《民族区域自治法》，使其提升到稳固的宪法地位，以确保自治权不被忽视或者遭受一般法律、行政法规与地方政策的破坏……中央与民族区域自治地方关系的法治化的路径，在于将《民族区域自治法》这一民族区域自治制度的核心规范，提升到中央与民族自治地方基本法的宪法地位……明晰中央与民族自治地方的关系性质。从法律规范上进一步明确民族自治地方权力属性，使中央与民族自治地方的关系互动接受基本法的约束……建立中央与民族自治地方在职权纠纷和利益纠纷等方面的争议解决机制。在这方面，建立违宪审查机制是有效解决中央与民族自治地方纠纷争议的重要宪法保障机制。"[1]

这里提到"中央与民族自治地方基本法""中央与民族自治地方的关系互动接受基本法的约束"，使人很自然地联想到香港和澳门这两个特别行政区的"基本法"。香港、澳门曾被清朝割让给英国、葡萄牙，长期以来实行的政治制度、经济制度和法律制度等都不同于内地，20世纪后期在中国各方面变得强大后，中国政府通过与英国、葡萄牙政府的外交谈判使两个地区正式回归中国。由于考虑到两地区与祖国内地的重大制度差异，为了两地政治体制、经济体系和司法制度能够有效衔接，中央政府采用实行"一国两制"、制定"基本法"来处理港、澳特别行政区与中央政府、内地省市之间的关系互动。

而我国各少数民族自治地方自1949年后就纳入中央政府的直接行政管辖之下，基本政治制度、经济制度、司法体系等与其他省市没有本质差异，因此，把民族自治地方与中央政府之间的关系互动和职权纠纷、利益纠纷等方面的争议解决机制比喻为"基本法"模式，甚至明确提出要"建立违宪审查机制"，这就混淆了两种性质完全不同的关系模式。

---

[1] 熊文钊、多杰昂秀：《推进中央与民族自治地方关系法治化》，《中国民族报》2017年12月1日，第6版。

五、今后指导我国民族工作的方向

在 2018 年 3 月 20 日全国人大会议上，再次当选的国家主席习近平发表重要讲话。从习主席近期发表的几次讲话里，我们可以看到党中央如何表述我国民族问题的基调以及如何定位我国民族工作的未来发展方向。

当今世界的政治格局是以拥有独立行政、法律、外交、经济、金融体系的"民族国家"（即联合国承认的主权国家）为单元构成的[①]。在今天的中国这个政治实体中，对于作为中华人民共和国公民的全体中国人而言，"中华民族"是我们所有人最基本、最核心的政治认同和文化认同单元，中国护照和中国身份证是中国人与世界其他国家公民相互区别的法定"边界"。"中华民族""中华文明""中华儿女""民族精神"等话语表述所强调的，是全体中国人的共享历史、集体认同和共同命运，这些表述成为近期最高领导人讲话中有关中国"民族"话语的主线。

2017 年 10 月 18 日，习主席在中共十九大上代表十八大中央委员会所做的《工作报告》是这届中央领导班子的纲领性文件，把全体中国人作为一个整体表述为"民族"的地方共有 73 处。另有"中国人民"的表述 14 次，在报告中涉及国内族群差异性的整体表述如"全国各族人民"有 10 次，涉及 56 个民族层次的"民族"（"民族宗教工作""边疆民族地区""民族分裂活动""民族区域自治制度""民族、宗教""民族团结"）仅有 6 次，同时只有一次谈到"民族区域自治"。《工作报告》在"爱国统一战线"部分涉及民族问题的具体提法是："深化民族团结进步教育，铸牢中华民族共同体意识，加强各民族交往交流交融，促进各民族像石榴籽一样紧紧抱在一起，共同团结奋斗、共同繁荣发展……共同致力于中华民族伟大复兴。"显而易见，习主席强调的是"各民族交往交流交融"和"铸牢中华民族共同体意识"。2018 年 3 月在十三届全国人大一次会议闭幕式上的讲话中，

[①] 台湾的"相对独立"地位是中国内战和"冷战"所造成的，另外一些具有不同程度独立性的政治实体（如太平洋、大西洋的一些岛屿）是前殖民地的残余。

习主席没有提及"民族区域自治"，而是强调："在几千年历史长河中，中国人民始终团结一心、同舟共济，建立了统一的多民族国家，发展了56个民族多元一体、交织交融的融洽民族关系，形成了守望相助的中华民族大家庭。"

2018年新近修订的《宪法》两次提到"中华民族"（第三十二条和第三十三条各一次）①，"中华民族"正式"入宪"。以上讲话用词及表述清楚表明，中央在"中华民族"和56个"民族"这两个层面上所强调的重心已经有所转移，过去的表述往往强调"民族区域自治""民族平等"和"共同繁荣"，而近几年则更加偏重于强调"中华民族共同体"和"各民族交往交流交融"。

1989年，费孝通教授指出"中华民族在近百年和西方列强的对抗中成为自觉的民族实体"②，他提出的"中华民族多元一体"理论已得到中央领导人的多次肯定。胡锦涛同志2006年7月在全国统战工作会议上的讲话中，即明确提出："平等、团结、互助、和谐的社会主义民族关系，体现了中华民族多元一体的基本格局，体现了中华民族大家庭的根本利益。"③习主席在中央第四次民族工作会议上对"中华民族多元一体"理论做了进一步阐述："我们讲中华民族多元一体格局，一体包含多元，多元组成一体，一体离不开多元，多元也离不开一体，一体是主线和方向，多元是要素和动力，两者辩证统一。"

自2000年以来，学术界关于我国民族关系发展态势、民族区域自治和民族优惠政策的客观效果等议题的讨论持续不断。在2014年中央第四次民族工作会议上，中央领导对这些相关议题做出比较全面的表态。一方面，考虑到民族区域自治制度自1949年新中国成立以来已成为党处理民族问题的基本制度和核心话语，为了避免有可能导致"翻车"的一百八十

---

① 《中华人民共和国宪法修正案》，https：//baike.so.com/doc/6789642-7006251.html。

② 费孝通：《中华民族的多元一体格局》，《北京大学学报》1989年第4期，第16页。

③ 中共中央文献研究室、中共新疆维吾尔自治区委员会编：《新疆工作文献选编》，北京：中央文献出版社，2010年，第633页。

度大转弯，重申对这一制度的肯定态度，甚至说出"取消民族区域自治制度这种说法可以休矣"的重话，给那些担心党在民族话语和基本制度方面出现重大改变的人吃了一颗"定心丸"。另一方面，在肯定"民族区域自治"制度的同时，在序阶上特别强调必须把"统一"放在"自治"之上："没有国家统一，就谈不上区域自治"，在谈到实行区域自治的民族群体时，强调他们在维护统一、民族团结方面"负有更大的责任"。

纵观新中国成立 70 年来我国在处理民族关系方面所走过的道路，既有巨大的成功，也有严重的失误。梳理政府文件和学术界在讨论民族问题时所使用的话语体系时，学术界出现不同思路和激烈争议。在这个非常复杂的领域，出现不同意见十分自然，"文革"中的"一言堂"才真正可怕，唯有"百花齐放"才能迸发出思想的火花。当年如果没有邓小平同志倡导"解放思想"，中国不可能走上改革开放的道路，在国家现代化建设方面，也就不可能取得今天的伟大成就。今天我们思考中国的民族问题，最重要的一点仍然是"解放思想"和反对"两个凡是"，仍然是坚持"实事求是"和"实践是检验真理的唯一标准"。我们今天分析新中国成立以来在民族政策方面的利弊得失，目的是为了在充分吸取成功经验和失败教训的基础上把今后的道路走得更好更平稳，是为了把全国各族人民真正凝聚成为一个整体，共同应对国际舞台上的风云变幻，实现 13.95 亿人繁荣富强的"中国梦"。

历史车轮总是不断前行，国家的法规也需要根据社会发展和矛盾形势的变化，以实事求是、与时俱进的精神进行必要的修订和调整。每个不同的历史时期都有其主要矛盾，都存在着矛盾的主要方面，为了顺应历史发展的大方向并妥善协调现实矛盾，领导人必须审时度势，拿捏分寸，以"实事求是"的务实精神不断在工作策略上进行调整。在中华民族"多元一体格局"的演进过程中，当强调和推动"一体"的力量过大，有可能损害"多元"层面的社会利益和文化传统时，我们应当关注"多元"和保护少数群体传统文化和权益；而当推动"多元"的发展势头有可能威胁到社会的"一体"和国家统一时，我们就必须强调"中华民族共同体"。

"新清史"与中西学术 *

沈卫荣

清华大学人文与社会科学高等研究所教授

---

* 讲座时间：2017 年 12 月 20 日。

【主持人】新清史研究浪潮在美国的中国学研究领域引起了一定的反响，当这个浪潮传播到中国的时候，似乎引起了更大的反响。围绕新清史的争论其实涉及整个区域史，我们前面说的帝国、王朝、国家、族群，所有这些关系问题，它一定程度上是一个焦点。今天沈卫荣老师会专门回顾和分析新清史研究的一些基本问题和范式。

我先简要介绍一下沈老师。他是我们清华大学人文与社会科学高等研究所的高级研究员，也是中文系教授。他是南京大学历史学学士、硕士，他的早期研究领域是蒙古学、元史和藏学。之后在德国波恩大学中亚语言文化研究所学习，获得了中亚语言文化学博士学位。他有很多兼任的职位，比如尼泊尔兰比尼国际研究所研究员。我们大家都知道，兰比尼是佛陀的诞生地，沈老师是研究佛教，特别是汉藏佛教的专家。他还是哈佛大学印度梵文研究系合作研究员，玛卡莱斯特学院历史系访问教授，德国洪堡大学中亚系代理教授，日本京都大学文学部外国人共同研究员，等等，还曾经是普林斯顿高等研究院和柏林高等研究院的年度研究员。在加盟清华大学之前，他回国以后是在中国人民大学国学院担任教授和副院长，也是西域历史语言研究所的所长。

他的著述非常多，主要有《西藏历史和佛教的语文学研究》《寻找香格里拉》《想象西藏：跨文化视野中的和尚、活佛、喇嘛和密教》《藏传佛教在西域和中原的传播：〈大乘要道密集〉研究初编》等，他还主编了大量的著作。现在让我们欢迎沈老师给我们作讲座。

【沈卫荣】感谢汪晖老师给我这个机会跟大家作交流。首先我要说一下，我不是研究新清史的，连旧清史也没研究过，我研究的是藏传佛教、西藏历史。2017 年 9 月，我在《上海书评》上发表了一个系列的文章《我看新清史的热闹与门道》，我发现这可能是我迄今为止发表的阅读量最广的一篇文章。可想而知，到现在为止，大家对新清史的关注远远超过了对我以前所从事的其他学术领域的关注。

为什么我要谈新清史呢？实际上，刚开始时，我真的就是准备看看热闹的，刚才汪老师也提到了，可以说在前 15 年，新清史在国际学界，特别是近几年在我们国内学界引起了很多讨论和争议。现在我们的媒体这么发达，你自己想有意逃避某个争议是很难的，所以我也时不时地在国内和国外的一些学术或者非学术的刊物、杂志上看到很多关于新清史的讨论。

开始阅读这样的文章的时候，我经常产生一个困惑，特别是在阅读我们国内一些学者的文章时，我常常不明白到底新清史是什么？大家都在谈新清史，而且一谈新清史就好像都非常激动。再后来，新清史就变成了一根导火索，碰到一起就会吵，中国学者和外国学者吵，外国学者跟中国学者吵，更多的是中国学者跟中国学者自己吵。

前不久我去伯克利参加一个蒙古佛教研究的会议，该校的一位美国博士生告诉我，他在青海待了大半年，他看到美国的和中国的朋友们天天在一起吵，吵得最热闹的题目就是新清史，他觉得烦都烦死了。这是一个美国年轻学者讲的话，甚至他自己也是研究清代历史的。说实话我也觉得烦，所以很想搞清楚到底这个新清史是怎么回事，为什么人们对新清史要投入那么多的热情和关注。所以我这几年间也继续关注新清史的讨论，特别是去年参加了在北师大召开的一个关于中国近代民族问题的研讨会，当时欧立德、葛兆光、宝力格老师等人参与了对话，我也参加了后期讨论。为了这个会议，我又翻了一下西方人写的几本新清史著作。我感觉中国学者对此投入了太多的热情，许多讨论很政治化，新清史在他们那里好像变了味道。我自己只是想去看一下，到底这个新清史是怎么回事？看得越多，就发现它跟我自己的研究关联越大。后来我也慢慢地看出了其中的一些门道，知道新清史到底是什么了。实际上，关于新清史的讨论并不只是关于清代历史，可以说关系到整个民族国家、帝国等大问题，关系到我们怎么来看待中国古代历史，或者说关系到今天我们怎么看待中国，怎么来构建中华民族的认同，或者怎么在中西学术之间开展真正有意义的对话，等等，都很有意义。我们现在讨论新清史，如果根据今天所讨论的内容和方式再去讨论大元史，其实很多东西都是相似的，所以，我后来多读了一些文章以后，就把我自己的一些想法也写了出来，就有了2017年9月初开始分五期连载的那篇文章。再说一下，我做的主要是对新清史的评论，我自己并不是研究清史的，现在我把我学习新清史的一些心得跟大家分享一下。

"新清史"作为标题最早出现在一本很不起眼的书上，书名叫 *New Qing Imperial History: The Making of Inner Asian Empire at Qing Chengde*，这本书出版后不久我就拿到了，因为它的编者之一叫露丝·邓内尔（Ruth Dunnell），她是我的学术同行，研究西夏佛教的，是美国肯扬学院的一位教授。她自己同样也不是研究清史的，但参加了这个新清史的会议，参与了这本会议论文集的编辑工作，书出版以后她就寄给我了。当时我并没有怎么看，只是粗略翻了一下里边的文章，基本上是半学术、半资料，甚至半科普的一本书。它有一些学者的讨论，就是从各个角度、各个方面来讨论清代的承德，讨论该怎么看待这个清王朝，怎么看待乾隆皇帝，等等，是一些短篇论文的结集，其中还把一些他们认为比较重要的汉文资料翻译成了英文。

我自己是研究藏传佛教的，当时发现这本文集里面居然有两篇是关于藏传佛教和清朝的关系的文章，但是这两篇都是特别科普、常识性的东西，所以我当时觉得这本书并没有特别大的意义，就没仔细看。这本书中收入的两篇关于藏传佛教的文章中，其中一篇的作者是我们行内的一个大人物，也到过我们清华大学，叫唐纳德·洛佩兹（Donald Lopez Jr.），是密歇根大学的一位校级教授。但书里的那篇文章显然是他不很认真地做的一篇关于藏传佛教的简单介绍，就说了说藏传佛教是怎么回事。所以这本书当时并没有给我留下很深刻的印象。但是，现在回过头来看，这本书原来非常有意义。特别是书的前面有一个很长的序，较详细地介绍了什么是新清史，作者之一是米华健（James Millward），他被认为是新清史的主将之一，所以他对新清史的描述应该还是比较准确的。

我大概复述一下。他说最近学者们采用了"新清史"这个词来指称自

20世纪90年代以来，对中国和内亚的帝国史所做的大范围的修正。而在清史研究中，所做修正最显著的特点就是对满人与中国，以及中国文化之关系的一种新的关心。这种对曾经被当作是一个同质的中国人和中国文化的东西的解构，可以称作中国研究中的族群转向，所以，长期以来，人们相信中国的征服者，甚至它的邻居们，都会通过那种常常被描述为是一种自发和单向的汉化过程转变为中国之道。也就是说，以前研究中国民族史或者边疆史的学者们都相信，野蛮的征服都会反过来被"被征服了的汉文化"或者汉民族所反征服，所以整个统治或者这个王朝的历史通常以汉化的历史作为它的一个主要的叙述对象。

新清史对这种汉化的假定提出了质疑，它采用了人类学的观点，新清史学者们对满人、蒙古人、维吾尔人、苗人和其他人等的身份认同在历史语境中重新做了检讨。尽管这些观点还没有被普遍接受，但许多曾经将满人简单地贬为"变成了中国人的蛮夷"的专家们，现在也开始领会这个东北部族联盟对明政府的取代所造成的复杂的政治、文化和族群问题。此外，越来越多的从事清史研究的学生们正在学习满语。所以，什么是新清史？实际上，它的主要内容就是，我们以往的清史研究都把汉化作为中心叙事内容，以汉族中心主义来描述，并主要利用汉文文献来描述清史、研究清史。新清史认为清史研究要排除这种大汉族主义的影响，改变汉族中心主义的历史叙事模式，并要加强对非汉族的其他民族的历史的研究。后来他们还特别把清代的历史，或者大清王朝分成了两个部分，认为这是两个不同的部分，一个是"Chinese Empire"，一个是"Inner Asian Empire"，即一个是汉族的帝国，一个是内亚的帝国。而这个内亚的帝国实际对清代的历史、对清朝的意义，其重要性一点都不比汉人的帝国小，所以必须研究蒙古、西藏、新疆，特别是伊斯兰化的维吾尔人对清代历史的意义，后来甚至把满洲也划分、归结到了"Inner Asian Empire"的范畴里边。我觉得，新清史说的主要就是以上这些内容。

我刚才说新清史家们认为清朝有两个帝国同时存在，一个是内亚的帝国，一个是汉族的帝国。他们认为内亚帝国是一个新的帝国，是清代的一个创造。从这个角度来讲，新清史可以说是确实挑战了我们以往对清代历史的一些陈旧的观念，即认为清朝是一个停滞的、孤立的东亚病夫的旧观点。新清史家们认为清代王朝非常有进取心，擅于对外扩张，当时可以和世界其他帝国媲美，是非常有生气的一个帝国。新清史的主要观点就是这些。我觉得，它挑战的实际上是费正清和他所建立的对清代历史的叙述模式。

我想新清史家们，直到今天，他们对我们中国学者的很多研究基本上都是不管不顾、看不上的。我觉得中国学者对他们的反应确实有点过激，认为他们是对着我们来的。实际上你仔细去看新清史学者们的著作，基本上跟中国的学术研究是隔离的，尽管那些新清史的主将们，像罗友枝（Evelyn Rawski）、柯娇燕（Pamela Crossley）等，在著作中都引用了一些中国学者的二手研究成果，但总的来说，新清史所谓的"新"，是针对他们的祖师爷费正清提出的一套关于中国历史，特别是清朝历史的叙事模式的，就是针对以汉文化为中心，把中国外交或者国际关系归结为朝贡体系这样一套由费正清所构建和确立的历史叙事模式而来的。

比 2004 年出版的那本 New Qing Imperial History: The Making of Inner Asian Empire at Qing Chengde 更早引起争论的是美国匹兹堡大学担任美国亚洲研究学会原会长的罗友枝的文章，她是一位日裔美国人，研究中国明清史非常有成就。她大概在 1994 年美国亚洲学会年会上作过一个会长致辞，里边提到了清代历史研究的转向问题。她的一个主要观点就是要把清代的历史书写从汉族或者汉族帝国，或者汉化、汉族中心主义影响下的历史叙事方式当中脱离出来，更加注重非汉的，特别是所谓内亚地区的研究。

当时她的那篇文章刚发表出来的时候，大家都没觉得有什么大问题，这篇文章相对来说比较温和，而且是一个建议性的。里面说我们以往的研究对汉化帝国太注重了，所以应该更多地投入到研究新疆、蒙古、西藏这样一些地方和民族中去。但是这篇文章出来以后不久，便有著名的华裔学者何炳棣先生写了一篇非常有火药味的文章，叫《捍卫汉化》，和罗友枝开始争论。何炳棣先生的文章一出来，就在美国学术界引起了很多的讨论，我们中国学者也开始注意到这场争论。凭良心说，如果我们把这两篇文章分开来看，觉得它们都挺好，实际上都没有什么特别值得争议的地方。罗友枝的文章并没有说不要研究清代汉族帝国的历史，没有完全否认汉化不是清代历史的主线，她只是建议说现在不要让清史研究一直专注在这个方面，应该更注重于研究新疆、西藏和内亚，注重于研究满洲人统治的特殊方式，或者更重视研究满洲统治下的这些内亚地区。

何炳棣先生是一个非常杰出的学者，他的文章除了有些情绪化的内容以外，对清史的描述、对汉化的描述，显然比罗友枝的更深刻、更学术。为什么？因为对清代之汉帝国传统的研究本来就比对清内亚帝国历史的研究要深入、成熟得多，所以他的文章看起来更加有力一些。当这两篇文章被放在一起时，就变成了一场非常大的争论，从此开始，中国学者就慢慢地介入这场争论当中。

那么，到底为什么中国学者会一边倒地批评新清史，或者说会引出这么多情绪化的内容呢？前不久，《上海书评》对米华健有过一个访谈，他直截了当地说，中国学者们都认为，我们所谓的新清史学术里边有分裂中国的阴谋。前些年，我有时会跟朋友们开玩笑说，西方人常常用很好的学术来包装和掩盖其中的政治内容，而我们中国学者则惯常用很情绪化的语言来批评学术，这是一个很大的问题。米华健本人就明确地否认这个学术阴谋说，他说他们哪有什么要分裂中国的学术阴谋呢？在受到中国学者批评以前，或者说在引起这么多的争议以前，新清史并没有在西方成为一个非常引人注目的东西。

2016 年，我参加哈佛大学举办的费正清中心成立 60 周年的纪念会。大家一起吃晚饭的时候，我听到哈佛大学的教授们都称欧立德教授为哈佛大学的"党委副书记"。据说这并不是因为他现在当了哈佛大学的副教务长，别人才这么称呼他，这个称号在这以前就有了。后来，欧立德教授来北京，我就跟他开玩笑说，如果我们中国学者继续那么猛烈地批判你的话，有朝一日你会升级为哈佛大学的"党委书记"的。新清史或者仅仅是一个学术问题，或者本来在学术上并没有那么大的影响力，甚至说新清史家们自己都否认是一个学术团体、流派，很多人都不承认他们自己是新清史家，包括欧立德。他刚开始的时候说，他们哪有什么新清史？当然现在他是新清史的主将了，而其他很多人依然不承认自己是新清史家。但是到底为什么会引起这么大的争议？我现在宁愿相信他们确实没有分裂中国的学术阴谋，但是他们所讨论的问题正好是我们中国人现在面临的很大的问题，就是我们怎么来解释中国，或者怎么来认识中国，到底中国是什么。我们现在有很多"何为中国"或者"何谓中国"的讨论，我们在自己说不清楚"何为中国"的时候，自然就会认为新清史家的这个说法背后有一种政治意味在里边。

为什么呢？我刚才说新清史把清朝分成了两个部分，一个是中国部分，一个是内亚部分。欧立德在很多个场合里都说，清中国不等于民国的中国，也不等于今天的中国。这就让我们有很多的遐想了。本来这个也没错，清代的中国当然不等于民国的中国，不管从哪个方面来讲，它都不等于明代的中国，当然更不等于我们今天的中国了。但这样的说法会引出一系列难解的历史问题。譬如我自己是研究西藏历史的，我们现在经常说西藏自古以来就是中国领土的一部分，如果清代中国不是我们今天的中国，或者说清代中国才统治了西藏，统治了新疆，统治了蒙古，所以他认为这段历史是清的一个创造，那么我们中国人今天该怎样来解释我们的领土，或者在解释中国作为一个民族国家和中国古代历史的关系的时候，就会遇到障碍。尽管他们没有再继续往前进一步说，但是我们很多学者会担心，既然说清中国和现在中国不一样，清代对新疆的统治，或者说中国对新疆的统治是清朝才有的，那你是不是说，我们中国今天对新疆的统治是不合理的？是不合法的？所以，若从这样的角度来看这个新清史的话，就会引出上述所谓学术阴谋的问题。但是，这实际上就是一个概念的问题，因为我们自己都经常没有搞清楚我们今天说的中国到底是哪一个中国。中国最初可能只是一个地理的概念，而有时候它又是一个文化的概念，有时候它代表的又是一个王朝的概念，但是我们今天最关心的是，它作为一个民族国家的概念。

西方人一方面习惯于说明中国（Ming China）或者清中国（Qing China），但又说清中国不等于民国之中国，也不等于现在之中国，这些概念的混淆造成了一些含有政治性意义的异议。新清史主张研究清史要将清代的中国部分和内亚部分分开，这里所说的"Chinese"显然指的是汉，他们说的这个"China"显然是一个汉人的国家，所以要跟内亚分开。今天有人说中国从来就是一个多民族多元一体的国家，也有人说我们中国是在成为一个"nation state"以后才有中国的概念的，以前的中国就是一个朝代的概念，所以，我们对中国这个概念本身是迷惑不清的。我觉得对新清史的这种强烈的情绪化的反弹，很多是我们自己的问题，不能说新清史家们确实是要用这种历史研究来给我们施加压力，或者说他们确实有政治上的一些意图，甚至阴谋。

为什么是我们的问题呢？举例来说，假如现在中国有一个研究美国史的专家说，加利福尼亚州、新墨西哥州、堪萨斯州历史上都不是美国领土的一部分，我想美国人大概不会情绪激动地非要跟你争个水落石出，但是，为什么我们会对这种性质的问题想象得那么复杂呢？我宁愿相信新清史家们比如米华健说的，他们没有分裂中国的学术阴谋。这些问题不清楚，不是我们一方面的，西方人同样也有这样的问题，对于到底什么是中国的问题，他们同样有很多混乱的想法，"China""Chinese Empire"，这到底是指一个汉人的国家还是指今天我们所说的作为一个民族国家的中国？他们把这二者混淆在了一起，说不清，道不明。但是我想，新清史至少有一点，就是对清史的研究不能光研究以汉化为中心，或者以汉帝国为中心的地区，还要注重研究边疆，注重研究满族的特色，注重研究蒙古、新疆、西藏地区，注重研究东北地区。这肯定是对的，研究清史，或者研究中国历史，当然不能只研究汉族帝国这一块的历史。

我们确实应该重新考虑怎么来叙述中国，怎么来叙述中国的历史，至少我们得认清中国不是一个纯粹的汉人国家，所以，破除汉族中心主义、大汉族主义的观点是有积极意义的。这个话如果是我们自己来说，可能就没那么大的问题了，但是别人提出来，我们就对它产生了疑问。到今天为止，我们对"何为中国"的讨论，很多时候，我觉得比新清史走得更远，甚至有更多的负面意义。譬如，很多人讨论华夏文明的起源，讨论炎黄子孙，讨论中国概念到底是什么时候形成的，等等，都有偏颇。例如，一个影响很大的观点是说，到宋代为止，我们中国就已经形成了一个很固定的强大的中国的意识，这就是中国。那元朝就不是中国了？清朝就不是中国了？显然这个是有问题的，很多是我们自己的问题。我们自己怎么来看待中国比别人如何看中国更复杂、更重要。破除大汉族主义或者汉中心主义的历史观实是非常困难的。今天，我们与其对新清史家们耿耿于怀，倒不如更多地讨论一下，我们自己该怎么来看中国？

那么，新清史的主要主张到底有哪些问题呢？它重视清朝的内亚帝国这个部分，我觉得它是有积极意义的，并不能一味地批判它，说它不对。我刚才说了，不管是我们也好，他们也好，都还没有对中国有一个正确的定义，或者说对中国的历史有一个正确的认识，所以，我们不能因此而全盘否定新清史。让我觉得有点惊讶的是，眼下的新清史比以前所说的新清史精致得多，或者说要开放得多，让人更加觉得它有问题了，其实不然。

2016 年，我去参加费正清中心成立 60 周年纪念活动的时候，欧立德教授主持了一场讨论会，主题是"作为工具的历史"。很多人都在讨论中国历史学家们是如何把历史作为一种政治工具来研究的。因为时间有点长，他就自己做了一个演示。他讲，他们主张的新清史实在很简单，就三个问题：第一，清史研究必须重视清朝的内亚维度，强调清朝是一个内亚帝国；这就是他们原来讲的，在研究清史的中国和内亚这两个部分时，要更重视内亚这部分，强调内亚特性。第二，清史研究必须利用非汉文资料，特别是满文历史文献。第三，清史研究必须重视全球背景，或者说应当立足于全球史的语境当中。这三点可以说是放诸四海而皆准，我觉得把它们放到中国任何一个朝代历史的研究当中都是可取的，特别是将它们用作研究跟中国少数民族有关的朝代的历史是很有必要和有建设性意义的，应该没有什么特别的问题。

欧立德在复述了以上这三条新清史的主要观点以后，他还把我们中国学者对新清史的批判列了一个表，一一点评，认为对新清史的批评绝大部分都是无的放矢。我觉得就是那些值得他重视的中国学者也没有抓住新清史的重点，因为中国学者重点批判的有关朝贡体系，或者汉化等观点，在欧立德看来根本就不是新清史的重点，而后者的重点无非就是上述这三点。虽然欧立德教授对中国学者的反批判很有分寸，但显然也带有一些不屑，他认为中国学者根本就没搞懂什么是新清史。其实有比这反应过激的，我在网络上见过柯娇燕教授对钟晗教授的批评的回应，用词很不客气，意思是说你根本就看不懂我所说的，你还跟我讨论个啥？这显然有点太霸道了。中国学者对新清史的批评当然并不是完全没有道理，或者是像他们所说的那样完全是无的放矢，绝对不是这样的。他们显然刻意把新清史抽象化、概念化，从而故意回避中国学者提出的一些具体而尖锐的问题。

所以，今天我想从欧立德教授对新清史所做的这三点总结出发来做一些讨论，说一下到底新清史里边有没有问题？有哪些问题？

我想讨论的第一个问题，也就是我一直想弄清楚的一个问题，即到底什么是内亚，什么是清帝国的内亚特性？实际上，对何谓内亚，他们从来都没有一个明确的定义。你看他们对内亚地域的划分，最普遍的就是将新疆、西藏和蒙古这三个地区合在一起，这就是内亚。但是到后来，又把满族、蒙古、西藏和新疆穆斯林地区合在一起，将这四个部分合成为内亚了。实际上，这个内亚就跟我们以前说的中亚是一回事。刚才汪晖老师介绍我是德国中亚语文学的博士，我们波恩大学中亚系研究的就是满族、蒙古、新疆和西藏问题，所以新清史家们说的内亚大致就和德国学术中的中亚基本一致。

但是，这个划分有道理吗？这个划分是不是说这些地区真的是从地理上或者政治上完全和其他地区不一样，可以和其他地区截然分开而成为一个独立的地理单位？我觉得事实并非如此，特别不可以做这样区分的原因是满族，就是满洲地区，甚至中国广大的东北地区，它怎么能跟中国西部和西北部的内亚完全合在一起呢？首先，整个满族当时是统治着清帝国的，它是统治者，不是说它跟今天一样，是中国的一个少数民族，可以和其他少数民族连在一起，因为除了内亚帝国以外，大汉帝国同样也是被它统治的。不久前我在昆明听吉林大学著名的考古学家林沄教授作讲座，他说怎么现在把满族说成是游牧民族了呢？满族什么时候做过游牧民族？从来就不是，它一直是个农耕民族。这同样表明，对清代之所谓内亚的划分是一个很大的问题。满族不管从哪个角度考虑，都不能和西藏、新疆、蒙古一起组成一个特别的行政或者地理单位。

先是欧文·拉铁摩尔（Owen Lattimore）先生，后来又有丹尼斯·赛诺（Denis Sinor）教授，他们专门对内亚做过定义，写过文章。但是，内亚、中亚或者是欧亚等地理概念，实际上很难真正区划清楚。不管是作为一个地缘政治的概念，还是作为专门用来作历史叙事的地域范围，都是很有问题的，它是近代学者们的一个创造。如果我们把这些地区放到元朝历史中去考察的话，这个内亚就不存在了。我以前专门研究元朝蒙古人是怎么统治西藏的，发现他们对西藏地区的统治方式跟统治中原内地所设立的行政制度基本上是一样的，尽管行政区划的名称或有不同，有时候称为宣慰司而不是路府。当时西藏人对此很不满意，觉得整个西藏的行政地位应该跟行省一样，但是元朝把西藏地区划分成三个宣慰司，直属中央的宣政院。但是，对地方的税收、赋役、官品都是一样的，所以根本没有特殊的统治内亚地区的制度。

我觉得新清史存在的第二个很大的问题是，所谓新清史说的基本上就是乾隆皇帝一个时代的历史，而且，它和清以前的历史好像都是割裂的。

他们认为西域或者内亚地区和中国发生关系主要是在清乾隆时期，所以说新疆只是清朝的新疆。为什么？他们做的这样一种认定可能会让我们中国学者特别敏感，新疆先变成了清的一部分，后来变成了中国的一部分，这跟汉人没有关系，甚至跟维吾尔人也没有关系，这完全是满洲人和蒙古人之间的关系，是满洲人征服了准噶尔蒙古人，所以留下了南疆这片地区，或者叫"六城地区"，后来那些自我构建成为维吾尔人的人移居到了这个地方，在此逐渐构建起了维吾尔人自己的身份认同，认为这个地方就是他们的故乡，他们就是维吾尔人。而在这以前，新疆跟中国古代各王朝是没有关系的，它和中国的关系始于清朝。新清史的这种说法显然不符合历史事实。譬如，我们学历史的常常说到张骞"凿空"西域，尽管我们对凿空这个概念的理解可能是有问题的，比如最近中国人民大学的王子今教授就提出，"凿空"其实就是做了一条很大的道路而已，并不是指张骞第一次开辟了西域地区。但不可否认，汉代开辟西域可能比张骞还更早。若不说汉代，我们再看看唐朝对今天所谓内亚地区的统治，或者看元朝，甚至明代对西域的经营。我曾经专门研究过明代和西藏的关系，很多人以为明朝没有元朝那样无坚不摧的军事力量，所以明朝在西藏无所作为，可实际上明代和西藏的关系一点儿也不比元朝差，明朝藏传佛教僧人在京城和地方的传播甚至比元朝时更盛，所以怎么可以说这些地区是从清朝才开始被满族人征服，是在清朝时才被划归为新的疆土呢？可见，这也是一个很大的问题。大家如果有兴趣，不妨去读一下第二代新清史家们的著作，譬如莱恩·图姆（Rian Thum）先生，欧立德的学生，他最近出版了一本书，名叫 *The Sacred Routes of Uyghur History*，获得了 2015 年费正清历史学优秀作品奖。

现在有很多学者，包括很多中国学者对这部著作都很认同。莱恩·图姆的维吾尔文非常好，他收集和利用了很多非传统的维吾尔文文献资料，比如说民间传说。他书中的一个主要观点就是，整个清代新疆的历史实际上是从满洲人征服并赶走准噶尔人后开始的，维吾尔人在此之后才成了新疆历史的主角。维吾尔自己的历史完全可以说主要是从 20 世纪 30 年代才开始有意建构起来的。以前我们的民族史研究或都以为，维吾尔是 840 年回鹘人被征服，逐渐向南向西迁徙，最终到了新疆，慢慢在那里定居，先从摩尼教徒变成了佛教徒，最后变成了穆斯林，逐渐变成了新疆地区比哈萨克等族更为强势的一个族群。

新清史家们的研究或表明，回鹘和维吾尔之间并没有如此直接和明确的关系，认为回鹘人或者元代的畏兀儿人到了蒙古帝国灭亡以后，他们连自己的名称或都已经忘记了，今天的维吾尔族跟元朝时候的畏兀儿人应该没有直接的关系。2016 年我就此问题请教欧立德教授，我说这样的说法是否有点矫枉过正了？他说，难道你不相信、不明白吗？他似乎很肯定古代的回鹘人、畏兀儿人和今天的维吾尔人是没有关系的。

大家可能都看过一本影响很大的书，就是王明珂先生写的《羌在汉藏之间》。他的研究或许是另外一个极端，他研究中国古代的羌族，即两三千年前的羌族，然后把它们跟今天中国 56 个民族之一的羌族连接起来，而这二者在中间那么长时间内的关联似乎是缺乏的，但他就这样把两者连起来研究。我曾跟他开玩笑说，"羌在汉藏之间"的说法是有问题的，更好的说法应该是"羌在汉藏中间"，因为更可能的是，羌族的一部分变成了汉族，而另一部分变成了藏族。汉藏中间一定都有古代羌人的后裔，你不能说在 20 世纪 50 年代被认定为是羌族的这些没多少的人，才是三千年前羌族的真正后裔，这恐怕是有问题的。按照美国著名汉藏语言学家克里斯·贝克威思（Chris Beckwith）先生的一项研究，我们以前一直争论"吐蕃"这两个字到底应该念吐蕃（fan）还是吐蕃（bo），到底它是什么意思？按照贝克威思的说法，"吐蕃"这两个字源自"发羌"，即是古代羌族的一支，这至少表明古代的吐蕃人中有一部分人原来是羌人，是发羌的后裔，后来他们变成了西藏人，所以，我说羌实际上应该在汉藏中间，而不是在汉藏之间。

今天维吾尔人对自己的身份认同，莱恩·图姆认为是通过近代穆斯林精英们有意构建起来的，甚至是按照现代的对民族识别的理念、语言、地理、心理、宗教等观念有意识地创造出来的。他们通过各种各样的方式，如说书、演戏、圣徒传记的撰写来创造和构建他们自身的认同。我想，这里边有很多值得我们研究维吾尔史的学者们做进一步深究的东西。我个人不研究新疆和维吾尔族的历史，不敢乱说，但我对这种说原来的畏兀儿人完全消失的说法还是抱有怀疑的态度的。几年前，我碰到一位专门研究回鹘／畏兀儿文献的学者，就是现在在印第安纳大学工作的罗恩·塞拉（Ron Sela）教授，他告诉我说维吾尔人到 16 世纪还有一些人信仰藏传佛教，他们还不完全是穆斯林。以前读书时读到过，1908 年德国探险队在吐鲁番发现很多古代畏兀儿文献，那些文献都是藏传佛教的东西，所以，一直到那个时候它们还没有被彻底销毁，说明他们还是部分地保留了自己的信仰或者把这些文献保留了下来。如果这些人跟古代的畏兀儿人、回鹘人完全没有关系，或者在宗教上完全互相脱离了，可能这些东西早就没有了。

　　第二个问题，到底什么是内亚特性？这个听起来就更麻烦了。实际上，新清史家们对它有很多不同的说法。前天我碰到姚大力教授，他说当时读柯娇燕的文章，发现文章里边用了一个词——"满洲性"。他说他花了很多力气去找满文里是不是有这个词，后来发现没有，是柯娇燕自己创造的。欧立德教授则用"满洲之道"这个概念。而很多人是不谈满洲的，柯娇燕后来提出了"universal king"的说法，说乾隆皇帝是一个普世的君主。他们所说的大清帝国的意识形态，实际上就是藏传佛教，所以，这一下新清史就进入我的研究领域里边来了。这个藏传佛教为新清史家们津津乐道，我发现很多人在讨论满洲性或者满洲特性的时候，基本上不谈满洲，谈的都是西藏和藏传佛教。因为如前所述，新清史最主要的内容就是乾隆皇帝个人和他的时代的历史，而谈乾隆皇帝，就经常会谈到他的藏传佛教信仰。刚才我说的那本书研究的就是乾隆和承德，清朝在承德所建的宫殿，不知道大家有没有去看过，其核心整个就是一个小布达拉宫，完全是按藏传佛教的形式建造的。新清史家们认为这些东西都非常有象征意义，代表清朝皇帝接受了藏传佛教的统治意识形态，然后用这个外来的西藏意识形态来统治整个大清帝国。所以，满族的统治不同于汉族的统治，没有显著的儒家文化的特点，而有它显著的满洲特性或者内亚特性。

可是，事实真的是这样的吗？如果你再去读读他们对藏传佛教的解释，你就会发现他们对藏传佛教的理解可以说是南辕北辙，有时候甚至是非常可笑的。譬如说，当我那篇评论新清史的文章发表以后，美国有位学者叫约翰·埃尔韦斯科格（Johan Elverskog），他事实上真的是一位有能力利用非汉文文献研究清代历史的学者，我在文章里好几次提到他，对他的学术水平表示赞赏。后来，他读到我的文章后给我写了信，说我对藏传佛教和新清史的关系的解释特别有道理。信中他特别告诉我一件逸事，他说我前面提到过的唐纳德·洛佩兹先生，现任密歇根大学藏传佛教教授，是美国后殖民主义文化批判的一个旗手级的学者，他曾经说过一句很有名的话，他说，历史学家不懂佛教，而佛学家根本不在乎历史（Historians don't know Buddhism, while Buddhologists don't care about history at all）。

可想而知，新清史家在描述和理解藏传佛教时出了问题。这是非常正常的一件事情，因为历史学家根本就不懂佛教。当然，如果我们细细思量的话，特别是对于我们这些做佛教研究的人来说，就会觉得非常恐怖，想想这世界上那么多的佛教史是怎么写出来的？因为新清史家不一定研究藏传佛教，若仔细去考究他们对藏传佛教的描述，发现很多问题是预料中的事情。我听到过很多研究藏学的人对柯娇燕教授的那本名为 *A Translucent Mirror* 的书的批评，她在书中用了不少藏传佛教的概念，来诠释她的"普世君主"的理念。后来，曾有一位有名的藏学教授对我说，这柯娇燕可真会胡扯，她显然根本不懂藏传佛教，书中的那些听起来很高明的解释实际上不值得一驳。譬如，她对乾隆皇帝的"普世君主"形象的塑造，其中特别重要的证据就是乾隆皇帝的"菩萨皇帝"的身份。说起来就是一句话，为什么说乾隆皇帝是一位普世的君主或者转轮圣王呢？这无非是因为他是一位作为菩萨的皇帝，他和一般的皇帝不一样，他超越了中国以前皇帝的身份。

"作为菩萨的皇帝"（Emperor as Bodhisattva）这个概念最早是一位很优秀的语文学家提出来的，他的名字叫戴维·法夸尔（David Farquhar）。20世纪70年代，他在《哈佛亚洲研究杂志》上发表了一篇文章，他提出的这个概念一直被后人延用，但很多人对他提出的这个概念作出了完全错误的理解和诠释。实际上，法夸尔教授当时得出的结论是，"作为菩萨的皇帝"，事实上只不过是乾隆皇帝众多的身份认同中的一个很不重要的部分。我们现在还无法确切地知道，到底是从什么时候开始西藏人称汉地的皇帝为文殊菩萨的转世的。但是，这显然是在大清王朝建立前的明朝就已经开始了。在五世达赖喇嘛的时候，他就称顺治皇帝是文殊菩萨。但是，说汉地的皇帝是文殊菩萨的转世，难道就跟说他是可以统治整个世界，甚至统治整个宇宙的帝王有关系吗？应该说毫无关系！甚至正相反，这个说法可以用来限定汉地皇帝之统治区域。国王作为菩萨化身这个说法在西藏历史上很早就已经出现，西藏佛教史家最早将吐蕃王朝的三位国王、三位赞普，即松赞干布、赤松德赞和热巴金称为菩萨化身。松赞干布是观音菩萨的转世，赤松德赞是文殊菩萨的转世，而热巴金是金刚手菩萨的转世。这种三个菩萨化身、"三位一体"的概念在西藏历史上不断地延续和发展，后来就演化成为三种菩萨化土的概念，即西藏是观音菩萨的化土（统治地区），汉地是文殊菩萨的化土，而蒙古则是金刚手菩萨的化土。所以，这三个族群和地区各自为政，分别由三个不同的菩萨统治。西藏佛教史家习惯于把当时的一部世界史写成佛教史或者佛教的世界史，而西藏、蒙古和汉地都是这部佛教世界史中非常重要的部分。值得一提的是，当时西藏人称"汉地的皇帝"，这个汉地的统治者，即统治东方直至海边的汉地的皇帝，他究竟是汉人，还是满洲人，这对于他们来说没有任何意义。总之，汉地的皇帝是文殊菩萨的转世，西藏的统治者达赖喇嘛是观音菩萨的转世，蒙古汗王是金刚手菩萨的转世。这个"三位一体"的概念只是说明，这三个地方的皇帝都有菩萨的身份，并不只是说汉地的皇帝，或者说清朝的皇帝，因为同时拥有了菩萨皇帝的身份，所以，他就是一个"universal king"了，可以来统治整个世界了。显然，新史学家们的这个解释完全没有道理。

显然，戴维·法夸尔最初写那篇文章的时候，他并没有把"作为菩萨的皇帝"看成是个天大的事，相反，他的结论是要说明，与乾隆皇帝其他众多的身份认同比较起来，"作为菩萨的皇帝"这个身份并没有特别重要的意义。可是到了后来，也许是因为"Emperor As Bodhisattva"这个标题本身太吸引人了，特别是到了后现代史学家们这里，就在这个身份上大做文章，把其意义严重夸大。大家或许看过一篇文章，作者是何伟亚（James Hevia），他曾经写过标题类似的一篇文章，谈象征、谈仪轨，等等，我感觉就是典型的历史学家不懂藏传佛教而随意引申、解释。他们拿这些词汇、象征符号来解释清代的历史及其意义，所以，把"菩萨皇帝"弄成一个不得了的象征符号，于是乾隆皇帝就因此而变成"universal king"了，是世界级的转轮王。可以说，整个新清史家队伍里面没有一个真正是研究藏传佛教的，如果你去读柯娇燕他们的那些著作，我觉得非常明显的是，他们对藏传佛教研究成果的转述和引用显得非常落伍和有隔膜。藏传佛教的研究从 20 世纪 90 年代到 21 世纪的发展是非常迅速的，而柯娇燕他们引用的基本上是 20 世纪七八十年代出现的著作，在今天看来已经是非常陈旧和落后的东西。

另外，我想强调的一个问题是，乾隆皇帝的个人信仰和他的治国理念应该是完全不同的两回事。最近越来越多的研究表明，乾隆皇帝本人确实曾经是一个非常虔诚地信奉藏传佛教的信徒。虽然现在也还有人在争论，到底乾隆皇帝自己懂不懂西藏文？按照乾隆皇帝自吹，他非常精通，且每天都在读古藏文。但现在有学者研究发现他根本不懂藏文。但是，我们今天看到，他与章嘉呼图克图的关系非常密切，从小跟章嘉呼图克图一起长大，而章嘉呼图克图是藏传佛教的高僧，是国师。从康熙、雍正朝开始，章嘉呼图克图就组织了很多藏传佛教翻译的活动。后来，乾隆皇帝在承德造了外八庙，建了小布达拉宫。大家若去故宫参观，应该去参观一下乾隆皇帝建造在故宫里面的梵华楼，它是乾隆皇帝个人的寺庙，完全是一个藏传密教之坛城形式的建筑，这说明乾隆皇帝对藏传佛教的研究很深。

最近这些年又有人专门研究乾隆皇帝陵墓周围刻写的那些经文、咒文和陀罗尼，发现其内容整个都是密教无上瑜伽部的东西，表明的是最深的密教修行，所以，从以上种种迹象来看，乾隆应该是一个藏传佛教徒。此外，我们这些年找到了很多古代汉译藏传密教文献，发现流传到现在的这些汉译藏传密教仪轨文书大部分都是从乾隆的宫廷里面外流出来的。包括那些对研究元代的"秘密大喜乐禅定"——后来被误认为是淫戏的双修法极为重要的宗教资料，特别是其中还有些带图画的仪轨文献，它们都是从乾隆皇帝的夏宫外八庙等地方传出来的。但是，尽管乾隆皇帝有可能是一位虔诚的藏传佛教徒，但这是不是就说明他一定要用藏传佛教的意识形态来统治清帝国呢？显然这是两回事。个人信仰和其统治帝国的意识形态并不见得是一回事，对此我可以举另外一个例子来说明。明代的永乐皇帝也是一位极其有作为的皇帝，根据我们现在的研究，永乐皇帝也非常相信藏传佛教，他对藏传佛教的信仰程度甚至超过了蒙古皇帝。在永乐朝被受封的西藏国师、法王、教王、西天佛子和禅师，等等，是中国历史上最多的。而且，现在看来，在永乐皇帝时代被翻译成汉文的藏传密教文献也可能是中国历史上最多的。但是，永乐皇帝是不是也是一个像乾隆皇帝一样将藏传佛教的义理作为统治其帝国的意识形态的皇帝呢？如果是这样的话，看来以后我们要重新书写明代的历史了，旧明史也要变成新明史了！

我们再来看看乾隆皇帝著名的《喇嘛说》，堂堂的乾隆皇帝曾经写过一篇《喇嘛说》，就像大学教授写的论文一样，引经据典，同时用四种文字刻在雍和宫里的一块碑上，解释什么是喇嘛，什么是喇嘛教。这篇诏书里面甚至还有脚注，详细注明喇嘛到底是怎么回事。他在文章里讲得非常明确，说他根本不像元朝的皇帝们那样，对这些喇嘛们一味地讨好，他才不这样干呢！尽管他很喜欢喇嘛教，对这个藏传佛教也有很深的研究，每天早上起来都读藏传佛经，但是他学习这些东西，只是为了更好地利用藏传佛教来统治蒙古、统治西藏。为什么呢？因为蒙古人相信藏传佛教，他利用藏传佛教来统治蒙古人，比花很多武力去压服蒙古人实在要省心得多。他说得很明白，他对藏传佛教的研究和利用实际上是他的一项治国方略。

当然，我们对乾隆皇帝精心构建的《喇嘛说》也不能完全相信，因为这里边透出两个完全相反的信息，一方面是他对藏传佛教非常有研究，另一方面又说他不会被喇嘛蛊惑。这背后反映出的一个问题是，从元朝以来，在中国传统中就形成了一种十分负面的喇嘛话语，即把藏传佛教当成是一种祸国殃民的妖术。大家知道，蒙古人是世界征服者，世界都被他们征服了，可是他们却就被几名喇嘛给反征服了。因为他们后来信奉了藏传佛教，蒙古大汗天天在宫廷里搞双修，把他们应该统治世界这件事情给忘记了，元朝不到一百年就灭亡了。所以，尽管从明代到清代的皇帝们，没有几个是不信仰藏传佛教的，可是，表面上他们都会这样说，他们根本不是信仰藏传佛教，而只是为了在政治上利用喇嘛和藏传佛教。

当然，乾隆皇帝是他们中比较特别的一个，他太复杂了。我相信从他的个人信仰来看他绝对是一个藏传佛教徒。但是，从治国理念上说，他不可能直接采用这个藏传佛教的意识形态、统治理念来统治整个大清帝国。大家不要忘记了，西藏原来是吐蕃王朝。可到了 9 世纪中期，也就是 850 年前后，吐蕃帝国灭亡了，从此以后，它就再也没有真正统一过，再也没有形成过一个强大的帝国。如果哪个汉地的皇帝借用它的治国理念来统治他的帝国的话，那不是开天大的玩笑吗？

再说，清朝对藏传佛教的信仰有其深厚的历史背景，因为元朝的皇帝，甚至比元朝更早的西夏皇帝们都信仰藏传佛教，已聘任西藏喇嘛为帝师了。到明代，皇帝们同样对藏传佛教非常热爱，非常喜欢，翻译了大量的藏传密教的文本，或者引进了很多藏传佛教修行的方式，所以清朝对藏传佛教的信仰和推崇也可以说是对其前朝之传统的一种继承，并不完全是像乾隆皇帝所说的那样，只是为了政治利益。如果我们今天接受新清史家们对此的解读的话，那么很多地方与藏传佛教的历史和义理是完全不符合的，这只能说明他们不懂藏传佛教。譬如说，有人把清朝初年的大黑天崇拜说得很了不得，说是满洲人最早给大清建国以合法性的象征，就是把这个大黑天作为大清的一个国家级的护法，这或许也是对藏传佛教太不了解所造成的误解。因为像大黑天这样的护法在藏传佛教中不止成千上万，即使在元朝也并没有成为国之护法，就更不用说清朝了，这样的一个护法神根本达不到可以作为一个国家的护法这样的高度。日本学者石滨裕美子曾指出，元朝曾经把白伞盖作为统治国家的护法。后来这个说法也受到了其他学者的质疑和否定。在西藏历史上，在藏传佛教里，白伞盖从来就没有过这么崇高的地位，大黑天也从来未被认为过有这么高的地位，如果说可以做国之护法的，那不如直接说是观音、文殊或者金刚手菩萨。

另外一个流传很广的说法是清王朝和西藏的关系实际上是一种施供关系，五世达赖喇嘛到了北京，与顺治皇帝见面，他们建立起了施供关系。那到底什么是施供关系？就是施主和牧师的关系，说清朝皇帝是藏传佛教的世俗的保护者，是一名施主，而藏传佛教喇嘛就是牧师，他们为清朝皇帝提供宗教服务，以换取清朝皇帝给他们提供政治上和军事上的保护，以及经济上的支持。实际上，所谓的施供关系完全是西藏喇嘛们创造出来的，在世界史上前所未有的一个很特别的概念。那么，他们为什么要创造这个概念呢？我认为这是为了强化西藏喇嘛自己的权威和特殊地位。其最初是因为元朝的时候，以八思巴为首的萨思迦派喇嘛们得到了蒙古人的喜欢，所以被蒙古人任命为帝师，并拥有对西藏地方的统治权，这使得萨思迦派拥有了比藏传佛教其他教派更多的特殊权威。但是在西藏本土，其他家可不认他，很多地方势力认为自己都跟萨思迦派一样，具有盘踞一方的政治权力。于是，萨思迦派的上师们就创造出了这种施供关系的说法，说他们已跟皇帝建立了特殊的施供关系，所以他们应当更有权威。所以，施供关系这种说法完全是基于一种政治上的动机而构建出来的概念。20 世纪 60年代以来，西方的藏学家们便积极地追随起先是由流亡藏人学者再次提出来的这种施供关系的说法，其政治目的也很明确，就是想说明元朝并没有真的统治过西藏，蒙古人和西藏喇嘛之间建立的只是一种纯粹宗教性质的施供关系。显然，这同样又是在现实政治影响下提出来的对这段历史的一种新的解释。

但是，五世达赖喇嘛到清帝国来朝觐，当然更多地是为了加强他自己的政治影响力和政治地位，他远道而来不可能只是为了和清帝国建立一种纯粹的宗教关系。他当时确实是宗教领袖，但还没有完全建立起政治领袖的地位。当然，到后来，乾隆皇帝对西藏喇嘛们确实不是特别买账，他说他自己就是法王，可以统治他们所有人，根本不需要立比他更高的法王这样的一个位置，所以，他也根本不把他和西藏喇嘛们的关系看成是一种纯粹宗教性的施供关系。此外，西藏喇嘛们称清朝的皇帝为文殊菩萨，如前面已经说过的那样，这只是藏传佛教的一个三圣体系（trinity）中的一个部分而已，实际上更是对他的权力的一个限定，而并不是因此而要把他抬举为普世君主的高度。

那么，对整个这段历史，新清史家们怎么会得出这样的一种看法和结论呢？这里面的原因很复杂，但其中的一个原因一定是他们不太懂藏传佛教，对它采用了后现代式的过度诠释。另外，这也涉及另一个问题，即历史研究的基本方法问题。因为我自己一直推崇语文学，推崇文本研究，但是应该说，如果纯粹做语文学的研究，纯粹做文本的研究，肯定还不是真正的历史研究，它经常会产生误导。在新清史里面出现的前述这个很大的问题或许就是受了语文学／文献学研究者的误导。晚近对这种误导推波助澜的一个重要人物是在日本很有名的满蒙藏学者石滨裕美子先生，她是日本早稻田大学的教授，她自己的语文学文献阅读能力非常优秀，对此她自己也非常自负。她曾经在一篇文章里综述日本 20 世纪 90 年代以前的藏学研究，一开始她就很自负地说，日本学者在研究西藏学方面有天然的优势，因为他们很随便就能掌握四五种语言，他们的日文里面有很多汉字，所以阅读汉文文献对他们来说没什么问题。日语跟蒙语、满语属于同一个语系，所以他们学起来几乎不费力气。如果他们又学了藏文的话，那他们就会汉语、日语、蒙语、满语、藏语这五种语言，所以，她认为其他任何国家的学者都没有日本学者这样具有如此得天独厚的天然优势。我们一度也非常崇拜她的学术权威。

但是，你再仔细看她关于清史的几篇学术论文，对她的语文学能力，我可以说依然是佩服得五体投地。可是，再看她因此而做的历史研究，可以说她那不是历史研究，而是反历史的研究。为什么这么说？她在她的多篇论文中说清朝建立了一个佛教政府，因为藏传佛教中很早以前，即在10世纪的时候，出现了一本很有名的书，是宁玛派的伏藏，名叫《玛尼宝训》，里面提出了一个法政（chos srid）的概念，后来被演绎为政教合一的概念，或者称为政治和宗教两种制度。这个概念不管是被称为法政也好，还是被称为政教合一也好，它很早就传到了蒙古。她说蒙古族有本著名的宗教历史书，最早以前认为这本书是14世纪写成的，现在大家更多地认同它是16世纪写成的，题目叫《白史》，通过这本书，政教合一或者法政这个概念就被蒙古人接受了。在《白史》里面，对什么叫政教合一制度有很多的解释。到最后，在满文文献里，特别是在很多朝廷的奏折里面，也经常用这个与"法政"相应的字。于是，她说，这个就表明西藏、蒙古、满人都接受了法政的统治，都接受了这种统治理念，所以对于满人来讲，用法政这个概念，用藏传佛教政教合一的理念来统治国家对他们来说都是非常明白的。所以，法政，或者说佛教政府，是满蒙藏三边建立正式关系的基础，甚至是清帝国对外关系的一个基础。她还说，只有你们汉人不懂，为什么？汉人把这"两种制度"或者"法政"直接就翻译为"道"，或者叫"致治之道"，所以你们不懂，你们汉人忽略了法政这个概念，不懂得"佛教政府"这个概念。

如果仅仅从文本研究的角度来看石滨裕美子先生的研究好像没有问题，确实在藏文、蒙文、满文里面都出现了法政这个概念，只是汉文里没有。但是，只要你懂一点清史，谁又会相信乾隆皇帝真的是建立了一个佛教政府呢？我想，不管是旧清史也好，新清史也好，大概没有人会相信乾隆皇帝建立的是一个佛教政府。政教合一制度在西藏本身都不成功，怎么可能会被清朝政府用来统治国家呢？显然，她完全没有把在文本上出现的东西放到清代历史的实践当中来考察。

她所做的文本研究实际上也有漏洞。如前所说，西藏出现法政或者政教合一这个词的时间非常早，是在 10 至 11 世纪，它于 16 世纪在蒙古文宗教史书《白史》中出现的时候，实际上，蒙古人已经将西藏的政教合一概念做了彻底的改变。因为在藏传佛教里所谓"二种制度"（lugs gnyis）指的确实就是政治和宗教两种制度，即政教两个部分。到了蒙古，他们就把政治和宗教又分别分成两个部分，将政治分成了文和武，将宗教分成了显宗和密宗。所以，蒙古语境中的"政教两种制度"跟藏传佛教中原有的这个"政教合一"差不多完全没有联系了，完全被改变了。到了清朝，满族人确实用了与"法政"或者"政教合一"相应的词，可是这个词在清代历史上的意义有可能就是她认为的汉人没有理解的意义，就是"道"或者"致治之道"，在当时那个语境中，或许更可能早已没有了像她所说的所谓"佛教政府"这样一种意义。我这篇文章发表以后，被一个日本学者看到了，他看到以后对我说："沈先生，你太敢说话了。我们是敢怒而不敢言啊！谁会相信清朝有这样一个佛教政府呢？"可是因为石滨裕美子的学术地位太高，影响太大，没人敢提出异议。我与石滨裕美子先生以前也有过一些学术交往，我曾经对她的学术能力很崇拜，但是，我现在不得不批评她，我认为她的这一项研究实在是一种反历史的研究。

另外，我还想提的一个很有意思的问题是清史研究的史料问题。欧立德教授多次说过，新清史的一个重要的特点就是要充分利用满文文献，利用非汉文文献。对他的这个说法，中国学者的反弹非常强烈。一方面，这可能是因为我们自己确实不够自信，因为我们研究清史的学者大部分不懂满文，所以更强调汉文文献的重要性，认为清代的汉文文献远比满文文献重要，满文文献里有的我们汉文文献里都有，满文文献里面没有的我们汉文文献里还有很多，特别是到了清后期，汉文文献越多，越重要，而满文文献则相应地越来越少，越来越没有什么意义，没有什么价值。这当然完全是一种很情绪化的说法，不符合事实。研究清史、研究满族的历史，怎么可能不用满文文献呢？很多年以前，我刚回国的时候，当时比较敢说话，得罪了不少人。人家找我采访，问我中国的民族研究怎么样？我就实话实说，说中国的民族研究有一个很突出的现象，就是藏学家不懂藏文，蒙古学家不懂蒙文，满学家不懂满文，可他们几十年来都混得很好。可是，连这个最基本的民族文字都不懂，他们又怎么去做民族研究啊？这样的大实话，很多人不爱听，对我非常不爽。

新清史家们说了，中国大部分研究清史的学者不懂满文。说得再远一点，清朝灭亡是在 1912 年，到现在也就一百多年，可满族到哪里去了呢？现在懂满语的人还有几个呢？现在只有新疆的锡伯族还懂满文。现在自称满族的人数不断地在增长，但他们中没有几个真懂满文。据说现在的满族人都是山东满族人，很多是为了少数民族有一些特别的优惠政策，所以改称是满族人的，而真正是满族人的已经很少了。这是一个很大的问题。中国保存的满文档案和满文文献特别多，但是真正能利用它们的人很少。

但是，从另一个方面来看，新清史家们呼吁得很厉害，而且新清史研究的一个特色就是利用满文文献，可是你仔细看看新清史家里面究竟有几个是真懂满文的？你去仔细读一读新清史家们的著作，你去翻一下他们的书后面的参考文献目录，你会发现很少有几个新清史家们真正利用了，或者原创性地利用了满文文献。很多年以前，不少人对欧立德先生懂不懂满语持怀疑态度，我现在完全相信他懂满语，因为他的汉语说得非常好，显然有很强的语文能力，相信他的满文也不错。较早以前，欧立德曾聘请我的一位朋友在哈佛教满文，他是一位马来西亚的华侨，他的专业是藏学，语文能力极其出色。他觉得藏文学一两年就不用再学了，于是开始学满文，学蒙文，学维吾尔文，等等，都学得很好。毕业以后，欧立德先生就叫他在那儿教满文，整理哈佛的满文文献，过了两年他就不干了。记得他曾对我说过，与其说欧立德懂满文，不如说欧立德懂日文，因为欧立德用的满文文献基本上都是日本人做过的、日本人用过的。我想他当时的意思是说欧立德先生的日文更好，在满文研究领域与日本的学术交流非常多。我对欧立德先生的语言能力非常佩服，他的汉语说得不是一般的好，听说日语说得也很好，还会说韩语，相信他学满语肯定不是那么困难的事。我们中国人民大学国学院西域历史语言研究所的学生都学很多种语文，不少同学觉得学藏文挺难的，但学满文就容易得多。欧立德教授在哈佛有一个博士生，原来是我在中国人民大学的学生，学了多年藏文，到了哈佛，她对我说现在她的满文超级好，远比她的藏文要好。或许学满文真的并没有那么难，研究清史的年轻学者们都应该花点时间去学习满文。

但是，令人十分惊讶的是，大部分的新清史家们并不懂满文，你去看看他们那些学者，那些大名鼎鼎的清史家，翻翻他们的著作，看看有几个人真正利用了原始满文文献？看看他们有没有按照他们所说的做过精致的满文文本研究？新清史的研究为什么提倡要用本地语言？我猜想这里有一个原因，美国学界从 20 世纪 90 年代开始就有一个学派叫新语文学（New Philology），主要是一批研究南美历史和中世纪历史的学者，他们提出来研究南美历史，特别是殖民时期的南美史，不能光利用英文材料，也必须利用当地人记载的文本资料。所以，他们做了很多当地南美人自己的语言文本的收集、编辑和翻译工作，形成了一个被称为"新语文学"的学术流派。但是，实际上新清史家们没几个人做过这样的语文学学术工作，唯一做过这种类型文本研究工作的是狄宇宙（Nicola Di Cosmo）教授，他当年在哈佛教书时曾经和我们的一个蒙古族的学者，即达力扎布教授合作，做过满文文献翻译整理工作，合作出过一本有关清朝理藩院满文文献的书。其他人都没有做过这类工作。所以，懂不懂、利用不利用满文文献实际上更多的是一种观念和姿态，并不是区分是不是新清史的一个标准。并不是说你懂满文，所以你就是新清史家；你不懂满文，你就不是新清史家。恰恰相反，真正利用非汉文文献研究新清史的人，很多人都不是新清史家，比如我刚刚提到的狄宇宙教授，他对新清史很不以为然，他现在在普林斯顿高等研究院工作。再比如约翰·埃尔韦斯科格教授，他懂蒙文，懂维吾尔文，也懂汉文，他利用蒙文、维吾尔文和汉文文献研究清代的蒙古、西藏，他也对新清史不以为然，对所谓清帝国的内亚性说法尤其不感冒，与此相对，他提出了"清世界主义"（Qing Cosmopolitanism）的说法。

而利用藏文文献研究清代历史的人，大部分也对新清史的看法不太赞同。曾有一批学者，他们几年前开过一个会，专门讨论五台山的问题，将五台山作为一个不同文化的聚会点，蒙古人、满人、西藏人都在那里交流。通过对五台山这个个案的研究，他们对埃尔韦斯科格教授提出来的那个概念，即"清世界主义"做了具体的描述。他们说在整个五台山根本看不到任何所谓大清的内亚特性，藏传佛教也不是主流，特别是蒙古人，他们很多人更重视对汉文化的接受，满洲人也是如此。他们说这里哪有什么内亚特点？所以，用不用满文文献，用不用非汉文文献，并不是区分新清史还是旧清史的唯一标志。日本学者楠木贤道先生在普林斯顿高等研究院召开的一个讨论新清史的会上曾经说过，原来新清史是这么一回事，那日本在江户时代做的清史研究就已经是新清史。他说日本人江户时代研究清史的人都能够使用满文文献，也都研究新疆、西藏、蒙古地区的历史。

另外还有一个问题，实际上涉及的是一个学科的分野问题。以往不管在中国还是国外，如果清朝可以这么划分成一个汉的帝国和一个内亚帝国的话，那么从学科来说，清史研究也常常被分成两个不同的系统，分属两个不同的学科。一个就是传统的清史研究，就是费正清先生他们这样的清史研究，也如我们中国的戴逸先生所主导的清史研究。他们基本上只是利用汉文文献，重视以汉族为中心的汉帝国的历史的研究。而清史研究的另外一部分，在中国被归入民族史或者满族史的范畴，如王钟翰先生所主导的清史研究。他们重视利用满文文献、利用满文档案来研究清史。而这部分的清史研究在西方学界实际上属于中亚语文学的范畴。哈佛大学对这两个部分的清史研究原来是完全分开的，前一个以费正清先生为代表，而后一个则以现在在中国学界也非常有名的傅礼初（Joseph Francis Fletcher）

先生为代表，他就完全利用满文、蒙文、伊斯兰文献来研究清代内亚的历史，他是一名杰出的中亚语文学家。这两个学科到了现在开始整合了，哈佛大学原来分属于费正清和博礼初的两个学术职位现在都变成欧立德先生一个人的了。实际上，欧立德这个位置最初是研究中亚语文学的位置，或者后来就不叫中亚语文了，就叫中亚历史了。在欧立德教授以前，狄宇宙先生曾在那里代理过很多年，但没拿到永久教职就离开了。后来一直有人代理，刚开始代理的是欧立德的老师詹姆斯·博松（James Bosson）先生，这个人是一位蒙古学家、满学家，是一位中亚语文学家。再后来欧立德也代理过这个教职，当欧立德先生正式成为哈佛的教授后，清史和中亚语文学的研究就变成了他一个人的。可能这样一种整合促使了新清史的成长。但是，与此同时，一个原来很强大的、很有学术影响力的学科——中亚语文学就没有了。尽管哈佛现在还有一个内亚研究委员会，但实际上中亚语文学在哈佛已经很衰落了。我刚刚说了，新清史家们没有一个是很好的语文学家，没有一个人真正做过很多满文文本的语文学研究，所以，现在很多批判新清史的人都在找他们的这个硬伤。有一位叫李勤璞的老师说，在欧立德的《乾隆帝》里面至少有十处对满文文献理解的错误。在此，我并不是要完全附和李勤璞老师的说法，但是我想说，要在欧立德教授的书中找出十处语文学方面的错误并不是做不到的事情，因为他并不是一个语文学家，他做的也不是语文学的研究，他的强项不在于此。新清史对利用满文文献之重要性的号召本身就是一个观念性的东西，是一种标榜，这并不表示新清史是一种真正的语文学式的研究。

那么，为什么我们中国学者对他们强调满文文献的价值会反应特别过激呢？其实这里面还有一个不得不说的问题，就是他们在强调满文文献的重要性或者非汉文文献的重要性的同时，经常有意无意地怀疑甚至贬低汉文文献的价值和意义。很早以前，当我还在波恩大学读书的时候，我们那里有一位著名的满学家魏弥贤（Michael Weiers）先生，他是乌云毕力格教授的老师。他经常在课上和学生们一起读满文档案、满文文献，并将它们和清实录作对照。他经常说的一句话就是，"你看，这汉文里面全是错的"。后来我忍不住说，魏教授，你不懂汉语，你怎么知道汉文一定就是错的呢？而且，你拿档案文献和清实录作比较，这本身就有问题，即使清实录是用满文写的，二者也肯定不一样。实际上，正是魏教授自己曾经提出过"遗留性史料"和"编辑性史料"的概念。档案文献是一种遗留性史料，写这个东西时并没有预想要把它们当作一段历史来书写，而像清实录这样的东西，都是编辑性史料，是有意编写给别人当作历史来看的，编的过程当然有增有删，这种历史书写不是真正的第一手资料。所以，研究历史一定要分清这两种不同的史料，然后你才可以进行比较。这样的比较，应该在汉文档案和满文档案之间开展，这样的比较才是有意义的，才能看清楚到底汉文档案是不是错了，满文档案或者说汉文档案是不是有意地改变了。如果你用满文档案跟一个用汉文重新编写过的清代的史书来比较的话，结果当然是不一样的。

在这里我想强调的是，我不太相信在一个双语的或者多语的文献中，汉语的文本一定是那个被篡改了的。大家应该注意到的一个事实是，那些满汉双语的档案，实际上不管是其满文版，还是其汉文版，它们经常都是满洲人自己写的，汉文版也并不见得是汉人写的。因为汉人很少会有这个资格，或者有这个能力，可以参与到如诏令、文诰等档案文书的起草过程中去。当时同时懂满汉双语的人，汉人很少，满人却很多。对于一个清代的多语种的文本，我们现在很难确定这个文本到底最初是用汉文写的，还是用满文写的，是将汉文翻译成了满文，还是将满文翻译成了汉文，更不知道蒙古文和西藏文版的翻译次序是如何的。但可以肯定的是，主持这类译事的多半是满族大臣，而不管谁来翻译这些文本，都没有人胆敢在翻译的时候擅动手脚，随便篡改。譬如说，我们前面提到过乾隆皇帝的《喇嘛说》，到现在谁也无法说清楚《喇嘛说》这个文本最早是用汉文写的还是用满文写的，再后来是先有藏文本，还是先有蒙文本。但是我想说，不管它最先是用哪种文字写成的，也不管它是由谁来翻译的，没有人胆子大到竟敢擅自去篡改乾隆皇帝写的东西。事实上，按照我们对这四种文字的文本所作的初步比较来看，它们之间的差距几乎是可以忽略不计的。

当然，不同的版本之间肯定会有一些细微的差别，而这些细微的差别正是我们今天语文学家要努力去研究的东西。我刚才说了，如果在蒙文、藏文、满文里边都出现了与"法政"这两个字相应的词汇，但到了汉文文献里面它变成了"道"或者"致治之道"了，那么你首先不应该马上怀疑是不是汉文译错了，汉人没有理解这个词汇的本来意义，而应该考虑它实际上可能是另外一种情况。也就是说，在当时的那个语境里面，藏文、蒙文和满文中出现的所谓的"法政"，在汉文的语境中无非就是"道"或者"致治之道"的意思。这样的理解或许才是更有意义的，也才是应该花力气去研究的东西。或许西方学者现在依然还有一种很强烈的愿望，即与东方主义有关的一种愿望，他们老要替弱小民族说话，所以就想当然地认为汉族一定是惯于篡改历史，惯于篡改那些历史文本。可事实上这是不太可能发生的事情。再说，有清一代，满洲人是统治者，汉人是被征服者、被统治者，汉人才是弱者，所以他们应该为之代言的不是满人，而应该是汉人。总之，或许是因为西方学者在强调满文等非汉文文献的重要性的同时，他们老是有意无意地贬低或者怀疑汉文文献的史料价值，所以，很容易引起汉族学者们的强烈不满和激烈反弹。

我再说远一点，如果要谈对历史的篡改的话，其实蒙古人、西藏人一点都不比汉人差，甚至可以说走得更远。因为西藏人自己的历史从 11 世纪开始，都是彻底佛教化后的历史，所以，历史上任何世俗的事件他们都必须以佛教来解释。在这个过程中，佛教史家彻底地篡改了历史，所以我们很难找到一部真正客观的、世俗的藏文历史书。蒙古人也是这样，蒙古人接受了藏传佛教，同时就接受了西藏人的佛教历史观，他们甚至把自己的祖宗都说成是印度释迦家族的后裔，是印度人，其他还有什么不可以改变的呢？今人不能相信蒙古人、西藏人就一定对篡改历史免疫，只有汉人习惯于篡改历史，完全不是这样的。我们确实要怀疑和警惕一切历史都是当代史，或者历史都是根据某种意识形态或者现实政治的需要而构建出来的东西，但遗憾的是，在这一点上，汉文也好，藏文也好，满文也好，蒙文也好，都半斤八两，没有哪个不好，哪个更好。

最后，我想对这场关于新清史的讨论、这场争论做一个简单的总结。第一，我认为这是西方的东方主义传统下的学术和我们中国现在不断上升的民族主义影响下的学术之间的一场冲突。西方的新清史研究是一门西方的学问，它研究清史的视角，它对清代这些历史问题的关注，完全反映了西方主要是美国主流学术界和社会对中国历史和现实的兴趣和关注，它反映的是西方人自己的诉求，所以，它好像总是不相信各个民族之间可以和谐相处，可以交融，它考虑更多的是冲突，是争斗。这跟美国的历史和现实中种族和民族之间的激烈矛盾和冲突是息息相关的，所以，新清史家们可能更多地就是从这个角度来看清代的历史的。整个美国学术界的这些关键词，"race" "gender" "ethnicity" "global history"，都反映在新清史家们对清史的关注里面，所以它完全是一种西方的学术。

第二，为什么作为西方之学术的一个组成部分的新清史会对中国产生那么大的影响呢？我认为这跟西方学术传统上对非西方学术长期以来形成的学术和政治话语霸权有很大的关系。设想如果中国学者说新墨西哥、加利福尼亚历史上不是美国的，美国人可能就会笑笑，不会把这当回事。可是，为什么我们中国学者对类似这样的说法会那么敏感呢？其中的一个原因是，长期以来我们一直仰望着西方，以为人家的学术有多好，达到了多么先进的程度，一直仰望着。然后突然发现，原来他们跟我们说的那么不一样。虽然我们今天实际上还在继续仰望西方，崇拜西方，但是因为我们自己发展了，慢慢开始觉得我们要和国际接轨了，或者说也到时候秀一秀我们的肌肉了，这样就形成了冲突。正好在这个时候，我们中国自己也还没有办法说清楚何谓 / 何为中国这样的问题，不清楚该怎么来说明历史上的中国或者中国古代的历史与当下这个中国到底是一种什么样的关系，于是就把新清史家们当成了一种假想敌，拿他们的新清史当作说法的由头，来思考和解决我们自己正面临的难题。当然，其中出现了很多不理性的、非学术的讨论和争论。

再强调一下，我觉得西方的新清史家们表现出非常强烈的愿望，觉得他们要为这些内亚的弱小民族说话，他们觉得要为新疆、西藏、蒙古，甚至满族说话。实际上，他们或许已经忘记了，在清朝历史上，汉族实际上也是被征服者、被统治者，汉人和蒙古人、西藏人和新疆伊斯兰诸民族的地位一样，西方学者那种急于替他人代言的典型的东方主义情结于此应该尽早被摒弃。我相信有朝一日，如果西方学者能够彻底走出这种东方主义的学术传统，而我们不但能够彻底摆脱西方人的学术和政治霸权的压迫，而且也能够走出民族主义或者民族国家史学的影响和束缚，那么，到那个时候，中国的学术也就可能真的强大了、发达了。到那个时候，我们大概就可以和西方学者开展理性的学术对话，而中国学术的真正国际化也将不再是一句说说而已的空话了。

当然，要在东西方之间开展理性的对话实在是很困难的，这不是一厢情愿的事。有一句话我以前一直以为是萨义德说的，后来才发现是马克思说的，是萨义德引用了马克思的这句话，说的是"他们是不可能代表他们自己的，他们必须被别人代表"。所以，作为西方研究对象的东方，是没法来表述他们自己、再现他们自己的，他们必须被其他人来表述。而任何这类表述（representation），按照萨义德的话来说，必然会受到政治、利益和权力的沾染，所以，这种表述和再现很难达到真正的真实和客观，因为它很难脱离现实的利益和政治、权力等这些东西的影响。萨义德对此非常悲观，他甚至认为他批判了东方主义，证明了西方人对东方的表述是受自己的政治权力和利益沾染的，但是到底有没有一个真实的东方呢？对此他自己同样很怀疑。我觉得只有双方都明白和理解各自的局限和问题，明白西方人说的那个清史和我们所说的那个清史之间的差别和问题在哪里，怎么来的，去掉那些不理性和不学术的情绪，去掉那些很明显的政治影响，才能进入真正的学术讨论，开始我们自己的新清史研究。

谢谢大家。

【主持人】谢谢沈卫荣老师的讲演，内容非常丰富。我还记得北京有一次公开的辩论，2010 年在香山，人大举办了一次关于新清史的讨论，展开了中美学者之间的对话，那次就是一个开头。后来编辑了一个新清史的文集，大家可以查一查这个文集，事实上面对面讨论的效果比较好。

事实上，在美国学者当中，这个争论从一开始就出现了。但是一轮的变化之后，我们看到许多新的问题。萨义德还说过一句话，我觉得是回应了现在很流行的文明冲突论，他说其实现在并不存在什么文明冲突，而是无知的冲突。刚才沈老师最后回到了语文学的问题，指出在另一个程度上，实际是重新讨论知的问题，我们到底在怎样的意义上去理解历史，在那个理念上再产生出对于这个问题的再解释。宝力格老师，您先说几句怎么样？

【宝力格】我这么说吧，新清史没有政治意图，欧立德这些人说自己没有这样的意图，而最终您也确定他们没有这样的意图。

【沈卫荣】我说我宁愿相信他们没有政治意图。

【宝力格】而中国的大多数学者，认为新清史的学者们有分裂中国的企图。但是，我认为，他们的意图恰巧不是分裂中国，反而是扩大中国的范围，将除了汉以外的那些民族包括到中国之中，毕竟中国是 56 个民族组成的，其他的民族有自己生存的空间，我宁愿从正面去理解他们的意图。但是立足少数族裔、族群，或者是同情弱者，这都不是问题。问题在于什么呢？清朝里很多一部分人，像蒙古人，他不是在中国，他在蒙古国有自己的国家，也就是说，中国近代的少数民族，他们以前是清朝的属民，以清朝这样的帝国认同从而找到自己的位置。但是同样这个立场，如果我们用到蒙古国的时候，可能就变成了一种清帝国主义，因为他们是一种反清的角度。这样会出现什么问题？其实对新清史有两种反对意见，一种是中国这方面的，另外一种是蒙古国的这种蒙古民族主义。所以这样一来，我们需要重新分析新清史究竟是什么样的。我们看到有两方在掐架，我也在看这个热闹，一个是以美国和日本学者为代表的一方，另一个是汉族学者这一方，双方都想弄清楚满洲人、乾隆究竟是什么意图，而这个神秘性在于他是用满语写的，大家弄不清楚。萨义德不是说了吗？是谁代表谁的问题，那些说话的人的权利是什么？我想问一个问题，掐架的时候，其他人是旁观者吗？我的意思是，藏族人没有自己的历史观吗？蒙古人没有自己的历史观吗？他们是怎么表述这些东西的？如果我们将这些表述融进来的话，很可能叫新清史 2.0 版。2013 年的时候，欧立德在人大让我做点评，我就用了 2.0 版。后来，新一代的新清史家出来了，现在很可能不仅是要 2.0 版，而是需要 3.0 版了。

【**沈卫荣**】你说得非常好。实际上，我完全赞同你说的第一点，就是本来对这个新清史可以从另外一个方面来看待，存在另外一种理解的可能性。它不是说要分裂中国，而是把这个历史过程更好地表现给你看。清代的历史，不光是汉人的，整个蒙古、西藏都有很深的涉入，而且它对我们今天构建中国的身份认同很有好处，中国历史就是这么形成的，不光是我们汉族，这是有积极意义的。顺便提一句，米华健认为"Inner Asia"是清的创造，而这对今天我们中国向内蒙古、新疆这些地区推广中华民族这个概念是一个障碍。我想，这本可以不把它看成障碍的，但是对这个问题的讨论就回到了我们怎么理解作为"nation state"的中国和历史的关系。如果我们对这个问题有一个比较清醒的认识，或者我们有足够的自信的话，就如你所讲，新清史会有一个正面的作用。你的另外一个问题提得非常尖锐，实际上，新清史，我说它对中国的影响应该不如大元史，如果我们按照新清史这个角度来说元史的话，问题或许更多、更复杂。实际上，大元史和新清史很多方面是异曲同工的。就像你说的这个，因为真正的满族人，第一，快没有了；第二，都在我们中国，而蒙古人不是，中国外面还有一个蒙古国，所以对元朝历史的争议、看法，可能是一个更困难的，或者说是更严重的事情。

另外一个，到底我们怎么来说话，我们都在替人说话，不管是新清史也好，汉族学者也好，到底那些不是汉族的其他民族是怎么看这段历史和他们在这段历史中的位置和意义的，我想，这个非常重要，但要想做到则不容乐观。刚才我提到那位美国学生，他讲在青海，当时在那里收集资料的哈佛博士生亚历克斯·奥伊曼（Alex Oitman）经常和当地的藏族学者谈论新清史。奥伊曼要出版一本关于金瓶掣签制度的书，他天天与当地的藏族学者讨论新清史的问题，大概就是希望听到他们对藏族在清史中的地位和意义的声音吧。但是，一切历史都是当代史，今天蒙古人或者西藏人对他们在清代历史中的地位和意义的思考，必然会受到他们今天所处的政治和社会地位的影响，内蒙古的蒙古人和蒙古国的蒙古人对此的看法一定是不一样的。我们最好回到清代历史的语境中，去研究清代蒙古人和西藏人对清代历史的看法。

【提问】沈老师您好，我的专业是传播学研究。我想问的是，如何看待文献？文献究竟只是指奏折之类的纸质的文献，还是我们也需要把这种石刻、物质性的文本也纳入其中？我想问，国子监里面类似这种石刻能否体现出清朝其实是一个比如说"multi-culture"这样跨体系社会的理念？因为刚才宝力格教授说，我们大家都在对它进行描述，但是清朝的统治者或者清朝的普通民众，他们自己怎么想？我们从当时的这样一种物质性的东西去考察是不是好一点？

【沈卫荣】所以我刚才说约翰·埃尔韦斯科格教授他们提出了一个新的概念，叫"清世界主义"，远远超越了这样一种讨论，到底哪个为主，是内亚的、西藏的还是汉族的。这个问题我觉得非常好，谢谢你。

【主持人】好，今天的讲座就到这儿，下面请其他同学退场，政经哲的同学留一下。

【提问】沈老师，您好，听了您的讲座，我觉得非常充实。您最开始提出新清史有三条主要观点，其中第三点是关于全球史的。全球史也是一个非常热门的话题，您能不能再详细介绍一下全球史。

【**沈卫荣**】全球史视角是新清史家最近放进去的，因为全球史成为学术界的一个热点。我对这个研究不深，而且他们讲的也不多。我觉得最重要的是，全球史的出现与新清史将清史划分成所谓的内亚帝国和汉帝国两个部分是有联系的。全球史出现以后，中国作为一个整体的历史就被削弱了，而各个地区的历史的概念和意义则被加强了，这在某种程度上造成了去中国化。他们把内亚帝国说成是游牧民族什么的，从这个角度看，这本来都是清的一部分，被新清史家们人为地划分出来两个帝国后，看起来就好像真的完全不一样了。清帝国和蒙古帝国的历史都是全球史的一部分，而不再是中国历史的一部分了，它们都对现代世界的形成产生了很大的影响，特别是那本研究蒙古史的书，即 *Genghis Khan and the Making of the Modern World* 就是这样。我们以前用朝代史的角度来谈元和清，它跟用世界史或者全球史的角度来谈就完全不是一回事。但将全球史视野作为新清史的一个特点，实际上是欧立德最近的总结，但与此相关的具体论述还不多，他们过去的那些著作原来没怎么提到这些。

说得简单些，全球史观对中国历史研究的影响就是，作为地域的范畴代替了作为朝代的范畴。本来我们谈中国历史是谈唐宋元明清的历史，清只是其中的一个朝代，现在不是这样了，现在清是作为亚洲内陆或者跨越欧亚的这么一个地域，他们要从这个角度来谈清朝的历史。

【**提问**】您提到内亚，说是现在西方史学界的时髦学说，但它这个内陆亚洲的地理划分跟传统的中亚研究很接近，是什么样的动力使得这些史学家提出那些概念？是什么动力使得他们要用内亚区别于中亚？

【**沈卫荣**】比方说原来欧文·拉铁摩尔（Owen Lattimore）把内亚作为一种特殊的地缘政治单位来谈其历史发展，这个跟学术传统上的中亚研究是不一样的。我刚才说的比如德国学界的中亚史或者中亚学研究，包括语言学上的阿尔泰和乌拉尔两个语系，以及与它们相关的地域和民族文化，到后来则慢慢形成了跟我们中国所说的西域相关的地域概念。一般来说，中亚研究包括对满族、蒙古、西藏、新疆和穆斯林诸民族的研究。但是这些民族之间的语言、宗教、文化和生活方式等的差别非常大，不是一个有机的整体，对这些民族的研究也都是中亚研究的各个分支学科的内容，而并不是像后人那样一定要把内亚当作一个特殊的地缘政治单位或者一个有机的地理和民族划分的概念来看待，所以，学术研究中的中亚和新清史家们所说的内亚是不能混为一谈的。原来在美国和欧洲的学界较多地叫作中亚，中亚研究是一个具有悠久传统的学术领域，我们熟知的伟大的汉学家伯希和（Paul Pelliot）实际上是中亚语文学教授，而不是汉学教授。

美国印第安纳大学现在有个中央欧亚系，原来是阿尔泰 - 乌拉尔研究中心，后来改为欧亚学系。它的创始人是丹尼斯·塞诺（Denis Sinor）先生，他是把中亚改称内亚的重要人物，曾经专门写了一篇长文章，讨论"What is Inner Asia"，我很久以前看过，具体怎么说的已经不记得了。但是，我去过印第安纳大学中央欧亚系，发现它所从事的教学和研究范围依然和德国或者欧洲人讲的中亚研究是一回事。塞诺在那里倡导的内亚研究也还是对满洲、蒙古、西藏、新疆的研究。但将这四个地区作为一个整体上的内亚，我觉得是没有什么道理的。

拉铁摩尔的书我没有仔细读过，他有一套影响很大的说法。但从纯粹的中亚研究的学术角度来讲，他在该领域并没有很大的影响。哈佛原来也做中亚研究，曾经聘请钢和泰（Alexander von Stael-Holstein）先生去做中亚语文学的教授。这个职位后来由蒙古学家柯立夫（Cleaves）先生担任，再以后就是他的学生弗莱彻（Fletcher）、安迪考特·韦斯特（Endicott West），等等，他们都是研究蒙古的。再接下来担任这个职位的是狄宇宙先生，他是做满洲研究的。显然，他们后来也把满洲、蒙古、新疆、西藏这一块都打通了。至于后来为什么要把它定义为"Inner Asia"，我不是很清楚。现任哈佛内亚研究委员会主任的是范德康（Leonard van der Kuijp）教授，他是一位著名的藏学家。

【主持人】拉铁摩尔的影响还是很大的，当初他还不代表一个正式的学派，只是一个公司的雇员，后来才加入太平洋学会，他当然是天才。我觉得有一个背景很重要，就是"欧亚"概念的产生，西藏、蒙古主要还不在欧亚的范围内，但新疆跟它关系很大。欧亚这个概念基本上是十月革命以后才出现的概念。一些流亡欧洲的白俄知识分子在政治上很反对十月革命，但是他们又认为十月革命在一定程度上保存了俄罗斯帝国的幅员和人口，尤其是保存了足以对抗西方霸权的俄罗斯帝国。沙俄、苏联都不是典型意义上的欧洲国家，而是欧亚国家。这些概念早期都有特定的政治语境，但后来似乎又慢慢变成了世界历史格局的论述。

其中蒙古史可能是一个核心，他们认为 13 世纪到 15 世纪前后，蒙古形成了相对稳定的区域，这个区域既不是俄罗斯，也不是中国，而是自成体系的。最早这些概念的使用并不严格，后来经过慢慢的发展成为了学科制度，这在欧洲是很明显的。"Central Asia"是一个领域，这个领域一旦确定以后，什么是原先政治的因素，什么又是学术的因素，就很不明确了。比如说中亚研究，中国不在这个范畴，中国是另外一个范畴，中国学者看到中亚范畴，就会觉得跟我们既有的想象方式非常不一样。所以我赞同沈老师刚才说的，某一种研究的意义在于能够提供不同的、多面的视角，为我们提供新的可能性。

【提问】沈老师您好，我想问一下，藏传佛教这个东西，存不存在我们为了克服之前汉族本位的倾向，然后对这个东西做了过度的拔高。按我之前的了解，清朝统治者并没有放弃自己满洲的认同，他们只是将文化作为政治的手段，对他有利的他就会采纳，不利的就会拒绝。所以对于清史的研究是不是从满族或满洲人的视角出发，而不是藏传佛教的视角出发，会更好一些？

【沈卫荣】藏传佛教对整个内亚和中国历史有很重要的作用。我们现在对这方面的研究还比较少。一个简单的事实是，你看整个中国西北，除了蒙古人，全部都是穆斯林，为什么蒙古人能自外于穆斯林？因为蒙古人是坚定的藏传佛教徒。西藏的影响很早就进入了西域，8 世纪后期，就是从 770—780 年开始，一直到 850 年以前，吐蕃帝国都是一个很强大的帝国，所以藏传佛教在西域的发展非常普遍。它不是像后来西藏历史所描述的那样，经历了一个灭法时代，很长时间就没有了，到了 10 世纪才又发展起来，不是这样的。在敦煌地区我们发现了大量藏传佛教的东西，藏传佛教在西域地区根本就没有中断过，一直到 12 世纪，于阗的公用语言就是藏语，它对这些地方的影响是很大的。后来西夏人、蒙古人，再到明代的皇帝、清代的皇帝，他们都信藏传佛教，这在整个中国历史上的影响是非常大的。

但是，新清史用藏传佛教来取代汉族文化对清的影响，或者说因强调藏传佛教而忽视满人对他们自己的满洲认同的坚持，把藏传佛教对清统治的影响说得比满洲因素更重要，这是我前面一直在批评和予以否定的东西。当然，到底清统治的满族特性或者内亚特性是什么，新清史家们并没有很好地表述出来。我刚才说了，姚大力老师曾经在满文文献里寻找有没有"满洲性"这个表述，他最终发现它根本就不存在。

据说雍正皇帝相信禅宗，乾隆皇帝相信藏传佛教，但清宫廷内一定不存在一个作为治国理念的藏传佛教，不能把皇帝的个人信仰与他的治国理念混为一谈。清朝没有实行政教合一的统治，菩萨皇帝跟清代的统治方式没有特别大的关系。我刚才举了乾隆皇帝的例子，他为什么写《喇嘛说》？为什么他要拼命地批评藏传佛教？实际上这是为了掩盖他自己的个人信仰。为什么要掩盖个人信仰呢？因为按照汉族的历史传统，藏传佛教是祸国殃民的，你去看看元朝后期的历史，喇嘛教所传播的都是一些房中术、双修什么的妖术，元朝因此很快就灭亡了。元以后的中国皇帝或多或少都受到这套传统话语的制约，尽管他们实际上可能很相信藏传佛教，但表面上都要装出一副不相信的样子。永乐皇帝是这样，乾隆皇帝也一样。

新清史家们用藏传佛教来说明清王朝的满洲性或者内亚性，这表明：第一，他们对藏传佛教的理解非常肤浅；第二，我觉得他们根本没有好好研究清朝历史，清朝历史实际上根本就不是那个样子的。

三代理想与儒家传统[*]

张志强

中国社会科学院哲学研究所副所长

---

* 讲座时间：2017 年 12 月 27 日。

【主持人】我们按照惯例，前半部分，请张志强老师做一个讲演，然后有一些简单的对话、评论。到最后，请张志强老师和政经哲的同学做一个交流。这个跟一般的公开讲演形式上略有不同，我先做一个简要的介绍。

大家已经知道了张老师演讲的题目，叫作"三代理想与儒家传统"，这是一个很大的、围绕中国文化的很深邃的一个话题。我现在简要地介绍一下张志强老师。在我们这个学期所邀请的演讲者当中，张老师是到目前为止最年轻的一位。他的本科是在兰州大学读的，之后在北京大学哲学系读了硕士、博士。他毕业以后，从1997年到现在，一直在中国社会科学院的哲学研究所工作，他曾担任中国哲学研究室的主任，还有中国哲学史学会《中国哲学史》杂志的编委、副主编。现在他还是哲学研究所的副所长和《哲学动态》杂志的主编。张老师这些年发表了大量的关于中国思想史的论文，引起了学术界很高的重视。现在让我们欢迎张老师给我们做演讲。

【张志强】首先非常感谢汪老师的邀请。我们读汪老师的书读了二十年，学习汪老师的思想很多年，这次也是给我一个机会，向汪老师汇报一下自己的研究心得。

今天这个题目，是三代理想与儒家传统。其实也是我这些年在经管学院上中国文明课涉及的一些内容。三代问题是中华文明里面一个特别核心的问题。今天这个演讲其实也受到唐文明老师最近一篇文章的影响和刺激，今天讲述内容的重心组织上，当然有我自己的一个逻辑，一个叙述的逻辑，但由于受到唐老师这篇文章的一些影响和刺激，我在叙述的重心方面做了一些调整，在一定意义上也是对唐老师的一些回应。

三代这个问题，是中华文化里面特别重要的一个话题。过去在中国历史上对三代问题的讨论有非常多的类型。其实唐文明老师强调的就是其中一种特别的类型，是基于理学或道学对三代的一种理解模式。这个模式，大概跟孟子有关，是王霸之辨的一个问题，是汉唐和三代之间的王霸义利之辨的问题。这种看法应该说是在唐宋时代确立起道统论的历史观以后居于了某种主流地位。

所谓道统论的历史观，也就是唐老师所说的"以道观史"。这种道统论的历史观，是在中国的历史当中，选择了三代作为中国的一个理想的时代。通过这个理想的时代，回头来理解中国历史的时候，它就作了一些选择。依据韩愈关于道统的说法，道存在于尧舜禹汤到文武周公孔子，"柯之死而不得其传"，孟子以后就是无道的世界了。不过，韩愈又自诩说"使其道由愈而粗传，遂灭死万万无恨"，表明人能弘道，道是可以在断裂之后由弘道之人加以接续的。孟子说五百年必有王者兴，也是在讲这个道理。选择三代作为一个理想的时代，实际上就是用这个理想时代来观照历史、检讨历史，这是一种批判性的视角。三代是作为批判现实的理想而设的。

所以这种理想的确立，有一种批判性的功能。我也特别赞同这个方式，这些年对儒家的讨论非常多，我自己还是倾向于把儒学看成是一个批判性的资源。不过这种批判性发挥作用的方式，可能与我们一般意义上所理解的批判性不太一样，这种批判性功能的发挥，会有中国的特别的一个方式。

除了这种宋明理学的模式以外，对于三代的理解模式应该还有孔子的方式。《论语·八佾》里有句话说："子谓韶，尽美矣，又尽善也；谓武，尽美矣，未尽善也。"韶是舜乐，武是武王乐。孔子说韶乐是尽善尽美，而武乐则是尽美而未尽善。朱子说："舜绍尧致治，武王伐纣救民，其功一也，故其乐皆尽美。"程子说："成汤放桀，惟有惭德，武王亦然，故未尽善。"程子还特别指出："尧舜汤武，其揆一也。征伐非其所欲，所遇之时然尔。"孔子对于韶武之乐的评价，意味着孔子对舜与武王的评价，而其实质可以说是对尧舜禅让与汤武征伐的不同评价。尽善尽美与尽美未尽善之间，朱子说善是"美之实"，美是"声容之盛"，也就是说，尽善必然尽美，是对美的形式与内容的完全彻底的展现。若只能尽美而未能尽善，则仅仅是展现了美的形式，而未能完全展现美的实质。或者我们也可以说，尽善尽美是目的与手段完全合一，而尽美未尽善则可以说是目的与手段不完全合一。如果说，"救民"是尧舜汤武的共同的美好目的的话，那么是以禅让还是征伐的手段来实现这个目的，就意味着善的差别。尧舜的这个时代，在孔子看来是尽善尽美的，是理想的典范。而"汤武革命"则是一种尽美不尽善的理想典范。尧舜禅让与汤武革命就成为两种理想型，而且在两个理想型之间建立起一种价值等级的关系。值得注意的是，也是我认为最有深意的是，孔子并没有把这两个理想型作为对立的模型来看待，他并没有单纯地说这个尧舜时代就一定比汤武时代完全好或不好。程子的说法，更能说明二者之间的不同，是"所遇之时然尔"，尽美未尽善与尽善尽美的区别，是历史条件的不同所导致的，应该说圣人的用心则是"其揆一也"。也就是说，汤武革命尽管不是最佳的理想方式，却是圣人为适应历史条件而不得不采取的现实选择。与其说孔子是以尧舜禅让来批判汤武革命，毋宁说孔子是通过尧舜的理想，来确立起一种历史地理解和看待理想的方式。汤武革命尽管不是最理想的，但仍然是理想在历史中的实现。或者我们也可以引申说，这正是圣人的用心与历史的关系，圣人的用心必须见之于历史，因此也必须受到历史条件的限制，也正是因为如此，历史才会在圣人用心之下成为有理想价值的自觉的历史。孔子提供了一种不与理想对立的理解历史的方式。这正是孔子的批判性方式，理想不是简单以其与历史对立的方式来批判历史的，理想的确立是为了更好地理解历史，为了更好地导引有限的历史朝向理想。

通过上面的分析，我们大致可以了解，孔子对于古代的历史作了一种理想化的或是原理化的处理。他把古代的历史概括为两种范式：一种是尧舜禅让的范式，一种是汤武革命。实际上，最早也有以尧舜禹为三代的提法，而《论语》中则以夏商周为三代。以前者为三代，当然强调的是三代所具有的公天下意义，以后者为三代所强调的三代意义则复杂得多。

近代以来，对于三代的意义就寄托有很多不同的说法，唐老师在几篇文章里都强调了这一点——近代以来讲三代，实际上背后寄托的是民主和专制这样一种对立模式，讲三代是用来对比秦政的。谭嗣同有一句"冲决网罗"的话，"两千年之政，秦政也，两千年之学，荀学也"，应该说奠定了近代以来关于中国两千年历史的基本看法。三代在一定意义上就是被作为秦政的对立模型来使用的，实际上，在谭嗣同的老师康有为那里，这个对立的模型根本就不是真实发生的历史，而是孔子微言大义的理想构想。如果说秦政是专制的话，那么三代所代表的理想则是共和或民主。显然，所谓共和或民主，都是来自西方政治经验的启发。钱穆先生说康有为是看似尊孔，实则尊西（"故康氏之尊孔，并不以孔子之真相，乃自以为所震惊于西俗者尊之"《中国近三百年学术史》）。可见，近代以来关于三代的讨论，从根本上讲都是以所谓西方的现代政治来批判中国的传统政治的一种表现而已。我们究竟该如何理解三代，如何能够依循中国文明自身对三代原理化的原理来理解三代，我觉得这是一个涉及如何理解中华文明的基本性质、如何把握中国历史的基本脉络的一个大问题。

思想史上关于三代的讨论，实际上都是有所寄托的，都是经由三代在讨论一些理论性的或原理性的问题，换句话说，关于三代的讨论，实际上就是在围绕如何原理化三代而展开的讨论。我们大致对此做一些总结和分析，借此来探讨作为原理的三代在中国文明史上的实际内涵。

关于三代的讨论，最先涉及的问题其实是天下为公与天下为家的问题，或者说是公天下与私天下及其与家天下的关系问题。其中，最为关键的问题恰恰是如何理解家天下的公私性质的问题。实际上，这正是关乎如何理解汤武革命所确立的原理性格的问题。正如我们在上面提到的，尧舜禅让与汤武革命的不同在于确立了禅让与大人世及两种不同的传位模式，在汉代儒生当中，一直潜伏着一条思想暗流，并时不时地演化为公开的思想和政治运动，就是以公天下的理想来批判家天下的制度。《韩氏易传》云："五帝官天下，三王家天下，家以传子，官以传贤，若四时之运，功成者去，不得其人，则不居其位。"将三代家天下与五帝公天下相对，公天下的标志是传贤禅让，而家天下则是"家以传子"。汉代的谷永说："臣闻天生烝民，不能相治，为立王者以统理之，方制海内非为天子，列土封疆非为诸侯，皆以为民也。垂三统，列三正，去无道，开有德，不私一姓，明天下乃天下之天下，非一人之天下也。"（《汉书·谷永传》）明确提出了公天下的口号是"不私一姓，明天下乃天下人之天下，非一人之天下也"。天下乃天下人之天下，意味着立王统理生民的政治的根本目的是"为民也"。根据汉代儒生的意见，作为公天下之意的"为民"，是与"私一姓"的"家天下"相矛盾的，因此，只有以不私一姓的禅让传贤的公天下制度来取代之。显然，这是主张以尽善尽美的尧舜之制来反对汤武革命所确立的制度。

那么，汤武革命所确立的制度，难道就是违背公天下之意的制度，就是不为民的制度吗？《易经》革卦象辞说："天地革而四时成，汤武革命，顺乎天而应乎人。"可见，汤放桀与武伐纣的"革命"是顺天应人的政治行动。但汤武革命行动之后所建立的制度是否也是顺天应人的呢？王夫之在《读通鉴论》里有一段著名的话来评价秦代郡县制的设立，他说："郡县者，非天子之利也，国祚所以不长也；而为天下计，则害不如封建之滋也多矣。呜呼！秦以私天下之心而罢侯置守，而天假其私以行其大公，存乎神者之不测，有如是夫！"

实际上，在后代关于三代的讨论当中，很重要的一个议题便是以三代的封建与秦汉郡县相对照，而且以三代封建来批判郡县。王夫之却提出了上面的看法为郡县辩护。他辩护的实质在于，指出封建和郡县究竟哪种制度更符合三代之意，也就是天意。如果说秦政所建立的郡县制度，是从天下角度考虑的而并非仅仅为了天子之利而设立的制度，那么，可以说尽管秦有着私天下之用心，但其实际效果是"天假其私以行其大公"。在王夫子看来，即使是在私天下的用心之下建立的制度，也可能是天行其大公的结果。显然，在公与私之间存在着天意的辩证法。贺麟先生在翻译黑格尔的"理性的狡计"时，就举了王夫之这句话为例来说明。理性的狡计就是天意的辩证法。在王夫之看来，天意的辩证法，是"存乎神者之不测"，有其难以把握和理解的一面。那么，我们是否也可以用这种天意的辩证法来理解汤武革命所带来的"大人世及"的制度呢？或许我们也可以套用程子的说法，是"所遇之时然尔"，大人世及的制度，也有其历史条件的不得不然。重要的是，我们如何从其私意中辩证地探求其天意之公心，这正是历史研究的使命。如果说存在着所谓的天意辩证法的话，那么，我们似乎也可以说，家天下的制度，并不一定就是私天下的产物，其中也可能存在着天意的辩证安排，需要我们通过对历史极尽精微和广大的研究来阐明其背后的大公之天意。公天下和家天下之间并不简单地就是公天下与私天下之间的对立关系，家天下也有可能是天意在适应"所遇之时然尔"的不得不然的历史条件当中，尽量体现自己的大公至正之道的制度安排。在某种意义上，这正是孔子昭示于我们的历史认识论，这种历史认识论的精髓，恰如章学诚所言，是所谓"论古必恕"，是孔子的恕道在历史认识中的体现。

恕道的前提是人在历史中的有限性，因此人的历史总是在有限历史条件下努力的结果，是在不得不然的条件下尽其必然。因此，尽善尽美的尧舜之道，或许只能是一种理想，一种为了理解历史而建构的纯粹的理想型，而真实的历史发生则是由汤武革命所展现的，尽美而未尽善矣，总是在历史缺憾中尽力实现理想，尽力体现由尧舜之道所传达天意之美善，虽然并不能完全实现天意之美善。

我们应该在这样的历史认识论前提之下来理解三代，来理解作为中国文明历史开端的三代，来探究三代之于中国文明历史的意义。作为历史发生的三代，是如何在历史发展中不断被原理化的，原理化的根据或者说理想化的根据与真实的历史之间究竟存在何种关联，对于我们理解中国文明的核心价值具有重要意义。历史地也是理想地探究三代之意，实际上，也是孔子所开辟的经史传统的基本旨趣，从历史当中探求意义，依事求义，并以义理导引历史的前提，是因为事义本来融合，事义也必将融合。这是孔子开辟的儒家传统的基本信念。

所谓三代问题，实际上是我们所在的世界，这个以中国命名的世界的总体开端的问题。如何确定开端，是一个重要的思想史问题，背后也涉及重要的认识论问题。开端从来都不是自在的，开端从来都是一个由后代不断确认的东西。这就是源流互质的道理。源流互质的方法论既是历史认识的方法，其实又是主体性化的原理。我们之所以选择三代作为我们的开端，或者说我们给出三代作为我们开端的理由，是我们当前主体性形成的重要内涵和重要环节。

我们以三代为中国的开端，这个开端其实包含了几个含义。

第一个含义就是说，我们所谓中国这个世界的开端——我们把这个世界称之为天下，它首先表现为一种国家的形态，而且这个国家的形态具有前所未有的特点，它不是可以用一般的国家原理能够说明的。第二个含义是说，这个开端它不仅是一个时间的开端，它更是一个地理空间秩序的开端。第三个含义，这个具有时间和地理空间开端意义的具有国家形态的世界，之所以既久且大地存续至今，其中包含着一套它自身的道理，因此，这个开端也意味着这个所谓中国世界的原理的开端。作为这个世界的原理的开端，就是中国作为一种文明的开端。

如果我们把三代作为开端，那么当然会把夏作为三代的开端，这就意味着夏既是中国在时间上的开端，同时它又是一种空间上的地域秩序的开端，此外它还意味着把大人世及的王朝政治形态作为了开端。夏，既是中国这个天下世界的历史的开端，又是中国这个天下世界的地域秩序的开端，同时也是中国这个天下世界的王朝政治形态的开端。以天下世界为内涵的国家形态，以王朝政治为政治形态的世界秩序，这些作为开端的内容对于我们理解中国具有怎样的意义？

三代作为开端的意义，实际上是由后来所谓的"六经"所奠定的。"六经"本来都是三代政教文献，是以三代政教历史为内容的，当然原本并非六种，而有多种，是所谓经过了孔子的删述而被经典化为"六种"。这"六种"经典之所以被归类为"六"，与对三代政教功能分类的认识有关。这种关于政教功能分类的认识，实际上也已经是对三代政教历史的原理化。在这个意义上，六经并非直接就是儒家的六经，而是经由了孔子的原理化和经典化才成为六经，孔子之后的儒家把孔子原理化和经典化之后的六经作为了自己的经典系统。而另一方面，孔子对三代政教文献的经典化和原理化，在一定意义上就是对三代历史的经典化和原理化。孔子不可能脱离三代历史、不可能脱离三代政教文献来原理化，必须持之有故，但孔子也必须对三代历史和三代政教文献进行提炼和升华，对其中所包含的道理与价值进行原理化和理想化，必须言之成理，将三代之事提升到三代之理的层次上，通过对三代历史的损益而达致对百世可知之理的认识。孔子所开辟的儒家，之所以可以居于中国文化的主流，正是由于其对三代大传统的完整继承和深刻发扬。在这个意义上，我们可以说，六经不仅仅是儒家的六经，更是中国文化的六经。六经早于儒家，正如三代早于儒家一样，但六经又只有经由孔子和儒家才成其为六经，三代经由孔子和儒家才成其为三代，唯其如此，三代才具有了中国历史开端的意义，而作为三代政教文献之原理化的六经才具有了中国文明原理价值之发明的意义。

三代历史作为开端的意义，意味着三代历史是我们自身的历史，我们仍然活在三代历史所开端的历史进程当中。这种历史延续之所以可能的条件，或者说我们今天仍然将三代作为自己的历史的原因，在于历代的人们不断将经由三代而原理化的道理作为我们的历史理想，不断导引随时有可能断裂破碎的历史成为一种从三代而来的统一的历史，导引历史成为我们的历史，从而抟成了中国的历史和历史的中国。在古代的意义上，中国的历史也就是天下的历史，历史的中国也就是历史的天下。这正是我们经史传统的伟大功能。这也正是经史传统为我们提供的"中国"认识。

在一定意义上，经史传统所提供的中国认识，恰恰成为现代学术所要破除的认识。现代学术史上的疑古史学，以及现代的考古学，首先就是要打破三代的观念，特别是取消夏作为信史的地位。无独有偶，日本明治维新后北亚史学的开山白鸟库吉就首次提出"尧舜禹抹杀论"。实证的史学，以科学的名义承担了一个现代的文化政治任务，取消三代作为中国历史开端的地位，从而提供一种或是分裂的，或是断裂的，或是缩小或是缩短的另类"中国"观。

我们现在的问题是，孔子何以可能对三代进行经典化和原理化，后世的经史传统又何以可能将三代作为集体记忆不断地加以理想化？实证史学的史料证据的执念，如何可以抗衡或者说无视经史传统的集体记忆？

三代作为历史的开端，到底包含了哪些素材可以为孔子的这种经典化和原理化提供意义的根据？同样的，又是哪些三代历史素材中包含的道理，让孔子觉得它对于未来的发展有意义，可以被孔子用来作为损益的根据，可以作为百世可知的价值原理？我觉得这是我们理解三代问题时不可缺少的两个维度，不能像今天的考古学家和实证历史学家那样简单地还原历史，也不能如今天一些所谓康有为式的经学家们那样简单地去讲孔子所谓空言待后的微言大义，而是要把事义两者做一个有机的结合，虚实结合，辩证地理解三代历史及其道理。

从中国这个世界的总体开端角度来讲三代，当然首先需要从中国文明的起源问题讲起。对于中国文明起源问题有非常多的研究。我们知道在中国这块土地上，其实在新石器时代就有很多不同的文明遗存，关于这些文明遗存，考古学界有所谓中原中心说、中心花瓣说、满天星斗说，等等。不过，值得重视的是，李伯谦先生曾指出，文明起源与文明形成是两个不同的概念。所谓文明起源，是指文明因素的起源，在距今6000年到5000年的仰韶文化时期已经出现，并已有了初步的发展；而文明的形成是指文明的因素发展到足以摧毁原有的社会结构，凌驾于社会之上的国家的产生。恩格斯说，国家是文明的概括，文明形成的标志是国家的出现。国家形成的标志有所谓文字的出现、铜器的使用、城市的形成以及大型宗教礼仪性建筑的发现，以及由这些因素的出现而推断出的阶级分化和政治权力的集中。作为新石器革命的主要内容便是从游猎、采集到定居的革命性突破，以及农业和畜牧业的出现，还有伴随交易与安全的需要而出现的城市，以及在城市与城市之间的网络与层级关系上出现的国家。苏秉琦先生曾指出在中国境内有六大考古区系，而这六大考古区系至今仍然大致是中国境内不同文化地理区的范围。应该说，六大考古区系的成形，都伴随着各自的国家的形成。据苏先生的看法，在新石器时期的多元文化区域当中，红山文化距今 5500 年到 4500 年，有三大发现，坛、庙、冢。坛是祭坛，庙是女神庙，冢是专门埋葬氏族首领的坟墓。祭坛是祭祀天神地祇的，女神庙是供奉地母神或生育之神的，而冢的主人则可能是最高巫师，会随葬玉器，是所谓的古国阶段，而且是具有神权性格的古国。不过，在中国这个地理区域当中出现的国家，并非中国国家的形成，而只能称之为在中国区域内的国家形成，它们应该说还不是中国国家的形成。苏秉琦先生讲，中国作为国家的形成是次生性的，而不是原生性的，也就是说，中国作为国家的形成，不同于一般国家的形成，而是具有自己的特别的条件。或许，对于中国国家的形成的正确提问方式，是何以从"满天星斗"形成"大一统"。"中国"如何从多元的文明因素走向一体的大一统国家形成？新石器时代的多元文化区系，为中国文明的形成提供多元的文明因素，这些多元文明因素恰恰构成了中国文明的基因。新石器时代的多元文化区系之间从封闭走向交流和融合的过程，正是中国文明形成以及中国诞生的历史过程。

出现于中原地区的国家突破，根据苏秉琦先生的说法，是从北方国家形成的突破引申而来的，与北方从氏族到国家产生的原生型模式相比是所谓次生型模式。那么，中原地区国家是如何起源的呢？（从陶寺到夏商周，中原地区国家形成，主要是在从洪水到治水的推动下促成的，这是超越社会大分工产生政治实体的推动力。）

一般的国家起源，过去都是从内部的阶级分化来讲，讲暴力的产生。但日本的柄谷行人有个说法，其实国家的产生来自另一个国家的产生，也就是说如果世界上出现了第一个国家，那么一定会出现一系列的国家，因为国家形态具有的高度组织性，使得其他形态的组织，要么成为被它征服的对象，要么就成为它的敌人，将自己改造为与自己的对手一样的国家形态。这就是国家产生的连锁效应。我们也可以套用苏秉琦先生的原生型国家和次生型国家的模式，把最早产生的国家称之为原生型国家，把在原生型国家的刺激下出现的国家称之为次生型国家。不过，这种互为他者型的国家，也会以某个国家为中心经过一系列的征服而逐渐形成所谓的大规模的国家，也就是所谓的帝国。但大规模国家的形成与互为他者型国家间的征服之间的因果关系有可能更为复杂，互为他者型国家的征服也可能形成一种大国之间的对峙局面，而且必然出现单一的大规模国家。单一的大规模国家的出现，更有可能是在更大规模的他者的前提下，在共同应对这个更大规模的他者的挑战中，通过征服或联合的方式组织形成。中原地区出现的单一的大规模国家，或者说天下规模的国家，显然不是互为他者型国家间征服的结果，而是应对更大规模他者挑战的产物。

那么，这个他者到底是什么，在我们看来，这个他者肯定不会是另一个跟中国体量一样大小的国家，否则它就是"中国"了。创始第一个像中国这样天下规模的国家的他者，应该不会是另一个国家，这个他者，只可能是所谓的"天"。

这个"天"是什么？就是以灾异的形式所表现的"天"。天灾可能是导致中国这样的天下规模的国家出现的一个重要他者。只有天灾的产生，才有可能在天下的规模上创生出天下规模的国家。天灾的产生，使得天下的国家必须能够团结起来（当然团结也可能在特定条件下是以征服的形式实现的），共同面对。天的挑战，可能是天下规模的国家，或者说中国规模的国家产生的重要原因。我们还是要回到苏秉琦先生的大胆假设，他认为，从陶寺到夏商周，中原地区国家的形成，主要是在从洪水到治水的推动下促成的，这是超越社会大分工产生政治实体的推动力。如果说洪水是天的挑战的话，那么治水则是推动大规模政治实体的动力所在。

因此，理解中国的创生离不开天的观念，应该说中国的创生与天的自觉是一个过程的产物。现在对于甲骨文、金文中的"天"字的研究非常多了，虽然"天"字的造字中会传达天的自觉的内涵，但天的自觉很难完全通过"天"字的造字来传达，因此，我们很难仅仅通过文字的研究来探索天这个概念的发生。我们还是要回到经史传统当中，通过传统中对于天的原理化理解本身，来源流互质地探寻天的自觉的过程。

　　无所不包的天的观念出现，与至大无外的天下相对应。无所不包、无所不在的天的挑战，使得至大无外的天下必须凝结为一个共同体，一个天下的共同体，一个命运的共同体，来共同面对。天下概念的出现和中国观念的出现应该是一体两面的，没有天下就没有天下之中的中国。天下之中的中国，就是一个天下共同体的世界，一个拥有着中心秩序的天下世界。这个中心秩序保证了天下成为一个政治共同体，一个具有宇宙论意义的政治共同体。换句话说，是自然共同体与政治共同体的合一，一个天下人团结起来的共同体。共同面对难题而促使天下人团结起来，本身就是一种新的政治连带方式的创造。这种连带方式的目的是团结合作，而不是征服。团结合作要求参与者一定程度上放弃自己的某种权力，这是形成更大规模组织的必要牺牲。立足于天下，立足于整体来理解个体和部分，这是基本的方法论，也是基于天下共同体的道德感和价值感的来源。一个如此大规模国家的形成的内在动力，是一次天人事件的结果，而对这一次天人事件的原理化，则构成中国作为天下国家长期持续存在的自觉动力和价值追求。

　　作为天下共同体的中国的创生来自天的挑战，但对天的挑战的回应，并不简单的是人定胜天的模式，更主要的是天人合一模式。人和天之间并不是一个对立的结构，对立是暂时的，而和谐是目标。对天的挑战的回应，目的是要恢复天本来的秩序，恢复宇宙自然和谐的状态。看起来天下人团结起来是一个人为的结果，是人努力的结果，但团结的目标则是恢复自然秩序。因此，团结起来恢复自然秩序，本身就成为天的道理，人团结起来恢复自然秩序就是顺应天道。天的道理里面就包含了一个内在的原理，就是回复的原理，天人合一是天的本来状态，也是人的本来状态。天灾是天人断裂的示警，是所谓的灾异，人要从灾异中汲取教训，回应天的启示，寻回与天合一的和谐状态。恢复天人合一的关系，就是恢复天人秩序，所以中国这样一种天下共同体的产生，包含了一种返本的政治因素，或者叫恢复的政治、返本的政治。在中国这个天下共同体的创生里面，包含了许多我们可以分析的原理性因素。

苏秉琦先生讲五帝时代就出现了"共识的中国"，他在《中国文明起源新探》中说："五帝时代以五千年为界可以分为前后两个阶段，以黄帝为代表的前半段主要活动中心在燕山南北，红山文化的时空框架可以与之对应。五帝时代后半段的代表是尧舜禹，是洪水与治水。史书记载，夏以前的尧舜禹，活动中心在晋南一带，'中国'一词的出现也正在此时，尧舜时代万邦林立，各邦的诉讼、朝贺，由'四面八方之中国'，出现了最初的'中国'概念，这还只是承认万邦中有一个不十分确定的中心，这时的'中国'概念也可以说是'共识的中国'。"夏商周三代则"由于方国的成熟与发展，出现了松散的联邦的'中国'，周天子的'普天之下，莫非王土，率土之滨，莫非王臣'的理想的'天下'。""共识的中国"就是一个天下的想象，这是在五帝时代，也就是考古学上的红山文化所对应的黄帝时代与陶寺文化所对应的尧舜禹时代，就出现了的中国和天下的自觉。

关于中国这两个汉字称谓，最早出现在西周成王时期的"何尊"铭文中："宅兹中国"。这个"中国"就是指成周所在的地区。关于"中国"称谓的起源，甲骨学家胡厚宣认为商对四方称中商，才是后世中国称谓的起源，胡先生把"中国"称谓的起源上溯到商代的"中商"。不过，在我们看来，重要的不是"中国"这两个汉字的起源问题，而是"中"的观念的起源问题。所谓"中"，是指地中或土中，据武家璧的说法，上古盛行盖天说，以为大地是平坦的，故认为普天之下最高的天顶即天之中极只有一个，对应于天之中极的极下地区，就是土中或地中。"王来绍上帝，自服于土中。""中"就是上下通的意思，在地中可以实现王与上帝之间的沟通，这是王者之所以逐中的原因，也是帝王于中建都的原因，"帝王所都曰中，故曰中国"。"中国"就是地中之国，也就是"天下之中"的王之都城所在。

何驽指出："中国的最初含义是在由圭表测定的地中或土中所建之都，所立之国。中国的出现或形成的物化标志应当是陶寺的圭尺'中'的出现，因为它是在独占地中以绍上帝的意识形态指导下，通过圭表侧影立中建都立国的最直接物证。它既标志着控制农业社会命脉的历法作为王权的一部分，又依据其大地测量功能成为国家控制领土的象征。"苏秉琦先生也曾指出："华山一个根，泰山一个根，北方一个根，三个根在晋南结合，这很像车辐聚于车毂，而不像光热等向四周放射。"而三个根在晋南所汇聚形成的就是陶寺。在陶寺发现了大型观象台和圭表。根据何驽的研究，陶寺的观象台的功能是集观象授时与祭祀于一身。观测系统由观测点、观测缝以及所对应的崇山上的日出点构成。陶寺观象台观测得到了太阳历及其各个节令。何驽研究指出："古人早已认识到圭表大地测量（测土深）的功能，并形成了一套建邦立国定都地中的程式化模式。建立都城，必须遵循王者居中、王者与天帝交通的意识形态，以立中方法，依照夏至影长 1.6 尺或 1.5 尺标准确立地中，以定都选址。"通过实验，他们还确认了周公卜洛与夏都阳城的夏至影长。周公卜洛的夏至影长为 1.5 尺，即今天登封告成，这就是周人所求之地中。而禹都阳城的王城岗遗址夏至影长为 1.516 尺至 1.519 尺。"帝王所都曰中，王者居中。地中是求中的目的，圭表是求中的手段"，李伯谦先生更进一步认为，陶寺就是尧的都城。

王者居中，中就是地中，也就是天下之中，这个中是可以通过圭表测影确定的。反过来我们可以说，王者居中就是依据天的秩序来建立天下的秩序。中国的创生就是天下秩序确立之象征。确立这种秩序的时期应该就是传说中的五帝时代，特别是以陶寺遗址为代表的时代。这种秩序所涵盖的地理范围当时并不广大，但这种秩序背后的原理，中国与天下秩序的原理，却成为后世不断创生这种秩序、不断扩大地域秩序范围的基本原理。应该说，这个秩序原理就是天下一统的秩序原理。

以上我们根据考古文化遗存和传说，对中国的创生所具有的原理性意义做了一种大胆的解释。这种解释实际上也是依据自孔子以来的儒学传统、经史传统对五帝三王历史的原理化内容。这正是儒学的经史传统所反复强调的内容。考古学所发现的考古学文化遗存并非一种自在的遗存，更不是一种与我们无关的遗存，这些遗存是活跃在这块土地上的先民们的历史遗迹，是与我们有关的，并在历史上被我们反复记忆的内容。所以我们不能摆脱历史记忆，将这些文化遗存与我们的历史记忆剥离开来，依赖它们自身来说明自己。严格说来，考古学上的文化遗存不会自己诉说自己，必须经由我们的解释，而我们的解释又如何可能摆脱历史记忆来解释这些远古的遗存？

基于同样的道理，我当然不能接受从疑古史学以来认为夏代不是信史，直至当前考古学界中激进主张夏代不存在的说法。仅仅由于没有发现夏的都邑和文字，就说明二里头文化不是夏文化。那么，这种具有高度政治文明的广域国家与我们是什么关系呢？

冯友兰先生对于疑古史学过分疑古，特别是怀疑夏作为信史的存在，有一个非常有意思的批评。他说这就像古代官员判案时常说的一句话，叫作"虽查无实据，但事出有因"。我们不能因为没有说明夏存在的证据，就怀疑夏的存在，因为三代作为一个整体被我们的历史记忆了三千年，三代已经被原理化和理想化。传说固然是传说，但它的产生必有历史作为依据。传说具有导引我们认识历史的能量，传说与考古遗迹之间是一种相互指认、相互印证的关系。疑古是释古的开始，而不是为疑古而疑古，而释古则是主体性化的过程，我们必须在古今之间，把历史作为一个整体来源流互质地加以把握和诠释，来形成面向未来的主体性。

最近北大考古系孙庆伟教授对夏代信史的重建已经做出了非常有说服力的证明，我只想就三代作为一个整体的原理性意义，做一点探讨。对于我们来讲，三代当中夏不可或缺的原因是因为从孔子以来的经学所发明的原理，是把三代作为一个整体，缺一不可。如果我们在考古学上否定夏，三就不成三了。三若不成三，就带来一个原理性的变化，一生二，二生三，三生万物，如果不成三代，仅有商周两代，将不具有历史延续的能生的意义，因此夏是不可或缺的，在原理上来讲，是不可能没有夏的。

因此夏的意义在于它是三代总体的开端。那么，三代总体又是什么呢？作为其开端又具有何种意义呢？

与五帝时代相比，夏是作为一种广域王权国家的形象出现的。广域王权国家是借用许宏教授的说法。所谓广域王权国家，意味着统治范围的扩大和大规模王权的出现。如果说五帝时代的天下秩序是一种想象的共同体，那么夏代则是对想象共同体的一定程度的落实。同时，作为能够统治广域的大规模王权，实际上是以大人世及的制度来实现的，这就是说，夏是家天下制度的开端，夏是大规模王权的大人世及制度的开端。作为天下秩序的实质性开端的夏，同时是夏王朝的开端，而夏王朝也是中国王朝时代的开端。

作为天下秩序的开端与作为王朝时代的开端，其实具有不同的历史意义。或许我们可以这样理解：作为天下秩序或者天下共同体开端的意义，其实是作为中国的基本国体的开端；作为王朝时代或王朝体制开端的意义，则是中国古代占据主导地位的政体形式的开端。

为什么这么讲？如果说五帝时代就已经出现了某种天下秩序的话，那么这种秩序更多的是一种部落联盟的形式，是不同族群的联合，而禅让制其实是联盟首领的选举制度，类似于内亚国家的选汗制度。内亚的选汗制度，完全取决于领袖人物的个人品质和能力，因此，当失去具有克里斯玛的领袖之后，政治结合往往分裂，无法形成稳定的制度性的权力。权力交接充满变数。作为理想的禅让与作为现实的禅让，往往差距很大。现实的禅让往往是篡夺的代名词。而大人世及的制度则是一种稳定的政权交接形式，是一种权力交接的例行化的模式，这种制度之所以可能，说明已经存在着稳定的官僚队伍和官僚制度，使得权力可以在一定程度上摆脱领袖肉身的限制。

关于中国的政体形式，在古代思想史上是有许多讨论的。干宝在《晋纪·论晋武帝革命》里说："帝王之兴，必俟天命，……文质异时，兴建不同。故古之有天下者，柏皇、栗陆以前，为而不有，应而不求，执大象也。鸿黄世及，以一民也。尧舜内禅，体文德也。汉魏外禅，顺大名也。汤武革命，应天人也。高光征伐，定功业也。各因其运而天下随时，随时之义大矣哉。"干宝总结了古代圣王"有天下"的政治方式，大致分为如下几种类型：一是"为而不有，应而不求，执大象也"，这是一种完全依循天地自身的秩序而来的政治，是所谓"天地大矣，成而弗有"，这种政治好比天地的功用，是"成而弗有"或"为而不有"，是一种"不有天下"的"有天下"方式。成就万物而不居其功，这也正是因顺自然、无为而无不为的政治，不贪天之功以为己力的政治。先秦道法家中的"静因之道""舍己而以无为法"的政治理想接近于此种政治类型。二是"鸿黄世及，以一民也"，大人世及之制，就是父子相承之制，也是后人所谓家天下之制。这种制度的好处在于能够"以一民之心"，有利于稳定民心，有利于政治的例行化和理性化。三是"尧舜内禅，体文德也"。四是"汉魏外禅，顺大名也"，禅让有内外两种，尧舜是内禅，而汉魏则是外禅。内禅无兵戈之事，所以体现文德；外禅则有剪伐之事，因此其实质不过是僭称禅让，不过是有禅让之名而已。五是"汤武革命，应天人也"。六是"高光征伐，定功业也"。汤武革命和高光征伐，是在禅让之外的政权转移的另外两种方式，其一是顺天应人的革命，其二是以其神武建功立业的征伐，这种如汉高祖和汉光武的神武，是"遭际会而不能得"的，是因缘际会的产物，有其偶然。如果我们从"有天下"的政治形式来讲，这六种方式大致可以分成三种政体类型：一是因顺无为、为而不有的形式，从根本上说，这种形式是一种无政府的政治形式，是老子所谓"执大象"的政治，大象而无形，也就是一种无政治的政治形式。这种政治形式一方面是最远古的政治形式，另一方面又是最理想的政治形式，因为中国的政治理想就是回归天地秩序本身，因此最高的政治理想就是无政治的政治。二是大人世及的政治形式，也就是父子相承的政治形式，家天下的政治形式。这当然是一种积极有为的政治形式，在某种意义上也是政治的成熟，因为已经具有了例行化的形式，能够带来稳定的政治局面。三是禅让，禅让与大人世及之制不同，是选贤之制，因其避免了征伐，因此具有"文德"，是一种更文明的政治形式。但它也有变体形式，那就是外禅，所谓外禅其实就是篡夺，是对禅让名义的僭越。外禅的变体的存在，恰恰说明内禅的禅让更多是一种理想的形式，很难保证其能够真正体现"文德"。禅让作为一种政体形式并不是一种稳定的形式。如果从政权转移形式的角度来划分，这六种政治形式又可以分成三种：一是禅让，二是革命，三是征伐。对于"为而不有"的无政治的政治来说，当然也不存在政权的转移问题，因为是"应而不求"的政治。这三种政权转移的形式背后实际上相应着三种政治正当性的理由。"禅让"的正当性是选贤的文德，革命的正当性是顺天应人，征伐的正当性则是神武之功业。如果就政治的正当性而言，也应该包含父子相承的大人世及，它虽然不是政权转移的形式，但是政权交接的形式，因此，毫无疑问其背后也有一种政治正当性的理由，这就是"一民心"，也就是政治的例行化和理性化。政权交接或转移的形式又可以根据其获得政权的方式分成顺逆两种类型。顺的类型就是父子相承和禅让，逆的类型就是革命与征伐。顺的类型当中还应该包括一种亚型，就是摄政，逆的类型里还应该包括一种亚型，就是废立。不过，摄政和废立都是发生在王朝内部，是对大人世及之制的补充而已。干宝对此也有总结，他说："尧舜则变而为禅代，汤武则变而为逆取，伊尹变而为废立，周公变而为摄政，此皆圣贤之遭遇异时，而其事不得不变者也。"

作为王朝政治开端的夏，准确地说是替代禅让的政体形式，建立起大人世及之制的开端。作为广域王权的国家是一个大规模的王权国家，青铜器的使用就是王权的象征，传说当中禹铸九鼎，就是在说明青铜器背后所象征的王权。大人世及的制度，就是家天下父传子的制度，它带来稳定的政权交接。人心比较能够接受这样一种政治转换模式，是因为它可以避免政治动乱。大人世及制度作为政权交接的例行化形态，与大规模王权的产生和维护有着内在关联。从夏朝开始，形成大规模王权和实质性的天下秩序，应该说就是禹传启的结果。夏在中国历史上最早奠定了大规模的稳定的统一的王权，建立了稳定的天下秩序，这正是夏被后世理想化和原理化的历史前提。

那么作为三代之一的商，在三代总体中具有何种地位呢？作为三代之商，又是如何被赋予一种原理性地位的呢？

三代之中，商是具有信史地位的，这是由于甲骨文的释读与商代都邑的确定，与《史记·商本纪》的记载基本一致。商对中国历史有几个非常重要的贡献。一是大规模王权更大规模化的发展，这可以从青铜器相比夏代更为广泛的使用中可以看到。还有一个重要贡献，就是文字的大规模使用，甲骨文的发现和释读让我们了解到商代政治文明所达到的高度。我特别喜欢法国汉学家汪德迈先生关于甲骨文的一个说法，他说，甲骨文其实是一种神的语言，是商王和上帝之间沟通的语言，商王将这种语言记录为甲骨文，将与神沟通的语言记录下来传达出来。所以这种语言，它是另一种语言，一种不同于人在日常所使用的语言。它既是神的语言，又是王的语言。因此，这种语言传达的内容，超出了一般日常语言所表达的范围。它是一种具有宗教性神秘性的政治语言。

中国语言文字的形成发展，其实跟这个特点也有密切关系。文字的传播，实际上是对文字背后的语言系统的传播。文字的传播，是通过王的政令的形式进行的。为了了解王的政令，也为了了解神的意思，远方的人们需要学习这种文字，这也就是对王的语言和神的语言的学习。这种学习过程其实就是对神的权威和王的权威的接受过程，同时，这种学习过程也是王的语言和神的语言进入学习者自身语言系统的过程。由于王的语言和神的语言传达了更大规模世界、更抽象更精微世界的内容，因此，这个学习过程也是学习者自身语言系统不断提升的过程。日常语言可以表达更广大精微的内容、更伟大的事物，这个学习过程就是地方性的语言系统逐渐与王的语言发生关系的过程。如果说王的语言是雅言的话，那么地方性语言逐渐在学习雅言的过程中变成方言。实际上，这种中国语言与文字的关系原理，正是中国文化形成与发展的原理。一定意义上，方言与雅言的关系，就是地方与中央政治关系的反映。不同地方性语言成为方言的时期，也正是该地方不断与中央发生政治关系的时期。当然，这是一个漫长的政治和文化过程。这在一定意义上说明，文字的政治使用，是奠定中华世界的关键环节。这也正是商代甲骨文的重要文明史意义。文字使用的理性化程度，文书行政因素的出现，在文字政治应用的背后，体现了一种宗教性和政治性的权威，正是在这种权威的支撑下，使得一种语言可以传承由另一种语言所形成的文明世界，让这种文明世界深植于自己的语言内部、深植于自己的生活世界内部，最终成为一个统一的文明世界。

商代还有另外一项贡献特别值得讨论，那就是天命的观念。甲骨文里已经有好几种天字的写法，同时也有了"帝"字。根据王国维的说法，卜辞和金文中的天字本像人形，天字字形上一笔"独坟其首"，是"特著其所象之处"，也就是象征人的"颠顶"，印证了《说文》中"天，颠也"的意思，也就是说，天字本来是人首的象形。根据郑吉雄先生的说法，这"等于说'天'字喻指上天之意，实是'人'之形体引申譬喻的用法。……其潜在的意涵，则是'人'和'天'二者具有引申譬喻的关系。这种关系，扩而充之，必将为中国思想'天人合一'的观念，揭示一新页"。这说明古人早有一种天与人相对应关系的观念。在陶寺遗址中圭表测影以求中建都的做法，正是天人相关观念的反映。王者求中，中作为沟通上下的意思，说明王在土中可以获得天人沟通的效果。天人沟通在一定意义上是由王在天下中心实现的。顾里雅认为，天字作大字用，而大字多指大人，大人也就是有地位的人，天字作大字用，可能是大字加一划而成为天，也就是大人飞升而为天神。总而言之，在商代，天人互动的关系，特别是由王所独占的天人沟通的关系，已经非常成熟，形成了一整套祭祀礼仪。

在民国时期，徐旭生先生就曾发现，商人的帝有图腾生祖的性格，其与商人的关系是特定的、专有的，而不能是普遍超然的，商人的神对商人有必须眷顾的理由，不必有道德的标准为给予其保佑的要求。简单地说，商人的神是族群专有的守护者，而不是对所有族群一视同仁的超氏族神。伊藤道治认为商人宗教有一个演变过程。早期也有最高神灵上帝，祖灵与自然神都位于其下，祖灵祭祀逐渐规则化后，祖先的权威得到最终确认。随着祖先权威的逐渐树立，原本具有包容力的商逐渐丧失了向心力，在帝辛（纣王）时代达到顶点。这说明，在商人的天人关系当中，居于天上的至上神，不管是否经过了一个演变的过程，有一个显著的特点就是它是商人专属的，是专门眷顾商人的神，甚至最终与祖先神合一。《礼记·大传》言："礼：不王不禘，王者禘其祖之所自出，以其祖配之。"商代末期的上帝是一个极具族群独占性的守护神，而不是普遍的裁判者，至上帝与祖神的结合，实为禘祭的特色。

张光直认为，商王通过允许异姓国族参加宗庙祭祀，以形成在精神领域对他们的控制。异姓国族人士除直接参加宗庙祭祀外，卜辞所见多是以各类贡品参与助祭。松丸道雄也认为，商联盟是通过"虚构的血族关系"体系得以建立的，在这个体系中，不同邑制国家的首领被看作是商族祖先名义上的子孙以及商王的兄弟，他们偶尔会受到商王的赏赐，并且将商王的父祖当作自己的父祖进行祭祀。这种允许异姓方国祭祀自己祖先神的做法，显然包含了非常丰富的宗教和政治含义。一方面，是对异姓方国的精神控制，对于异姓方国来说，当然是一种具有屈辱意味的服从；而另一方面也正是经由这种方式，异姓方国也可以被看成是商人祖先的子孙和商王的兄弟，与商人之间建立起一种虚构的血族关系，结成稳定的政治联盟。这种制度安排实际上带来一种天下一家的价值效应，这可以说是天下一家观念的萌芽。

商人的天人互动的天命观念，在中国政治史和文明史上具有极其重要的意义。商人的这种专属独占至上神的眷宠的观念，并最终将至上神转化为祖先神的观念，一方面特殊化了自己与至上神的关系，从而奠定了自己的特权地位，保证了王权的万世一系的永固，殷纣王的"我生不有命在天"的说法，正是来源于此；而另一方面，商人进而将自己的祖先神拟制地打造为所有人的共同祖先的做法，也形成了一种精神权威和价值秩序，为政治秩序蒙上了一层宗教的色彩。当然，"天命"一词，在青铜铭文中最早见于周成王时期的《何尊》，但应该说商人的这种观念已经是一种成熟的天命观，我们可以称之为天命眷宠的观念。不管怎么说，在这种天命眷宠的观念之下，开始形成了稳定的天下一家的秩序。

孔子说："周因于殷礼，其损益，可知也。"王国维在《殷周制度论》这篇大文章中说："中国政治与文化之变革，莫剧于殷周之际。"那么，殷周变化的实质是什么呢？

周人以蕞尔小国，国力远逊于商，居然在牧野一战而克商，对此有不可思议的震惊感觉，特别是在商人天命眷宠的观念下，这种失败带来的刺激更深刻，它不只是一场军事和政治的失败，更带来了一场精神上的革命。天命眷宠观念的破灭，是否意味着天命不可信、天命的破产呢？周人为此也很恐慌，因此，他们必须对上帝和天命重新做出解释，说明上帝之所以放弃商人的理由，以及周人如何得天命的根据。于是，为了打破天命眷宠的观念，至上神与商人祖先神的合一必须被打破，天与祖先神的关系必须被重新安排。苏轼曾说过，周人是取殷易而安殷难，毕竟殷人的力量尚存，因此，这种意识形态的革命也必须能够为今后的"安殷"提供价值依据。

在《尚书·周书》当中记载了周人的这种精神上的震惊和价值观的革命。首先，他们自然会得出"天命不可信"的结论，不过，"天命不可信"并不是对天命的否定，而是为了引申出"天命靡常"的结论，无常的天命并非无天命，不会带来虚无主义。天命是无常的，天命是会转移的，关键是我们如何把握天命和认识天命，实现天命的转移。这是周人的一大突破，"天命靡常，惟德是辅"，"德"是我们把握天命的途径，也是实现天命转移的方式。那么，德是什么呢？"天不可信，我道惟宁王德延"。宁王就是文王，我们是通过文王作为才了解到德是什么，天是不可信的，但文王的作为却告诉我们，他是通过他的作为赢得天命的。青铜铭文中最早出现的"天命"二字见于周成王时期的《何尊》铭文，记载周成王诰教宗小子，其诰辞中明确提到文王受大令（命），谓："昔才尔考公氏克弼文王，肆文王受大兹令。"周康王时期《大盂鼎》"丕显文王受天有大令"，恭王时期《乖伯簋》"朕丕显祖文武膺受大命"，《询簋》"王若曰：'询，丕显文武受令。'"根据李峰的说法，周人有一套明确的政治理论，西周国家正是建立在此基础上。根据这个理论，国家的根本正统性是由上天特别授权文王作为它的接受者。从西周中期开始，实际的征服者武王亦被列入其中，此后，文王和武王接受天命的说法在西周青铜器铭文中已成定式，但是没有任何青铜器铭文提及武王之后的任何其他周王也接受了天命。所以显而易见，在周人的国家理念中，文王（西周中期开始武王也列入其中）是周王朝主权的唯一持有者，也是所有职权的来源。在西周国家的这种信仰结构中，在位周王的主权是以文王和武王的名义授予他们的。因而，他们不断地担心主权有一天会被收走。对于文武之后的周王来说，如何保证自己的主权不会被天所收走，只能从文王武王如何赢得天命的作为当中去领悟、去学习、去模仿，以求继续获得天命的支持，这就是所谓"帅型祖考之德"。我们只能通过自己的祖先文王武王的正确行动来揣摩天命，我们只能通过我们的祖先是如何正确行动的，以及这种行动是如何带来正确的结果的，来推断天命。"帅型祖考之德"，就是要去学习祖先的德行，学习祖先赢得天命的做法。

在一定意义上，正是这种对天命的敬畏带来的对德的追求，是政治理性化的重要动力。这种政治理性化的重要表现就是对历史的重视，文武之道存在于历史当中、存在于历史记载当中，因此，对历史的学习是学习德行、成就文武之德的重要途径。也正是因此，他们才会这样劝说殷遗民，"惟殷先人有典有册"，"殷鉴不远，在夏后之世"。商人的失败就在于未能很好地向祖先学习，向历史学习，而最后堕入对天命的迷信当中，尽管他们有着丰富的历史文献。周变革的意义，就是指这种德的意识和史的意识的自觉，不过，这种德的意识和史的意识的理性色彩，仍然以一种具有一定程度的宗教色彩的天命作为背景，毋宁说周人建立了一种自己的具有人文理性色彩的天命观，我们可以称其为德命观。也正是在这种天命观的大背景下，我们可以说殷周之际的变革并不是断裂式的，正如上面所举，殷人的天命观当中，也具有德命和历史意识的可能。殷周之际是连续性的辩证发展。这种变化仍然属于孔子所谓的损益，我们不能过分夸大殷周之际的断裂，至少在孔子看来，或者说从《尚书》当中对殷周变革的追述来看，无论是天命眷宠观还是德命观，都是天命观。这就一方面说明了殷商的神权政治当中仍然具有一定程度的人文性，而另一方面，周代德命观当中，人文性已经有充分的自觉，但它仍然是以天命观这样一种具有宗教色彩的形式表达的。这恰恰说明中国文明的人文性的基本特质，应该说中国文化，特别是儒学的亦宗教亦哲学、亦信仰亦理性的特点，正是发源于此。这种特点我们可以称之为义理性。

周不是三代的终结者，周是三代的成就者，是三代的总结者。因为有了周，三代终于成三。夏商周是三个不同的朝代，三者之间存在显著的不同，甚至构成了汉代总结的三统，即三种政治文化传统。但三者之间又构成了一个具有相关性的整体，被后代总结为一个整体。那么，三又是如何成一的？或者说，三代是如何构成为一个整体的？三代成为一个整体的原理究竟是什么？实际上，周的意义正在于此，周的出现使得三代终于成三，三代的原理得以完成。如果说汤放桀还仅仅是一次事件的话，那么武王伐纣则因为有汤放桀的先例而具有了原理性意义，这就是作为原理的汤武革命。汤武革命就是在说明周人德命观的道理、天命转移的道理。汤武革命将夏商周三代连成了一个整体。

因此，周人的德命观，从根本上说也是一种历史观，一种解释政治历史变化的模式。德命观中的历史理性和道德理性，是落实于每代帝王自身的行为中的，因此，王朝更替的责任在导致王朝灭亡、失去天命的末代帝王。王朝的更替并不是对前代王朝的整体否定，而是对前代王朝失德失天命者的否定。干宝说："禹平治天下，及桀而乱之，汤放桀，以定禹功也。汤平治天下，及纣而乱之，武王伐纣，以定汤功也。"汤武放伐，不是以下犯上，以暴易暴，而是诛一独夫。所谓"独夫"，就是指那些已经不有天下的君王，对这些独夫的放伐，并不是对其所有天下的篡夺，因为他们已经不再有天下了。对于夏桀的放逐，在某种意义上来讲，是对大禹曾经带来的天下秩序的恢复，武王对纣王的放伐，在某种意义上讲，是再次实现了商汤的功勋，恢复了固有的天下秩序。这就是返本的政治。

这种放伐，实际上是光复天命，再次通过有天下而恢复天下秩序。这就是说，王朝更替的目的不是后代对前代的否定，毋宁说是后代再次落实前代的任务，再次回归天命的要求，回归天地之道。因此，更替恰恰是为了回归，王朝更替或者说汤武革命的目的，是为了最终能够保任天地之道，维持天下秩序。所谓顺天应人，就是能够穷究天人之际，通古今之变，而始终保有天命，维持天下秩序。因此，汤武革命的目的是光复天命，保有天命。汤武革命的目的，就是究天人之际，通过顺天应人的政治行动，贯通古今，带来穷变通久的历史效果。这就是三代理想的另一种意义，三代之所以为三，其实正是穷变通久的"通史"之义。通史，就是通达历史以历久弥新。唯有通史，才是中国史。

三代的原理就是经由周人的德命观念传达出来的天命转移的革命原理。革命的原理不是否定的政治，而是返本的政治。三代之所以成为一个统一的原理，三之为一，是因为三代都是天命的展现，因此，三代政治文化传统的不同，恰恰构成天道适应历史变化而有的不同展现，在天道的意义上是一，在必须适应历史的意义上成为三。因此，相对于夏道和商道，周道并非是对前两代之道的替代和超越，而是一种新的历史条件下的综合和适应，是天道生生的表现，而夏商两道同样是天道生生的表现。董仲舒说三代是"有改制之名而无异道之实"，就是这个道理。

三代之所以必须成"三"，是因为"三"生万物，只有"三"才具有生生不息的原理性意义。这就是汤武革命的革命原理的内涵。革命就是生生。

当然生生的道理也可以通过禅让的方式来呈现。孔子所理想化的尧舜禅让，当然更是符合生生理想的制度原理。但现实政治中，禅让往往是篡夺的代名词。干宝将禅让区分为内禅和外禅，实际上就是把理想的禅让和现实的禅让加以区分。当然，尽管现实的禅让并非好的制度，但不并能因此减损禅让理想的理想性。这就是我们前面讲的"尽善尽美"和"尽美未尽善矣"的关系问题。

还有一个问题。汤武革命有个前提，那就是大人世及制度。那么三代理想与家天下的制度之间是什么关系呢？正如我们在前面所讲的，三代虽然是家天下制度，但家天下并不必然是私天下的，而是有可能具有公天下之意的。也就是说，家天下制度是介于私天下之意与公天下之意之间的制度，它是摇摆于二者之间的制度。也就是说，公天下之意并不必然地落实到家天下的每一代帝王之上和每一个政治举措当中。公天下之意，就是天意，是需要帝王在自己的政治当中自觉努力体现的，如果不能把握天意，家天下便堕入私天下之意。套用古希腊的政治哲学，体现公天下之意的家天下制度，是这种制度的正体，而堕入私天下局面的家天下制度，则是这种制度的衰败的变体。三代制度就是这样一种具有一定辩证性的制度，桀纣就是它私天下的一面，而汤武则是公天下的一面。汤武革命的价值在于它是三代制度的新陈代谢的机制，是天道的生生原理在政治上的体现。三代的原理，革命的原理，也是以公克私的道理。

清末的朱一新在批评黄宗羲的《原君》时曾指出，家天下的帝王，即使他们内心里是真正想要将天下私子孙的，他们也必须真正做到公天下。这也就是王夫之所讲的"天假其私以行其大公"的道理。这个道理应该是一个认识历史的价值观的问题，历史和理想之间既不能等同又不能分割，历史和理想的互动才是历史真相。历史和理想的互动就是有限的人在有限的历史当中为理想努力的过程。每一个人都是有限的，每一个历史上的人都是有限的，在有限的历史当中，去坚持自己的价值，这一点变得很重要。

家天下并不必然地带来私天下的结果，这个三代天命转移、汤武革命的基本道理，给我们提供了一个理解中国王朝政治和家族政治的基本视野。应该说，这是理解中国政治文明的一个基础。近代以来，特别是"五四"以来，对于中国制度的批判多从家族政治的角度展开，认为中国的政治原理是家族原理的扩大运用，家国同构，都是宗法制的家族原理的产物。提倡史学革命的梁启超，有一句著名的口号："二十四史非史也，二十四姓之家谱而已。"（《中国史界革命说》）这种批判背后的依据，就是把家族政治完全等同于私性的政治。这种看法显然受到了古希腊罗马政治哲学的影响。古希腊罗马的政治生活当中，家庭领域和公共领域是截然分开的，家庭是所谓的私领域，政治则属于公共领域。因此，把家的原理扩大到政治领域，就是私领域对公共领域的侵占。根据这种原理，那么自三代以来的最后在周代集大成的宗法政治原理，根本不具备正当性。

不过，我们要区分清楚家族政治和家族原理下的政治之间的关系。所谓家族原理下的政治，应该说就是宗法制的政治运用，其典型就是周代的宗法封建制，就是以周王为大宗的同姓分封制度，严格说来，商人与异姓方国之间通过"虚构的血缘关系"建立的政治关系，也应该说是一种虚构的或拟制的宗法封建制。实际上，我们往往只从周人的同姓分封的宗法封建制来看待宗法制的政治运用，却忽视了周人宗法制还有一层更广泛更高层次的运用。周王同时也是天子，作为周人宗法制的礼制的最高层次是天子礼，天子礼或天子制度的精神是在周公手里得到完整的表达和自觉。据《尚书·召诰》的记载，周公在"保文武受命"的第七年，在洛邑召开"四方民大和会"，在三月甲子上午，太保先向周公"拜手稽首"，申说天命以德为转移，由于皇天原来的"元子"商王纣失德遭戮，所以"皇天上帝，改厥元子"，有周成王授受天命为皇天的新"元子"，这天命将带给成王无尽无休的福祉，也给他带来无尽无休的忧虑，只有奉天敬德才可长保天命。"呜呼，有王虽小，元子哉！"周公"告嗣天子王矣"（参见何炳棣先生的论述）。所谓"皇天上帝，改厥元子"就是天子制度的原理，也是天命转移的原理。所谓元子，就是皇天上帝的长子，是被皇天上帝选来作为其代理者的，皇天上帝选拔元子的根据是德，如果元子失德，皇天上帝就会另选其他有德者为元子。这说明，无论有德失德都是皇天上帝的子弟，是否获选成为元子的根据只在有德无德，却并不改变其作为皇天上帝的子弟的资格。因此，天子制度就是以皇天上帝为最高家长的宗法制的扩展性运用，天子制度就是天下一家的制度展现。天下一家就是对宗法制原理的最大规模的运用，也可以说是家族原理的最大规模的运用。它虽然是家族原理，却不是家族政治，是通过家族原理所展现的最大的公共性，而不是局限于家族的私性政治。日本学者尾形勇先生曾指出，为什么刘邦打下天下后不把这个天下称为刘朝而是称为汉朝？唐朝为什么不自称李朝却称为唐朝？汉和唐的含义是什么？它们与刘、李的区别在哪里？尾形勇教授特别研究了天子对天自称时不称姓、臣子给天子上表也不自称姓的现象，说明这背后是天下一家的原理，代表自己小家的姓在面对天下一家的大家时，是必须隐去的，因为大家都是一家人，应该共有一个姓。这共有的姓就是天下号。汉唐等称呼就是天下号。汉朝不是刘家天下，是汉家天下，是以汉为称号的天下人的天下，汉是天下人共享的天下，汉不是刘家独占的天下。这是中国王朝命名的原理，也是天子制度和王朝制度的正当性的来源，这个原理就是天下一家。天下一家的原理制约着家天下的制度不会恶性发展为私天下的结果，而始终让天子保持高度的道德的自觉，把自己作为天的代理者和民的代表者来行使权力，而不让权力恶性化为一己或一家之私，恶化为家族政治。皇帝制度是以天子制度为自己的制度原理，是天子制度在特定历史条件下的阶段性的表现形式，因此皇帝制度也必须受制于天子制度的正当性原理的制约。当然，皇帝制度也不可能独占天子制度，天子制度会随着时代条件的变化而不断创造出新的制度形式。

天下一家的政治是家族政治的最高表现，天下一家而非天下多家，这始终是中国文明的核心价值追求，这就是大一统道理的根据。天下多家就是天下分裂。因此，天下一家的政治，恰恰是反对我们所讲的家族的政治，是批判家族政治的根据，是家天下政治以公克私的内在要求。能够实现天下一家的政治，就是仁政，是突破了人与人、天与人之间的分别和限制的政治，是人与人、天与人之间相互贯通、彼此感通为一的状态。天下多家就是彼此隔绝、相互对立的分裂状态。这就涉及封建和郡县的问题。

将封建与郡县对立起来，从而将三代与秦汉以后对立起来，也是理想化三代的一种思路。美化三代封建而批判秦汉以来的郡县，在宋人的脉络里，特别是在理学的脉络里，是为了恢复魏晋南北朝时期的大家族，以重建一种抵抗外族的文化政治军事堡垒；在晚明以来的脉络里是针对专上不专下的官僚制度，是为了强化地方治理，是为了建设地方；在近代的脉络里，则是西方地方自治和联邦共和的想象的反映。那么，在三代的历史脉络里，一方面，异姓封建是对既有方国的承认，另一方面，同姓封建则是为了"以屏藩周"，以宗法原理来强化大一统的局面。也就是说，三代封建其实是大一统和天下一家原理下的一种制度形式，是封建之一统。

郡县当然是更为直接的一统形式，与其相比，封建之一统应该是较为间接的形式。就大一统而言，直接的郡县当然是更为有效的制度，而异姓封建则有可能堕落为割据，同姓封建则有可能逐渐"族属疏远"。相比封建，郡县可以使"天下无异意"，是更好的"安宁之术"。这是三代历史经验，也是秦汉"罢侯置守"的历史见识。

我们必须强调的是，不论是封建还是郡县，都是一统的制度形式。而且，历史上所谓的封建论，大多是从解决郡县制度局限的角度展开的讨论，而并非真正主张分裂。至于说寄托于封建上的自治与联邦共和的想象，则忽略了一个前提，那就是作为中国几千年历史成就的大一统政治遗产，不可能打碎了从头再来。

三代作为一个时间的开端，作为一个整体的开端来讲，作为中国历史的实质性开端，其实是在表达一个革命的原理，而这种革命原理的实质，则是一种中国文明特有的"通史"观念。通史观念中的"通"是什么？"史"是什么？"通史"的观念表达了一种什么样的历史观？通史与断代史的关系是什么？实际上，"通"与"代"的关系就是变与通的辩证法。"代"作为一种阶段性意识，必以一种统一的历史感为前提。阶段性的意识是一种"变化"的意识，如何将"变化"理解为"阶段"，这实际上是一种看待"变化"的特定态度，即"通"的态度。以"通"察"变"的态度，首先是所谓"承百代之流，而会乎当今之变"（郭象语），也就是说，"当今之变"是"百代之流"的结果，因此我们必须能够从百代之流变的角度来观察和理解"当今之变"。其次，"通"的态度在作为一种指导认识历史的态度之外，更包含了一种主体能动地进入历史的实践态度。所谓"穷变通久"之"通"，"往来不穷之谓通"的"通"，都强调了一种意义，亦即如何将时势变化中出现的困穷之境，经由主体的努力而将其导引至开阔通达之境，而最终达于恒久。在此意义上，所谓"恒久"即是寄托于主体持久的"承敝通变"的能力而达致的境界。这即是"通古今之变"的能力。试图包含一切时间为主旨的"通史"写作其实都是及身而止的，这说明"通史"的存续其实有赖于历史中的主体在每一个迎头面对的机缘时刻中的努力，一种力图"通达"历史的决断："及身而止"的历史，如何能够继续贯通下去，是在历史的机缘时刻中的每一代人的当身责任。面对"古今之争"，我们需要承担起"通古今之变"的责任。司马迁的《史记》作为"通史"从五帝开始书写我们的历史，将我们的历史寄托于五帝时代，非好学深思者，难以心知其意，而这种"意"，应该说就是"往来不穷"之意。而三代成三的道理，更是要表达一种穷变通久、生生不息之意。这也正是革命的道理，正是经由革命的环节来实现承敝通变的历史效果，通过革命走出历史困境，将及身而上的历史继续贯通下去，而不使其及身而止，让历史继续能够作为我们的历史继续发展下去。历史并不因为商朝取代了夏朝，就有了一个新的开端，周朝取代了商朝也不意味着中国历史变成另一种历史，而仍然是同一个历史开端的延续，这就是通史的意义。通史的目的，是要把历史上的每一次困顿再一次打通，让它继续下去。这就是通史的含义，这也是革命的含义。因此，革命就是历史新陈代谢的机制，这个机制本身就成为中华文明传统的核心原理。

三代其实也是一种空间秩序的开端。所谓空间秩序的开端，就是在说明一个大一统的道理。天下一家就是天下一统，三代作为三代的开端，作为天下一家的开端，也就意味着它是一个一统秩序的开端。三代的这种空间秩序的开端，是与中国的这个"中"的观念有关，地中的观念，王者求中的观念，陶寺通过夏至影长来确定都城，周公卜洛，这样一种寻找天下中心行为的背后，已经有一种宇宙论的支撑，有一整套地中与天级的对应观念，有一整套人的行动必须与宇宙论相应的系统思考。陶寺遗址中的观象台就说明观象授时在农业生活和政治生活中的重要性。同时也说明政治的功能与维持农业生产的内在关联，政治正是通过对观象授时的掌控来维持基本生产生活秩序的，这正是政治的正当性所在。宇宙论意义上的天的整体性经由"中"的观念得以表达，这种整体性也正是至大无外的天下秩序的表现。天人之际经由"中"的观念熔铸成一个整体。有"中"的观念就是有秩序的概念，就是一种整体观。如果没有这样一个秩序的整体的图景，就不会有什么中心的概念。中的概念是一统秩序的一个反映。应该说在龙山文化晚期形成了一个巨大的文化场，这个文化场正是夏商周三代形成的文化和地理基础。因为与四方来往的便利性，在这个文化场中出现了一种中心的观念。

三代其实就是这个一统秩序稳定形成的时代。三代之间，一方面夏商周是三个王朝，而另一方面，它们本来又是三个不同的政治文化中心、三个政治集团或是政治族群，它们之间是并立的关系。不过，这种并立的政治集团之间形成一种中心凝聚，谁成为中心，谁就成为天下的代表。这种横向的关系，最终形成一种纵向的关系，形成一种连续一统的关系。其实，揭示其横向的关系是为了更深入地解释纵向的连续一统关系的形成。

也就是说，其实夏商周三代之间，是一个有着各自文化差异性的政治集团，但三代之间形成的这种纵向联系，说明它们各自对于一统秩序的代表本身，其实并不简单取决于它们的族群身份，它们能够成为天下共主，是因为它们代表了天下政治的原理。天下政治是超越族群的，是超越某一种特定集团的，天下政治是立足于天下整体性的政治。

这是我们理解三代空间秩序的一个角度。这种连续而一统的秩序的出现，在汉代的董仲舒和何休那里有非常精到的表述。关于"大一统"的含义，何休曾用《说文》对于统的解释加以发挥，《说文》说"统，纪也"，而"纪，别丝也"，何休进一步申说道："别丝者，一丝必有其首，别之是为纪，众丝皆得其首，是为统。统与纪，义互相足也。"纪是把一根一根的丝线头分开，统是把这一根一根分开的丝线头再绾和起来，拧成一股绳。这就是"统"的意思。所谓一统，不过就是把不同的力量——或者是多元的族群，或者是不同的政治集团——拧成一股劲，把大家团结起来。所谓大一统，就是重视团结的意思。团结并不破坏各自的独立性，而是大家拧成一股劲，力往一处使，共同面对难题，因此，"大一统"不过是统纪别丝的"丛结体"而已。费孝通先生"中华民族多元一体格局"的提法，借鉴了其师史禄国"心智丛结"（psycho-mental complex）的概念来说明"ethnos"（民族性），实际上"丛结体"就是对"多元一体"的"大一统"状况的恰当描绘。某种意义上，"中华民族"正是"大一统"的结果。"多元一体"就是统纪别丝的"大一统"的现代表达。

三代之为三代，就是大一统秩序的形成，就是将多元的族群和不同的政治集团团结起来，形成一种团结统一的力量。夏商周三代各自成为这个团结统一力量的代表者。大一统观念既是三代以来大一统秩序现实的产物，在一定意义上也是团结的历史需要的产物。三代政治的一统，是多元的凝结。多元才是一体形成的前提，一体不是要破坏内部的差别性，反而正是这种差别性才显示出了"一"的可贵。不破坏多元的一体，就是在差别前提下，贯通差别带来的一体感，因此，差别不是彼此孤立、彼此不可理解，差别恰恰是沟通的前提，差别使沟通成为必要。同样的，一体不是无差别的一，而是有差别的通，是差别之间的和谐与团结，是对差别的一体贯通。这就是儒家的核心价值"仁"。这种价值运用于政治，就是仁政。应该说，三代政治之所以被塑造为理想，正是着眼于仁政的理想。后世礼制当中，对于"兴灭国，继绝祀"的推崇，就是对这种价值的肯定。在某种意义上，我们甚至可以说，仁的价值理想，仁作为一种道德沟通的能力，正是以仁的政治作为先导的产物。因此，我们可以说，大一统后面是一个中国文明的基本价值，即仁的价值理想。这种价值理想成为贯穿中国文明的历史、制度、个人生命乃至生活世界的构造性力量。

仁的价值，就是对覆载无私的天的性格的价值提炼。仁者与天地万物同体，就是对天地之德的模仿与再现。仁者境界，就是像天地一样"曲成万物而不遗"，能够包容万物，一视同仁。这种一体之仁，并不取消万物自身的个别性，而是恰当地安排万物的个别性，使得万物各自的个别性能够彼此和谐共处以形成秩序。仁者的境界与天地相应，能够弥纶天地之道，是把天的德性落实到人间世，落实到政治，是天人合一的境界。大一统就是天地之道落实的结果。

总结上面的论述，我们可以知道，三代的历史是儒家价值形成的历史前提。我们在看待儒家的时候，不能倒过来，认为三代是儒家的理想创造，要认识到三代历史为儒家价值的形成提供了一个历史的前提，提供了历史的内容，使得孔子可以通过对三代历史的损益而提炼出后世儒家的价值理想，这之间存在一个层级的关系。换句话说，三代历史是六经的内容，不过，如果没有经过孔子的删述，六经也不会成为六经。孔子的删述是对作为政治历史文献（所谓有册有典）的六经的整理和提升。当然，六经作为一个整体的名义出现可能要到战国秦汉特别是汉代才成熟，但这个原理是确定的，这也正是孔子之于中国文明的意义之所在。儒家是在孔子所开辟的道路上不断发展出的学术思想系统。因为孔子的开辟依据于三代历史的大传统，所以儒家在中国文明史上具有主流地位。儒家与其他诸子百家的区别在于，诸子百家都是从王官之学的文献之传中得其一端，持之有故，言之成理而已，但道术却因此而为天下裂。孔子所开辟的儒家则能够得古人道体之全。其理由在乎是。这正是历史上的中国人看待自己的传统的方式。我特别强调一点，在理解历史的时候，不要以为我们可以撇开历史上人们对自己历史的理解来直接还原历史，我们需要尽量进入古人自己的历史理解当中来看待他们所在的世界，只有这样，历史才会在历史、现实与未来的汇聚中成为我们的一种心量。

也正是在这个意义上，我们可以说儒家不能够代表孔子，就像孔子不是对三代历史的完整继承一样。三代历史（当然也包含了作为背景的五帝时代）是构成这一切的前提。但反过来，如果没有儒家对孔子的尊崇，没有儒家经学对三代历史政治文献的保存和意义发掘，也不会有对中国文明历史发生如此重要作用的孔子。同样的，如果没有孔子对三代历史政治文献的经典化，三代历史也不会成为中国文明的理想与原理。这就是源流互质的道理。

有了这种认识，我们再去看汉武帝时代就有了新的认识。过去我们常讲汉武帝"罢黜百家，独尊儒术"，实际上在《汉书》里是讲"罢黜百家，独尊六经"。这意味着，汉武帝对儒家的肯定，并非简单地推崇儒家，而是对三代大历史大传统的肯定。正是在肯定三代大历史大传统的意义上，肯定儒家。汉武帝是试图通过对三代历史的肯定来为汉代定位，找到汉代在大历史中的位置。这种定位当然是针对秦而言的，因为正如始皇帝的取名所透露出的秦的自我认识，秦认为自己是空前绝后的，是一种历史的终结者。秦认为自己是超越三代的，因为秦不仅再次实现了三代的天下一统之局面，更重要的是，还克服了三代一统之局的内在缺陷。因此，秦是可以将天下一统之局万世一系地传承下去的。与之前的汉帝不同，武帝是具有高度历史自觉的帝王，他要自觉地为汉代在历史的地位加以定位。这种地位不同于秦，他是把自己看作三代历史的因应历史需要的继承者，因此，在某种意义上，对于汉代而言，秦即使在适应历史条件的前提下实现了三代的天命，也没有正确地阐述自己的地位。因此，汉虽承秦制，但汉家自有家法。秦亡的教训就在于他们没有完整地、深刻地把握三代的原理，忽视了天命转移的革命道理。为此，汉代的儒生们特别重视通三统的道理，刘向说："王者不可不通三统，明天命所授者博，非独一姓。自古及今，未有不亡之国。"就是在用天命转移的道理警醒汉代帝王。谷永则更极端地通过三统循环的道理来说明天下为公，"垂三统，列三正，去无道，开有德，不私一姓，明天下乃天下之天下，非一人之天下也"（《汉书·谷永传》）。通三统的道理，就是要让汉代帝王自觉掌握天命转移的道理，能够时刻主动掌握天命，自觉顺天应人，顺应历史需要，不断改换制度。这正是董仲舒对汉武帝的教导，他说："圣王之治世，不离仁义，故有改制之名，无变道之实"，"天下无二道，故圣人异治同理也"，董仲舒提出三统循环说的目的在于根据天命转移的道理，通过改制将循环控制在王朝内部。改制是对革命原理的主动自觉的运用，是所谓的自我革命。谷永、眭弘等儒生们则用极端的方式运用了这个原理，希望汉武帝能够功成身退，以禅让的方式实现天命的自动转移。刘向、刘歆父子则用这套理论促成了王莽禅让的成功。应该说，谷永和刘向、刘歆父子的做法过分极端，是对自我革命的极端化，在一定意义上背离了董仲舒的改制思想，但也极端彰显了自我革命的必要性。汉代经学，无论今古，其根本的政治倾向都在于此。而"究天人之际，通古今之变，成一家之言"的司马迁，也是内在于汉代这一思想政治运动当中的人物，他的通史撰述实际上与经学的目的是一致的。所谓究天人之际，就是在探究天命，寻找天人相与的道理，以此来通达古今变化；而成一家言，则是效仿孔子写《春秋》，以史为经，通达历史的同时通达未来。应该说，汉代儒生的思想运动，一方面是将汉代重新放置回三代历史大传统来看待汉代的历史地位，另一方面，这种对汉代历史与三代历史关联的重建，目的在于让汉代形成历史和政治自觉，能够在通达历史的同时，通达天命，通达天命转移的道理，从而自觉以德自任，主动自觉地通过改制来实行自我革命，以达到天下一统之局的长治久安。在汉代，这样一种思想政治任务，是通过经史互动实现的。应该说，汉代史学还未脱离经学的藩篱，然而也正因如此，史学也在一定意义上承担着经学的功能，在《春秋》经史合一、以史为经的意义上发挥着经学的作用。

所谓"表彰六经"的意思，就是对三代历史大传统的肯定，就是通过对三代历史的经典化来导引汉代的历史。这就是经史互动的原理。这个原理是内在于经史学传统当中的，尽管后世经史各自成家，但这个原理使得经史之间虽有分化，却各自分担这一任务。一方面是三代历史的经典化，而另一方面则是这些经典会进一步导引后世的历史，让后世的历史发展不断自觉于自己的价值目标。由史及经，由经及史，这就是中国文明中的经史关系原理。三代的重要性正在于提供了这个原理。

我们这么讲的目的是要避免对经学的教条主义理解。避免把经学理解为一个特别高调的价值，把经学仅仅看作是一个超越历史的价值理想，一种用来批判历史和现实的价值标杆。要看到经学是对中国文明历史所内涵价值的高度自觉的产物，因此也要以后续的历史能不能把这个价值继续落实，作为衡量它的标准。经学不仅不是一种与历史无关的教义系统，而且更是来自历史，并且是对历史的价值自觉的产物。我们对经学教条化的批判，是由于这种教条化的经学在一定程度上甚至可能吊诡地成为反中国的经学。

经史互动的原理就是要内在于历史理解价值，把价值看成是既来自历史又能够在历史当中导引历史的力量。而经学教条主义则总是以理想的名义反对现实，以文化的名义反对历史，居高临下地看待历史。这种态度，实际上可能会忽略了如何在历史中落实理想的问题。只有内在于历史，同时背负历史的缺陷，才能脚踏实地地寻找落实理想的具体有限的途径，只有这样的努力才会不断地导引历史、不断地改进历史，以接近于理想。背负着历史的局限来坚持价值是如此重要，但也如此艰难。这种负重感才应该是政治批判的内在品质。我们说明三代的原理，其实也是在昭示我们这样一个道理。以三代为开端的这个历史，以及这个历史所奠定的文明世界，其实蕴含了一套原理、一套价值。这套原理表现在政治上，就是天下政治。天下政治与我们今天习以为常的民族主义政治和宗教政治，完全不是一种类型。

宗教政治是根据上帝，或是某种真理性的观点，或者意识形态的观点引申出来的政治。宗教政治是围绕对于真理的认识或信仰而展开的政治，也可以说是信仰的政治。宗教政治的政教关系模式，与天下政治的政教关系模式完全不同。天下政治也是一种政教模式，如果说宗教政治是信仰的政治的话，那么天下政治则是政治的信仰。宗教政治与天下政治的区别，从根本上讲是两种信仰的区分，也就是政治信仰与宗教信仰的区分。

政治信仰与宗教信仰的区分，严格说来不是政治与宗教之间的区分，不是西方传统中"上帝的归上帝，恺撒的归恺撒"的政教分离原理，其实质是两种信仰之间的区分，其中最为关键的是确立了政治信仰的特别地位。所谓政治信仰，是把政治作为一种具有宗教性意味的内容来确立，是围绕政治进行一整套的宗教建构，而所有的宗教建构都是以政治为核心、以政治为归属的。也就是说，所谓的政治信仰是一整套围绕政治的宗教建构。它不是单纯的政治，它是对政治的宗教化；它也不是单纯的宗教，它是从宗教引申出来的政治。因此，所谓的政治信仰，更与西方政教合一体制不同，不是以宗教为核心展开的政治，不是宗教自身的彻底政治化。所谓的政治信仰，是以政治为核心建构的宗教，是对政治的宗教化。政治的宗教化和信仰化，与宗教或信仰的政治化有一个根本的不同，政治信仰基本不是一种以普世真理作为前提来改造现实的政治。而宗教的政治化最为彻底的形态，是那种一神教的政教合一体制。这种政教合一体制具有强烈的排异性格，价值观是其政治行动的标准，因此价值观的冲突成为政治的主要内容。而政治的宗教化或信仰化，却始终以政治为标准来确立一种价值，以政治标准下所确立的价值来调适任何价值观的冲突。所谓以政治标准来确立的价值，实际上就是把政治所建立的秩序本身作为最高价值。政治是秩序的来源，因此秩序是政治的目的，而政治的价值就是把维持或建立秩序作为最高的价值。政治的信仰或者关于政治的宗教建构，就是把秩序本身作为信仰，围绕秩序本身建构的宗教。这与普世宗教有所不同，普世宗教建立一种高于秩序本身的价值来作为建立秩序的根据，这也就意味着是把更高的真理作为了政治的根据。在这个意义上，政治信仰与宗教信仰的区分，从根本上讲，是由政治确立的价值与宗教所确立的价值之间的区分，同时，也是基于政治的政治行动与基于宗教的政治行动之间的区分。这也正是政治的宗教与宗教的政治之间的不同。

中华政教传统是"政治宗教"最为彻底的形式，是发展最为成熟的以政治为中心实现的宗教建构模式。天、天子、天下三者之间构成的原理性关系，就是这种政治的宗教最为核心的模式。天的信仰在中国政教传统中是最高范畴的价值，但天结合了自然之天和意志之天的概念，它从来没有获得纯粹的神格特质，也不具有纯粹的自然属性，而是自然与意志没有充分分化而相互融合的范畴。因此，理解天的内涵，更要从它的外延和功能出发。实际上，天是一个至大无外的存在，是无所不包的整体，天是对天之下一切事物的整体性包容。天是代表天下共同体整体的最高范畴。"天下"顾名思义是"天之下"，是天之下的一切事物，天下就是天之下一切事物所构成的整体，天下不是某个特定的共同体，天下指的是至大无外的共同体之整体，天是对这个整体的概括。"天子"是天之下一切事物的代表者，也是作为整体的天的代理者，天子是代表天同时代理人民来实现天的目的、维持天下整体的存续的政治力量的枢纽。看起来代表者和代理者是一回事。因为，天子是天下一切事物特别是天下之人的代表，而天下一切事物，当然包括天下之人都是天的子民，天子不过是天的元子而已。天子不是天，天子是天之子。天子是以其政治力来实现或维持天的秩序的枢纽而已。"天子"不仅是政治枢纽，同时又是天地秩序的枢纽，它是作为一种"位"的存在，获得"天子"的称号本身就是获得天下共同体认可的政治正当性。但作为天的代理者和作为人民的代表者又有所不同，作为天下之人的代表者毕竟是天下之人的一员，他不能从任何天下之人的任何具体的阶级、集团和个人出发，不能从某个历史时期的人的需要出发，虽然这些集团、阶级和个人都是天下之人，虽然某个历史阶段的人民同样是天下之人，但不是天下之整体，只有作为天的代理者，才是真正从天下之整体出发，能够超越阶级、集团、个人，超越一时一地的具体要求，去代表整个天下共同体的整体。从某种意义上来讲，人民就是天本身，但是我们又不能直接把人民等同于天，这是因为我们要强调天的整体性，一种包含了过去、未来和现在的整体性。这种整体性超越了一时一地的人民，是以天的名义所代表的必须敬畏的整体性。天下共同体之整体就是天本身，就是天所蕴含的最高价值，大公至正。大一统不过是天下共同体实现了其自身的整体性的状态，大一统是大公至正价值的现实的政治状态。

天下政治的原理与现代领土国家的原理在根本上是不同的。康有为曾经以"独将守孤城"来形容现代领土国家或民族国家的状态，说那是一种必须将卒同心才能勉强维持的状态，而天下之局则是"设帐驱蚊，以利安睡"的安宁之术。应该说康有为准确刻画了天下政治原理与现代民族国家原理的不同，是所谓安宁之术与富强之术的不同。现代国家的体制一方面是向外追求国家之间力量的有限平衡，另一方面则是向内追求对资源的无限动员，领土边界正是国家间力量制衡的结果。国家之间力量的有限平衡只有通过无限动员内部资源才能达致，领土边界的稳定恰恰是力量相角中的动态平衡，而力量相角中的不平衡则是常态。正是在此意义上，领土国家之间在原理上必然是敌对的，是彼此之间通过内部封闭建立起的敌对关系，每个国家都在本质上是他国的"假想敌"。领土国家的变动必然是失衡的结果，是征服的结果。与此同时，只有竭尽举国之力才能取得国际上的有限平衡，而对内无限动员的重要前提则是国民身份的齐一化，这就是民族主义发生的历史条件，这当然与"天下一统"的原理截然不同。天下政治逻辑下的国家是秩序的中心，在它之外并没有本质主义的敌人，而只有秩序的扰动者，资源动员和武力运用的目的仅在于维持一统稳定的秩序而已。因此，对内不以消灭"群分类别"、建立统一认同身份为前提。应该说，天下政治的目的更在乎的是"和而不同""不齐而齐"，或者说是"差异中的和谐""差别中的平等"，是天下生民自然生存权利的平等维护。

作为天下政治的理想，"天下一家"就是"一体之仁"的价值体现，而"类聚群分、乡曲疆域"之种种地方主义、民族主义，其实都是以"分别"彼此来确立自我的"私衷浅见"。分别即是私，不分别才是公。天下政治面对他者的时候，总是强调"尽其在我""尽己为忠"，总是把他者放到他者的位置上完整地来看待。区别自他的目的是最终以尽其在我、尽己为忠的方式沟通差别、安排差别。"夫天地以仁爱为心，以覆载无私为量"，这正是中华价值的核心内涵。

我们讨论三代的目的就是为了从根源处揭示中华文明的基本原理。我们只有通过源流互质的方式把中国的历史和文明作为一个整体来考察，才能从根本上揭示出这个原理来。从这个原理出发，从中国文明历史的整体出发，就不会抓住中国文明历史的部分来与西方对比，来评判我们的文明和历史，而总是能够将其置于历史文明的整体中来看待其结构性和原理性的关系。

最后，我还想就革命观念的近代变化略做申说。如果说由三代原理所展现的天命转移意义上的革命观，是以一种天人本来合一为前提的返本的政治的话，那么，这种革命观念在近代，特别是在阳明学之后发生了一定的变化，这种变化在近代今文经学和近代佛学当中有了更为彻底的表达。我们会发现在晚明时代就已经首先出现了世界观的革命。天理观的变革，特别是理气关系的重构，意味着一种看待世界的方式的变化，特别是确立起了一种具有开放性的自然观，同时也确立起了一种德性发展论。与此相应的是圣人观的革命。返本与革新的区分，首先是世界观的不同，返本是天人合一、天人一本的世界观，返本意义上的革命，一方面是革故鼎新，另一方面是复归一本，恰如既济与未济彼此循环，革故鼎新是为了复归一本。革新意义上的革命，则是两层存有，体无用有，不断向前，无是世界的开放性，也是一本世界的背景，有则是不断扩充发展的实践。将两种世界观用之于功夫实践，就会有两种不同的人格境界，一是以天德修天位的圣人，另一种则是砥砺苦行的圣徒。不过，需要指出的是，返本意义上的革命，并不是以所谓的循环论为前提的，准确地说，是以先天预成论为前提的；而革新发展意义上的革命，则具有一种开放的结构，不过这种开放的结构所具有的历史性，与返本的革命的历史性相比，只是在一定意义上强化了不断革命的意味，而并未改变革命作为历史的新陈代谢机制的认识。因此，我们仍然可以在天人结构当中来安顿近代的革命观，也因此，我们仍然可以将近代革命观赋予中国文明的义理性。

【主持人】 谢谢张志强老师的讲解，当然他讲的内容，对我们同学来说还是有一点难度的。因为很深，也比较丰富。历来关于三代的讨论，一种做法是考古学式的实证式的做法，一种是思想史的做法，把它理论化。我理解的张志强老师的一个基本的思路，既不是排斥历史，又不是托古，而是从内在于历史中的理想性出发来理解三代。既不排斥考古和政治的历史性，同时还要把历史当成一个哲学的问题来思考。他的思考方法，与他对中国文明的理解有关，是探讨中国文明历史的原理性，这种原理性也是内在于现实当中的理想性。

今天有好几位老师在场，所以我们请两位老师来做些回应，一位是唐文明老师，从中国哲学角度出发，另一位是吴增定老师，从西方哲学角度出发，然后张老师再对他们的问题做回应，最后我们再来跟同学们讨论。先请唐文明老师。唐老师是清华大学哲学系的中国哲学史方面的专家，在儒学研究当中，下了极大的功夫，是有很多成果的一位老师，请唐老师讲话。

【唐文明】 我给新雅2016级的学生上过课，跟这些同学是比较熟悉的。首先我觉得，志强老师这个主题特别重要，它涉及儒家的命脉，涉及对儒家的经典甚至整个传承历史的理解。如果把三代搞清楚了，儒家就搞清楚了。看了演讲主题我就特别感兴趣，所以今天主动来学习一下。接下来，我想讲一下志强老师的方法论，他自己说了一个方法论，刚才汪老师其实也已经做了交代了。我概括一下，他的方法论是一个经学的方法。不是历史也不是哲学，但是他会把历史和哲学结合起来。张老师提供给我们的材料是历史，但他研究三代的历史，却是在解释怎么通过孔子对三代的经典化，进一步带来经学的成立与经典的确立这样一些问题。通过对三代历史的解释来说明这些问题，在这里面他有一个很明确的价值的考虑，就是为什么三代成为一个政教理想的典范。可能有的同学说，经学是什么不清楚，大概就是哲学加史学，但是不够，大概朝这个方向去想就行了。

这个主题涉及的内容都是非常有意思的，既涉及对儒家经典的解释，又包括对中国历史的理解，以及我们今天如何面对现代中国的古今问题。

有几个问题想与张老师讨论。第一，他说三代是家天下，那么家天下之制和公天下之意之间是什么关系？对这个问题的解释不仅仅对于我们理解三代是重要的，而且他还把这个解释扩展到三代以后，来说明为什么家天下之制有可能会存在公天下之意，这是一个要点。第二，也是他后面强调的一个重点，就是禅让与革命的问题，因为尧舜是禅让，三代是革命，汤武革命。汤武是革命者。还有就是涉及三代以后的历史，就是郡县与封建，这个严格来说是三代和尧舜时代没有的问题，但是因为张老师关切的是后来的中国历史，所以这也是一个要点。

张老师对他涉及的一些重大问题都做了非常详细的解释。刚才汪老师也讲了，讲述的内容非常丰富，但还有好多还没来得及完全展开，大家可以通过他的讲述，去尝试着朝某些方向去思考。

我也讲一下我的一些可能不太相同的看法，向张老师请教。第一个是疑问，张老师用了柄谷行人的一个说法，说国家的产生是因为其他国家，那么第一个国家是怎么产生的？这个我不太了解。然后他就把这个落到一个灾异的逻辑上，这个我想是有意义的，但是在儒家正统的解释里，可能不会把灾异跟天地连在一起，因为天地都是好的，灾异肯定是偶然的，这个当然是一个解释问题。但是通过经典的阅读，我们会看到，上古中国的灾异其实说白了就是洪水猛兽，《孟子》也记载了，《尚书》里面也记载了，更重要的是洪水。由于洪水的原因使得这样一个三代的天下秩序得以形成。现代有学者专门从治水的角度来讲东方专制主义，这个我们就不讲了。洪水，我们看到在尧舜禹的时代都是一个主题，如果是以一个灾异的逻辑来讲的话，可能是不是还会忽略一个方面，比如说按照道家的某些学者的解释说，尧舜到三代的变化是因为德衰，《孟子》里面就有这个记载，学生问孟子，孟子说不是。但是这个德衰怎么解释？有一种解释是说民性的变化。刚开始人民比较淳朴，时间久了就越来越狡诈，所以这个时候靠尧舜禅让那种模式不行了。有这样一个变化，这个变化我觉得可能是国家产生更主要的原因，灾异可能是一方面，我觉得也许应该把这两部分结合起来，这是一个意见。

我觉得其实张老师的主要观念最后是落在什么地方呢？就是讲历史，也讲历史的原理。原理部分主要是落在两个主题，一个是革命，一个是大一统。恰恰在这两个主题上，我的确有不太相同的看法。张老师认为这个三，主要是为了讲革命原理化。如果只是一次革命的话，那算不上，两次都是革命，这不就有三了吗？这样革命也就原理化了。这个解释比较有意思，但是我觉得这里面的问题是，这样讲革命可能并没有真正的价值出场。革命有一些很恶的做法，比如纣的统治我们受不了。但是正面的价值在什么地方？我们现在新雅的院长甘阳老师有一个通三统的讲法，但他是借用《公羊传》的讲法。《公羊传》里的通三统指的是夏商周的关系，所以通三统就是解释三代，而那个三代，忠、质、文是怎么递嬗的？它构成一个什么关系？里面有很明确的价值观。比如说亲亲尊尊贤贤，换句话说，在这样一个以革命为核心的句式里面，其实我正面的价值没有出场，人伦的意义没有出现，这里面一定要讲到人伦的意义，这样可能会更全面一点。因为革命，我们说按照正统的解释，是必须有圣王之德者才可以革命。随便一场叛乱，那不叫革命。当年辛亥革命的时候，陈寅恪写王国维的挽诗，就说是潢池小盗，但后来被看作是革命了。我们现在叫革命，但是在儒家政治里面这不叫革命，这是叛乱。如果把这个观点划到以后的历史解释，张老师也是这么做的，他由此来讲秦制的重要性，但是我觉得按照儒家这个解释，比如说从周到秦，绝对不能叫作一场革命。我认为这个跟儒家的价值是完全背离的。尽管可能秦的制度在某些方面有它不得已之处，但是从价值的角度来看，如果把义理看得比较严的话，这个绝对是划不过去的。

另外就是大一统，张老师刚才将大一统解释为团结。我觉得这也是一个比较新的理解，我还想强调在这里面还应该有价值的灌注。比如说大一统的核心是王道，按照历史的解释，恰恰是封建的秩序才是大一统的秩序，并不是后来的郡县制。封建有一个好处恰恰就是张老师讲的团结，就是诸侯和他的老百姓是一家，所以他们团结。那个团结恰恰是封建的东西，我觉得这个还是要讲到王道内在的价值。而在我看来，这个价值不能简单地通过一个爱与仁的观念来体现，还是要回到与之相关的价值。

这个最后的发挥我觉得有点担心。我觉得张老师在讲述一种新的政治神学，就是所谓的国家宗教或者政治宗教。假如我们要援引西方的政治哲学，比如说沃格林（Eric Voegelin）就非常明确地批评这些东西，他说现代以来的灵智主义，最后一定导致极简主义。如果按照张老师的解释，我担心自由派所批判的中国政治所有的缺点都会坐实。但沃格林他自己对中国不太了解，他批判的是西方，所以我觉得这个解释可能还是需要一些分寸。但是总体来说，我觉得张老师把三代的内在关联，每一个点的深度都已经展开了，能够触发我们的进一步思考。我就讲到这儿。

【主持人】谢谢唐文明老师，现在我们请北京大学哲学系的吴增定教授来做评论。吴增定教授大家都很熟悉，是哲学领域最活跃的学者之一，他对从霍布斯（Thomas Hobbes）以来的政治哲学，包括刚才说到政治神学有很深的研究，所以我觉得他可以从他的角度，对张老师做出回应。

【吴增定】到这个场合本来是为了学习的，因为我是汪老师的粉丝，所以主要是来见汪老师，顺便听一下志强老师的讲座。让我做点评，我诚惶诚恐。因为我跟唐文明老师完全不同，唐文明老师是这个领域有名的专家，可是我对这个领域一窍不通，所以就只能是首先作为汪老师的一个粉丝，然后作为志强老师的朋友和读者、听众，说一些感想。点评万万谈不上，只是据我自己有限的理解和所知谈一点感想。我觉得张志强老师主要的一个意图实际上就是在西方的某种普遍主义话语背景之下，来谈中国政治普遍主义的一个理想，以及它的叙事的方式。

一百多年来，只要讲到中国政治，总体上否定的评价比较多，有各种各样的评语。但其中一个非常重要的评语，就是中国这个文明是一个地域性的、区域性的，比如马克思的说法非常典型，他说中国是亚细亚生产方式。然后还有其他各种各样说法，比如说中国属于东亚式的农业文明所派生出来的一种特定的政治文明类型，而只有西方，比如说像罗马基督教，尤其是现代国家自由民主、个人主义塑造出来的政治理想，才是普遍主义。我想张志强老师尽管没有明说，但是他最后实际上把这个问题给点出来了，就是说中国这个政治文明里面的普遍主义的精神，到底体现在什么地方。他的一个概括实际上就是三代理想，三代的政治。我觉得张志强老师对三代政治有一个非常好的说法，就是刚才汪晖老师提到的，三代政治理想不是一个今天的话题，也就是说有两种主要的传统看法。第一个就是张志强老师刚刚提到的宋儒以来的这种比较偏经学的看法，把它拔得特别高。高到什么程度，高到好像中国历史上符合三代理想的就没几个，尤其是秦汉之后感觉好像就没有，所以这是一种比较偏向道德理想主义的解释。另外一个解释就是晚清，尤其是晚清以来的历史主义解释，认为三代是子虚乌有的一个存在。尤其是疑古学派，再加上现代实证主义史学的考证，认为夏代完全是虚构的，商周即使有，也只是个农业部落，根本不是什么帝国，都是这样一套叙事模式。前者的危险是这种高度的道德理想主义的危险有一点绝对主义，把所有的现实政治都否定掉，只有批判的意义。这样一个高大的理想摆在那，汉唐根本不能算，秦就更不用说了，整个中国的历史就完全断裂了。这个看起来是很高的道德理想主义，实际上有一种非常可怕的虚无主义的危险。理想爬得特别高，就容易走到它的反面。如果是实证主义那就更不用讲了，把这种理想的本身都否定掉了。中国作为这么大的一个政治文明最终要追求什么目标，这也是一个问题。我觉得志强老师的解释路线实际上就是一个平衡或者中道的一个做法，中国的确有很高的政治理想——三代、仁政，但是这个三代理想它是一个历史性的，是蕴含在历史之中的，并不是抽象在历史之外的一个绝对主义的目标，比如它落实在每个时代可能有一些变化，但不管怎么变，比如说秦代，虽然我们对它的负面评价比较多，但是某一点上还是跟三代的影响有关，那汉唐就更不用讲了，尤其是志强老师讲的家天下同样也是王道理想，不是说家天下就一定是什么专制主义的东西。这给我很大的启发。

张老师的讲述，有同时兼顾历史研究的思路和道德理想精神的思路的优点，这是我自己的一个感受。更具体地讲，还有一个感受，他在空间和时间两个方面上都讲得很具体，面面俱到。比如说在时间上，让我想起了司马迁的名言，"究天人之际，通古今之变"，我们中国历史这么长，在古今之变中，有没有保持一种常态的东西，抗拒变化，这仍然值得我们今天去追求。在空间的意义上，天人的意义上，这么大的一个地域性的文明，这么多差异性因素，我们到底是靠什么东西维系起来的，能维持这种差异性的统一，像黑格尔说的那种"unity"的统一。王道政治实际上在这两个方面，都平衡得很好。如果这样来看的话，那的确既不像西方，比如基督教文明这种政治和宗教的绝对对立，又不像现代的个人主义、自然权利为基础的现代民族国家这种以某一个具体的政治单位，民族国家式的相互竞争的这样一个模式。其他还有很多更重要的主题，比如说革命，等等，这个我实在是点评不了，虽然我也很想说几句，但是在儒家革命的内在因素和西方之间如果有一个简单的比较的话，那么西方的革命的的确确就是一个完全的否定。比如说一个房子，西方的革命是要把那个房子完全拆掉重新来过，而我们中国的革命不是这样的，比如说窗口破了，墙角有问题，但是我们这个房子的构架还是在的，我们仍然是可以按照构架来修复它。所以在这个意义上，王道政治虽然有革命性、有否定性，但是它仍然维系着中国历史的正常时间的统一性，这是我自己的看法。最后提一个小问题，我觉得志强老师讲的，包括我的解释，还是过于理想化了。如果在今天这样一个全球化的格局和语境中，民族国家是一个既定的政治实体，在这个情况之下，三代理想有什么再解释的空间？好，这就是我要说的，谢谢。

【张志强】刚才增定兄讲得非常对，我今天确实讲得有点抽象。增定兄刚才讲的我都非常赞同，我们的问题意识就是如何应对今天西方式普遍主义对中国的评价，我觉得我们对中国式的普遍主义其实还没有解释得特别清楚。我们今天讲三代到底是为了什么，三代如何能够应对今天的局面，我觉得这确实是一个难题。因为中国今天也不过是民族国家之一，不过，我们理解中国传统政治的这一套政治原理，是不是可以有助于我们更好地理解我们的国家呢？作为众多国家中的中国，它的性质是特殊的，这种特殊性并不是单纯的与众不同，而是在原理上就不同于其他国家成立的原理。

这种特殊性到底该怎么理解？这是今天我们如何与其他国家相处，以及如何看待我们的历史抱负的出发点。理解中国历史文明其实是为了更好地理解今天我们这个国家。中国当然是个民族国家，但它是个多民族国家，只要是多民族国家就一定不是民族国家的原理能够解释的。它在适应现代世界的时候当然已经有非常多的变形，这种变形一种是相对于我们文明自身发生的变形，而另一种则是在适应现代世界的过程当中发生的变形。这种变形其实质是因应历史时势的创造。固有的文明在适应现代世界的时候，看起来是个历史负担，但它同时也可能是历史的抱负。我们应该有这样的气魄，相信当代中国的作为是可能为世界提供一套原理的。比如大一统的原理，它其实提供了一种理解中原和内亚之间连接方式的原理，中原和内亚看起来是斗争的模式，但这个斗争模式恰恰是历史命运共同体共在的方式。所以我们的问题是如何从这个历史命运共同体的角度，来理解这样一种历史的关系对于我们今天的正面意义。我觉得只要我们能够找到一种新的价值角度，就会有新的发现，就会摆脱西方加之于我们的魔咒。整个西方近代以来的知识系统施于我们非常多的魔咒，上面我讲了几种，家族和国家的对立、内亚和中原的对立，等等，给我们的自我理解上设置了许多障碍，这些障碍需要我们设法加以突破，我觉得这是第一步要做的事。

文明兄的问题还是关于如何理解秦代的政治的问题。我讲革命就是中国传统意义上对革命的理解，革命就是顺天应人，《易经》革卦彖辞中的这句话，与复卦"复见天地之心"结合起来，就是从正面在讲革命的道理。革命当然可能是从叛乱中发生的，但不是所有的叛乱都配称革命。叛乱与革命的区别，古人是有其判准的，那就是民心与天命。另外关于仁政与人伦的关系，其实仁政就是礼制的精神，是所谓的礼意所在。仁当然不是用来反对礼的，应该说仁是对礼的宗旨和本质的阐明。仁是贯穿礼的价值。礼当然是一个等差的体系，但仁揭示了礼的实质并非不平等，是具有礼意的礼，也就是具有了仁的价值关怀的礼，从根本上讲是一种情境中的平等，或者说情理的公正。仁是尽其在我，总是从自己出发来设身处地地理解他人，以情絜情，使得情感得以尽量的发挥和沟通，而礼则是让这种情感的沟通恰如其分，根据不同关系给予不同的情感表达。礼保证了仁的平等是具体的平等。脱离了仁的礼，当然是礼的异化和变体，就有可能变成对人的宰制，有可能变为所谓"杀人的礼教"。反过来也一样，如果没有了礼，仁就有可能变成一种无内容不具体的平等，改变了仁作为调节和沟通人的情感的特质。仁的这种沟通人与人情感的性质不能脱离礼的形式，换句话说不能脱离以人伦为开端的礼制。当然，这也说明，仁与礼之间是存在张力关系的，当礼变成僵化的不平等体系的时候，仁就会冲绝网罗，突破礼的异化，而随时创制新的礼教。但不论如何创制，仁都必须建基于人伦的基本情感，将人伦的基本情感作为培养万物一体之仁的起点。

　　另外，关于秦代政治到底是不是一次革命，也就是说秦代政治是否顺天应人，我是这么认为的，从战国时代以来，诸子百家所有努力的结果应该就是秦汉国家。百家言的家学局面的出现，是周代王纲解组的结果，是官学流落民间所形成的。这是古人的认识。正如章学诚所指出的、这些家言都是言之有故、持之成理的，也就是都是在官学里有根据，然后再根据时代需要讲出自己的道理。司马谈《论六家要旨》讲，这些家言都是务为治也，也就是说家言的宗旨是为了重新恢复三代一统的局面，而游士阶层的形成，也都超越了一国的视野而是以天下得治为目标的。因此，所谓百家争鸣究竟是在争什么，在我们看来，争的是一个如何使自己的家言成为王官之学，而其前提是自己的家言可以创造出一个类似于三代的天下一统的政治局面。也就是说，百家争鸣的目的和战国之为战国的原因是一致的，都是为了能够克服战国的状态，而开创出一个天下一家的局面。这一点我们也可以从战国时代称王者大多以文王武王自诩里窥见端倪。因此，秦国灭六国再次实现天下一统，带给秦空前绝后的历史感，有一种终结历史的自我感觉，其原因就在于此。给秦带来这个局面的正是百家之一的法家，因此法家赢得了官学的地位，而以吏为师之类，也不过是对三代王官学官师政教合一局面的再现而已。因此，应该说法家也是得了三代王官学之要领的，虽不能得古人为学之大体，得古人道术之大全，但也是有其一得之见的。汉承秦制，汉也继承了秦的天下一统之局，不过，汉的自我意识和历史感与秦不同，它是检讨秦的教训，把自己放到三代以来的大历史大传统当中去寻找自身的定位，因此，能够完整掌握三代大传统的儒家就成为汉代官学。如果说法家在战国之世重建一统存在着手段和目的之间的不一致的话，那么汉代则尝试以儒家来代替法家，从而实现手段和目的的一致。这可以说是秦与汉的同异。汉接受了秦的结果，但在意识形态上改变了秦的说法。

汉代通三统的说法，就是在阐明一个道理，我在上面也阐发了很多，就是要说明一个自三代以来就认同的原理，一统是常态，而分裂是变态，一统是符合天命的，而分裂则背离了天命。这就是天下一家的观念。在我们看来，克服战国而出现秦汉的一统，并不是因为战国时代战争太多的缘故，毋宁说恰恰是为了绝对和平，战国的战争才必须无限化。战国之争是王者之争。而王者是可以带来绝对和平的，天下必须成为一家，绝对和平才可能达致。和平不是妥协的结果。这是战国历史的内在逻辑。其前提就是三代天下一统的观念，是这个观念导引着战国的历史方向，导引出了秦汉国家。所以战国时代的百家争鸣这一套思想政治运动的目的，就是恢复三代的局面，制度上可以变化，但制度背后的精神是不变的。因此，制度都有历史条件的限制，但天下一家的价值观念则是原理性的。

【主持人】好，谢谢张志强老师的讲解，也谢谢几位讲评的老师，我做个简单的评定。这个学期，从区域的秩序，非常现实的政治秩序，讲到当前东亚面临的问题，然后讲到罗马帝国以后的秩序，也讲了民族史，从完全不同的角度讨论民族问题，和一个统一国家内的民族关系史，以及在世界关系当中发生的民族史，还有关于新清史的反思和讨论，实际上涉及的都是一个秩序问题，历史叙述的秩序问题。我觉得今天张志强老师的话题和刚才几位老师的讨论，有几个特别值得大家思考的问题，我简单说几点，我说的不是结论，同学们可以过后再仔细思考。

第一个问题是，张志强老师提出的一个问题，他的出发点是要从历史脉络里讨论原理性问题。我觉得这是他最基本的方法，但这既不是抽象的原理性问题，又不是纯粹的历史问题，而是在这两者之间的。我们把这样一个方法论放到现代历史里面，可以看到它的几个比较明显的跟其他方法的区别。我们刚才提到疑古学派、古史辨，其实在这之前，我们看 19 世纪到 20 世纪，从西方欧洲到中国，由于现代秩序的诞生，都存在着一个倾向，就是强烈地抹杀一个起源，以及强烈地建立一个起源，这两种不同的模式。在东亚，我们都知道得很清楚，过去日本的学者幸德秋水写过基督抹杀论，白鸟库吉写过尧舜禹抹杀论。咱们的疑古史学也是沿着实证的方法，从实证主义的角度来抹杀这个起源问题。但是另外我们也可以说有两种倾向，一种倾向基本上是从儒学尤其是新儒学的历史里面，也就是宋代以后对三代的追溯里面，从经学和理学这个脉络去讨论三代，还有一种类似于苏秉琦先生他们所做的，有一批考古学家在讨论三代的问题。其中商周的问题不是重要的，因为是重大的发现，商周的问题基本上被组织到了近代民族主义史学里面，我们得承认这一点，因为商周是实证史学，它逐渐地被组织到了最正统的民族主义史学里面。唯独夏的问题是非常复杂的，我们都知道围绕夏的考古，到今天考古学界并没有一个最终的结论。中国学术界大部分人倾向于承认，西方学术界大部分人倾向于不承认，但都不是绝对的，西方也有承认的，中国也有不承认的。对于夏的问题的出现跟张老师提到的三个问题有极大的关系，作为政治原理它所生成的秩序到底是什么？

这是他提到的一点。第二个是他从这儿引申出的关于政治秩序的形成史，这个秩序，他把它称为中国的政治文化，或者政治文明，它的国家形成是一个所谓次生的秩序，不是否定它的起源，而是在互动，在其他各种互动关系当中生成出来的。从哲学上说你也可以说是生生史观提供了哲学基础，就是说它不是一个一般的起源论。中的观念是跟这个有关系的，但是我想这是他背后的关于秩序的看法。

第三个，我觉得可能他所讨论的这个三代的理想，从整个儒学的思想里面可以看得很清楚。他特别要发掘的是三代理想的一个批判性潜能，它是建构秩序的，但它不是一般地肯定性的，它也包含了对现实秩序的否定和批判，这个否定是现代用语，它不是简单地把现实抛弃，而是跟现实秩序之间持续地有紧张和批判的关系。所以它作为一个理想，始终存在于现实的秩序内部，我觉得这是儒学的一个特点。一定程度上，跟刚才唐文明老师提到的秦制问题有一定的关系。因为以宋代来说，宋代已经被认为是最早的郡县制国家，可是宋代的儒学强烈地批判这个郡县制，但是这个批判，不等同于要回到早期的封建时代，不是的。它是要在承认这个秩序的基础上，对它进行内在的批判。后来我们常常用清代的大儒顾炎武的话说，就是要把封建这个价值纳入郡县的政治秩序当中，使得封建的礼乐观，或者是三代的理念，本身变成一个内在于秩序的批判性。这个批判不是一个简单的否定。

这正是我要说的第四个特点，就是可以引申到政治秩序跟信念。这个信仰不是宗教的信仰，而是说政治本身是包含信仰的。政治本身包含了自我否定性，因为它有一定的理想性，我觉得这个讨论在当代世界、在今天有一定的意义。为什么呢？因为当代世界面临着一个最基本的问题，我们都知道从 18 世纪，尤其是 19 世纪，随着整个的资本主义化，导致了一个所谓的世俗化的世界、脱魅的世界，到底去哪里安放价值问题本身成了一个核心问题。欧洲的近代哲学，一个最基本的前提是价值和事实的二分，所有的理念都要在这个基础上，在政治秩序上是所谓政教分离，再一个是由此延伸出的公和私的严格区分。我觉得事实和价值的二分、政治和宗教的分离、公和私的区分，这三个区分构成了现代政治和现代文明的一些基础性要素，尽管现在有各种不一样的论述。今天碰到的问题，不仅是在中国碰到的问题，事实上欧洲思想、西方思想当中重新思考政教关系已经成了一个新问题，也就是说政教分离的逻辑能不能描述近代的变化，是政教分离还是政教重组？在欧洲，由于有一个宗教的基本秩序，向皇权，向世俗皇权的转变，它被表述为政教分离，但是这两者之间的关系，即便在西方世界也仍然是一个问题，并不是一个简单的清晰的事实。

再一个问题是关于公私的关系问题。今天张老师提到的是古代秩序当中家和私之间的关系，家到底包含不包含公？家到底是一个私的领域，还是同时也包含公的领域？在这个问题背后隐含的是对于政治秩序的追问，也就是所谓从天的秩序到王权秩序之间的追问。这个追问我们可以上溯到明末清初，像黄宗羲对于所谓家天下私天下的质疑。因为这个质疑本来是针对一个具体的政治状况的判断，但是这个质疑到近代以后被普遍化为对政治秩序的质疑，这个判断才产生出了在公和私之间的核心的问题，也就是说近代以来我们用以区分的、作为基本范畴的公私之间，到底是什么关系？过去也有一些学者做过很多讨论。比如沟口雄三教授，他研究宗族问题，宗族按说是家的范畴，但它同时包含了公和私的关系。在西方政教关系发生变化之后，所谓的政教分离变成政教重组之后，信仰的问题也不再一般地被置于私人领域，因为政教这个关系不像大家想的那样是截然可以区分的问题，宗教信仰的问题不完全是私人的问题。对于这一类的基本问题，我觉得都带有一个重新思考现代政治秩序、重新思考古代文明的意义。而其中一部分的意义也在于跟当代世界面临的这些问题进行对话。这是我所理解的张老师今天讨论的内容的意义所在。

今天的讲演到这里就结束了，谢谢大家。

九次危机：中国的真实经验 *

温铁军

中国人民大学可持续发展高等研究院教授、西南大学中国乡村建设学院执行院长、福建农林大学海峡乡村建设学院执行院长

---

* 讲座时间：2017年11月8日。

【**主持人**】欢迎大家前来参加政经哲研讨课讲座。今天特别高兴能够邀请温铁军老师来清华大学做讲座。温铁军老师是中国人民大学农业与农村发展学院的教授，也是该学院从系变成学院之后的首任院长。

温老师在中国学术界是一位非常独特的人物，也是一个很独特的现象。因为，第一，他的经历比较丰富和复杂，工农商学兵都干过，而且都有相当丰富的经验。我刚认识温老师的时候，他还不在教育机构，而是在当时的国务院体制改革办公室任研究员，同时也是《中国改革》杂志的主编。20世纪90年代晚期，中国有一场围绕着"三农"危机的大讨论，温老师就是这场讨论的中心人物。1999年下半年，温老师的一篇文章在《读书》杂志上发表，引起了巨大的反响，从一个知识界某一个圈子的讨论，迅速地变成媒体的公共话题，同时也影响到了国家的政策。"三农"问题成为国家战略重中之重，再到21世纪以后国家发起新农村建设的浪潮，包括中央出台的一系列城乡融合政策，可以说都跟这场大讨论有密切的关系。温老师在当中扮演了关键性的角色。第二，由于他个人独特的经历，他一直把实践放在第一位。他非常勤奋地著书立说，但是同时也通过实践，从在地化的制度试验中归纳理论问题，可以说中国关于"三农"问题的近现代历史反思及文化传统的重新整理和再发挥，都跟他有关。第三个特点，他从民间来，成为政府里面的政策研究人员，但又慢慢回到民间，最后又回到学术界，从来没有放弃实践。过去这些年，他的足迹遍及全世界，不仅仅是中国的乡村实践，他还特别致力于把中国乡村实践的很多经验与其他国家，特别是第三世界国家，亚洲、非洲、拉丁美洲这些地区乡村和社会变革的实践结合起来探索，与他们有很多的互动和合作。这方面的工作他做得非常多，也非常广泛。我有幸跟他一起去过一些地方，我们一块走过，当然我也就知道他工作中的一些非常独特的部分。

他今天讲的是当代中国的九次危机，他出版了一本书，名叫《八次危机：中国的真实经验》，这本书实际提供了一个看待共和国历史的独特的视角，或者说提供了一个从他的角度所产生的比较系统的叙述。他完成了这样一个叙述。国内和国外的学术界对他的这个叙述都有很多的讨论。今天，他的讨论是在他原来的八次危机的基础上，又增加了第九次危机，把问题拉到了更近的、当下的时刻。实际上，他对历史问题的这些探讨，无不与当前的实践和对危机的诊断密切相关。我们现在欢迎温老师给我们做讲座。

【温铁军】谢谢汪老师的介绍，他讲得好像比我自己讲得还清楚。我从来只是埋头拉车，这么多活要干，被大家推着往前走，还没有想过什么时候能静下来梳理一下自己的研究有什么特点。但确实如他所说，可能我们这代人身处其中的时空条件让我们有了更多的经历吧，不是哪个人的主观想法。这一代人有个类似的情况——我们大都是初中生，没上完中学就赶上"文化大革命"。

在我看来，"文化大革命"其实是20世纪60年代的一场经济危机的政治延续，因为任何政治问题都可以在经济中找到它的原因。我们是那个时代爆发危机之后没有就业机会而被送到农村去的，属于非正规就业人口。我们本来在城里就没有就业，到农村去，按毛泽东的那个说法："我们也有两只手，不在城里吃闲饭。"我们不能吃闲饭，所以被送到农村去当普通劳动力，也就是农村解决了我们城里人当时遭遇的就业问题。那是一次解决几千万人大规模就业问题的做法，那是中国人缓解失业压力的一种做法，只在中国有，其他地方恐怕都没有。这种做法从1960年到1976年陆续搞了三次。我们就是那一代人，亲身感受到了在经济危机压力之下，国家是如何向农村转嫁城市不能就业的青年劳动力的。

而且，不仅是我。我父母都是人民大学第一代教职员工，1949年进城，1950年参与组建人民大学（他们是参加了1947年反饥饿、反内战的青年学生，1948年去了解放区，1949年再跟着军队回来，参与组建人民大学）。但是人民大学不像清华，清华是工科学校，工科创造生产力；人民大学是人文社会科学学校，不创造生产力，"没有经济价值"。在大危机的压力之下，人民大学解散。我父亲在江西劳动，我母亲在北京郊区劳动，我们一家四个孩子加上父母全部下乡。也就是说，当我们在城里不能创造生产力的时候，就都要下乡去创造生产力了。

这其实是中国资本最为稀缺的一个阶段。

当然，我们当年是怎么过来的，现在怎么把我们这一代人经历过的事情做归纳，也是当我们成为知识分子之后，作为知识生产者的一种责任，就是如何把这些经验归纳成为一种知识，使这些知识可以被记载下来，并且被后人传承，被人们不断地重新理解。我们认为三次上山下乡，每一次其实都是经济危机的客观结果。

国有企业改革是在什么时候？1997年东亚金融危机爆发，直接导致中国遭遇输入型危机，通俗地讲就是进口了经济危机。在这种压力之下，1998年，40多万家国企倒闭，4500万国企职工"失业"，但当时不叫"失业"，叫"再就业""待岗"，或者叫"下岗"。因此，今天海内外所有的知识分子，如果只知道依据教科书或者统计年鉴来统计，这些"失业"职工全都不包括在内。

我们那代知识青年有几千万不在统计年鉴中表现为"失业"，因为我们在农村劳动，我们就业了。这个也是所有的教科书里都没有的。我们的工龄是从什么时候开始计算的？从插队那天起，所以，插队就说明我参加工作了。我就是从17岁插队开始算工龄的，所以我退休的时候，已经有四十多年的工龄了。我弟弟下乡的时候15岁，他的工龄就是从15岁开始计算的。所以，我们在统计年鉴中表现为"就业"，而不表现为"失业"。如果你只知道按照现在的教科书理论，不知用脚做学问，那你的学问恐怕就不是真正意义上的知识生产。

这是我们这一代人特殊的经历，前无古人，后无来者。像我这种基层工农兵，干了十几年，回来以后，初中二年级还没毕业就去考大学，大学毕业后进中央国家机关工作。先是做了二十多年的政策研究，后来人民大学成立学院，把我找来当院长。我是一天都没当过老师，直接来了就当院长，来了就给最高级别的教授职称。这就是我们这代人的经历。

我想，这种经历在我们这代人之后就不会再有了。

汪老师刚才说，我当过《中国改革》杂志总编，我也是一天记者、编辑都没干过，上级直接把我找去，安排我当中国改革杂志社的社长、总编，我根本不知道该怎么弄。我也不知道学校的二级学院应该怎么弄，但都完成任务了。这些都是很稀缺的个人经验。我有一本自述，叫《此生无憾》，要成为一生能够无憾的人、永远笑对一切的人恐怕也不是特别容易的。如果对这一切有所感悟的话，我觉得是对一代人的感悟。

我们这代人就是这样过来的，因此这代人创造过很多奇迹，我们经历过的中国也有很多至今不能被人们相对比较完整做出解释的事情，因此产生了很多困惑，也产生了很多议论，甚至很多议论是被意识形态化了，这些并不奇怪。所以我说，作为过来人，根据我们自己的亲身经历、在这些经验过程中所形成的认识，来形成一种知识的建构、一种话语的建构，应该是我们义不容辞的责任。过了我们这代人，其他人再来想你们到底怎么回事，恐怕就时过境迁，难免出现很多不尽如人意的说法，所以我们还是自己把它说清楚比较好。

一、为什么要讲九次危机？

原来讲的是八次危机，为什么现在说是九次？并不是因为把最近这次加上了。2009 年全球危机爆发之后，我们看到的是 2010 年的欧债危机产生了一个新的概念叫"欧猪五国"，英文是 PIIGS。之后，是 2012 年爆发的资源出口国的经济危机，这其中包括最为严重的经济危机国家——委内瑞拉。因为它的石油出口是殖民地经济体系留下的"单一经济"，委内瑞拉 95% 的收入靠石油销售。当石油价格从 2008 年的 148 美元每桶陡降到 36 美元每桶的时候，它每桶失去了 112 美元的收入，当然就导致了严重的财政分配不足、严重的贸易赤字和依赖石油收入作为依据的本币币值的下降，所以委内瑞拉出现了大规模的通货膨胀和严重的财政赤字，政府社会开支下降，导致那些不得不仰赖社会福利开支维持基本生存的平民上街了。这说明依赖石油出口的单一经济国家、单一资源出口国家应对不了危机。在这种情况下，金砖五国大部分是靠资源出口的，包括南非、巴西、俄罗斯，就剩下仍然维持实体经济结构完整的中国。当然，贸易和财产双赤字的印度也遭遇到了经济危机的影响。

客观地看，全球危机从 2008 年金融海啸演化为 2009 年全球需求下降、2010 年欧债危机、2012 年资源出口国危机，然后现在外需更下降，正是中国遭遇到严重生产过剩的时代。于是中国经济符合规律地出现了"脱实向虚"，开始被叫作"新常态"，后来叫作"经济下行期"，最后不得不接受危机事实改为"L 型下滑"，这样还不够，最后承认"中国经济进入连续 L 型下滑"。

注意，这仍然不意味着谁对谁错，只是人们的认识滞后于经济发展客观过程，仅此而已。

我们为什么不把这次严重的生产过剩危机写进去，只写到 2009 年？因为有几个重要的危机现象到现在为止还不能被清楚认识。比如 2013 年新一届政府产生之后力推市场化，并且把一个国家经济主权的核心部门——金融——推进完全市场，承诺中国将实现人民币的自由兑换，同时开放资本市场。而过去前几届政府一直坚持的是，我们的资本市场只允许合格的境外机构投资者（Qualify Foreign Institutional Investors，QFII）进来，就是说给你一个份额，能不能进来，取决于我作为主权国家是否认为你合格，这叫有限地允许被认可的外资进入中国资本市场。如果你是一个投机性过强的资本，就不让你进入，而且每年的配额是极其有限的。因此外国过剩的、投机性的、泡沫化泛滥的金融资本是很难进入中国金融市场的。

中国既不开放货币汇兑，又不开放资本市场，这带来的客观情况是什么？是中国人可以用自己的政治主权向纸币做赋权，你有多大的国家政治强权，就有多大的货币信用，因为这个世界早就告别金本位了，不是以黄金作为货币储备了，也不是以商品作为本位的。那货币是什么？货币是全球化竞争条件下，国家政治强权向纸币做的信用赋权。当然，弱国的货币就是弱币，强国的货币就是硬通货。为什么中国人民币升值很多人不懂，说是操控。你的国家经济在不断增强，怎么可能是操控？西方说了多少次中国崩溃论，最后演化成了中国威胁论，说明你变强了。"中国威胁论"，很大程度上承认你强了。那你强了，当然你的货币跟着要强，所以人民币不断升值，无论你怎样唱衰都没有用，它就在升值。所以强势货币怎么来的？强势货币跟这个国家是否足够强大有关。

我经常会在很多场合拿出一张一百元人民币，问大家这上面是谁，你们都应该知道上面是谁，是毛泽东对吧？过去老百姓管它叫"大头票"，为什么是毛泽东？拿印度的货币看，上面是甘地，为什么是甘地？接着再问，把他换成别人行吗？很多人反对他，能换吗？不能，很多西方人也不喜欢印度的甘地，但是你能换他吗？美元上为什么是美国几位著名的总统？此外，你去看瑞士货币，国家往往在上面印某只鸟，这两种做法就不一样，这点很有意思。

当世界资本主义历史进入金融资本主导的阶段，或者干脆叫金融资本阶段的时候，全球化竞争到底是以什么为单位的竞争？因为金融具有政治赋权的特点，这导致金融资本阶段的全球化竞争实质上是国家之间的竞争。因此，今天说全球竞争的失败者往往不是个人，而是国家，而这个竞争的失败往往是金融领域的竞争失败。比如委内瑞拉巨大的通货膨胀，它的货币完全不能再支撑这个国家的经济需求了。

我们应该知道，苏联解体的时候有什么教训？很多人说政治体制不好，这是一种解释，但是有谁注意到，在西方世界 20 世纪 80 年代已经开始进入金融资本阶段的时候，整个苏东体系还停留在实体经济阶段，实行换货贸易，以国际价格的 1/3 来记账。一个卢布可以换 2.38 美元，大约是这样一个汇率。当世界进入货币交易为主的经济发展时期，特别是以金融主导的交易为主的经济发展时期，世界，特别是西方改用 GDP 统计。原来主要是统计你有多少工业产量、多少农业产量，当计算产量改变为计算交易的增加值，这对苏东意味着什么？意味着它的经济总量数据大幅度下降。而从赫鲁晓夫时代开始搞"和平竞赛"，竞争什么？竞争的是社会主义是否可以让经济稳定增长。但是当苏东在 GDP 的统计体系之下经济增长数据明显低于西方的时候，当然会引起大家强烈的批评。

这话说起来，有点"阴谋论"，我不认同"阴谋论"，但是有些事情它很有意思，至少可以提一下：在 1986 年世界改为 GDP 体系的时候，苏东国家普遍发生粮食危机。有关粮食产量的预测，比如观测气候，预估第二年粮食产量会在什么样的气候条件下发生什么样的变化，在这点上，美国官方每年有两百亿美元的开支。因为美国是世界粮食的最大的提供商，全世界商品粮的 40% 以上是美国提供的，它需要了解这个世界粮食的生产形式、供给形式和库存形式等各个方面的变化，所以美国人很清楚地知道这一年气候会发生什么样的变化，粮食到底会增产还是减产，而苏东国家在这方面相对来讲肯定比较差。且不说美国官方，ABCD 四大粮商每年大概有两百多亿美元专门用于气候变化研究，保证知道下一年的生产到底是平年、丰年还是歉年，粮食的价格会怎么样，如何形成对利润的保障，等等，这些全部是在竞争之中形成的手段。但对于在非完全市场条件下的苏东来讲，这类型手段相对比较弱。1986 年，除了 GDP 的统计方式导致它的经济总量大幅度下跌之外，苏联发生严重的粮荒也影响了其经济发展。在这种情况下，客观上又出现了西方对于苏东的粮食封锁，所以对于 1989 年苏东剧变这些事件，大家以为是政治制度的问题。诚然，与政治制度可能有关，但是作为经济研究的学者，我认为更多的可能是与经济上的很多变化有关，特别和国家货币化程度低有关。

当然，同期也发生了很多其他事件，1991 年苏联解体，这意味着什么？意味着我们要思考如何看待苏联解体，如何看待教训。我们在很多重大的关键问题上，恰恰相对还比较客观。

我们是在什么时候开放三大极富投机性的市场的？就是苏联解体后。

苏东不进入货币化，不进入资本化，我们恰恰是在它解体的情况下，开放了股票市场、期货市场、房地产市场，同时开始大规模增发货币，推进中国的货币化过程。这些是在苏联解体之后，中国人接受了苏联解体的教训，没有从政治角度出发，而从经济角度出发所推行的政策。

苏东没有搞货币化，因此当它解体的时候，留下巨额的实体资产、资源性资产被谁货币化了？被西方硬通货货币化了。美元、德国马克、英国英镑、法国法郎、意大利里拉，都纷纷涌入。纸币是什么？一张百元大钞的真实成本只有5分钱，当国家政治强权解体、货币体系坍塌的时候，国家就不能自主地进入货币化，因此，留下的庞大的实体资产，包括资源性资产被谁来货币化，并且占有所谓的铸币税？当然是西方货币。到现在为止，它都不能重新构建金融资本地位，仍旧属于软通货，原因在于什么？就因为已经没有能够被它自己本国货币来进行货币化并建立货币信用基础的那些资源了。

在这个阶段，中国大规模增发货币，但是接着就造成了国内的恶性通胀。开放股票市场、期货市场、房地产市场，这些投机性的交易大幅度兴起，造成了中国1994年高通胀率（24%），虽没有1949年的那么高，但那是中国进入经济正常化以来四五十年的过程中出现的最高的通胀率。大家都说1993年中国十四届三中全会召开，全面推进市场化，中国深化改革，等等，但这以外的说法很少有人关注。1993年大规模增发货币，1994年出现严重恶性通胀，在恶性通胀条件下，请问，任何实体经济，谁投资能挣钱？这是很明显的问题。

如果这些事情都不在教科书上，也都不在我们学者的所谓课题研究之中，那么不该有个像我这种老是迈开双脚到处去走的人出来，说一点代表中国真实经验的话语吗？当然，学术界很多人烦我，因为我确实不按教科书出牌，我说的这些东西都不在教科书上，所有关于中国经验的解释几乎都不在里边，因此应该感谢清华大学，感谢汪晖给我这个机会，让另类知识做点表达。谢谢你们愿意跟我讨论点儿另类知识。

二、基本规律

先看基本规律，我们很清楚地能看到这两条曲线（见图1）。美国在向欧洲提供原材料的殖民地时代，其经济是平稳不发生波动的，经济发生波动主要是在进入工业化以后。中国也同样，在农耕时代，我们是没有经济波动的。美国进入工业化以后，经济波动主要在"一战""二战"之间，中国的经济波动主要在前"冷战"和后"冷战"时期，也就是说，国际上的政治经济形势对于任何追求工业化的国家都有直接影响。美国遭遇经济危机同样会有大萧条，其中很多悲惨的事情没公布照片，只公布了领食品、等候登记失业等照片，实际上还有很多更为悲惨的事情。如果你们有兴趣可以看看《光荣与梦想》，那本书里面讲了美国大萧条阶段的很多事情。

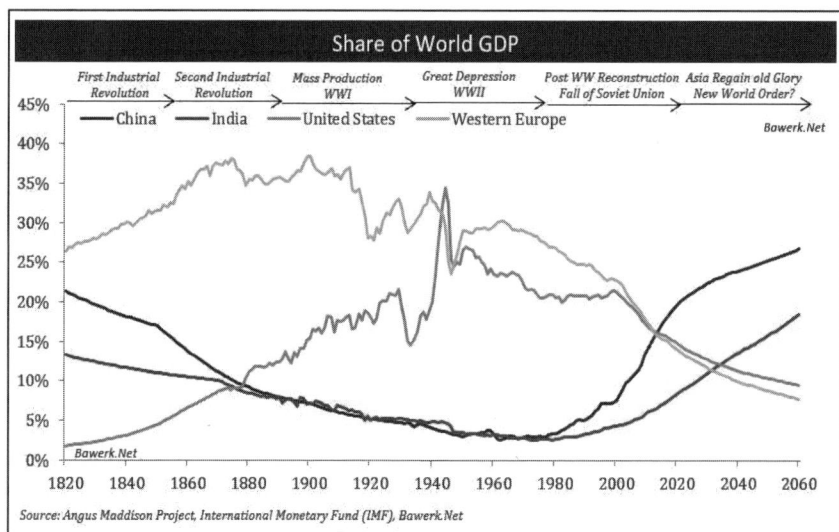

图 1　中国占世界 GDP 的比重（1820—2060 年）

从我们对于经济危机的认识来说，今天特朗普来要跟中国谈朝鲜问题，但如果排除所有意识形态的浮光掠影，只看真实的客观经验，可以说，美国和朝鲜都有同样的问题，叫"上去了就下不来"。大家也都知道，俗话说，上山容易下山难，什么叫"上去了就下不来"？我去过美国很多次，昨天晚上就刚从美国回来，朝鲜我也去过，是被联合国请去做农业政策顾问的。我的客观研究认为，美国是因为战争，比如"二战"，向世界各国提供武器，世界各国只能用贵金属与之交换，因为它们没有别的用以交换的东西，所以到1944年的时候，美国占有了世界贵金属储备的60%，发行全球70%的货币，这是战争客观上造成的结果。因此，美国在1944年成立了所谓布雷顿森林体系，承诺美元兑换黄金。除美国外，世界各国都没有可能再保证货币与黄金的兑换，所以1944年开始，美元成了美金。

中华民国末期的所谓币制改革，把放弃法币这种主权货币体系改为以美金作为发行依据的金圆券，也是这个道理，这是民国那场顶层设计造成的灾难性后果，关于这个我们之后再说。

我们看到美国上升为世界货币的发行国，世界各国的交易都要用美元来结算，所以美元不仅占货币发行的70%，并且占世界结算货币的70%，作为结算货币自然也是储备货币，所以美元占储备货币的60%~70%。这三个70%——发行世界70%的货币、世界贸易结算货币的70%、世界储备货币的70%左右，这三条导致美国势必上升到金融资本阶段，成为资本主义世界的金融资本阶段的主导国家，不管你愿意不愿意，这都不以人的主观意志为转移。

通过数次对发展中国家做产业转移，西方发达国家转型升级之后率先进入追求流动性获利的金融资本阶段。随之则是以国家政治军事强权维护的金融资本全球化阶段。

20世纪90年代苏东剧变，世界进入后"冷战"和金融资本主导的全球化竞争时代，占据单极化霸权的金融帝国获取收益的方式发生本质变化——愈益依赖资本流入推动资本市场上升；在虚拟经济领域追求流动性获利的金融资本愈益异化于产业资本，遂使跨国企业的加工制造环节纷纷向发展中国家转移。

在这个过程中，上去的就上去了，上不去的就趴在半路。并且，上去的也下不来了。

2008 年美国大选时，奥巴马凭借"变革"口号引起民众共鸣，赢得胜利。他希望改变产业资本萎缩和外流的状况，改变"实体产业萎缩—失业率高—发债来维持社会福利—超发货币来购买债券维持政府运转"的虚拟化恶性循环的运作模式。但是他上台的第一件事情是面对 2008 年金融海啸，创造了 QE 和超级 QE，也就是量化宽松，用美国政府的政治强权支撑美联储印发的超量货币，用于金融资本危机爆发后的救市，但它无法救实体经济。

美国大量增发货币的时候，正好是 2008 年联合国大会的时候，我去美国参加其中的一个论坛，住在华尔街附近，那里照样灯红酒绿，大家该吃吃该喝喝。到了密歇根跟企业家座谈（我是中国农业银行的独立董事），他们说能不能请你们的银行来给我们贷款？我说：美国七千亿美元救市，你们怎么会没有贷款？而且你们制定的超级 QE 是零利率政策，你们在美国贷款利率多低啊。他们说真不行！因为这些所谓的量化宽松，增发的流动性全部进入资本市场，他们作为实体经济仍然拿不到贷款，所以美国的企业家们感到很困难。的确，美国超级量化宽松制造的资金主要用来挽救金融资本，实际上 60% 流出美国。

现在换了领导人，特朗普试图通过减税、贸易保护、产业回迁、增加军费和基建投资这"五板斧"刺激美国经济。也就是说，尽管奥巴马和特朗普两个人政治上对立，但实际上，大家想做的是一件事——如何回归实体经济，但实际上都回不来。虽然特朗普说，他代表下层白人蓝领，下层白人要就业，就得从回归实体经济入手，但实体产业就是回不来。所以我跟密歇根一个教授讨论了半天，形成了一个简单的模型，解释为什么美国实体经济回不来。

朝鲜也有"上去了下不来"的类似困境。金日成时代朝鲜的经济发展水平、人均收入水平，各个方面都比中国要强很多。1989 年朝鲜人均粮食产量曾达到 380 多千克，人均收入接近 900 美元。它什么时候出问题的？苏联解体以后。苏联跟朝鲜是换货贸易，整个西伯利亚没有农副产品供给，朝鲜是它就近得到农副产品的最主要的货源地，朝鲜给它送苹果、送蔬菜、送猪肉、送鸡蛋，等等，西伯利亚石油就滚滚流进朝鲜。换货并不是市场贸易，朝鲜缺拖拉机，苏联给拖拉机，缺石油给石油，缺什么给什么，所以朝鲜那个年代发展得很好，农业几乎完全机械化，实现了规模经营，我们中国官方想要的一切早就实现了。同步发生的是农村人进城，朝鲜当时就有70%的城镇化率，我们要求2030年才达到70%，朝鲜早达到了！可见，朝鲜早就现代化了。但是苏联解体的第二年，朝鲜拖拉机停了40%，没有油了。

整个苏联自己的企业也找不到北了，因为突然之间，换货贸易彻底解体，所有的独立经营主体企业突然被休克疗法放开了市场。这种"500天私有化"的激进的顶层设计造成的结果就是所有的企业找不到北，连带造成朝鲜堕入现代化陷阱……

这些企业纷纷倒闭的时候，我去调查研究了七个苏东国家，走了40天，到哪儿都要求看企业，人家的私有化部官员说："凭什么让你看企业？"我说："你们要卖，我们要买。"我们有中小企业2700万家，设备落后，希望买他们现在淘汰的设备。他们全蒙了，说我们人口都没这么多。我们20世纪90年代初期的乡镇企业就是2700万家。于是各个国家的私有化部纷纷向我敞开资料库，电脑上一搜，你想要什么都可以去企业要。我就得到调研机会了，但我所走访的企业厂长、经理、工程师全都说不卖，说他们设备好好的干吗要卖？他们现在只是没有市场。

我们在20世纪80年代曾经有过一次顶层设计，也是全面推进企业的股份化和经营的市场化，那是一个被称为"大方案"的设计，那些当年顶层设计的参与者们，今天还全在财经高官的位置上。那个方案提出的时候，老同志们还在当政，就是"五老"，周恩来时代留下的五位相当于副总理级的人物。陈云认为不妥，邓小平说要试一下。试什么？价格闯关。今天的所谓强调深化改革的人，几乎都闭口不谈20世纪80年代，更是很少有人说1988年价格闯关造成失败是怎么回事。1988年曾经因为价格闯关出现了 18.6% 的物价指数，某些月份高达 26.7%，导致大规模通货膨胀和群众挤兑，政府紧急提高存款利率造成银行亏损，引发财政赤字危机。1988年的危机导致 1989 年的生产停滞，社会严重不满。官员中谁会把经济问题和社会问题做这种联系？大家都应该会，但人们不愿意做这种联系，因此中国对政治风波的解释话语是缺失的。

苏联的所作所为和我们当今要做的事情其实并无二致，都是一套顶层设计。并且苏联当时也是美国教授萨克斯帮着做的。后来 2008 年联合国开会，我们正好在一个会场上，他就坐我旁边，我说："萨克斯教授，你现在的很多分析和你当年帮着苏联人做 500 天私有化计划时的分析完全不一样，怎么回事？"他说，作为一个学者，他必须客观研究。实际上他已经改了，可我们这儿大多数人还没改，很多人还是"今天的你我重复着昨天的故事"，手里拿着一张旧船票，上不了 21 世纪的客船，这就是我们的实际问题。在我们这儿，顶层设计比苏联早但被老同志压住了没全做，但在苏联那儿做了，就有两个不同的结果。有人做顶层设计比较研究吗？

我们没有像苏联那样停留在实体经济阶段，而是接受了它的教训，进入了货币化。我们放开了股票市场，进入资本化初期阶段。我们用自己的政治强权向自己的纸币体系赋权，大规模增发货币，那就是占有了自我货币化的收益。我们用自己的货币去做股票市场的交易，占有了资本化的收益，所以，向金融资本阶段升级的过程中，中国实现的是严格的资本管控。国际上关于自由流动与资本管控的争论叫作 "capital flow and capital control"，我们属于典型的资本管控 "capital control"，因此不被西方认为是允许资本自由流动的市场经济国家！可当年如果不这样管控，就是先苏东、后东南亚国家的下场，苏东和东南亚国家哪个爬起来了？

自己的经验不知道总结，非要按照教科书来讨论问题，我们的知识分子怎么了？客观地说，其实这些东西都无外乎是一些经验性的片段，当我们把它们联系起来的时候，它们就变成了可以被看作是经验逻辑的一种解释。

当我们说朝鲜"上去下不来"的时候，也是要告诉大家，因为它超前现代化了，突然没有石油，根本就不可能用 30% 农村人口的手工劳动去满足城里 70% 的人的粮食需求，于是朝鲜就进入了饥荒。中国人当时的解释是朝鲜政治制度不好。诚然，当它全国进入饥荒的时候，只能把城里人动员起来，每个人发把镢头，春天你下乡刨地；到秋天的时候，每人发把镰刀，下乡割稻子。这种城里人的动员，请问用什么方式组织？自由主义的市场方式吗？给多少钱让城里人去刨地、割稻子？我问问在座的城里人，给多少钱你能去？绝对不去，只能用准军事化的方式动员。于是朝鲜就构建了所谓"先军政治"，把人用军事方式组织起来，强行送到农村去。别人在田里面热火朝天割稻子的时候，知识分子们站在田头上观察，或者变成诗人。若让诗人不作诗了去干体力活，那就麻烦了，所以很多人不干了。于是就有了"逃北者"，实则是"逃农者"。有些城里人既不会又不愿从事农业，于是朝鲜长期在农业困境中难以自拔。朝鲜曾经把农业现代化和城市化都搞上去了，但是金正日能向下回调吗？上去了就下不来。

毛泽东时代下乡的很多城里的青年人适应不了农村的劳动。因为我出身不好，不劳动没得吃，只能好好干活，加之当了知青队长，就带着大家进山搞副业。知青队伍里有 1/3 左右的人是不太好好干活的，后来这 1/3 的人中就有人变成了文学作家，后来又变成了各种各样的表达意见的朋友们。当然大家还都是同时期的同学，大家都是吃过苦的，我们也都知道苦，但是如果你吃过苦，却把其实也没怎么太吃苦的个人的苦难无限放大也不合适。光说你苦，老百姓不是成天都这么干吗？你无外乎是干了那么一段时间，怎么就非得把它说得血呲呼啦的。当然也不是没有流血事件，但是大量的打架的事，大多是我们知青自己互相打。有人非得说人家农民打你，其实人家对我们挺好的。

追求现代化是任何国家的大目标，但是一旦上去了就下不来，就总要受到教训，总要付出代价。美国回不了实体经济，朝鲜回不了农户家庭经济。

有领导人跑到朝鲜去劝他们，你们学中国大包干吧！虽说是好意，但他们学不来。中国大包干的时候，85%的农民养活15%的城里人，手工劳动足够，因此包得起，对不对？你让朝鲜30%的农民，靠手工劳动养活70%的城里人，怎么可能？我从朝鲜回来以后，正好国务院开重大问题座谈会，我就在会上把这事说了，我说希望领导同志去朝鲜千万别再说让人家学中国大包干。我这个人说话比较直白，很多人听了笑了，会后还有一些高官说，你说的其他的意见我们以前听过，就这段我没听过。大家觉得挺稀罕……

总之，"上去下不来"是个客观规律，表明朝鲜和美国有同样性质的"高度化"问题，尽管双方政治对立，但如果你把意识形态当作浮云，它们的真实问题其实是有相似性的。

三、主要概念的重新界定

以上例子表明，我们需要先从经验中归纳出概念，因为当你要做研究的时候，科学方法论要求你首先做"redefine concept"，重新界定概念。

其一，现代化是什么概念？不论是否工业化，都可以建立现代化的城市，那是一个资本不断向城市集中的过程，同时，随着资本集中而同步集中的是与资本等量的风险。物理学讲作用力与反作用力相等，经济学指出只要有一份资本集中，一定会集中一份风险。于是，资本风险不断集聚，就要累积为危机成因，那危机到底爆发在哪儿？请大家注意，一般危机都爆发在城市。也就是说，城市化、现代化，是一个资本不断向城市集中的过程，累积的风险最终表现为在城市爆发的危机，于是，它一定是周期性的。

现代化的制度成本意味着什么？意味着资本的风险转变成周期性危机在城市爆发。

其二，所谓资本，实质上是人类在资本主义历史阶段制造的、反过来控制住极少数人群使其反自然的一种异化物，主要作用在于促使多数人及他们生存依赖的资源等客体成为"被资本化"产生利润的要素。马克思早就说过，当资本主义把人完全异化为生产力中的劳动力要素的时候，资本主义也就终结了。

其三，政府，其实质也是一种人类制造的由极少数人控制的异化物，因为其反过来强制性地统治多数人，而无论如何改造也难以达到其在任何制度中都被认为应该达到的公平公正。世界上不用管什么意识形态，真正要政府做到公平公正，只做守夜人、裁判员这种角色，都只是一个想象，无论多么合理，它也只不过是一个想象。

其四，看制度变迁。什么叫制度？制度是维护一定时空条件下的利益结构对利益的分配占有。在这个制度结构中，原来占有收益的集团要更多地占有，并把形成的风险及其代价向外部转嫁，不能顺畅转嫁代价则变成强制性变迁。而改革本来只是对制度变迁的一个说法，我们如果愿意把它意识形态化当然可以，因为它现在已经被意识形态化了。如果我们不愿意把它意识形态化，把它回归到理论上来看，它无外乎是一种制度变迁，而任何制度变迁其实都只是利益集团所推出的一种制度安排，所以从这个概念重新界定的角度来说，我不太认可现在的很多说法。

四、战后民族国家形成工业化的客观条件

除了概念之外，我们还要看一下背景。首先看的是我们这些发展中国家民族独立、建立国家政权、形成经济发展的这样的经验过程。当西方进入了两种大生产——斯大林主义大生产和福特主义大生产——都在大规模地推进产业化，这个大规模产业化的过程同时造成的是劳动群体收入不能同步增长，这也一定会造成生产过剩，因此叫作资本主义一般内生性矛

盾——导致 1929 年生产过剩大危机在西方全面爆发，然后发生的就是坚持自由市场经济的国家首先进入战争。只有把对方的工业生产能力摧毁，才能使我的工业生产占有你的市场！由此看，这场战争随着西方生产过剩是势必爆发的。

在战后这个再工业化过程中，就产生了所谓产业转移。战后，当西方再度进入生产过剩的时候，因在战争中西方殖民地宗主国对殖民地的控制能力下降，导致在"二战"中产生了一批新兴国家。

大家都知道，1919 年，中国想形成一个独立主权国家还很难，尽管是"一战"战胜国，但依然被作为殖民地对待，所以国内有了 1919 年的五四运动。它是否找对了方向我们另外再说，这是我下一个阶段做解构革命的时候要讨论的问题，而我现在只能解构现代化。

客观地看，西方的控制减弱，产生了发展中国家。那发展中国家是怎么发展起来的？恰恰是战后率先接受了战争中崛起的两大强国的投资，当它们要分割这个世界势力范围的时候，就形成了在原来的西方战场、东方战场这两大战场上推进的战略性投资。

美国的马歇尔计划是针对欧洲战场，就是对西方战场的主要参与国做战略性投资，因此它是重工业和设备工业投资。苏联对于东方、东欧国家做的也是重工业和设备制造业投资。在东方战场，主要是亚洲战场上有中日两大国，美国对日本的投资为零，原来是让它去工业化，同时去军事化的。日本在"二战"之后，连警察都没有枪，只能有根竹竿。那为什么日本又被美国重新军事化、工业化了呢？主要是因为朝鲜战争，美国必须就近维护美军对朝鲜战争的装备，于是美国对日本做了 148 亿美元的装备投资，日本就进入战后再工业化的过程。苏联也是就近支援朝鲜战争，在整个 20 世纪 50 年代向中国投入了大约 50 亿美元的投资，仅是美国对日本投资的 1/3，因此中国只是局部的、在东北或者个别城市实现了工业化。而在日本整个东京湾沿海都实现了经济起飞，但大家知道先是朝向亚洲这一侧的阪神工业区这一带实现了工业化。

以上是战后中国与日本形成工业化的外部客观条件。注意，因为没有这些条件，所有后来接受 20 世纪 70 年代西方产业转移的国家几乎都不能进入完整意义的工业化。实际上到 20 世纪 70 年代，西方再对外转移产业的时候，转移出来的就是一般商品生产，而没有转移装备制造业的，装备制造业已经变成战略性的产业，西方要自己控制住。因而，只有在那个战争影响条件下，才有欧洲和东亚接受装备制造业的全面转移。所以说，欧洲的工业化恢复，日本的工业化恢复，都是美国人造出来的，而东欧的和中国的工业化偏于军重工业，也是苏联的战略性投资造出来的，这些都是不可否认的事实。

所以，今天，我们不能简单地说谁对谁错，谁好谁坏，我们只应该看客观过程怎样。

这些投资带来的主要问题，首先是主权外部性风险。中国 20 世纪 50 年代以来所有被叫作路线斗争的问题，背后都有主权外部性风险的背景。因为所有发展中国家，当战略性投资进入的时候，就一定是亲外资的，无论该国如何强调自己的主权，但不亲外资，就不会得到外国投资，二者一定会建立某种战略同盟关系。发展中国家必须是整体上，在政治、经济、社会、文化、科学、技术、教育各方面全面地亲外资，才能得到外资的战略性投资。所以中国当年在第一次世界大战中参加西方国家之间的战争，没拿到战胜国的权益，之后爆发新文化运动却反其道提出全盘西化！这和 20 世纪 50 年代接受苏联战略援助的同时提出全盘苏化，这两者之间没有本质差别。

只要采取亲外资政策，一定会顺应投资国涉及主权的制度变迁的要求，因为投资国要求收益最大化，所以 20 世纪 50 年代的全盘苏化首先是上层建筑的核心部门——军队和政府实现了全盘苏化。接着，教育科技，然后是文化，汉字全部拉丁化。各位，当时很少有人意识到这件事情涉及主权。

1955 年，毛泽东组织这些已经全盘苏化的领导人开座谈会，开了差不多40天，要求大家讨论怎么改出全盘苏化，讨论的结果是改不出来了，那怎么办？变成另外一个决议，至少要在政治上强调我们不是"儿子党"，苏联不是"老子党"，政治上要表示中共是一个政治独立的政党。于是1956年当匈牙利事件爆发的时候，中共正式向苏共提出，中共不认同苏共对"兄弟党"的做法，它不能用这样的方式去对待"兄弟党"，直接出动军队。并且，在1956年，苏军占着旅顺口，大连是苏联代管的特区，我们要求苏军按照双方达成的协议完全从中国境内撤出。中国明确提出，我们不能放弃作为政治主权独立的国家，两党关系到了表示独立性的时候，两国之间的战略关系直接受到影响。

诚然，这个维护主权的代价对中国来说是巨大的。

1957年，苏联停止了对华战略性援助，我们要什么，还可以继续给，但是对不起，改为"贸易项下"，咱们做交换，你给我什么，我给你什么。那我们绝对不可能把苏联当时援助给我们的吉斯150生产线生产出的吉斯150，再转卖给苏联。人家早改型了，已经155、156了，你这个旧型号的卡车卖不过去。人家给你斯大林50号拖拉机，那时候还没有知识产权收费，你哪怕改成东方红50号，但你能卖给苏联吗？人家早改型了，人家早是斯大林55了！苏联不接受中国的工业品，只要农产品和稀有矿产原料，所以对苏联当时的贸易项下大约农产品占50%，稀有矿产品占50%，这就是1957年以后的事。

很多人说，中国在1957年之后是计划经济。我认为，恐怕很难这么说，因为1957年我们开始执行第二个五年计划的时候，按照原来苏联投资的方式设计了一套第二个五年计划发展的项目方案，结果没有一个能执行，因为你没有那么多东西送给人家，于是"二五"计划泡汤了。但到1963年要通过"三五"计划的时候，计委撤销了，改为战时经济，主要是搞三线建设。连计委都没有了，还是计划经济吗？接着十年"文革"，哪还有计划？什么时候中国真正开始实行自己做主的计划经济？1980年以后。

所以"改革以前都是计划经济惹的祸"，这种说法太不了解中国的体制史，可几乎所有的教科书都这么说，学者们真有根据吗？

有种解释叫作依附理论，"Dependency Theory"，在发展路径上依附了别的国家，想挣脱依附，人家一定会给你点颜色看看。1957 年，中国改为自己干，自己干就出了"大跃进"，然后双方两党关系恶化，导致两国关系弱化。苏联不仅没有援助性投资了，而且此前所有给的援助，包括技术援助，也全部撤干净了。事实上中国只能"去依附"。

1960 年，中国没有外资了。请问，对此现代化困境，一个正在工业化的国家该怎么办？

工业化是什么？工业化是一个资本不断增密、不断排斥劳动的过程，如果从经济规律来说，突然没资本了，你的工业化会怎么样？会停。可若是突然停下来，已经大量进城的人，修马路、盖厂房、干工业化的这些人就得全数回去，这些人有几千万。

我们 20 世纪 50 年代动员农民进城，2000 多万青壮年农村劳动力进城支援国家工业化建设。到 1960 年，一场大危机，进城农民全数回去，这意味着 2000 多万人失业。城里青年也不能就业，1200 万人下乡。算算大约 3000 多万人失业了吧？原来那些已经在工厂企业干的人，他们也下岗了。这其实是经济危机本身所造成的后果之一。

于是那个年代，第一次出现城里人上山下乡。我们的上一代青年人下乡，大家都知道，叫作天津之星，侯隽、邢燕子这些都是第一代知青的榜样。1960 年一千多万城里人下乡，在农村有几千万中学毕业生也回乡了——那一年教育已经开始普及了，如果按照工业化发展的正常情况，他们也应该得到就业机会的。如果算大账，1960 年这场"去依附"的大危机造成了 7000 万左右的人失业，这是在世界上绝无仅有的。

我们确实支付了巨大代价，但同时，我们用什么来应对这场危机呢？就是用了意识形态上叫作阶级斗争、继续革命的理论。实际上，我们用的办法是，把成规模的劳动力投入到大型基本建设上，替代了稀缺程度为零的资本。亦即，资本要素绝对稀缺条件下是可被规模化劳动力替代的。

历史上，资本被规模化劳动力替代只有两种方式，一种是美洲殖民地那种奴隶制，强迫劳动，另一种是用某种意识形态完成对劳动力的彻底动员，比如中国20世纪60年代。

我们都是20世纪60年代下乡插队去干活的，70%以上的人是城市平民。虽然少数人抱怨，但大多数认同我们就是为国家工业化牺牲的一代。我所谓的"此生无憾"是我不想否定我们自己做了奉献和牺牲的那一个时代，所以说我们没有遗憾。

但是在我身边，我大量的同学们并没有像我今天这样依然能够站在高等院校的讲坛上说话，大多数人现在都退休了。但毕竟，这些人还有安身立命的基本条件，我们做了巨大的贡献，每个人都做了牺牲。为国家的崛起，差不多两代人奉献进去，所以我们不太愿意像现在很多连基本常识都不了解的人、连整个经验过程都不了解的人那样，轻易地做出肯定和否定的判断。我们说，那个过程，因为国家没有资本了，只能拿我们去替代。我们也认为，那是我们作为中国人应尽的义务，因此我们并不希望被后人轻易地去诋毁，这代人的奉献很多是无偿的。甚至如果说，今天一定要改制，请记得，国家的资产的最初投入者是我们，是我们的劳动剩余形成了今天庞大的国有资本，难道能轻易地拱手让给少数人吗？两代人的奉献和牺牲不应该被计算进去吗？凭什么让你们来占有，不承认我们当年的贡献，这难道是公平合理的吗？这符合任何逻辑吗？

我尽管是笑着说的，但是这笑容背后是非常强硬的问题意识，希望各位理解。

经验证明，资本短缺爆发危机，资本过剩也会爆发危机，所以，任何体制进入工业化都会有内生性的资本增密机制，加上本国民族资本原始积累导致资本风险不断积聚，产业资本对资源的过度开发和对环境的严重破坏，最后都会导致多种不同形式的综合性危机的爆发。

五、战后超级大国地缘政治的不确定性及其冷战特点

如何分析中国的发展经验？

首先需要理解中国当代史的重要背景。我刚才说到，美苏两巨头战后形成双寡头控制下的势力划分，是被"二战"界定的。战后双寡头地缘政治重构派生了两个雁阵式重工产业转移——朝鲜战争导致日本得到美国约150亿美元投资，再实现工业化，中国得到苏联约50亿美元投资用于国家工业化。

其次应该看到中国土改形成的基本制度矛盾——利于新政权战胜最初的危机，但不利于工业化：分散小农户经济加上国土面积70%是山区，二者都造成农业不可能使用工业化产品，导致资本不断增密的重工业无法提取原始积累，也就必然会使政府采取措施去把分散的小农变成组织化的农民。所以，今天很多人在谈，中国的集体化的动因是什么？这不是土改重建的私有化的农民的需求，而是国家工业化的需求。当年是出于工业化需求的压力才形成了农业集体化。

大家都知道周庄人民公社至今还是集体化，就在河北石家庄。那个人民公社是因为什么建立起来的？是因为中国1953年开始生产拖拉机了。朝鲜战争打起来之后，苏联把坦克生产线转移到中国，到1953年朝鲜停战，中国把坦克生产线变成民用，生产了拖拉机就要下乡，下到哪儿去？周庄这个地方农村的领导人就说，我们要。但你想要，就得有成千上万亩的土地规模才能用得起拖拉机，如果仅仅是小型的二三十户的合作社，用不起拖拉机。于是他们按照拖拉机配比土地规模耕作要求，建立起了以乡为单位的合作社——周庄公社。我们后来为什么是以乡为单位建大社？是因为从1953年转产到1955年，我们的拖拉机开始成批出厂，还得问谁能接？

我下乡的时候是知青队长，我们村自己队里面有大骡子大马，完全可以自己打个犁架子，铁匠打个犁铧，大牲口拉着，就能翻地。但是公社必

须派拖拉机去每个大队，让大骡子、马都歇了。拖拉机下乡得用大队库里的麦子调换，工农两大部类交换就是这样通过强制性的手段完成的。如果没有一个规模化的集体经济，我们怎么能承载公社派的拖拉机呢？

什么叫作工农两大部类交换？工业化原始积累是怎么来的？就是这样的剪刀差带来的。我们向国家送粮食，长期是六分钱一斤高粱，七分钱一斤玉米，八分六还是八分七一斤小麦，九分几一斤稻米，1962 年全国完成"三定"以后长期都是这样，国家统购压低农产品的价格，产生了剪刀差，工业占有农业剩余。我们在生产队一年只能分到八十斤麦子，其他只能吃高粱、玉米。麦子多分是不行的，因为公社要拿走，要么用于出口，要么满足城里的需要。当今天我们谈农业集体化的时候，请问工业化是不是还有这个需求？

所以客观地看这个过程，大家应该知道集体化对国家资本原始积累起到的作用，小农经济确实不适合工业化。但是国家需要进入工业化，特别是当原来的盟友苏联向中国投入的主要是装备工业、军事工业，即 70%以上用于军事，只有百分之二十几是民用配套的情况时，例如纺织工业可以用于军装，也可以用于被服。客观地看，这个结构之下生产出的大型装备，比如坦克改装 50 马力的拖拉机，一般的农户经济、合作社经济用不上。50 马力的发动机和底盘本来主要是用于坦克的设计，坦克是"二战"之神，你要想形成现代化军队，没有能够装备坦克的机械厂是不能形成现代军队的。接着就得问，生产坦克了以后，不打仗，根本没有效益，当然打仗也是消耗，那生产坦克的这些机械工厂，它的收益从哪儿来？不得从拖拉机来吗？拖拉机难道不是倍加的价格吗？农村不接受行吗？如果那时候想搞市场经济，国家引进的所有军事装备工厂就得关厂。

我们得放下西方教科书之后扪心自问：你到底要什么？如果你没历史感，就不知道过去到底是怎么回事！

六、民国现代化努力及其失败

介绍一下我这次修改九次危机的内容。

原来的八次危机是不算 1950 年的。因为我们团队讨论第一稿的时候认为，1949—1950 年的恶性通胀危机是民国遗留下来的，我们要写的是新中国的危机，那就要从 1960 年算起，是八次。但是出版之后，我跟课题组讨论。《八次危机》的起草人原来是我的一个博士生，现在是人民大学的副教授，她分析了收集到的资料以后提出来说：我们 1949 年的危机很大程度上是由内部因素造成的，不能全说成是民国币制改革失败所留下的高通胀的危机。所以经过讨论以后我们调整了，把 1949—1950 年那次危机纳入 1949 年新政权建立之后的当代中国经济史中来看。

所以，第二稿修改之后的第一次危机就从 1949 年开始。原因其实很简单，其一就是国民党 1948 年年底撤走的时候，把中国建立主权货币体系的储备黄金几乎全数带走，成了台湾地区货币发行的依据。而中国大陆建立政权的同时，是没有货币发行依据的，因为政权很弱，经济上几乎是空白，当时发行每一块钱都是没有储备依据的。这是第一条。其二，我们形成新政权是靠农村包围城市。共产党不断推进土地革命，农民就会支援你去打解放战争。所以陈毅元帅说，淮海战役的胜利是农民用小车推出来的。第三次土地革命今天被叫作"独立战争"，也叫作"解放战争"，现在有人给第三次土地革命战争算账，平均每个前线的解放军战士背后有 38 个农民在给他提供后勤补给，这些后勤补给当年是不计代价的，也不用支付货币，很多地方只有白条。

客观地看，当年中共的解放区经济是传统的小农经济，那时候的土改是完全私有化的，土地分到户，颁发土地证，承认土地私权，这是满足农民"耕者有其田"的要求导致的。但一旦到大城市建立政权，无论是在北京还是上海，所有的部门就都得发工资，这些工资是城里人用来养家糊口的，属于劳动力扩大再生产的工资。1949 年新政权刚刚进入大城市，财政就严重亏损，赤字高达 70%，于是增发货币，就进一步造成通货膨胀。1948 年民国的币制改革彻底失败，才搞了不到四个月就发生严重的恶性通胀，导致民国没有金融了，没有金融就没法给军队发军饷，士兵就不打仗了。国民党军队纷纷放下枪投降了。没有现代财政和现代金融的支撑，就没有现代化的军队。民国是现代化的政治经济运转系统，共产党的解放区却是传统的，然而传统打败了现代。这个命题特别大。

1947 年我们形成了新民主主义理论，那是按照苏联的指导思想形成的。苏联认为我们共产党是农民党，只有形成工业化大生产之后才能叫真正马克思主义理论意义上的共产党。因为只有工业化才能有工人阶级。当时中国共产党基本上是农民成分，被人叫农民党也没什么不妥，但是苏联要求的是中国一定要先发展民族资本主义。过去孙中山时期被叫作旧民主主义革命，毛泽东把新阶段定为新民主主义，确立新民主主义的核心是发展民族资本主义，所以当年就有人问，共产党发展民族资本主义跟旧中国有什么不同？毛泽东说，除了共产党领导，其他都一样。

当 1949 年新政权要通过私人资本进行工业化建设的时候，首先遭到的严重危机就是像现在一样，私人资本脱实向虚。高通胀压力下这是个不可逆的经济规律，当前生产过剩压力下的私人资本也照样脱实向虚。1949 年，党的政策是鼓励发展私人资本工业化的，但是私人资本家在高通胀压力之下只能把资金从实体部门拿出去进行投机。所以共产党一进城，首先面对的，在今天仍然可以叫阶级斗争，实质上是在当年高通胀压力下，投资人把资金从实体部门提出，用于外汇、贵金属和紧缺物资囤积居奇的投机炒作。所以"白色大战（白米和白布）"在上海、武汉等大城市连续打了三场。三次大战，谁帮助共产党打赢了？是农民。农民为什么能打赢？除了大家理解的农民投身阶级革命了，更为主要的是，当你让农民恢复了私人土地产权的时候，几乎每一户农民都会尽可能节衣缩食，起五更睡半夜地干活，向城市更多地交售农产品，同时更多地积累货币，用于小农经济简单再生产的外沿扩张——购入土地。就这么一个非常简单朴实的农民愿望，客观上帮助共产党化解了 1949—1950 年爆发在城市里的大危机。新政权怎么平衡城市物价？靠的是农民不断地交售农产品。那你增发的大量的货币到哪儿去了？大部分被农民吸纳了——当时超发货币的 70% 下乡了。农民参与土地革命战争，相信农村出身的共产党占领大城市了，"毛主席坐龙庭"，老百姓都这么信了。于是，农民对政权的信任使农民替这个最为超发的"毛票子"打下了信用基础。

所以 1949—1950 年新民主主义本身继续着私人经济。在城市，资本主义的发展方式是会制造危机的；而在农村，却是土地革命恢复了小农户传统经济，吸纳了城市里财政赤字引起的货币超发和加剧恶性通胀的严重危机。

民国从银元改成纸质货币的时候，早期货币还是小票，只有 20 块钱左右的面值，接着抗日战争引发了民国时期的金融危机，货币就变成大面值百万元级的了。1948 年改金圆券，地方币面值 60 亿折 1 万（见图 2）。说明到民国晚期，通胀已经完全不能控制了，随着金圆券改革失败，民国就亡了。

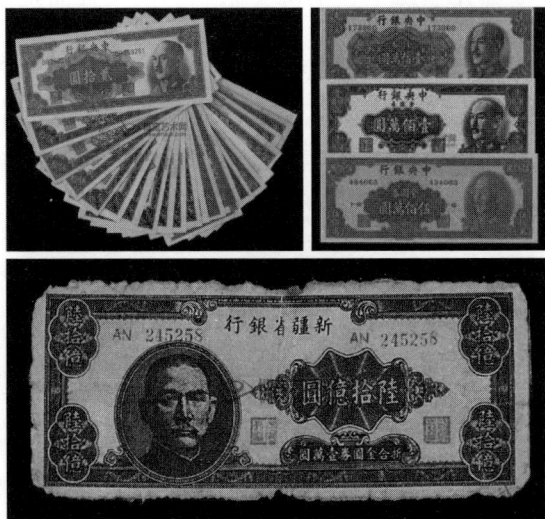

图 2　1935 年民国政府发行的纸币和 1948 年发行的地方币

下边那张小照片照的是白条（见图3），这些战时欠债好像近些年才还上。这说明，农民革命期间其实不必用现代化的方式来维持军队，用农民游击队的方式也可以维持，它的制度成本是最低的。农民革命进城之后，最初的银行叫"存三白"，物价上涨的速度太快，银行就被群众说成是存白米、白面、白布的地方。当然不是群众直接往银行里存这些实体货品，而是银行给储户存的钱设置一个货品指数，今天你存这么多钱，到你要提的时候，拿到这些钱还能买等值的白米、白面、白布。所以新政权设立的银行也是以实体农产品为金融信用基础，因而与之相连的财政也是折实的，军公教人员的工资也是折实的，所有这些折实的结果导致了共产党用这种方式应对了新政权面对的高通胀压力和经济大萧条的压力。

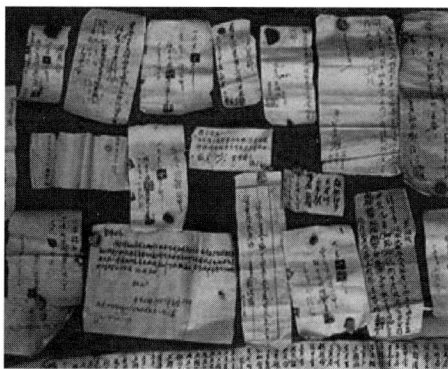

图3　湖南汝城县三江口瑶族镇1950年解放军剿匪签发的借物票据

以私人资本为主的新民主主义危机爆发之后同样也会出现萧条，所以，虽然新民主主义阶段早就过去了，但今天还有很多学者说如果我们继续坚持新民主主义就不会有后来的问题，这个说法显然是不客观的。因为新民主主义危机之后，接下来出现的就是私人经济的全面萧条，政府不得不主动提出由政府购买私人资本的产品。然而在这个政策出台的同时期，也发生了大量的假冒伪劣和贪污腐败。当然这不是全国解放政权进城才开始发生的。1945年接收东北的时候，在苏军没有撤退之前，东北的城市干部就发生过较大面积的腐败。

总之，这个时候政府调控并不能缓解私人资本为主的新民主主义进入萧条阶段，是 1950 年爆发的朝鲜战争创造的需求陡然拉动了中国的工商业发展。所以说，1949—1950 年，高通胀危机是靠农民缓解的，私人资本进入萧条是靠朝鲜战争缓解的。对 1949—1950 年这场危机的客观过程，我们做了这样一个经验归纳，到底对还是不对？总得有人先吃第一口梨子，知道它的滋味如何，才能有后来人对我们的不断批评并产生新的知识。

所以对于第一场危机，我们算做了相对比较完整的创新性解释。

同时还要告诉大家，土地革命并不仅仅是财产分配，同时还是一次"国家政治建设"。由此认为，中国的国家政治建设的参与度是世界上最为广泛的，因为当时农民人口占 88%，给所有农民平均分地，就意味着所有农民无偿得到一次占有小额资产的机会，受这个预期拉动，大多数农村人都加入到了土地改革的过程中，所以像这种政治参与度是非常广泛的。

同理，因为中国的男耕女织农业是一种家内分工，有妇女参加劳动和主持家政的文化传统。当土地改革发生的时候，妇女被动员的程度恐怕是世界上所有国家最为广泛的。中国妇女有选举权早于美国妇女，到现在为止，仍然维持了 84% 的妇女就业率，而在 20 世纪 80 年代之前，我们的妇女就业率是 90% 以上，长期以来一直是世界最高的。因此，今天的中国可以毫无愧色地说是妇女自由度最高的国家、妇女权利最高的国家。结过婚的人都知道，家里谁是一把手，有点岁数的人肯定都会明白。

中国土地革命战争、战后土地改革的一个宏观制度演进后果，就是国家政治建设的参与度在世界范围内是最高的，特别是后来"文化大革命"的时候，那更是一场全民运动。所以中国完成国民动员是既经过了财产分配的土地革命，又经过了所谓思想解放或者文化解放的"文化革命"，经过这两场大规模的运动之后，中国其实是全民议政。后来取消"四大自由"，还难以形成更有效的方式解决全民参政。

我们看中国的土地革命到底是什么性质。受到冷战意识形态的影响，中国的土地革命被定义为共产革命。但是，中国历朝历代都是讲究均平共生的，孔子的《礼运·大同篇》应该是最早的"共产主义宣言"。如果一定要说均分土地是马克思的主张，我没意见，但是作为中国人我总得说一句，我们有一位比马克思早好几千年的伟人，他早就说了应该共生共享、世道公平，这些道理长期以来作为中国的主流政治文化，是一直被历代政治家贯彻的。所以如果大家有兴趣了解乡村复兴，了解我们这些年干的事，你会看到在各地农村会有大量文化遗产，本来是可以继承的。

放眼东亚社会，只要是儒家文化覆盖的地区全部都实现了一种制度，就是土地平均分配到户，不论被冷战时期的外部意识形态定义为何种主义、何种政府。日本农村是平均分地的，朝鲜、韩国的农村是平均分地的，中国大陆、中国台湾的农村是平均分地的，越南农村是平均分地的。历史上看，这一片全部是儒家文化浸润的地区。

接着出现的另外一个派生的现象就是这些国家全部进入了工业化。其他地区，只有西方靠殖民化进入了工业化，此外确实没有一个进入工业化的，以前个别国家即使有进入工业化的，现在也退回来了，比如巴西曾经一度进入过工业化，现在退回到资源出口国的地位。

这个现象怎么解释？我另外有一套说法。完成了平均分地的国家的比较优势恰恰在于乡土社会承载了扩大再生产的成本。以中国为例，农民外出流动打工所得到的是连劳动力简单再生产的成本都不够的那部分开支。因此，中国的企业之所以有竞争力，在于劳动密集产业支付的人工成本连劳动力的简单再生产的那部分还不足。

这些详细道理今天不讲了，有兴趣的将来可以上网搜，我们都有分析。

七、引进外资演变为危机

第一次危机讲完之后，下面几次危机其实已经好解释了。客观规律是，只要出现资本短缺、引入外资，一定会遭遇"外资转化成外债"，这和任何发展中国家一样。

我们 20 世纪 50 年代引进了苏联、东欧资本，演化成了严重的外债，外债转化成两次危机。20 世纪 70 年代开始，毛泽东、周恩来再次引入西方外资，当时是尼克松访华，解除对中国的封锁，因此毛泽东、周恩来亲自制定了"四三方案"，引进 43 亿美元，跟 20 世纪 50 年代的数字差不太多，只不过这次引进的是西方的。接着，到 1976 年，毛泽东去世，华国锋接手之后，华国锋、陈云、李先念等中央领导制定引进 82 亿美元西方设备技术的方案。这样看整个 20 世纪 70 年代，中国引进西方资本大概是 125 亿，是 20 世纪 50 年代引进外资的两倍半，而这也演变为两倍半的外债，也转化成两次危机：一次是 1974 年，财政赤字突破 100 亿；另一次是 1979—1980 年，财政赤字突破 200 亿。第一次突破 100 亿的时候，都说邓小平是能人，于是把他请回来整顿，他一整顿，各方面都上不去了，因为他的整顿其实是"做空"，结果邓小平被拿下来，当时叫"批邓、反击右倾翻案风"。华国锋接手之后，再去大量引进外资，不是"做多"吗？你们学过当代西方经济学的都知道，大规模资本投资是"做多"。但"做多"导致外债增加，因为没有承载能力，外债就转化成赤字了。

20 世纪 50 年代那次引进苏联资本造成了严重的外债，最后演化成了两次经济危机。毛泽东时代靠什么化解危机？靠动员知识青年上山下乡，缓解城市因危机造成的不能就业问题，以及因不能就业造成的严重社会矛盾。所以谁说中国"文化大革命"搞了十年，我个人就有意见，因为我们都下乡了，谁搞"文革"？我们 1967—1968 年都下乡了。1967 年、1968 年爆发的危机是很严重的，青年都下乡了，像人民大学这种学校都被解散了，那是"文革"吗？不是，后来当然也发生了各种各样的矛盾，都说是"文化大革命"造成的，那是不对的。1967—1968 年危机爆发以后形成萧条阶段，各种累积矛盾都会爆发的。

我们每一次大规模引入外资都会造成外资直接转化成外债，这跟所有发展中国家有差别吗？如果有，差别在哪儿？

其他发展中国家引进外资转化成外债，成为高债务国，就爬不起来了。我们中国人最大的能耐就是，在高债务条件下我们还能自力更生，还能艰苦奋斗，还能爬起来。20世纪60年代，自力更生错了吗？苏联投资和技术全撤了，就我们自己培养的那几个知识分子，能管得了这么多大型企业吗？据此看"鞍钢宪法"归纳的"两参一改三结合"错了吗？当然没错，可你怎么发动劳动群众来参与建设？靠今天讲那套"剥削有功，压迫有理"能发动劳动群众吗？你只能说，劳动者是英雄，只能说他是当家作主的，只能是工人农民走上领导岗位，只能是毛泽东这套。

所以20世纪60年代实行的是发动劳动者、以成规模的劳动替代极度稀缺资本的应对方式。

国家那么多的大型基建项目，20世纪六七十年代我们干了20年，干出了三万八千多套大中型水利工程，使得过去中国的土地灌溉面积从不到20%上升到47%，这难道是靠资本的力量吗？因为我们靠集体化发动大规模的劳动力投入这些大型的项目，城市生产的工业品才有"市场"。如果没有那些大型水利工程，城市工业生产的推土机、拖拉机、汽车等这些机械上哪儿干活？

我们知道，当1960年苏联全撤的时候，中国过度依赖外资高增长的综合性危机爆发，因此毛泽东动员城里青年下乡。在20世纪60年代后期，为什么中国再次爆发危机？有一个很重要的道理，也从来没有被教科书写过。中国的军事工业和重工业占绝对比重，而在和平年代维持军重工业的代价是倍加的，如果是轻工业、纺织工业、消费品工业可以直接生产，然后进入市场就能维持，但是维持重工业、军事工业，不打仗是没有效用的，纯靠投资维持。早年的一部分领导人，包括刘少奇、陈云、李富春，等等，这些领导人在20世纪60年代初提出"三五"计划的指导思想的时候，明确强调要改变过于偏重军重工业结构，要上轻工业、纺织工业、一般消费品工业，同时在调结构的过程中，提出四个现代化。四个现代化是1963年"三五"计划提出的，但"三五"计划被毛泽东否了，国家计委也撤了。

人代会上宣读了要搞"三五"计划，但是实际并没有执行。原因在于当时刚刚结束中印边境战争，美军已经进入菲律宾、泰国、越南等国家，中国周边地缘环境高度紧张，中国紧急进入战备经济，那时候，是军方组成的小计委代替国家大计委。这时候，有限的国家经费，要么用于军事开支，要么投入三线建设战备开支，这种情况下是不可能贯彻"三五"计划的。所以，当我们接受了苏联的军队工业投资还想维持的时候，成本是倍加的；当中国受到战争威胁把沿海和大城市工业往内地迁的时候，那个成本恐怕比倍加还要倍加，是几何级数的。

为什么 20 世纪 60 年代中国又遭遇了第二次危机？1960 年那次，好不容易缓过来了。我记得我小时候街上连用糖精水做的冰棍都没有，到 1963 年，开始恢复卖冰棍了。我记得有一次过生日，我姑姑跟我说："你想吃点什么？"我吃了六根冰棍。那时候没有什么可消费的东西，全部资金技术都集中起来，用来维持这套军用工业了，虽然代价极大，但是不应以此为耻。面对战争威胁，中国到底应该怎么办？只能"深挖洞，广积粮，不称霸"，向内地大规模转移。三线建设这套做法几千亿投资干进去了，把已经在沿海地区形成了的工业生产线迁往内地山区，大量投资干进去却不产生收益，不能支持财政增收。于是 1967—1968 年，财政实际已经到了很难再维持的时候，我们城里大部分年轻人就上山下乡了。

为什么我说 1968 年"文化大革命"基本停了？是因为这时候已经没谁再参加运动了，大家都下乡了。那是几千万知青，第一次是 1960 年，毛泽东动员 1200 万知青下乡；第二次是 1968 年，我们有 2700 万下乡知青；再加上农村这些中学毕业生不能就业的，你们算算有多少失业的青年人？虽然没人算过这个账，但危机代价还不都是劳动人民承担了吗？

维持苏式军重工业引发的危机 1968 年再度爆发，这次是被什么缓解的？大家知道小球带大球，1971 年尼克松访华，其原因是 1969 年中苏之间的战争冲突爆发，发生珍宝岛等边界战役。这时候有另外一个现象，就是勃列日涅夫已经把小型核武器都发到了沿中苏、中蒙边境的 120 个战斗师里，每个师都有使用小型核武器的能力，准备对中国进行核制裁。这时候，美国人叫停，因为双方都拥有摧毁地球多次的核能力，那个时候，苏联已经形成了 20 000 枚核武器，美国才 12 000 枚，双方之间有差距。所以当苏联要用核武器的时候，美国叫停，而美国当年要对中国实行核制裁的时候，苏联也叫停。双方都不允许任何一方首先使用核武器，但是自己绝对不会做出不首先使用的承诺，这也是核恐怖平衡的重要机制。1969 年珍宝岛战役之后苏联想对中国动核武器的时候，美国不仅直接叫停，并且认为是时候同中国搞好关系了，于是就有了 1971 年的尼克松访华。尼克松访华之前说，先给中国送个大礼，解除对中国的封锁。毛泽东和周恩来说，现在咱们的机会终于来了，赶快调整工业结构。原来 1963 年就要调结构，当时是刘少奇、陈云他们提出的，但因战备没调成。到 1971 年之后再度调结构，引进外部资本和技术，又连续造成了严重的外债，这就是1979—1980 年危机产生的原因。1979 年，本来是 150 亿~160 亿的财政赤字，还没上 200 亿，一场中越边境战争，又打进去超预算的 48 亿军费，财政赤字陡然突破 200 亿，再也无法维持国内再生产投资。

于是，1980 年中国进入改革开放。这个改革开放跟 1971 年以后的开放改革不一样。以前遭遇危机可以动员知青下乡，所以我们有三次上山下乡的运动，到这次麻烦了，四千万知青要回城，城里还有几千万人待业。我们回城的可都是大龄男女青年，荷尔蒙过剩，手里一分钱没有。你们不知道，当年我们找对象叫"拍婆子"，大街上骑个自行车，见个女生一拍，"交个朋友吧"。这些大龄男女青年呼啦一下回城，落实了政策，但是就业困难，没家，没地方住。我记得我们兄弟姐妹四个都回城的时候，我们家"文革"前有一套三居室的房子，"文革"后剩两居室了，六口人全回来，挤在两居室。

这种情况下怎么办？

1980 年城市发生危机，农民又一次救了中国。

就因为我们的财政赤字恶化，不能覆盖 85% 人口居住的农村地区的公共需求了，所以当时老同志们说，财政严重赤字，农村就放了吧。现在大家有一套意识形态话语，但真实情况就是严重财政赤字条件下只能"甩包袱"。1980 年，负责中央长期规划工作的领导同志就提出，"工业、农业都要甩掉一些包袱"，"甘肃、内蒙古、贵州、云南等地，中央调给他们粮食很多，是国家很大的负担"，可不可以考虑在"地广人稀、经济落后、生活穷困的地区，索性实行包产到户之类的办法。让他们自己多想办法，减少国家的负担"。根据杜润生先生的自述，1980 年 4 月，中央在长期规划编制前召开的意见征求会上，杜润生跟时任副总理兼国家计委主任的姚依林建议，"在贫困地区搞包产到户，让农民自己包生产、包肚子，两头有利"，姚依林到邓小平那里汇报时提到让"工、农业甩包袱"。

放了农村以后，财政用于农村的全部开支是多少？只占全部财政比重的百分之二点几，85% 的人口，占用百分之二点几的财政，农村人当然会说有吃有喝不找你，但是，基本建设开支怎么办？教育、医疗、养老所有这些公共开支怎么办？乃至农村基层那些赤脚医生过去还拿点补贴，现在一概都没有了。所有的公共负担全由农民承担，农民怎么办？原来 1949年是四亿多人口，到 20 世纪 80 年代，我们已经接近九个亿了，其中有八亿多农民人口。大量农民过剩人口需要就业。承包制虽然把地分了，但我们的农民劳动力用于种田需要的顶多一个亿。可是到 20 世纪 80 年的时候，农村有四亿劳动力，那用一个亿的人种田，其他三个亿的人干什么？从农业生产转移出去，带动农村经济出现百业兴旺的局面。

农村改革释放了"劳动力兼业化"这个乡村工业化兴起的最大的"比较优势"，农民进入原来就有的百业经营的这种状况，所以农村"大包干"之后，种养产加销工商建运服等多种经营就上来了。接着，就发展出 2700多万家乡镇企业，这样，就在农村内部解决了农民的非农就业问题，并没有明显造成理论界所说的非农就业机会成本。

既然约一亿乡村劳动力大规模转移到乡镇企业，却没有形成机会成本，那它的机会收益就是无穷大，并且转化成当时对于整体宏观经济的效应——由于农民收入增长速度连续多年快于城市，极大地拉动了内需，创造了城市经济复苏的市场需求，这就有了 20 世纪 80 年代中期典型的内需拉动型的国民经济增长的新阶段。

发展农村多元经济推进内需拉动，这是任何发展中国家都梦寐以求的增长方式……

农村工业化起步之后一直到 1988 年，乡镇企业产出年均增长率都在 30% 以上，高于同期国营工业增长速度十个百分点以上，也高于社会总产值增长近十个百分点，以其内向型短期完成资本原始积累的自主工业化进程，成为农村和整个国民经济增长的主要力量。

农村改革在经济学理论上可归类为"政府退出"，或者可以理解为，政府通过在土地和其他农业生产资料的所有权上向村社集体和农民作出让步，来甩出农村公共管理和农民福利保障，并最终形成制度的一项"交易"。

城市发生了什么？城市也干了很多重要的事情。第一件事情是"严打"。待业青年没有生计，就想办法长途贩运跑点买卖，被认为是投机倒把，大批人被抓进去了。那个年代几千万家个体小企业怎么上来的？就是因为几千万回城知青没办法安排就业。能安排的单位，比如像机关、厂矿、学校这些，可以顶岗。父母那时候才四五十岁，正能干，很多是八级工，弄一毛头小子，什么也不会干，顶替了他的岗位，那他这个八级工干嘛去了？被乡镇企业聘去了。乡镇企业技术力量从哪儿来的？城市政策造成的，把技术骨干输送到农村去了。那干部怎么办？干部子女也得就业，就让机关打开大门办三产，老子管什么批件，儿子倒什么批件，搞得"官倒公司"遍地都是，当时北京叫作"十亿人民九亿商，还有一亿待开张"。这是当年的顺口溜，但是它反映了真实情况，一个批件倒十倒，一点都不稀罕，能不扰乱市场吗？一个批件加了十次价，哪次加价不得加 10%？所以从计划价到市场价能涨百分之百以上，请问这是什么造成的？那时候几乎没人不腐败，不腐败没有生计，那是大危机造成的。所以这就是典型的"硬着陆"砸在城里了。

为什么以前的危机能够"软着陆"？是因为把代价转移到农村去了。

前面这几次经济危机，数1980年这次最狠，代价主要砸在城市，砸出了1983年的"严打"——打击经济犯罪，打击刑事犯罪，抓捕了大批年轻人；加上官倒横行，捞第一桶金；官方城市企业就业政策被叫作"五个人的饭十个人吃"，后来又被说成无效率。其实是面对危机期间的严重失业问题没有更好的办法，所以在城市改革中，从20世纪80年代算起，看上去没有多少情况是能够按照教科书写的是做了所谓的理性选择。然而所有这些又都是理性选择，因为没有别的更好的办法，危机硬着陆就没法对外转嫁制度成本，特别是农民全面恢复家庭经营之后，再想向农村转嫁，门都没有，老百姓不认了。

20世纪80年代初期的危机"硬着陆"及其应对措施，演化成1988年、1989年的滞胀形态危机。随后西方再度封锁中国，所有外国资本都撤了。正处在工业化高速成长时期的中国，突然遭遇到外资陡然中断，这样资本极度稀缺的危机是空前的。经济增长速度从1987年的11.6%下降到1989年的4.1%，1990年则进一步下降到3.8%。同时外部环境发生了剧变：苏联解体、中国崩溃论盛行。

为什么进入20世纪90年代初，广东珠三角代表的岭南模式一下发展起来，甚至超越苏南模式？一定程度上也是被西方制裁逼出来的。原来我国对外资还有规模、比例、投向等限制，但当中国工业化高速增长，外资却突然中断的时候，珠三角率先放开海外投资的限制，吸引了大量海外劳动力密集的轻型工业的华人资本，演变成"三来一补"的加工贸易为主的外向型经济地区。过去还老黄瓜刷点漆——装嫩，给二手设备刷上漆当一手设备卖给你，现在刷漆都不刷了，直接把二手设备给你，按一手设备卖钱。于是，中国沿海的外向型经济基本都变成了港台为前店、内陆为后厂的外向型经济，进出口占 GDP 比重一度高达 70%。美国才 27%，我们最高的时候是 74%。

自邓小平 1992 年南方谈话后，各地纷纷以"发展才是硬道理"为名扩大投资规模。当时人们形象地将这段经济过热总结为"四热"（房地产热、开发区热、集资热、股票热）、"四高"（高投资膨胀、高工业增长、高货币发行和信贷投放、高物价上涨）、"四紧"（交通运输紧张、能源紧张、重要原材料紧张、资金紧张）和"一乱"（经济秩序特别是金融秩序混乱）。

这种地方经济乱象不仅难以遏制，而且演化成对中央管理部门的更加放权让利的"改革"压力；类似于中央财政大幅度下降压力下，1958 年的第一次郑州会议决定"调动两个积极性"，向地方政府放权之后出现的"大跃进"。1958 年乱象造成的制度成本演变为 1960 年的危机，并由全社会承担危机代价。同理，1992 年以后地方经济乱象带来的制度成本，也演化成为 1994 年的 CPI 高达 24%，此后虽然中央经济工作负责人搞了铁血整顿，认为实现了"三年软着陆"，但还是在 1997 年东亚金融风暴影响下，累积矛盾的危机全面爆发。具体来看，一是国企关停并转，四千万职工大规模下岗；二是农民负担恶化，土地大规模被征占；三是社会群体性事件大幅增加。

1992 年十四大前，邓小平同志已经安排了朱镕基主管经济工作，来对乱局做调控。1994 年，政府以改革的名义出台了应对三大赤字（财政、外汇、金融）危机的三个重大宏观经济措施。

一是使汇率调整"一步并轨"，本币名义汇率一次性贬值 57%，人民币兑美元比率由 1∶5.64 骤然下降到 1∶8.27，以此促进出口，缓解国际收支恶化的困局。20 世纪 90 年代之所以能够转成外需拉动，原因之一是人民币大幅度贬值刺激了出口。

二是分税制改革。1994 年之前，中央放权让利发动地方工业化之后，地方税收占 73%，中央只有 20% 多，基本上没有宏观调控能力。为了缓解中央政府财政困境，1984年确立的中央与各级地方财政分级承包制进一步演变为1994年分税制。后者极大地改变了中央和地方政府的财政比重，大致实现中央与地方约各占一半。然而，这又使得地方政府为了弥补财政收入不足的状况而几近疯狂地"以地生财"，没有征地条件的内地农村，就演变为加重农民负担。狂征滥占人民土地和负担过重一度引发大量的上访告状，因此20世纪90年代农村中的群体性事件大幅增长。

三是大量增加货币发行。当拉动经济增长的"三驾马车"（投资、消费、出口）只剩下"一驾"（出口）时，1997年东亚经济危机爆发，外需在1998年陡然下降，中国经济遭遇了严重危机，这时我们把它叫作第一次生产过剩大危机在中国爆发。

也就在这个时候，出现了4500万国企工人下岗，这又是一次危机"硬着陆"。当时李岚清直接给江泽民写了一封信，说原来我国外需进出口对GDP的贡献能高达近50%，现在外需大幅下降，因此中国必须找替代办法，要么增加投资，要么启动内需，但是启动内需当时不可能，只能加大投资。同期，国务院发展中心的两位老经济学家给中央提建议，他们说的是我们存在结构性生产过剩。接着，林毅夫1999年说，我们现在是"双重过剩条件下的恶性循环"，比两位老经济学家说得更直白。说西方在生产过剩的打击之下最终的结果是进入战争，而美国通过罗斯福新政有效缓解了经济危机，但是它绝不是市场经济，政府必须增加国债投资，实行直接干预。

于是，中国从1998年开始，以政府财政在赤字条件下增发国债实行投资拉动增长。李鹏时代增发几百亿就已经觉得很胆战心惊了，到朱镕基时代，数千亿规模增发国债，用国债拉动投资。第一个，大的国家战略你们都知道，西部开发；第二个，东北振兴。朱镕基下台之后，温家宝上台，"朱规温随"，接着搞中部崛起，所以用了差不多十年左右的时间，完成了一次世界上所有资本主义发展历史上都不存在的现象——区域差别再平衡。现在西部地区的经济增长速度快于东部，靠的是什么？靠多年来增发国债拉动投资。今天大家议论国企高负债，在大危机的条件下，已经硬着陆，只能靠政府直接出手干预，这也叫作"政府做多"。

东南亚金融风暴 1997 年爆发之后，而且国家银行已经有严重不良资产的时候，我们仍然可以用国债来整顿我们的银行。1998 年年初，朱镕基要求银行承担中央宏观调控的责任，却发现银行有 30% 以上不良资产，于是国家成立四大资产公司，把银行不良资产剥离，国家外汇储备局向银行重新注资，满足 8% 的巴塞尔协议的资本充足率规定，让它进入市场成为商业银行。

所以，直到 2002 年我们才有了脱离财政、能够独立经营的真正的银行。财政和金融这两个连体臂膀才被国家在痛定思痛之中剥离开，宏观调控才能两臂互动。

从中央到地方建立的财产管理公司剥离的这些国有银行的不良资产，到现在都没处理完，但是这并不重要。任何一家西方市场经济条件下的银行，当它有百分之三十几的坏账率的时候肯定会破产，但是我们的中农工建四大行不会破产，原因是 80% 的银行资本金源于国家，国有银行破产意味着国家破产。到现在，这四大行都进入"全球系统重要性银行"名单，在世界上举足轻重。

八、21 世纪中国发展情况

我们在 21 世纪第一个十年变成了世界第一产业资本大国；第二个十年变成了世界第一金融资本大国，中国的 M2 总量，即流通中的货币总规模折成美元，大大高于美国。从 1998 年经济危机爆发以来，中国的 M2 的增长速度是一个很陡的、接近 40 度的曲线，而一般的国家都是相对比较平缓的曲线，也有上升，但是一般不超过 15 度，我们是 40 度的上升曲线，表示货币增量大规模的发生（见图 4）。

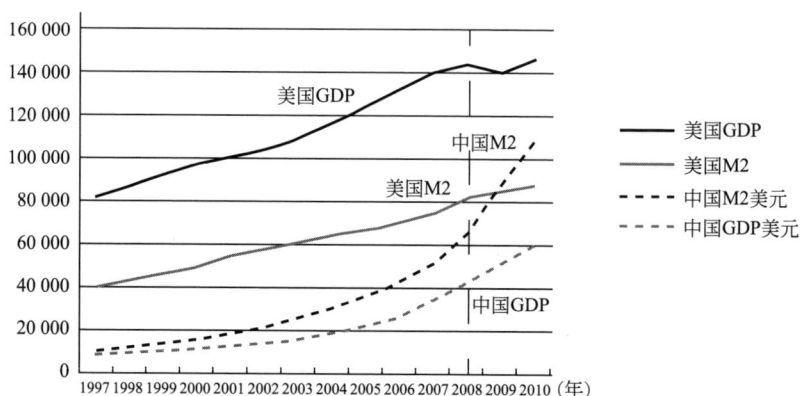

图 4　中国和美国的 GDP 及 M2 总量关系图（1997—2010 年）

简单归纳一下我们现在的情况。当我们同时大规模增发国债和货币的时候，就意味着中国的金融资本运作能力大幅度增强。我们用国债引导投资，通过向中西部投资，实现了区域差别再平衡；接着又通过新农村建设、美丽乡村建设等，基本实现了城乡差别再平衡。

现在农村地区已经实现了"五通"进村，98%~99% 的农村不仅通水、通电、通路、通电话和通网络，而且现在农村基础设施的改善为返乡青年创业提供了机会受益空间。"新的返乡潮"出现，不仅是农民工返乡，城里人也开始下乡，知识青年开始下乡，资本也纷纷逃离城市开始进军农村地产市场。现在很多人想要得到农村户口，甚至为此打官司告状，说我原来是这村的，原来进城的时候，你们说给我社保，现在厂子垮了，社保没了，我还得回来当村民，你得还我村民身份。为什么？因为当村民就意味着你可以无偿得到一块宅基地、一块田地，如果是山区，还能无偿分到一块山，这意味着你立即就从城市无产者变成了农村小有产者。

因此，国家通过大规模向中西部和乡村投资，客观上构造了一个金字塔形稳态社会。这个金字塔社会的底座，是世界上最大的小有产者或称小资群体（见图 5）。

例如，中国说到反贫困，很多知识分子批评不符合国际标准，联合国给的脱贫标准是人均日收入两美元，我们说，对不起，中国农村实际上没有赤贫。农村中的所谓贫困都是有地有房子的相对贫困，农民是小有产者，他的贫困在于现金收入能力低，不足以支付教育医疗等过高的现金开支，或者因为年龄大不被劳动力市场接受，这是市场排斥造成现金收入低于对现代部门开支的相对贫困，不是生活无着的绝对贫困。所以我们不用国际标准的原因，在于中国是通过土改完成了农民成为小有产者的社会过程。

还有一个涉及阶层变化的重要问题。很多干部动员农民说："你出去就能当工人了。"好像显得很进步，但这不是意味着让农村小资产者变成城市无产者吗？假如你是小资产者，当然不愿意变成无产者，所以如果问打工的农民，他们都是说，我打工挣点钱想当个小老板，开个饭店，弄个理发店、面包店……而北京和其他大城市郊区的农民，很多已经变为吃租中产阶层了。

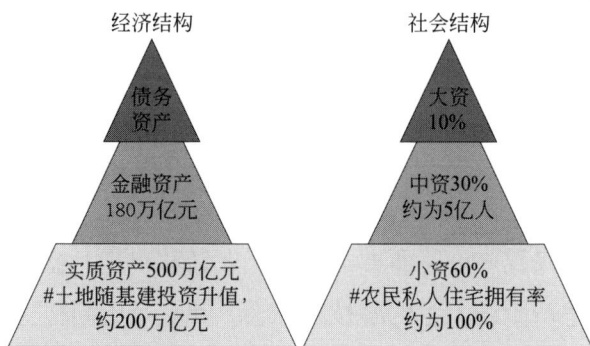

图5　中国的金字塔形双稳态经济/社会结构

例如，我们在城市郊区办市民参与式有机农园。有人问：这样对当地农民有什么好处？农民在这儿拿到劳动收入了吗？我回答说：人家郊区农民已经都从小资产者变成中产者了，光吃租金就已经中产化了，中产化的农民还下地干活吗？除非他有瘾。对此有很多NGO的朋友说，你们怎么从服务农民变成服务城市中产了？（2003年，我们在翟城村里开办晏阳初乡村建设学院，免费培训农民；2007年我们进城开办小毛驴市民农园，有偿培训市民。）我说，你要了解中国的社会结构是怎样的，中等收入群体超过 5 亿人。中产追求政治化，现在我们缺乏应对中产政治化诉求的指导思想。这个政治化过程是畸形，是扭曲的。怎么实现社会良治呢？现在中国，庞大的中产群体正在崛起，可他们的思想动态几乎一直完全被西方控制，这是个很严重的问题。

那什么是政治化？怎么完成政治化？你们也知道，现在中国拥有世界上最大的金融资本。我们这些大型央企代表的国家资本是什么制度？是高度政治化的大资本制度。为什么西方觉得跟中国没法竞争？是不能竞争。2015 年的时候，当时有一些比较严重的问题，我们爆发股灾，21 万亿人民币蒸发掉了，相当于三万多亿美元蒸发掉了，这在世界上任何西方国家来看都一定是崩溃性的灾难，不可能不全面爆发金融危机。本来 2013—2014 年的时候，确实曾经有一批海内外经济学家认为中国在严重泡沫化的经济条件下将会出现经济崩溃。我们的泡沫化比 2007 年美国的房贷泡沫、比 2008 年美国的金融危机严重得多，大家都认为 2015 年应该爆发危机，为什么没崩？怎么回事？难道是那些做预测的经济学家错了？

这次我们叫作第二轮过剩。西方 20 世纪的第二轮生产过剩，爆发在战后 20 世纪 70 年代，意大利红色旅、法国红色五月风暴，日本赤军等各种激进街头政治爆发……待西方国家把产业转移出来，蓝领变成白领，西方才变成一个中产阶级为主的枣核型社会。我们今天同样有严重经济泡沫化危机的潜在压力，中国怎么就能维持住？比如房地产泡沫，中国已经建了够全中国 84% 的人口居住的房子，中国才多大的城市化率？房屋建设超过城市化率的实际需求 20% 以上，它怎么不保证崩呢？

我不写第十次危机的原因是，"出水才看两腿泥"，还没完。因为我自己还不能说我形成了一个完整的经验梳理，所以前九次写了，第十次还不能写。

我们现在看情况，主要看的是什么？林毅夫去当世界银行行长之前说，只要我们坚持投资拉动，并且是以基本建设为主的投资拉动，就不怕负债，就能维持 20 年的高增长。因为我们是超大型大陆国家，基本建设投资空间极其广大。1999年林毅夫曾经提出"双重过剩条件下的恶性循环"，建议中央采取罗斯福新政。于是，就有了朱镕基新政，也就是罗斯福新政的中国版，有效地以国债投资拉动增长，缓解了外需下降的压力。

所以，我们现在实际上出现的是经济社会两大稳态结构：我们社会的最上层有一个高度政治化的大资本控制中国经济的投资方向；中间是一个相对尚未完成政治化的中产阶层；底座有个下层社会，是个小资产性质的小有产者群体。所以我们这个社会是相对比较稳态的金字塔结构。

接着，从经济上来说也是金字塔稳态结构。因为我们从1998年开始有20年的国债投资拉动，客观上造成了大量的资源性实体资产的增值。其实道理很简单，过去不通道路，山里面无论是山水的美丽还是有机食品，都是没有被定价的。一旦路进去了，宽带进去了，当地人就可以做电商，联结各地消费者。假如没有污染，那其中的绿色产品就因城里中产阶层的需要而被较高定价，就能够带动整体资产价值大幅度上升，这时候如果再办点山村旅游，农民的房子就出现价值上升了。所以大规模国家资本投入基础设施建设，确实带来了实体资产价值的上升，同时带来了吸纳增发货币的空间。所以尽管中国这些年货币增发速度非常快，但是并不表现为通货膨胀。

注意，在温和通胀条件下增发货币，稀释掉政府负债，这是任何政府都想干的事，所以现在正是大规模增发货币，扩充货币量的时候。现在大概有180万亿~200万亿的货币量。进一步看，当实体资产和货币资产都在扩充的时候意味着分母做大，而最上层的债务作为分子是缩小的，因此，尽管中国政府被西方给出债务评级是下降的，但是西方的算法和我们的不一样，我们是应该把债务对应资产的。西方不能对应资产是因为资产已经泡沫化了，美国经济是以金融资产为主，所以它得按它的方式计算它的债务价值和占比。

当政府高度负债的情况下做基本建设投资，应该怎么办？主要用国企，这样，很大程度上不必对地方债务直接用"旋转门"的方式缓解，但也可以使债务率相对下降。

我认为，这些观点如果能够对应我们现在化解第二次生产过剩危机的经验归纳，并进一步提升成我们中国人的知识生产能力，那我们就会有一定的国际竞争的话语权了。

好了，时间有限，我就说到这儿，谢谢大家。

【主持人】谢谢温老师这么丰富的讲演，快两个半小时了。他把一本书的内容展示给了我们。他是昨天晚上才刚从美国回来，还在倒时差当中。我发现我们今年找的演讲人口才都特别厉害，不打磕巴，都可以讲两个小时以上。原来我们的安排实际分两个部分，可是我们没有时间了，不过还是可以提几个问题，希望能简单直接点到问题，最后请温老师集中回答。

【提问】老师，您好！我读过您的文章，做过两次田野调研，我想问的是我在田野调研中遇到的问题。您刚才说让农村的资源在地化，但是我觉得有一个很关键的问题就是，乡镇一级是没有财政自主权的。在我的调研中发现，可能镇或者县一级有非常好的特色小镇、农家乐各种投资规划，但是到乡村一级，它的很多基础设施就会非常差，有一些衔接不上。我想问我们是否有可能给予乡镇一级更多的财政自主权？

【提问】乡村振兴，您认为出路在哪里？

【提问】我和我的老师们在调研中遇到了一些事情，我们下到比较边远的，比如内蒙古的一些地方，发现在当地级别比较低的乡镇也会有一些像美丽乡村的建设。我们有时候在想，真的有人会去那儿旅游吗？您说，在中国进行基础建设投资，能收回这个成本，或者是值得这么做。但是真的有必要发展更小的、级别比较低的乡村吗？这样的投资是不是真的合适？

【提问】谢谢您非常精彩的报告，您讲的内容的确是以事实为依据，而不是以文字为依据。我提一个问题，就是您在演讲过程当中，关于20世纪60年代之前的一段，主要的依据是什么？因为后面的情况您都是亲身经历的，谢谢。

【提问】听了您的讲座我非常受启发，我的一个问题就是，您刚才分析了中部崛起，包括西部大开发，现在咱们国家的经济面临了一个比较好的趋势，党的十九大也提出了一个新兴的业态，包括"互联网＋"、高质量、工匠精神。但是现在实体经济的情况不是太好，尤其是房地产、金融的虚体发展比较严重，如何振兴实体经济，使咱们国家经济真正转向一个良性的发展？希望听听温老师的高见，谢谢。

【提问】我想问一下，您演讲一开始就比较强调经济的作用，不要看意识形态。但是演讲最后，您提出了一个很有意思的概念，就是政治化的重要性。所以我想了解一下，您对政治和经济的关系是怎么看的？20世纪60年代由于资本的危机，劳动开始代替资本，所以这是一个很重要的克服危机的过程，也涉及了农民的牺牲。如果我们从现在的角度来回顾20世纪60年代，就有了一个问题，这个牺牲的意义在哪儿？因为很多人会说它的意义，如果没有那种牺牲，现在中国不能那么强大。但是整个"文革"里边，就要有意识形态的东西，因为有一个总路线的问题，我们现在也能跟美国竞争，那赶英超美的总路线在哪儿？

【提问】刚刚您提到社会结构，说我们有10%的大资，30%的中资，60%的小资，那中国就是一个资本主义国家，没有无产者了吗？

【温铁军】我习惯上是不讨论意识形态的，因为讨论意识形态需要花费相当长的时间。我自己当年在中央国家机关做政策研究的时候，干了20多年，从来都是直接面对现实中的这些挑战，而很少听到哪个领导人在面对现实挑战的时候，去讲意识形态。至于到底什么主义，那些反正都是西方人定的，跟我们有多大关系？这个也说不好，当然有关系，因为现在主流的官方说法还得用。当年成立共产党的就是一帮小知识分子，后来搞了农民革命，所以一直被苏联那种正规的共产党说成是农民党。整个革命年代基本就是农民战争。而农民革命、农民战争几千年都有过，又不是今天才有，所以我不太讨论意识形态的原因是，这套话语是人家给你定的话语，我们在这个意识形态领域中几乎没有创新的空间。

　　我刚参加了美国的一个讨论会，大家基本上是继续把旧的概念拿出来，试图给出新的解释。我去印度十几次，有好多人问我，你们到底是社会主义还是资本主义？我跟印度的朋友也说，我在这儿一天听到的关于意识形态的问题比在中国30年都多，这大概是你们上不去的原因了。政治问题是问题，但是如果我们把西方人提出的政治概念拿来硬套到我们自己的现实中去讨论，我估计，恐怕大家就只能打仗了。

　　我记得有一次美国来了一个团，带着摄像来中国到处采访，谁能解释中国特色社会主义，找了一圈找到我这儿，最后连摄像师都在问，什么是中国特色社会主义？怎么解释？我回答说：世界上可有任何国家最大规模的资产——土地——是公有制的？中国城市的全部土地归国家所有，农村全部土地归村社集体所有，尽管集体所有不算完全公有制，但是中国最大的资产是公有制。另外，中国现在已经成为金融资本第一大国，我们70%的金融资本是由国家银行运作的，国家银行80%的自有资本金是中央政府直接提供并且控制着的，请问，这世界上可有这样的金融资本？既然没有，那好了，我们就是中国特色社会主义。再一个，因为中国这些年大规模做基本建设，而基本建设属于长期投资，长期投资往往只是国有企业才能干，因为私人资本追求的是短期收益，于是，大量增加的实体性资产，特别是可以带来长期经济收益的资产是国家资本占有。这些资本占多少？大约占经济资本总规模的70%，也就是70%的金融资本、70%的实体产业资本，基本上是在国有企业手里运作着，请问这样的国家世上哪有？既然没有，那么中国特色社会主义的这三条多少能算是个支撑。我说的话，连摄像师都听得懂。

　　我经常问大家一个最简单的问题，尽管现在通过了银行《破产法》，但是有谁相信，中农工建这国有四大行会破产？可能99%以上的人不认为国有银行会破产，那这是什么制度？金融资本阶段的中国特色社会主义。

　　所以中国特色怎么解释？我跟他说，你挑出一些别人没有，而我们有的，这就是中国特色。至于你要深究共产主义，那么中国 2500 年前的孔夫子就是世界上第一个共产主义者，他早就提出了共生、共享、鳏寡孤独皆有所养。提倡公平公正的这种社会理想早就有，并不只是在西方。

另外，我还剩下 30 年的工作时间，准备好好研究一下世界范围内的所谓革命。我想，前面 30 年研究的是解构现代化，后面 30 年应该研究的是解构革命，我对这些东西相对比较敏感，就像刚才那位老师问我中国工人阶级，当然我也有过分析。2010 年"广本事件"就是一个"benchmark"，它标志着中国工人阶级走上历史舞台。但是在中国的整个工农群体中，真正被叫作工人阶级的少之又少。三亿左右的流动打工者，他们是"小有产者家庭派生的追求短期现金收益的劳动力"，我们很难把这部分群体定义成工人阶级。尽管他们的对立面资本家把他们安排在厂里面，吃饭、睡觉、工作，24 小时全都在一块，使得他们具有最为直接的组织化的能力。比如"广本事件"就是完全看不见山，看不见水，五个不同地方的工厂全部罢工，迫使资方完全答应了工人的条件，但找不着工人领袖，水银泻地一样找不着，中国工人干得太漂亮了。但那只是个事件，并不意味着我们已经有了多少亿的工人阶级队伍，这点我觉得还是需要有人来讨论的。这些就说到这儿了。

历史问题其实是一个非常复杂的、多种经验集合的过程，要想梳理出一个逻辑非常难，我现在只是根据我自己的经验过程和我能收集到的资料形成了一个逻辑解释，我希望大家有不同的逻辑解释。

至于我的资料来源于何处？想说明一个情况，我当年由于被批评为与党中央在政治上不保持一致，所以出局了。不让我干了以后，就有人说这小子文笔不错，不能让他闲着，把我找去做 20 世纪中国经济史课题组的负责人，给了我 30 万元。然后我就到处去收集资料，包括国外。复印了不少资料，最后形成一个框架的时候，我拿去找研究经济史的专家请教，他们却说，你形成这个逻辑解释，我们没有想过，确实跟一般人的解释不一样。然后，我又拿去找老同志征求意见，老同志说，好小子，你到底要干什么？他们认为这是颠覆性的分析。我就没敢拿出来。这个活干了三年，然后就放下了。到了当中国人认为我们应该有自己的话语建设能力的时候，我才把它拿出来。

1988年我在《经济学周报》上发表了一篇文章，后来被《新华文摘》全文转载。那时候我三十几岁，文章的标题就叫作《危机》，就在讲中国社会主义时期的周期性经济危机，但关于危机周期讨论的内容被编辑部几乎全都拿掉了，弄成了一个很平的东西，但是就这个没有棱角的东西也被《新华文摘》转载了。20世纪90年代我在纽约做了半年的访问学者，完成了一个比较长一点的英文的东西，回来以后，变成了中文的《国家资本再分配与民间资本再积累》，也被《新华文摘》全文转载了，也是在谈国家资本形成过程中的原始积累。那篇文章开篇讲，任何国家进入工业化都有一个不可逾越的历史阶段，就是资本的原始积累，至于是由资本家完成还是由国家来完成，那只是派生的问题，所以那时候开始研究中国的资本原始积累怎么来的。这个过程很漫长，1988年开始一直延续到现在，经历了几十年的过程才出来这个东西。虽然我不是史学家，但还是做了这么一个活儿。现在这个活儿已经在课题组范围内让大家继续做下去。

关于乡镇和农村投资，其实学社会学的同学可能不太了解，凯恩斯主义经济学不是曾经被人戏称为"50个人挖坑，50个人填坑就创造了GDP"吗？你说这个有意义吗？没意义。中国内陆的很多地方，特别是山区的投资，从微观经济学角度来说是没有意义的，投入产出极不合理。但是整个西部大开发，一开始就被很多人批判，第一次投资，1998年以后那轮生产过剩，我们所产生的宏观效应是不可想象的。那个时候是三纵两横高速公路，现在是五纵五横高速铁路。面对生产过剩大危机的时候，罗斯福也是这么干的，他往美国内陆投资开始是不经济的，中国大陆向西部投资开始也是不经济的，但是带来了一个特殊的宏观效应，因为今天时间有限，没法展开讲，正好你提这个问题我借题发挥一下。

1997 年的东亚经济风暴怎么造成的？是因为美国 IT 业崛起，资本从亚洲流出涌入美国。西方人都说是因为东亚人不善于管理金融市场，难道真的是这样吗？请注意，1991 年苏联解体之前，美苏之间在核恐怖平衡基础维持之后开始进入太空大战。《星球大战》这个电影反映的是 20 世纪 80 年代双方各自要在太空中摧毁对方的斗争，因为核武器已经实现恐怖平衡了，但都不能用，那怎么办？进入太空竞争。苏联上去的是联盟号空间站，后来苏联解体之后大家共用了；美国人发展的是什么？计算机和互联网系统，形成高速的信息传输来阻止作战。苏联解体之后，双方都进入和平了，那个时候尤其是在叶利钦时代，双方有一段蜜月期，这个阶段双方各自的军事投资变成"沉没成本"，这个"沉没成本"成为 IT 业的机会收益。我怎么知道这个事？也是亲身经历。我 20 世纪 90 年代在美国做访问学者的时候，那些搞 IT 的朋友告诉我，你回去搞互联网，保证你发了。是，不光是马云听到这个消息，我也听到了，只是我没做。我回来因为要搞政策研究，所以我没干这个活，马云当时只是当导游，所以他回来就干了。不光他，大家都得到了一个获取巨额机会收益的机会。比尔·盖茨辍学创业成了 IT 大亨，就是因为 IT 业的机会成本被军方支付了，这个巨大的机会收益空间，谁进来谁赚钱，所以 IT 产业就此发展起来，大量资本开始回流到争夺机会收益的 IT 领域。于是，东亚就资本短缺了，东亚正在搞工业化，资本短缺就难以为继了。而中国也同时因为资本短缺出现了危机，但是我们挺过去了，比如银行不良资产坏账率高达 1/3，怎么挺过去？如果不是中央政府一下剥离了所有不良资产，我们的银行当年就没了。

接着，当 2001 年美国 IT 业崩溃的时候，大量的金融资本出逃，往哪儿去？找的恰恰就是中国这种基础设施建设最好的发展中国家，加上劳动力便宜。那时中国正在通货紧缩的萧条阶段，在这个阶段上大量海外资本进来，于是，2001 年中国还是通货紧缩，2002 年开始大量进入外资，2003 年中国变成 FDI 第一的国家。2003 年我去印度，他们很惊奇，说你们吸引了大量的资本，是因为基本建设到位了，所以，你说国债投资有意义还是没意义？不取决于当时那个具体项目投资是不是有意义，取决于当国家经济危机的时候，如何应对危机。

现在的全球化是以国家为单位的竞争。我们往农村投入电力建设，亏损率非常高。农民用电成本很高，只能国家补贴电网公司。2009 年全球危机的六万家企业倒闭，2500 万打工者失业，大危机突然到来的时候，这次"软着陆"怎么来的？刚刚时间有限没来得及讲清楚，其实有一个非常有意思的故事。过去，沿海出口企业可以拿到政府 13% 的出口退税，这意味着我们补贴外国消费者。现在补贴也出不去了，中央一声令下补贴给"家电下乡"，只要是农民户口，可以享受 13% 的补贴。那些堆在仓库里的汽车、洗衣机、电冰箱，全下乡了，为啥？农村修路了，他能买汽车了；通电了，他能买电冰箱；通宽带，他能买彩电，能用机顶盒看电视剧了，所以在 2009 年全球经济危机，外需大幅度下降、企业倒闭、工人失业的时候，截止到 2010 年 12 月 31 号，农民当年就把彩电买成了每百户 104 台。这就是中国的政策效果，所以你说如果只计算微观投资合不合算，对不起，你去找教科书经济学家，他们算出来可能永远不合算，但是你如果是搞政治的人，能这么目光短浅吗？绝对不能，应该看到所有相关的东西，如果不做逆周期，连凯恩斯"50 人挖坑，50 人填坑"的就业都没有，如果做了，尽管负债，它也都变成了资产。

所以中国遭遇危机怎么挺过来的？希望高校的青年研究生、青年知识分子能想想。

我 1991 年在美国进修的时候，苏联刚刚解体，满大街全是"中国崩溃论"。我去做讲座的时候，美国人都说，你还讲什么？下一个崩溃的一定就是你们。如果我们停留在那种西方给我们的意识形态中拔不出来，那我们对得起五千年来没中断的中华文明吗？如果我们没有大规模投资农村，遭遇 2009 年那个失业的规模是不可想象的。我好几次讲过中国经济发展的真实经验，有些进步的海外学者经常会冲我叫板，说你说的都是经济问题，你为什么不说意识形态，为什么不说政治问题？我说经济问题是第一位，我干了20年的政策研究，很少听领导人跟我们讲政治意识形态，都是说有什么问题，我们应该怎么解决。比如1998年，大家接受中国版的罗斯福新政，没有人说美国是资本主义，我们接受罗斯福新政行不行。没人讨论这个。面对4500万职工下岗，拿什么帮他们，40万家企业倒闭，大量的银行贷款、不良资产在那摆着，怎么解决？决策者哪有工夫讨论意识形态？

希望各位高校的知识分子千万别跟着教科书走。当然，考试，拿分，这个你得跟着它走。但是当你真的讨论问题的时候，还是最好现实一点，就说到这儿，谢谢大家。

【主持人】谢谢温老师，不为上，不为书，只为实。我觉得不仅仅是实际工作，读书的时候也应该这样，你得从最实际的基本问题出发，这是激发思考的最重要的一个条件。今天的讲座就到这里，谢谢大家。

中国国际收支结构和
资本外逃问题*

余永定

中国社会科学院世界经济与政治研究所研究员、中国社
会科学院学部委员

---

* 讲座时间：2017 年 10 月 18 日。

【**主持人**】大家下午好，欢迎来参加今天的政经哲系列讲座。今天我们非常荣幸地邀请到中国社科院余永定研究员。余老师是牛津大学经济学博士，中国社会科学院学部委员，中国社会科学院世界经济与政治研究所前所长（1998—2009年）、研究员、博士生导师。除了这些，他还是中国很多国家部委的咨询委员，深度参与国家决策制定，对中国国际收支和外汇问题有深入研究，也产生了很大的学术影响。大家欢迎！

【**余永定**】大家好，非常高兴来清华做交流。

我今天主要讲的问题是中国国际收支与资本外逃。要想了解这个问题，大家首先要对国际收支平衡公式有一个基本认识。我们知道，国际货币基金组织对国际收支的编制做了调整，但在许多理论讨论中我们还习惯于使用旧国际收支平衡表上的概念。因而，目前存在两个国际收支平衡表，有两套不同但可以相互转换的定义，希望大家适当地注意一下这个问题。为了叙事方便，在这个讲座中，我一般使用旧表上的概念，比如过去讲的"双顺差"，等等，但这并不妨碍我们说清所讨论的国际收支问题。

首先有一个定义你要非常清楚。什么叫经常项目差额？经常项目差额包括大三项，但是第三项不是特别重要，我就主要谈两项，就是贸易差额和投资收益差额。所谓投资收益差额就是你到国外去投资所获得了收益，而外国人在中国有投资，他也有收益，那么一个正收，一个负收，两个一减得出的差额。

下面是建立在经常项目差额之类概念定义基础上的国际收支平衡表。它实质上是建立在定义基础上的恒等式，简而言之，国际收支平衡表所表达的恒等关系就是，经常项目顺差加上资本项目顺差等于外汇储备的增加。这个概念是比较容易理解的。你通过贸易顺差挣取了外汇，与此同时你吸引了外资，美元也流进来了。如果你不把这两部分钱用掉（买外国的产品、服务、股票、债券，进行海外直接投资）的话，它就转成了外汇储备的增加。换言之，如果你自己不打算用掉通过贸易顺差、通过引资所挣的外汇，你就只能把它卖给中央银行，于是国家的外汇储备就增加了（中央银行一般会再用这些外汇储备购买美国的国库券）。这个基本的恒等关系大家一定要记住、想清楚。

另一个基本关系是，经常项目顺差=资本净流出；经常项目逆差=资本净流入。

这个概念大家是否清楚？你看一个国家到底是资本输出国，还是输入国，只看一件事：你的经常项目是顺差还是逆差。如果你是顺差，你一定是资本输出国。许多人一直认为中国是个资本输入国，因为中国引入了大量的外资、大量的FDI。没有学过经济学的人就说，我们中国是世界上最大的资本输入国，这是错的。因为在引入外资的同时，通过积累外汇储备，把资金输出去了，你买了美国的国债，你可能在美国做了其他的投资，所以不能够因为FDI是正的，你就说我们国家是资本输入国，这种理解是错的。

例如，朝鲜是资本输入国还是资本输出国，要看朝鲜有没有经常项目逆差。如果它有经常项目逆差的话，那它就是资本输入国。朝鲜不会有大量的经常项目逆差，因为除中国之外大概不会有国家把钱借给它。这样，它也就有不了经常项目逆差（或较大逆差）。

现在更具体地讲一下国际收支平衡表，按道理来讲，经常项目差额加上资本项目（现在叫作资本和金融项目）的差额，再减去同期外汇储备的增量应该为零。但是在实际记录的时候，由于各种各样原因，三者的代数和并不等于零。这时候就要加上一项——误差与遗漏项。按定义，这个项目等于实际记录的经常项目差额加上资本项目差额再减去外汇储备增量的差额。此时，（经常项目差额＋资本项目差额－外汇储备增量）＋误差与遗漏项就一定等于零了。上面这个式子是国际收支平衡表上的基本恒等式。为了加强理解，大家可以看一看国家外汇管理局公布的某季度的国际收支平衡表（见表1）。

单位：亿美元

表 1　国际收支平衡表

项目	行次	2016 年三季度
1.　经常账户	1	4616
贷方	2	45 005
借方	3	−40 390
1.A 货物和服务	4	4505
贷方	5	39 785
借方	6	−35 280
1.A.a　货物	7	9140
贷方	8	35 116
借方	9	−25 976
1.A.b　服务	10	−4634
贷方	11	4669
借方	12	−9303
1.B 初次收入	13	193
贷方	14	4702
借方	15	−4509
1.C 二次收入	16	−83
贷方	17	518
借方	18	−601
2.　资本和金融账户	19	337
2.1 资本账户	20	−13
贷方	21	2
借方	22	−15
2.2 金融账户	23	350
资产	24	−5260
负债	25	5609
2.2.1　非储备性质的金融账户	26	−8735
2.2.1.1　直接投资	27	−1746
资产	28	−3682
负债	29	1746
2.2.1.2　证券投资	30	−702
资产	31	−2138
负债	32	1436
2.2.1.3　金融衍生工具	33	−51
资产	34	−56
负债	35	5
2.2.1.4　其他投资	36	−6046
资产	37	−8469
负债	38	2423
2.2.2　储备资产	39	9085
3. 净误差与遗漏	40	−4935

　　你看经常项目（经常账户）差额是 4616 亿美元；资本项目（资本和金融账户）差额是 337 亿美元。在新改版的国际收支平衡表中，资本和金

融账户包括了外汇储备的变动，因而，按定义，经常项目账户加上资本和金融账户理论上应该为零。但是，由于统计上的问题，它不为零。此时，就要加上一个误差与漏项，这个项目是-4953（亿美元）。$4616 + 337 + (-4953) = 0$。可见，这个误差与遗漏项是个平衡项。当经常项目差额加上资本项目差额减去外汇储备增量不为零的时候，加上这个平衡项就为零了。国际收支平衡表上之所以有误差与遗漏项这个平衡项是复式簿记的要求。

以上是预备知识，现在我们开始讨论经济增长和国际收支结构之间的关系。一个国家在经济增长的过程中，它的国际收支结构和经济增长的阶段是密切相连的。随着经济增长，一个国家的国际收支结构大致要经历六个阶段。这个理论是一位英国经济学家在 1957 年提出来的。

第一个阶段叫作年轻的债务国，第二个阶段是成熟债务国，第三个阶段是债务偿还国，第四个阶段是年轻债权国，第五个阶段是成熟债权国，第六个阶段是债权减损国。在这六个阶段中，它的国际收支状况都有些什么特点呢？当它是年轻债务国的时候，这个国家一定有贸易逆差。与此同时，它的投资收益也是逆差，经常项目是刚才这前两项之和，一定也是逆差。经常项目逆差意味着这个国家是资本输入国。一个国家在它发展的初期，它的储蓄肯定是不足的，它为了有比较高的经济增长速度，它的投资需要比较多。但因为国内的储蓄不够，就需要引进外资。为什么会出现投资收入逆差呢？因为这个时候只有外资流进来，并没有资本流出去，所以只能是给人家付利息，把利润汇出，不可能有利息收入，也不可能有利润的收入，所以，这个投资收入肯定也是逆差，这是第一个阶段。这三个特征一定要记住，贸易逆差、投资收入逆差、经常项目逆差。

在第二个阶段，情况出现了某种变化。随着经济的发展、竞争力的加强，它开始有贸易逆差了。但是它在前一阶段一直是引资，所以现在利润、利息还是要汇出。而且在这个阶段，它的利息利润的汇出是相当大的。由于投资收入逆差（绝对值）大于贸易顺差，它的经常项目依然是逆差。也就是说在这个时候，我依然是净引资。

在第三个阶段，它变成了债务偿还国。在这个阶段，它依然是贸易顺差，投资收益是逆差。但它已经发展到一个阶段，它的贸易顺差已经大于它的投资收入逆差了，所以它就由经常项目的逆差国变成了经常项目的顺差国了。它现在已经开始偿还外债，所以它叫债务偿还国。

第四个阶段是年轻债权国。年轻债权国的特点是同时拥有贸易顺差和投资收益顺差。两个顺差加起来，它的经常项目当然也是顺差。此时，它不但是资本输出国，而且成了净债权国。

在第五个阶段，它出现贸易逆差，但投资收入顺差大于贸易逆差，因而依然有经常项目顺差，债权还在增加。

在第六个阶段，它开始啃"资本"，海外债权开始减少。

那么，第六个阶段之后是什么情况？现在世界上还没有任何一个国家处于这"第七个"阶段。资本啃光了，只好靠借债度日。一个国家处于第七个阶段会是什么样我不知道，也可能经济崩溃了，也可能爆发革命了。希望大家能记住这六个阶段是怎么回事，每个阶段的特点是什么。

研究国际收支平衡一定不能脱离国内储蓄和投资缺口的变化。当你是个经常项目逆差国的时候，你一定是储蓄不足的国家：你投资这么多，但是储蓄只有这么点。缺口要靠国际收支顺差来弥补，所以，经常项目差额同储蓄缺口是相对应的。

那么实际情况如何呢？我们以日本为例。日本现在处于第五个阶段——成熟债权国的阶段。在2005年到2011年这段时间，日本处于第四阶段的后期。第四阶段的特点是贸易和投资收入都为顺差，但可以把第四个阶段分成两个小阶段。虽然在这两个阶段中经常项目和投资收入都是顺差，但是在后一个小阶段中，投资收入顺差大于贸易顺差。过去主要靠出口产品、劳务挣美元，其次靠收取利息、海外投资利润挣美元。但在第四个阶段后期靠贸易所挣的美元已经小于靠吃利息所挣的美元了。在2005年到2011年日本每年的投资收入平均达到了14万亿日元，每年的贸易顺差平均是 8.2 万亿日元。2011 年之后日本就进入了第五个阶段——成熟债权国阶段。在这个阶段，日本已经出现了贸易逆差。许多人想当然地认为，日本一定是贸易顺差国，不是的。在 2011 年之后，日本的贸易项目已经是逆差了。但在这个时期，由于投资收入顺差很大，日本依然是经常项目顺差国——依然是资本输出国。后来虽偶有些变化，但基本情况就是这样。

中国的情况是什么样的？自 1993 年以来，中国的贸易都是顺差（但 2017 年以来服务贸易是逆差，而且相当大）。但从 2009 年开始，中国的投资收入一直都是逆差。显然，尽管都是经常项目顺差国，但中国的情况同日本的很不一样。我想问大家，以其国际收支结构的特点，中国目前处于什么阶段？是年轻债务国、成熟债务国、债务偿还国、年轻债权国、成熟债权国，还是债权减损国？刚才我讲了，一个国家到底处于哪个阶段，主要看它的经常项目、贸易项目和它的投资收入。中国的经常项目是顺差，贸易项目是顺差，投资收入是逆差。是不是应该说中国处于第三阶段，即债务偿还国阶段？显然不是。第三个阶段的国家是净债务国，中国拥有 1.7 万亿~2 万亿美元的巨大海外净债权。但中国也不是债务偿还国、年轻债权国和成熟债权国，因为中国的投资收入项目是逆差。因而，中国并不处于我刚才说的六个阶段中的任何一个阶段。中国这样的国际收支结构是非常特殊的。一方面，它是世界上第二大的净债权国。到 2016 年，各主要债权国的海外净债权分别为：日本 3 万多亿美元；德国 1.7 万亿~1.8 万亿美元；中国 1.747 万亿美元。最近中国应该已经再次超过德国，重新成为世界第二大净债权国。另一方面，中国的投资收入在过去十年一直都是负的。这种国际收支结构在世界上很难找到第二个例子。对这样一种国际收支结构，我们有没有理由表示担心呢？有。其中比较重要的理由是，中国的贸易顺差正在逐步减少。作为一般规律，所有国家随着人口的老龄化、人均收入的增加，其贸易顺差都是要减少的。而且，很可能到某一个节点之后，它就会像日本那样由顺变负。与此同时，如果你不能够依靠过去在海外的投资收取利息、利润来弥补抵消贸易顺差的减少或贸易逆差，你的生活水平就要下降，经济增长的速度就会下降，经济增长就可能变得不可持续。

还有一种后果就是陷入债务陷阱。如果不想陷入债务陷阱怎么办呢？实现贸易顺差。虽然你已经老了，已经干不动了，但是你还得想方设法增加出口。这时候的出口已经不是来改进福利，挣来的美元不是用来买东西，而是用于还债。如果出现这种情况，你就变成了外国人的打工仔了。随着人口的老化，我们面临着两种选择：一种就是陷入债务陷阱，不断跟人借钱。美国就是这么一个国家，但是美国是世界的超级大国，美元有霸权，它可以这么做。中国则不行，你这么做的话，经济增长速度就会不断地下降，经济迟早会陷入危机。另一种情况就是去给人当打工仔，这也不是一个很光明的前途，所以我们需要对中国目前的国际收支结构表示担心。目前中国投资收入逆差对 GDP 的比重还很低。但人无远虑必有近忧，我们必须正视这个问题，并及早找出解决办法。

有经济学家提出一种假设：尽管我们的国际收支结构看起来是不合理的，但这种结构改善了我们的资源配置，提高了我们经济增长的质量和数量。换言之，从总体来讲，虽然我从国外取得的是负收益，但是我国内的收益是正的，这能完全抵消国外的负收益吗？我觉得这个可能性不能排除，但需要进一步论证。可惜我们现在没有什么人研究这个问题，更难看到相应的经验证明。

世界上确实有一些国家就处于这样的状态：维持贸易顺差，不断地输出货物，但目的并不是为了改善生活，而是为了偿还债务，支付利息。巴西就是一例。巴西经济一度非常困难，出口挣的钱不是用来进口机器设备、进口消费品，以提高经济增长潜力、改善人民生活，而是用来还债。处于这种状态的国家，经济随时都会陷入危机。

我们已经讨论了一个国家的经济增长和国际收入结构变化的六个阶段。世界上有哪些国家处于第六阶段呢？美国似乎是，但又不是。第一，它是贸易逆差。第二，它的投资收入是顺差，与此同时，它的经常项目由于贸易项目逆差非常大，所以是逆差。但美国不但不是债权国，而且是世界上最大的债务国。美国的国际收支结构同中国的正好相反，是中国状况的一个镜像反映：中国是世界第二大净债权国，但投资收益是逆差；美国是世界上最大的净债务国，但是它的投资收益是顺差。

为什么美国可以维持这样一种特殊的国际收支结构？理由很多，一个重要原因就是美元作为国际储备货币的地位。由于美国在世界上的霸权地位，由于美元在国际货币体系中所处的地位，美国可以白花别人的钱。你把钱借给它，它花掉，然后你再把钱借给它，它再花掉。由于世界对美元的巨大需求，美国只要开动印钞机就行了。从 1981 年到现在，美国已经积累了 7 万亿~8 万亿美元的外债。美国有这么大的债务，但是投资收入依然是正的。而美国之所以可以不断负债，就是因为世界上还有中国、日本以及其他一些对美元的需求似乎是永远得不到满足的国家。中国国际收支状况和美国国际收支状况的对应关系，同国际货币体系以及其他的一些问题是密切相关的。关于这些问题，我们在这里就不进一步讨论了。

我们现在会问：导致中国净资产是正的，但投资收益为负的这个直接原因是什么？答案在于中国海外资产—负债的结构特征：中国的负债主要是外国直接投资（FDI）；中国的海外资产主要是作为外汇储备的美国国债。因为是直接投资，中国负债的成本非常高。另一方面，美国国库券的收益率非常低。由于资产和负债的收益率不同，所以尽管中国是净债权国，但中国的投资收入是负的。

2008 年美国的"Conference Board"和世界银行分别对在华跨国公司进行了调查，发现美国在华企业的投资回报率高达 33%。世界银行的调查发现，在华跨国公司的平均回报率是 22%。在相当长的一段时间内，人民币是在升值的。人民币升值进一步加大了中国的投资收入逆差。中国海外资产的主要形式是美国国库券，而美国国库券收益率非常低，仅有 2%、3%，全球经济危机期间有几个月还是负的。所以，尽管中国是净债权国，但是由于资产和负债的回报率（或者成本）的巨大差异，中国国际收支平衡表上投资收入项目为负是十分自然的。而且，在近十年期间，人民币一直处于升值状态。人民币升值进一步加重了中国的投资收入逆差。

出现资产的回报率非常低、负债的成本非常高这种状况的直接原因是中国长期维持的"双顺差"。所谓的双顺差是指经常项目顺差、资本项目顺差。按国际收支表给出的定义，这两个顺差加起来等于外汇储备的增加。

"双顺差"意味着从总量上看，央行把通过经常项目顺差挣得的外汇和引资得到的外汇拿回去购买美国国库券了。如果一个国家的国际收支处于双顺差的状态，这个国家就必然形成一种资产回报率低、负债成本高的海外资产—负债结构。

世界上没有一个国家像中国这样保持长时期的双顺差。在 1983 年世界经济协会的讨论会上，一位学者就指出追求双顺差是一种矛盾：既然要引资，就应该是经常项目逆差；可是同时又要有贸易顺差，经常项目顺差，这意味着要输出资本。到底是想引入资本还是输出资本呢？

双顺差又是如何形成的呢？这是一个复杂问题。但显然同我们的政策有关。在 20 世纪 80 年代一直到 90 年代有个说法，叫建设"创汇经济"。也就是说，我们要不断地出口、"奖出限进"。建立各种各样的开发区、经济特区等都是为了出口创汇。在执行出口导向政策的同时，我们又有所谓的 FDI 的优惠政策，只要你能够进来投资，我就会给你很多优惠政策，免税、免费使用土地，等等。

出口的目的本来应该是进口，而不是去买美国国库券。通过贸易积累外汇储备（过去是攒黄金，现在是攒美元）是一种重商主义思想。出口的目的不是为了进口，而是为了攒钱，积累外汇储备。这样一种思想，在当时也是有一定的道理的。因为中国的政治制度和中国当时所处的环境使中国不得不考虑积累一定的外汇储备，否则你出了事没人管你。当外汇储备还很少的时候，有这样一种想法是自然的。但中国的问题是，总要把事情做到极致，掌握不好"度"。列宁说过，真理再往前迈一步就变成谬误了。我们经常存在这样的问题，本来是正确的东西，我们非要往前推，前面就是坑了，你还不知道适可而止，掌握不好"度"，这是我们经济政策中的大问题。

另外，我们对 FDI 的引进本身也存在一系列的问题，鉴于这个问题的复杂性，我建议你们请路风教授来讲，他对这个问题非常有研究，讲得也很好，我就不多说了。反正是真正的技术、好的技术、重要的技术、核心的技术是买不来的，是借不来的，只能靠自己，所以自主创新的观念是非常正确、非常重要的。许多国家没有这种能力，中国有这种能力。既然有这种能力，就要争取把技术建立在自主创新的基础上，这些问题我就不多说了。

下面，我们继续讨论双顺差问题。造成双顺差的原因是多方面的，但是它是有必要条件的。必要条件之一就是汇率没有弹性。大家可以设想一下，我有贸易顺差、经常项目顺差，我还有资本项目顺差。然后这些美元挣来了，我又不想花它，我把它卖给了中央银行，让中央银行去买美国国券，这意味着在市场上美元的供给大于美元的需求，是不是这么回事？因为供给大于需求，央行把多余的美元买走，保证了人民币汇率的稳定。双顺差这个概念本身就意味着美元的供给大于美元的需求了。如果汇率是自由浮动的，会不会出现美元供给大于美元需求？如果汇率是自由浮动的，就好像一个产品、一个商品，如果它的价格是自由浮动的，会不会长期存在着供大于求的情况呢？应该不会，对吧？这就是价格调节机制。如果你把这个否定了，那整个经济学就没法讨论了。所以说，双顺差之所以能够存在的一个非常重要的必要条件（我不是说充分条件）就是汇率缺乏弹性。如果我们允许汇率浮动，让汇率决定资源的跨境跨期配置，双顺差的情况就不会发生了。会出现什么情况呢？经常项目顺差，资本项目逆差；经常项目逆差，资本项目顺差；或者两者都平衡。无外乎就这三种情况。

现在我把第一个问题讲完了，给大家稍微复习一下。一个国家随着它的经济增长，它的国际收支结构会经历六个不同的阶段。由于各种各样的原因，特别是政策的原因，中国目前的国际收支结构很难归于这六个阶段中的任何一个阶段。由于外汇储备在我们的海外资产中占绝对的优势，我们的资产回报率很低。另外，由于 FDI 本身的性质和中国形形色色的优惠政策，我们的负债成本很高。这样，就造成了尽管中国是经常项目顺差国、净债权国，但中国的投资收入长期为负这种状况。如果我们不解决这个问题，等十年之后，我们可能会面临很大的麻烦。

双顺差问题是我们在过去二十年来一直在讨论的问题，现在又出了新的问题。这个新的问题让人更为焦虑。什么问题呢？就是近十年来，尽管中国还继续维持经常项目顺差——也就是说中国还在继续输出资本，但在同一时期中国的海外净资产不但没有增加，反而减少了。我每天到银行存钱，存了十年，我不但没有从银行那里得到了一分钱利息，还给银行付了好多的利息。最近几年，更糟糕的事情出现了，我到银行查账，发现本金没了。这是怎么回事？主流的观点认为这是统计错误造成的。我们是否能够接受这种解释呢？

首先，你要记住：累计的经常项目顺差等于海外净资产的增加。经常项目顺差意味着资本净输出。把每年的经常项目顺差加在一起就是海外净资产的增加。累计的经常项目顺差（流量）＝海外资产（存量）的净增加是一个恒等式。

从 2011 年第一季度到 2016 年第三季度，我们经常项目累计为 1.28 万亿美元，这是官方统计数字。在这段时间内中国海外净资产不但没有增加，反而少了 124 亿美元。你们看看，这是不是一个问题？1.29 万亿美元没了，下落不明了。这是一个天文数字，对不对？但没人关注这个问题，更不用说讨论这个问题了。一个大企业破产了大家关注，一个省出了问题大家关注，这可是 1.29 万亿美元！有人会问，这是不是"藏汇于民"了？不是。"藏汇于民"是指在外汇储备减少的同时，中国居民海外资产相应增加了。"藏汇于民"不会导致累计经常项目顺差于同期海外净资产增量出现缺口。我自己也很长一段时间没关注，以为中国的海外净资产肯定是在增长。在 2008 年跟大家讨论、跟老外讨论的时候我非常自豪，说我们中国有差不多两万亿的净资产，我们怕什么？我以为中国的海外净资产现在应该涨到三万亿或者四万亿美元了。但一查中国海外投资头寸表，才发现中国的海外净资产不但没增加，反而由十年前的近两万亿美元变成了一点七几万亿美元了（见表2）。

表 2　中国累计经常项目顺差与海外新增净资产之间存在巨大缺口

2011 年一季度至 2016 年三季度（单位：亿美元）			从 2011 年到 2016 年第三季度中，中国输出了 1.28 万亿美元的净资本，但是这些资本并未转化成中国的海外资产，相反，中国的海外资产减少了 124 亿美元。1.2924 亿美元下落不明
经常项目顺差累计额	12 800		
误差与遗漏项累计额	6200		
国际投资净头寸变化	−124	从 17 595 下降至 17 470	
储备资产变化	1484	从 31 156 上升至 32 640	
私人部门海外资产变化	20 000	从 12 283 上升至 32 272	
私人部门海外负债变化	21 597	从 25 844 上升至 47 442	

数据来源：Wind 数据库。

说明：按定义，给定时期内累计的经常项目变动应等于该时期净资产（国际投资净头寸）变化。

　　这是个巨大的缺口，这个缺口怎么形成的？为了分析方便，我们把这个缺口分成两块：一块看国际收支平衡表，另外一块看国际投资头寸表。

　　缺口的形成实际上是通过三个环节完成的。经常项目顺差意味着资本的净流出，而资本净流出之后应该转化成新增海外净资产。这里有三个概念：第一个是经常项目顺差；第二个是资本净流出；第三个是海外新增净资产。这三个概念定义了两个缺口：经常项目顺差到资本净流出之间的缺口；资本净流出到海外净资产形成之间的缺口。

　　第一个缺口在国际收支平衡表上表现为误差与遗漏。经常项目与资本和金融项目之和应该等于零，如果不为零，就把两者的差额定义为误差与遗漏。误差与遗漏项是用来平衡采用复式簿记形式的国际收支平衡表的。

　　第二个缺口是说资本流出之后，并没有形成有记录可查的海外资产。你说我这钱是到海外去投资建厂去了，其实你把钱弄到海外买房子去了，对不对？我在国际收支平衡表上有个记录，就是资本净流出了。但是在海外投资头寸表上找不到对应的海外净资产。两个缺口加在一起就能够解释我们的经常项目顺差和海外净资产增加之间的缺口。国际收支平衡表中的误差与遗漏到底是怎么形成的呢？这应该是国际收支这门课里面的一堂专业课。我先把大致的意思给大家说一下。

国际收支平衡表上采用的记账方式叫作复式簿记，就是每一笔交易都有一个进项、一个出项。这两项必须方向相反，数量一样。例如，你现在卖了一笔货，所谓卖货就意味着你把货给了别人，同时别人把钱给了你。你卖出的货价值 500 元，这时候你在账本的贷方记上＋500 元。与此同时，你收到了 500 元货款，收到的 500 元在账本的借方记上－500 元。这两项相加肯定为 0。总而言之，任何一笔交易在复式簿记中都表现为贷方、借方，数量相等，方向相反。如果我现在卖了 500 元东西，我在贸易项目上的贷方记上＋500 元，但应收的这 500 元不知道什么原因，找不到了？那怎么办呢？我就在误差与遗漏项下记上－500 元。如果你的伙计把钱给卷走了，那怎么办呢？你没有收回这 500 块钱来，所以你只能在误差与遗漏项下记上－500 元。也有一种可能，你根本就不曾卖出过这 500 块的货物，你记账记错了。但账上贷方的这 500 块钱已经记上了，你就需要在误差与遗漏项上记上－500 元。

导致目前中国国际收支平衡表上出现巨额误差与遗漏的原因是什么呢？基本上可以概括为三个原因：第一个原因就是统计错误。那天你精神头不足，本来是 500 元，你写成 300 元了。这是纯粹统计方面的问题。如果我出口了 1 亿美元的产品，会在国际收支平衡表贸易项下的贷方记入 1 亿美元。如果海外购货方支付给我 1 亿美元，并把钱打到了我银行的存款账户上，此时在国际收支平衡表的金融账目（银行存款子项目）上，就会增加 1 亿美元。需要注意的是，由于是海外资产增加了 1 亿美元，1 亿美元前要加上负号——－1 亿美元。1 亿美元＋（－1 亿美元）＝0，对应于 1 亿美元出口这笔交易，国际收支平衡表是平衡的。但是也有一种可能：我出口了价值 1 亿美元的货物，但这 1 亿美元的货款我没拿到，不知道跑到哪去了。这时候国际收支平衡表就不平衡了，此时就需要在误差与遗漏项下加上－1亿美元。这样，国际收支平衡表就平衡了。近年来，中国国际收支平衡表上的误差与遗漏项下的数目非常大。造成这种情况的原因基本上有三个，第一个就是前面说的统计上的误差与遗漏。第二个是与资本外逃无关的有意的高报和低报。第三个是资本外逃。我现在想说明的是，2015—2016年国际收支平衡表上出现的巨大误差与遗漏同资本外逃密切相关。统计上的误差与遗漏是导致误差与遗漏项数量巨大的部分原因，资本外逃才是主要原因。

为了证明这点，可以采取排除法。首先要说明统计上的误差与遗漏不是造成误差与遗漏项（流出）数额巨大的主要原因。第二要说明导致误差与遗漏增加但同资本外逃无关的有意误报也不是主要原因。第三是进一步排除其他可能的原因。如果其他因素都不能解释为什么中国国际收支平衡表上的误差与遗漏项如此巨大，那剩下唯一可能的解释就是资本外逃了。

如果误差与遗漏数量巨大是统计原因造成的，那么误差与遗漏的时间序列应该呈现白噪音的特征。白噪音没有确定的方向。一平均起来，它就大致为零。你看美国的误差与遗漏时间序列，虽然波动幅度很大，但没有明显的趋势。把不同时间的所有的数加在一起，和可能为零，或者很小。英国的误差与遗漏的时间序列也呈现同样的特征。再来看中国的误差与遗漏。2011年以后中国误差与遗漏时间序列显然不是白噪音。它是很强的趋向性：都是负值，这些数值的代数和也不是零或接近零。同时，我们的误差与遗漏项目大小同人民币汇率贬值预期有明显关系。以上两点足以说明，中国国际收支统计表上的误差与遗漏项数目巨大是不能归结于统计误差与遗漏的。既然统计错误应该是白噪音，而我们中国误差与遗漏项中的统计数字不是白噪音，那么我们就不能把统计错误作为造成误差与遗漏的主要原因。

还有两种可能性：同资本外逃无关的误报；资本外逃。一种主要的误报是高报出口。高报出口是否存在？有多严重？这主要是一个经验问题。从商务部了解到的情况是，为了骗取政绩而高报出口的现象可能存在，但应该并不严重。事实上，高报进口的现象倒是十分严重。高报进口是2015—2016年中国资本外逃的重要形式。由于时间关系，我在此不对这些问题做更多讨论。

在讨论资本外逃之前，还需要说明，资本外逃并不等于资本外流。资本外流是对宏观变量变化的一种反应。比如美国升息了，中国的利息率比美国低，那么出于赢利的目的，很多资本可能流向美国，这个是资本外流，不是资本外逃。资本外逃是出于某种不能摆在桌面上的原因的违规资本外流。一般的资本外流，流出去可以流回来。资本外逃一般就不回来了，而且政府并不掌握外逃资本的去向。

资本外逃对于国家的国民收入、国民福利会造成永久性的损害。我这里想强调资本外逃跟资本外流是不一样的，不能把两者混淆起来。资本外流是可以通过宏观经济政策和宏观审慎管理加以调整的。你不希望资本外流，那好，你让人民币贬值，或者是提高利息率，资本就不外流了。但是如果是资本外逃，用宏观经济手段是不起作用的。因为我的目的不是为了这点蝇头小利，我是想跑掉，我是想洗钱，利率变一点对我没影响，除非利率比上个月多百分之百或者更多，我才可能不走。但这么一变化，国家的经济就垮掉了，那是不可能的，所以它对于微调是没有反应的。

实现资本外逃的途径有哪些？非常多。举几个例子，比如低报出口，明明在国外卖了1亿美元的货物，但只报卖了5000万美元，剩下的5000万美元就留在国外了。低报出口是比较常见的一种资本外逃方式。高报进口也是实现资本外逃的一种方式。我用2000万美元买了一个球员。可实际上他根本就不值2000万美元，他连200万美元都不值。你实际给他付的钱是300万美元。你同他和他的俱乐部有协议，剩下的那1000多万美元就被你存入外国银行了。通过经常项目下的投资收入子项目实现资本外逃的例子也很多。我明明在海外有投资收益了，我就是不汇回，谎称赔钱了，甚至说我破产了，把海外收入存在海外也是资本外逃的一种方式。在金融账目下实现资本外逃的方式就更是五花八门了。大家都知道美元走私。我从银行取了 5 万美元，分批夹带出去，银行的存款就减少了，外管局是可以统计出来的。但在复式簿记中，与此相对应的项目中的 -5 万美元找不到了。只好在误差遗留项目中记入 -5 万美元来平衡。但钱是跑掉了，对不对？还有一种情况是，虽然实现了资本外逃，但是并未对误差与遗漏发生影响。我刚才说的出口低报就是这样的。我只报出口 5000 万美元，实际上我出口了 1 亿美元。所以尽管实现了资本外逃，但误差与遗漏项并未发生变化。这种情况的出现，意味着误差与遗漏可能并未能充分反映资本外逃的规模。

还有一种情况不是资本外逃，但是导致了误差与遗漏的增加。例如，企业高报出口导致误差与遗漏规模的增加，但不存在资本外逃的问题。所以，误差与遗漏也可能高估资本外逃。

总之，从理论上说，误差与遗漏不等于资本外逃。但是，鉴于对资本外逃统计的困难，经济学家往往用误差与遗漏项来近似代表资本外逃。就 2015—2016 年的情况来看，说国际收支平衡表上的误差与遗漏项大致反映了中国资本外逃的规模这应该是不错的，而且很可能是只多不少。

当然，更理想的办法是直接统计外逃资本。但是这数字太难得了，我们只好在已有的国际收支平衡表上做文章，在误差与遗漏项上做文章，增加一些数目，扣除一些数目，最后对资本外逃，即经常项目差额同资本流出的缺口做一个大致的估计。

在国际收支平衡表上，有记录的资本净流出确定之后，我们需要考虑的另一个问题是，流出的净资本是否形成了中国在海外的新增海外净资产。事实是，不少资本在流出中国之后并没有变成海外净资产。这也是一个大问题。事实上，很多资本外逃是不能够在国际收支平衡表上体现的，不能从国际收支平衡表的误差与遗漏项中被发现，它只能在国际收支头寸表上被发现。比如有人故意输掉官司，把罚金付给自己控制的海外企业。

资金倒是以合规的方式流出去了，但没有变成中国居民的海外资产。又如，通过高估并购对象资产价值实现资产转移是常见的最重要资本外逃形式。这正如我拿到了一个出国的签证，海关盖了章，本来说是到美国，结果我跑英国去了。中国海关是没法查的，反正你已经出关了。要想知道你到哪里去了，得到海外查去。

许多形式的资本外逃并不会导致"误差与遗漏1"增加，但可以导致同国际投资头寸表相关的"误差与遗漏2"增加，所以，检查"误差与遗漏2"，可以进一步确定资本外逃的规模。

国际投资头寸表是反映特定时点上一个国家或地区对世界其他国家或地区金融资产和负债存量变动的报表。同国际收支平衡表不同，国际投资头寸表并未采取复式簿记的方式。国际投资头寸表的结构可用下述恒等式表示：

年末头寸 = 年初头寸 + 交易 + 价格变化调整 +

汇率变化调整 + 其他调整

但在实际的统计中，上式等号两端一般不相等，为使之相等，需要加上误差与遗漏项。我们把这个误差与遗漏项称为"误差与遗漏2"。它可能是国际投资头寸统计不准确造成的，也可能是资本外逃造成的。从国际投资头寸表来分析"误差与遗漏2"与资本外逃规模的关系，首先要扣除各种"调整项目"，如统计口径变化、汇率变化以及资产价值变化等。"交易"项同"年末头寸－年初头寸"之间的差额——"误差和遗漏2"，在扣除纯粹的统计错误之后，就可用来衡量资金合法流出境外之后所发生的资本外逃了。造成"误差与遗漏2"的资本外逃形式包括查证流到境外的资本是否在海外形成了相应的海外资产是很困难的。很多国家实际上是通过查母公司的账户来推断流到境外的资本是否形成了相应的海外资产。由于时间关系，对这个问题我们就不进一步讨论了。

总之，十几年来，由于不合理的国际收支结构，尽管是世界第二大债权国，中国始终维持投资收入逆差。由于资本外逃和其他原因，自2011

年以来在净输出了 1 万多亿美元的资本之后，中国的海外净资产不增反减。这些问题是值得我们高度重视的。中国必须尽快对许多以往十分成功的政策进行调整，深化经济体制、金融体系和汇率体制改革，以确保中国经济可持续增长。

路德·次贷·金砖 *

崔之元

清华大学公共管理学院教授

---

* 讲座时间：2017 年 12 月 6 日。

【**主持人**】我们今天邀请了清华大学公共管理学院的崔之元教授来给我们做路德宗教改革 500 年主题的讲座。崔之元老师本科学习的是理工科，后来在中国社会科学院研究生院攻读硕士学位，开始了人文社会科学领域的学习和研究。崔老师是那个时代少数年少成名的杰出的青年学者之一，他在 20 多岁时就已经是年轻一代中的知名学者了。崔老师后来到芝加哥大学留学，攻读政治学博士学位，他的老师是亚当·普沃斯基（Adam Przeworski）和乔恩·埃尔斯特（Jon Elster），都是政治学领域比较重要的学者。我过去也介绍过，中国知识界在 20 世纪 90 年代初期或者到中期这段时期，开始了新一轮的反思和思考，崔之元老师当时扮演了很重要的角色，他的论文，比如《制度创新与第二次思想解放》《以俄国为镜看中国》等在当时非常有影响，现在也常常被人们回顾。

在芝加哥大学获得博士学位以后，他因为有非常杰出的才能和研究经验，所以很快就到了麻省理工学院担任教职，他在那里任教很多年。我认为崔老师特别可贵的一点是，无论在什么地方，都始终关心中国社会和政治的发展，并且把对中国社会的关注放在整个世界历史比较的关系当中，也可以说是在比较中或者是在各种各样的参照关系中来思考中国问题，所以中国问题是崔老师研究的对象，反过来他也从中国问题的研究里汲取出对世界进行再认识的一个很重要的方法。

在这之后，崔老师先后到新加坡国立大学的东亚研究所、柏林高等研究院等诸多高等研究机构做高级研究员。大概在 2004 年，崔老师回到清华大学任职，一直在清华大学的公共管理学院担任教授。同时，他也是我们清华大学人文与社会科学高等研究院的教授。

崔老师曾经也在哈佛大学的法学院从事研究。他和罗伯托·曼格贝拉·昂格尔（Roberto Mangabeira Unger）很早就有合作的关系。昂格尔教授在哈佛大学出版社有一本著作，我记得就是由崔老师写的序言。同时，崔老师还是美国康奈尔大学法学院的杰出访问讲座教授，他主要的研究兴趣包括政治经济学、法律经济学、政治哲学等。坦白地说，在中国的政治学或者社会科学领域中，我还很少看到第二个人能像崔老师这样涉猎如此广泛。他涉猎的方向、方面之众多是非常罕见的，这也说明他有极其强烈的知识兴趣、欲望和想象力。我们现在欢迎崔老师给我们做讲座。

【崔之元】非常感谢汪老师的邀请和介绍，我也非常高兴能够和清华的同学们做一些交流，但是我想先说明一下，我在任何意义上都不是路德宗教改革研究的专家。我对于这个话题的研究完全是一个自己学习的状态。但是在 2017 年以来，我为什么学习和关注了一些这方面的书？原因其实很简单，因为 2017 年是路德宗教改革 500 周年。这给我们提供了一个机会，让我们对这一历史事件进行反思。

我先从简单的内容开始讲起，大家都很熟悉，1517 年 10 月 31 日，马丁·路德（Martin Luther）将他的《九十五条论纲》钉在维滕堡的城堡教堂大门上。对此，学术界还存在争议——到底有没有钉《九十五条论纲》的行为？但是不管怎么样，他把《九十五条论纲》寄给了当时宗教界的几个重要的人物，这是没有争议的。因为这是一个非常重大的事件。

2017 年同样是十月革命 100 周年，十月革命与宗教改革有种有趣的关联。其实我比较早地关注宗教改革，是因为看到意大利共产党的创始人安东尼奥·葛兰西（Antonio Gramsci）在《狱中札记》里边说过的一段话："共产党在目前是唯一可以严肃地同原始基督教时期的教会相比拟的机构。"这句话是葛兰西引用的，原本是他在意大利知识界的对手贝奈戴托·克罗齐（Benedetto Croce）的观点，他和克罗齐的观点很不同，但是在这点上很一致。

克罗齐认为，文艺复兴仍然是精英圈子内的贵族运动，而宗教改革则深入了普通人民。葛兰西在这点上同意克罗齐的观点，但是他又批评克罗齐，认为克罗齐不理解"实践哲学及其广泛的群众运动过去和现在都真正代表一种与宗教改革相类似的历史过程，而自由主义则不然，它只是再生着局限于狭隘知识分子集团的文艺复兴"。这是葛兰西在另外一个场合说的原话，他认为意大利共产党实际上要进行的是第二次宗教改革。

为此，葛兰西提出了"领导权"的概念。我想"领导权"也和宗教改革有一定的关系，因为领导权不是一个统治权，不是强迫人们信仰什么东西，而是通过这种宗教改革，真正深入人心，深入到普通人民，不仅仅是一个在狭隘知识分子圈子之内的文艺复兴。所以我认为十月革命 100 周年和宗教改革 500 周年之间潜藏着某种关系，这是吸引我关注路德的地方。

那么怎么看出宗教改革和普通人民的关系比较密切呢？我觉得有一个比较有趣的例子，就是刚才汪老师介绍的我在芝加哥大学的导师之一——乔恩·埃尔斯特在 *Securities against Misrule* 这本书里的这样一张图（见图 1）。

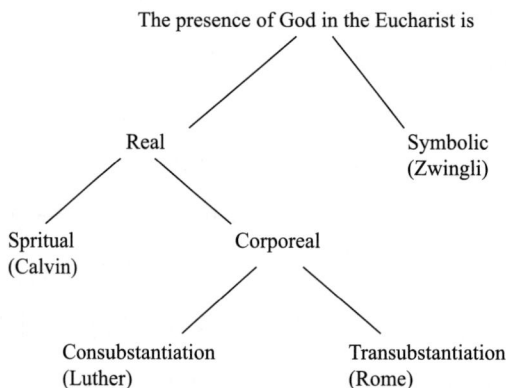

The presence of God in the Eucharist is

Real　　　　　　　Symbolic
　　　　　　　　　（Zwingli）

Spritual　　Corporeal
（Calvin）

Consubstantiation　　Transubstantiation
（Luther）　　　　　　（Rome）

Figure I. I.　Arguing and bargaining over transubstantiation

图 1

"Euchuarist"这个词是圣餐的意思，包括吃的面包，喝的红葡萄酒——就是教会做弥撒的人分发的面包和葡萄酒，这里涉及广大的、普通的教徒。在宗教改革期间有一个非常重大的辩论，就是关于这个葡萄酒是不是基督的血，面包是不是基督的肉，也就是说到底基督的存在是不是体现在面包和酒里？这个辩论我们现在看到可能觉得滑稽可笑，但它是宗教改革时期非常重要的一个辩论。这个图大家可以看出来，相当于博弈论的一个树，而这个树的形状，它正好和我的另一位导师——亚当·普沃斯基研究民主转型的博弈树基本一样。

在民主转型的时候，就有上面这两个分叉，就是说，其中一根树枝代表比较强硬的一派，还有一部分代表比较温和的一派。假定右边这条线是强硬派，而温和派走了左边这条线，就变成了强硬派的反对者；但温和派中还有相对温和与相对强硬之分；在相对温和的那部分人之中，还可以进一步区分温和派和强硬派。

这真实反映了辩论各方的立场，茨温利（Zwingli）是和加尔文（Jean Calvin）同期的日内瓦宗教改革的一个领袖，他很强硬地反教会，完全彻底地信仰新教。他认为，面包和葡萄酒里面实际上完全不存在上帝的血肉，它们是一个象征性的面包和葡萄酒。而选择"Real"的人就认为，面包和葡萄酒里面确实反映的是基督的肉和血，是真实的。但是，"Real"还分成两部分，其中相对强硬的是加尔文，他认为肉和血是精神性的，换句话说，圣餐礼中的葡萄酒和面包不体现基督的身体，倒毋宁体现了基督的精神，但是精神性的也是真实的。

分叉总是在强硬派那里终止，在温和派那里继续。"Real"到加尔文这条线就终止了，而在另一边则得到延续。后者坚信葡萄酒和面包就是基督的肉体。但是，这里面又有两种可能，一种就是路德的，叫"consubstantiation"，即圣餐同体论，另一种叫"transubstantiation"，是罗马教会的，叫圣餐变体论。大家可能觉得这是一种很可笑的辩论，但在当时非常关键，产生了很多影响。

比如，路德在维滕堡开始贴《九十五条论纲》的时候，当时的反对力量很多，但有一个重要的支持者叫卡尔施塔特（Karlstadt），后来和路德决裂了。本来他们的关系是最密切的，为什么会决裂呢？就是因为关于圣餐到底代不代表耶稣的身体、葡萄酒是不是耶稣的血的辩论，路德基本认为是，而卡尔施塔特认为不是。路德在翻脸之后，就把卡尔施塔特直接和闵采尔（Thomas Münzer）等同起来。闵采尔和路德也有些关系，他不是路德直接的学生，但是他去听了路德的布道。闵采尔就是恩格斯在《德国农民战争》里主要论述的德国人民战争的领袖，但他本身也是一个修道士，在宗教改革中本来也是路德这一派的。

林达尔·罗珀（Lyndal Roper）在 2016 年写的新的人物传记《马丁·路德》，把路德和卡尔施塔特之间的分歧讲清了。路德后来说，如果卡尔施塔特五年前就告诉我，面包和酒圣餐，就是纯粹的面包和酒，根本和耶稣的身体无关，他就给我做了一个很大的服务。路德为什么这么说呢？因为如果卡尔施塔特五年前告诉路德面包和酒就是纯粹的面包和葡萄酒的话，他会给路德一个反对教皇的最有力的武器，因为这个弥撒布道是在教会弥撒的生活中发圣餐，如果这个圣餐根本不代表耶稣的身体的话，这是对教会的一个打击。但是，这个观点路德自己不好意思说，他不敢说圣餐和耶稣的身体无关，只是暗中同意。我说这个是什么意思？是要解释为什么葛兰西说，宗教改革涉及了普通的人民。因为这个圣餐是非常普遍的事情，我觉得这是其中一个例子。

这本传记里还有其他例子，比如为了接近普通人民，教会、大学里的一些知识分子，本来是识字的，但是他们装成不识字，以创造一种所谓简朴的农民形象，而这些简朴的农民根本不需要去教会，就可以直接和上帝有一种启示的关系，这也是路德新教里很重要的内容。这个后来被发现了，说教士装作普通农民，并不是真正的简朴农民。这些我觉得可以作为比较生动的例子来说明葛兰西对宗教改革的普通人民性的说法。

这本书研究了在宗教改革、启蒙运动和欧洲社会主义这三个重大的社会运动当中意识形态和社会结构的关系。它给出了一些数据，可能有助于展示宗教改革的一些大的社会背景。

一个是赎罪券和税收的关系。首先地主实际上和教会有着一个交易，以维持地主的阶级地位。教会起到了一种不是累进所得税，而是累退所得税的机制。教会把税收的收益间接地从穷苦人手里转到富人手中。教会所收的什一税，对国家而言是一个相当重要的税收。但是这个什一税给了国家后，土地贵族就从税收当中得到了减免，因为教会交了什一税，土地贵族可以少交税，或者免税。还有在西班牙，1/3 的税收来自什一税和出售赎罪券。就是说，出售赎罪券的收入不仅归教会，国家也分享了。教会和国家通过减免土地贵族的税，和地主形成一个共谋的关系。所以说虽然赎罪券这件事情是《九十五条论纲》的导火线，但它有一个很深的社会经济背景。

宗教改革席卷了欧洲。德国被认为是中心，然后到了瑞士的联邦，再然后到比利时、荷兰，接着北欧的丹麦和瑞典也接受了路德的宗教改革，并且把它制度化为一种官方形态。亨利八世以后，英国也开始进行宗教改革。后来的美国，大家普遍认为它是一个清教徒的国家，是很多加尔文教徒到了新大陆建起来的。虽然加尔文和路德是不同的派别，但他们都是宗教改革的主力，而且路德的改革更早，影响了加尔文。

2017 年刚刚出版的印第安纳大学埃里克·扎克（Eric Saak）所著的《路德和中世纪后期的宗教改革》做了一个区分，说 1517 年路德去贴《九十五条论纲》的时候，他还是教会体制内的改革者，他并没有想要推翻教会，彻底挑战教会的权威，当时他还是和教皇站在一起。我们都知道卖赎罪券的理由是给教皇修在罗马的圣彼得大教堂。但是路德在《九十五条论纲》的第 49 论里说，如果教皇知道的话，他宁愿不修这个大教堂，也不会同意下面的各级教会去卖赎罪券。显然，路德是在体制内替教皇做事，他相信教皇还是好的，只是下面各级教会腐败了，所以，在 1517 年，路德其实还没有和教会决裂。不过，在这个问题上，这方面的专家还有不少争论。

我们可以先看埃里克·扎克概括的路德的时代背景。1517 年是一个什么样的时代呢？ 1509 年，亨利八世成为英国的国王；1513 年 3 月 9 日，利奥十世，这个美第奇家族的成员加冕教皇；1515 年，弗朗索瓦一世在法国当上了国王；1519 年，查理五世成为神圣罗马帝国的皇帝，之前他是西班牙国王。

接着，在 1519 年 3 月，考蒂斯以西班牙的名义占领了墨西哥，并且摧毁了阿兹特克帝国，他已经到古巴了。所以路德是在 1520 年 6 月 15 号被威胁的，准确说是不许他发言了，被革除了教职。但是大家注意，他在 1517 年写《九十五条论纲》的时候，他并没有被禁止发言，所以这也从反面说明，1517 年路德在写《九十五条论纲》的时候确实是体制内的改革派，他并没有要推翻这个体制。但是到 1520 年，他要推翻这个体制。其中第五次拉特兰公会议的作用很重要。

这个会议开得很长，从 1512 年开到了 1517 年。在讨论这个委员会之前，我先简单说一下，在思想史和宗教史上，有个叫伊拉斯谟的人特别有名，他是来自荷兰鹿特丹的人文主义者，写过著名的《愚人颂》。伊拉斯谟与路德发生过一个争论，是关于自由意志和救赎之间的关系的。

伊拉斯谟认为，人的自由意志可以在人的获救当中或者在人克服原罪的过程当中发挥积极的作用，但路德认为是不可以的。路德有过非常有趣的论证，他认为自由意志在日常的生活当中是存在的，比如我可以选择喝水，我可以选择吃饭，在这些事情上是有自由意志的，但是他说，在选择我能不能得救这件事情上，人类没有这种自由意志。这是路德理论里最核心的一个观点，而这个观点是后来马克斯·韦伯（Max Weber）在《新教伦理与资本主义精神》里要处理的一个最难的问题。在很多人的理解中，新教伦理与资本主义的关系意味着在当前世界的工作是为了以后能够得救。但是路德说，无论你怎样努力，你得不得救是上帝事先都决定好的，这是一个预定论，实际上路德认为是不能够通过你的工作来影响你得不得救的。那么在这种情况下，韦伯怎么还说新教伦理与资本主义精神有关系呢？

我以一种非专业的比较粗浅的方式去理解，路德的观点基本上就是说，你得不得救和你自己努力不努力没有关系，而是依靠上帝的恩典。换句话说，他认为人的原罪和人的恶行是不可避免但可以克服的，上帝用恩典可以去拯救人。

这是个很抽象的神学辩论，怎么会产生这么大的政治社会经济的影响？我觉得这个方面有一本比较重要的书，昆廷·斯金纳（Quentin Skinner）在 1978 年写的《现代政治思想的基础（第二卷）》。为什么路德改革对西方宪法，特别是对人民主权的理论、对革命的理论有非常重大的影响？斯金纳首先追溯了这个所谓的教会分裂。1378 年之后存在两个分庭抗礼的教皇，一个在罗马，一个在法国。但是 1409 年之后有三个教皇，每一位都希望成为圣彼得宝座唯一合法的占有者。因为圣彼得是当时耶稣的第一批使徒，圣彼得和圣保罗都葬在罗马，所以这是教皇的基础。这让他们看出结束教会分裂的唯一途径是打倒每一位自称是教皇的人，以便举行新的选举。而同样明显的是，为了取得这个结果必须召集一次教会全体会议，并坚持该会议有资格审判教会领袖。

1414 年举行的康斯坦丁会议，正式接受了教会会议至上的主义，斯金纳专门有一章讨论这个。康斯坦丁会议宣称其权限大于教皇，并且废除了两个自称是教皇的人，说服了第三位退位，并选出了马丁五世取代他。当然这是非常重大的教会内部的宪政改革。巴黎大学的校长格尔森（Jean Gerson）系统发展了教会全体会议有高于教皇的权威的主要理论论述。他认为教会内部的制度建设，主要是选举制度，现在依然是这样。这个所谓教会全体会议在路德之前开了好多次，但总体来说，它们是不成功的，没有真正能够限制教皇的权力。所以后来就有了路德的真正突破，不是在 1517 年，而是在 1520 年，他认为教会完全是不必要的，个人可以直接和上帝进行沟通，通过信念获得上帝的恩典。

大家可以初步感受到路德和整个西方政治发展，包括政治思想，也包括政治实际运作发展的关系。后来，在 1548 年，教会反扑了，神圣罗马帝国全境发布取缔路德教会的命令。路德在 1546 年去世后，和路德关系比较密切的德国宗教改革的其他领袖立刻逃到英国。在英国，亨利八世去世以后，新教徒实际上掌握了政权，但是，到 1553 年，由于玛丽继承她兄弟的王位时发生了一些变化，她又回到天主教会。这就产生了新教徒要不要反抗，以及怎么反抗的问题。他们认为教会已经没有这个权威了，那么要怎样反抗呢？斯金纳这本书核心内容的后面一部分就讲了反抗和革命的理论，而这个理论是在新教中逐步发展起来的。

16世纪50年代，革命学说方面的另一个贡献是考虑谁可以合法地抗拒崇拜偶像或暴力的政府的问题。在路德那里，有权反抗和革命的人，范围比较小。而加尔文走得更远，认为有权反抗和革命的人其实很多。路德教派组织十分谨慎，唯有其他受神命的掌权者，尤其是下级行政长官，才能反抗国王以及其他最高行政长官。而一些加尔文主义者此时则为反抗学说增加了新的领域，因为他们论证说，至少还有其他两种掌权者可以在适当的情况下合法地拿起武器反抗统治者。这两种掌权者之一是所谓的特别的民选行政官阶层，加尔文就有些论证说，民选任命了约束国王的民选行政长官。由此可以看出，激进的加尔文主义者所发展的民众革命论注定要进入立宪主义思想的主流。往后再看一个多世纪，到17世纪，约翰·洛克（John Locke）两篇《政府论》的第二篇，用的就是和加尔文近似的论述。洛克和加尔文一样，也认为反抗任何超越其法定权限的统治者的权力，不仅掌握在下级行政长官和民众的代表中，而且也掌握在平民本人手中，在这样一种情况下，恰当的评判者应该是民众全体。从斯金纳的这本书里我们可以大致梳理到这种宪政的理论、人民的抵抗和革命的理论，以及和宗教改革的历史关系。

宗教改革的影响非常巨大，斯金纳这本书里还有一个观点很流行，他有一句名言说，如果没有马丁·路德，就没有路易十四。因为路易十四是一个绝对主义王权的代表，如果没有宗教改革摧毁了教会的权威，也就不会有绝对主义国家的出现，所以，没有马丁·路德，就没有路易十四。一般认为，宗教改革促进了绝对主义国家的成长，但是保拉·苏特·菲希特纳（Paula Sutter Fichtner）所著的《新教与近代早期德国的长子制度》（*Protestantism and Primogeniture in Early Modern Germany*）对这个观点做了一点修正，确实路德对促进所谓绝对主义国家起了很大的作用，但是也有相反的作用，思想和制度的影响关系其实很复杂。

这本书中举了一个例子，当时比德国小的王国特别多，诸如巴伐利亚、慕尼黑这些小的王国，有几十个，而英国、法国这种王国好像就少一些。对此这本书里给了一个解释是因为长子继承制的影响。如果在非长子继承制的条件下，国王有几个儿子，这几个儿子都有平分国王领地的权利，这样小的王国就会比较多。在当时的神圣罗马帝国，这个就很明显。但是在天主教比较占主导地位的地方，恰恰没有这么明显。像这样有这么多小的王国被不断地在几个儿子之间平分，对绝对主义国家的巩固实际是不利的，而这种不利的因素恰恰是宗教改革带来的。所以，作者是想说，研究路德的思想、宗教改革的影响的时候，不要片面地认为路德促进了绝对主义国家的出现，因为路德的理论比较有意思，还包括对所有儿童的平等的关注，路德是反对长子继承制的。

为什么天主教比较容易采纳长子继承制呢？因为教会觉得长子继承制可以让国王把其他的儿子，比如第二和第三个儿子放到教会中任职，也可以有一个比较好的待遇。但是新教的信仰反对教会，所以新教的国王，有很多很多的小国王，他不能把自己的第二、第三个儿子安排到教会，没有那么多地方可安排，所以这个平分的结果就很复杂。这本书里还有很多例子表明，当时德国的很多地方都经过了这样很复杂的变迁。因为平分包括很多领域，包括领地里的，比如有耕地，有草地，有林地，有种葡萄的地，怎么在几个儿子之间划分这些，是很复杂的过程。

我提到这些内容的意思是想向大家介绍一下我 2017 年以来看的一些关于宗教改革的书，发现了一些有意思的内容。最后再联系一下当前的实际，可能跟宗教改革的联系稍微有点牵强，它不牵涉当前的宗教改革，但是我觉得也可以说明宗教改革的一些概念至今还有非常大的影响力，尽管它们在表面上跟宗教没有什么关系。

2017 年 9 月初，金砖五国在厦门召开了峰会。2016 年，金砖五国银行，或者叫新发展银行在上海正式开张。这个新发展银行是罗伯托·昂格尔（Roberto Unger）在担任巴西战略事务部长的时候，和我们国家当时的国务委员戴秉国在官方的会谈中提出的，戴秉国也支持创立。2014 年，在巴西召开的金砖五国峰会首次宣布成立这个银行，2016 年在中国正式开张。2016 年峰会期间，我写了一篇文章，题目是《路德·次贷·金砖》，这篇文章被翻译为葡萄牙语在巴西发表，同时还被翻译为英文发表在《环球时报》上。

我为什么写了这样一篇文章，因为和"原罪"有关系。为什么用了这个概念？这实际上和改革国际货币体系的两种思路有关。第一种思路是要发挥特别提款权的更大作用，来逐步替代美元霸权。这是联合国在 2009 年成立的"Stiglitz 委员会"的思路，和我国周小川行长的观点类似，他们觉得这个思路可以追溯到凯恩斯在布雷顿森林体系谈判中建立真正的国际货币"Bancor"的建议。第二种思路来自我自己的概括，它不否定第一种思路的长远意义，但它认为，在近期用国际货币取代美元的霸权还不具备可行性，因为美元的"价值储藏"功能还很难被取代。在货币的三种功能中，一种是计量单位，一种是支付手段，一种是价值储藏，美元的前两种功能比较容易被替代。例如，在巴西与中国的大豆交易中，完全没有必要以美元来记账和支付。但是由于美元具有流动性和深度最强的国债市场，其价值储藏功能还是很难被取代。有一个例子比较能说明问题。2008 年，在次贷危机纵深发展之时，美元竟然发生了大幅度的升值，这对于巴西和阿根廷等发展中国家来说是不可思议的，因为这些国家的危机总是伴随着货币贬值。就是因为发生了危机，所以本国货币不可能再升值了。但是，美国却出现了美元在发生次贷危机的时候大幅度升值的现象。"美国例外"和各国投资者在经济危机时寻求价值储藏的避风港有关，美国国债市场的流动性和深度提供了这种避风港。尽管购买美国国债的收益率并不高，正如康奈尔大学国际经济学教授普拉萨德（Prasad）（他曾经担任过中国部的主任）在《美元陷阱》一书中形象比喻的那样：当前以美元为价值储藏的国际货币体系像一座沙丘，各国已经认识到其基础不稳，但仍然不得不继续维护这个体系，以免沙丘倒塌伤及自身。所以在短期之内，斯蒂格利茨（Stiglitz）和周小川的第一种思路，用真正的国际货币或者 SDR 取代美元，并不可行。第二种思路实际上就是说，要其他国家大力发展本币的国债市场，以逐步替代美元的价值储藏功能。加州伯克利大学著名国际经济学家巴里・埃森格林（Barry Eichengreen）等人用"原罪"一词，来比喻发展中国家本币长期国债市场不发达，以及无法用本币在国外市场发债的状态。比如，我们在美国用人民币发债，难度还是很大的，不过我们现在比较成功的是，在英国可以用人民币发债，所以英国说要成为人民币的海外中心，和这个有些关系。发展中国家要克服原罪是很困难的，甚至连欧盟至今也没有发展出统一的欧洲债券。金融危机以后，很多人包括索罗斯（George Soros）也提出，不是由法国的国债、德国的国债、希腊的国债，而是由整个欧盟的欧洲债券来解决问题，但并没有做到。因为例如德国和希腊，它们不能用各自非常不同的财力作为后盾来发行整个欧洲债券。但特别有趣的是，正式运行仅仅一年的金砖五国的新发展银行已经把克服"原罪"、克服本币国债市场的发行当成了重中之重。

2016 年 7 月 19 日，新发展银行首次在中国银行间债券市场发行 5 年期 30 亿元人民币的绿色债券（2017 年是中国银行间债券市场成立 20 周年）。这是一个很重要的思路。我进一步建议，金砖五国新发展银行借鉴这个"亚洲债券基金 2"的经验。这个 2 和 1 不同。1997 年亚洲金融危机之后，11 个亚洲和太平洋国家的中央银行，于 2003 年建立了"亚洲债券基金 1"，其目的是支持以美元计价的主权债和次主权债在亚洲各国债券市场的发行。2004 年 12 月，东亚及太平洋地区中央银行行长会议组织（Executive Meeting of East Asian Pacific Central Banks, EMEAP）又建立了更有意义的"亚洲债券基金 2"，其目的是以本币计价的主权债和次主权债在亚洲各国债券市场发行。"亚洲债券基金 2"是在新加坡注册的单位信托，在香港股市上市，整个债券基金由 9 个分基金构成，其中 8 个是单个成员国家基金，包括中国基金、中国香港特区基金、印度尼西亚基金、韩国基金、马来西亚基金、菲律宾基金、新加坡基金和泰国基金，而第 9 个基金是上述 8 个基金的指数基金，其目的是吸引更多的对具体债券产品了解不多的被动投资者。为什么被动投资者喜欢指数？因为被动投资者不一定很了解中国、新加坡等国家发行的本币债券的具体情况，但是如果变成一个指数，被动投资者就能够理解它。我们可以设想，金砖五国也像"亚洲债券基金2"一样，分别在各成员国建立债券基金，同时再建立五国的债券指数基金。这将使金砖五国在克服"原罪"的问题上迈出更大的一步，逐步替代美国国债市场的"价值储藏"功能，为建立一个真正多极化的国际社会作出贡献。

2017年峰会的时候，金砖五国在上海新发展银行首次公开了一个研究报告，叫《金砖五国在世界经济和国际发展中的作用》。我参加了报告的写作，并把刚才提到的建议也写进了报告。报告发表出来了，但是引起了很大的争议，直到现在金砖五国都不把这个报告放在各自的网站上，因为认为这个太激进。

这里再说明一下"原罪"的问题，它其实是一个比喻，为什么有这样的比喻？至少在当前，宗教改革的概念还是相当深入人心，但是内容本身和我说的没什么关系，和理解路德思想没什么关系。联系比较密切的是如何理解《新教伦理和资本主义精神》。这本书影响很大，包括在中国的影响，余英时等人都在研究中国是不是有和新教伦理等同的儒家商人伦理等，但是这本书并不容易理解。几年前出版了新的韦伯传记，是从德语翻译成英文的，其中有一些新的讨论。比如，韦伯讨论了富兰克林的名言——"时间就是金钱。"这句话是什么意思，有一些新的讨论。这个和当前一个很重大的政策问题相关，就是全民基本收入问题。

现在自动化、人工智能的发展使很多地方，例如硅谷，使很多国家，例如芬兰、瑞士等，都在发起全民公投，决定是不是要实施全民基本收入政策。简单来说，该政策就是无论你上不上班，都会有一份基本收入。我国以前把这个政策叫作社会分红，就像一个私人企业的股份都有分红一样，所谓的公有资产我们应该有社会分红。反对这个政策的主要论述是，全民基本收入会养懒汉。我认为韦伯的《新教伦理与资本主义精神》对我们回答这个问题至少有一个启发。其中存在着从路德到加尔文的转化。路德说，不论你怎么努力，都不会影响你会不会得救，但是到加尔文以后，情况就不一样了。韦伯就说明了在加尔文教信仰下工作的意义远远大于挣钱，因为它和你的得救有关系。换一个情境，如果我们有全民基本收入，无论你有没有工作，都有一份基本收入，那是不是人人都会不工作？如果我们承认工作还有挣钱之外的意义，那显然可以说，有了基本收入后，至少不是所有人都不工作了。所以，这方面的讨论和新教伦理的讨论是有关系的。当然，这个和我们研究宗教改革本身没有关系，但我们可以借此发挥一个哲学、政治学、经济学的结合话题。

1982 年美国阿拉斯加州建立了社会分红和基本收入模式，即每一个阿拉斯加州的居民（每年在阿拉斯加州生活 6 个月以上）在年终的时候，都会有一份基本收入，不论你有没有工作，同时取消了州个人所得税。例如，在 2000 年，每个人的基本收入是 1963 美元，一个有四口人的家庭，就能有大约 8000 美元的收入。阿拉斯加州的公有土地上发现了石油，拍卖石油的收入归于政府，而政府把石油拍卖所得用于建立阿拉斯加人民永久基金。这个永久基金不是要"吃光分光"，而是把公有土地上的石油带来的收入用于投资，投资收益的一半在当年会分给社会基本收入，但投资的本金不变。阿拉斯加认为没有必要再收个人所得税，它取消了州个人所得税，但是它没有权力取消联邦个人所得税。这两年中国媒体都在报道特朗普的税改，但是实际的讨论还不深入。阿拉斯加带来的启示是，应该把税收、国债和公有资产收益这三方面关系联合起来讨论，而不是单纯地只谈增税减税。2006 年我曾呼吁采用阿拉斯加的模式建立中国人民永久信托基金。

最后这两个例子，一个是金砖五国，一个是全民基本收入或社会分红，跟宗教改革的研究本身没有什么关系，但是可以把它们联系起来，例如可以和对韦伯新教伦理的理解，以及经济学中"原罪"有关的文献联系起来。

【主持人】谢谢崔老师的分享。这就是崔老师的风格，从路德宗教改革一直讲到税改，中间有马克斯·韦伯的理论，还有关于政党和宗教之间相似性的解释。我们还是先提一些问题，请崔老师解答。我觉得同学们可能会产生一些困惑，因为崔老师所讲的内容的确有一些跳跃性，如果没有一定的知识背景和积累，可能没法完全掌握。

【提问】您刚才提到赎罪券和现在大力发展本地市场之间的关联，我想提一个这方面的问题。在斯金纳的书的下卷中，有一组很重要的张力是：一方面，国家作为一个政治代表出现；另一方面，人民主权接续了反抗的权利，这两者之间似乎构成某种政治上的张力。那么，您认为，在我们时代，大力发展本地市场"赎罪券"的时候，是不是也会在您所提到的民族国家多极化发展过程中，出现类似的国家政治层面的矛盾和张力？谢谢。

【崔之元】这个问题相当复杂，可能中间跳跃的环节比较多，但是我认为国债市场确实非常重要。最近，不知道大家有没有注意到，所谓中国十年期国债超过 4% 这个事，我们对此的公开讨论和研究还不够。有一个人叫高坚，他是国家开发银行原副行长，最早在财政部工作，他回忆说中国国债市场发展过程中，国家开发银行起了很大作用，包括和财政部有很多"斗争"，这和我们国家能力建设有非常密切的关系。至于说国家建设和人民主权、人民的反抗权和革命权的关系，我觉得斯金纳的研究比较有启发。尽管没有给出一个简单的答案，但是他把这个历史过程，即人民的反抗权、革命权和国家能力建设的过程、整个历史演化和教会的斗争，都展现给了我们。不过，这是在西方的语境下。在中国的语境下，可能汪老师的书会有更好的讨论。

【提问】刚才您提到国际货币体系改革中对于它的交换功能和价值储藏功能的分离，您的文章里也提到了格赛尔的邮章货币，主张改变货币的本性。但是我在读了马克思《经济学手稿（1857—1858 年）》中的货币理论之后发现，马克思本人是反驳这个观点的，他认为价值储藏功能和交换功能是不能分离的。请问您怎么看这个问题？谢谢。

【崔之元】这是一个非常重要的问题。1919 年，巴伐利亚成立苏维埃共和国，但这个共和国很快就被推翻了。在共和国存续期间，财政人民委员会的负责人就是格赛尔，也就是邮章货币理论的提出者。凯恩斯认为格赛尔对未来的启发甚至有可能比马克思还大。作为一个德国移民，格赛尔原来生活在阿根廷。20 世纪 90 年代，阿根廷初步建立中央银行的时候，他的思想就发挥了比较重要的作用。1918 年德国爆发苏维埃革命后，他就赶去了慕尼黑，但后来革命被镇压下去了。这个存续很短时间的政府的大部分领袖都是艺术家，只有格赛尔一个人具有工业背景。他认为，货币的价值储藏和支付手段，没必要是统一的。当然，他的邮章货币现在听起来有点天方夜谭，但其中涉及劳资冲突问题，他在这方面受蒲鲁东（Proudhon）的影响比较大。

蒲鲁东认为在劳资集体谈判中，劳动者一方之所以比较弱势，是因为他们主要依赖于劳动，比如你要吃饭，饭不吃就会变馊，但是资方依赖于钱，钱可以放着，所以资方在谈判中很有耐心，而劳动者就必须要很快达成协议。这只是一个例子，说明应当降低资方的谈判权。蒲鲁东觉得应该想办法使劳动者也有一个能够不随时间而贬值的东西，所以蒲鲁东提出了"劳动券"。尽管劳动券是蒲鲁东提出的，但是马克思也同意。劳动券的本意是劳动也应该有一个券，但它不是一种传统意义上的金银货币。然而，格赛尔的思路有点不一样。劳动券是说，劳动者要有一个可以长期储存的东西。而格赛尔反过来说，有钱人的资金，如果不使用，也要贬值。例如，你现在有一块钱，一个月以后，你就不能再直接使用了，你必须到邮局买一个一分钱的邮票贴在这一块钱上，才能当作一块钱使用。这种做法实际上就等于给你储存的一块钱收了 1% 的税。格赛尔的意思是，有钱人通过储存货币来壮大自己的谈判力量是不行的，你有钱也必须尽快使用，促进投资也好，或者做其他事情也好，总之必须要使用。

格赛尔的邮章货币理论好像天方夜谭，但是实际上，自 2014 年 6 月以来，欧洲中央银行已经首次使用了名义负利率的概念，而在此之前我们只有实际负利率。实际负利率就是说，比如我向你借一百块钱，通货膨胀是 5%，如果名义利率是 3%，一年之后，我的实际利率是 −2%，你的实际利率也是负的，这种情况比较普遍。名义负利率就是说，我向你借一百块钱，一年以后，我还你 95 块钱。当然，如果整个经济的紧缩是 6%，那么实际利率可能还是 1%。名义负利率表明，欧洲中央银行已经预测到经济危机非常严重，通货紧缩可能也会非常严重，所以才会用负的名义利率。从欧洲银行开始实行以后，诸如瑞士、日本、匈牙利全部都采用了名义负利率。但就目前来看，这还只是中央银行和各个商业银行之间，在隔夜拆借的时候用名义负利率。瑞士银行一直在研究，在商业银行个人的储户之间是否也用名义负利率。可能大家会想不要把钱存银行了，而是放在家里床垫下，这样至少不是负利率。但是，把钱存在银行，会有一个保险或者安全的功能，可能比把钱放在床垫下要安全一点。如果是这样的话，银行的保管费也许可以作为负利率的一部分，但如果保险费太多肯定不行。从这方面来理解，格赛尔的邮章货币理论也没有那么荒唐。实际上，我们看现在的美国，虽然没有名义负利率，但从次贷危机以后，已经接近零利率很多年了。如今欧盟、日本、瑞士、瑞典、匈牙利、丹麦都已经是名义负利率。所以，从某种意义上讲，格赛尔的货币思路已经是一个现实了，只不过现在大部分中央银行是把它作为一种刺激经济的政策——反正你存了收益也是负的，那你不如拿去投资。但是，我们现在说供给侧结构性改革，也不是能仅靠负利率就能促进投资，因为促进投资需要一整套的措施。我们现在统一叫供给侧结构性改革，这已经说明这个问题相当严重。在这个问题上我们对马克思怎么看，这就是一个比较有意思的问题。

习近平主席经常说，我们要不忘初心，但是到底什么是"初心"，其实大家并没有很多人讨论。比如在马克思的构想中，社会主义是要取消商品和货币的，而这可能就会出现只要我们不说取消人民币，马克思的直接指导意义就比较有限的局面。在这种情况下，不应该特别拘泥于马克思的一些具体观点，而是去理解马克思比较敏锐地感知到的一些问题，比如恩格斯的德国农民战争，这些也都非常有意思，我们应该更多地把恩格斯和这些观点联系起来思考。

【提问】您认为两个百年是有关系的，我的想法是，这个宗教改革引发了世界范围内的世俗化潮流，而这个潮流的极端表现形式是否就是几次大革命，比如法国大革命、俄国大革命，以及我们中国的大革命？能否把这些革命的根源都追溯到宗教改革？甚至包括当今世界范围内的民主化潮流，也追溯到宗教改革？

【崔之元】我的意思是它们有明显的关系，但不是唯一性的追溯。我认为，研究意识形态和社会结构的相互作用比较重要。宗教改革、启蒙运动、欧洲社会主义都是一种意识形态，它们的出现和社会结构有关，但是都不完全受制于社会结构，它们在非常重要的意义上塑造了社会结构。所以，回想我刚才提到的例子，很多人觉得路德有助于产生集权主义和绝对主义国家，但是，路德反对长子继承制，这又不利于绝对主义国家的巩固。所以，我想思想和社会制度变化还是有非常非常复杂的过渡，不能直接追溯到宗教改革。

【提问】老师，您好！刚刚您在谈到新教伦理与资本主义精神的时候，说到美国人工作除了获得金钱外，还有另外一种内在的精神动力，您最后又谈到，中国人民永久信托基金给中国人民一种基本收入。我想问，对于中国人来说，除了获得金钱以外，还有类似于新教伦理与资本主义精神这种精神层面的东西吗？

【崔之元】我觉得这两方面没有那么直接的相关性。我说的中国人民永久信托基金，不是直接解决精神问题，我的意思是说，工作的意义，即使不是新教伦理，也不仅是挣钱，在这个意义上来说，如果人们能有一个基本收入，多数人也不会只待在家里当懒汉。新教伦理只是韦伯举的一个例子，好多文献都在研究，中国是否有等价于或者类似于新教伦理的东西，我没有能力来判断。但是，无论有没有，我觉得中国人的精神生活需求显然是很强的，人们不会因为有了基本收入，就在家里当懒汉。我觉得基本收入并不能直接解决精神层面的问题。

【提问】老师，您好！您刚才提到宗教改革有一方面的影响是促进了绝对主义国家的成长，但在我来看，在欧洲形成的绝对主义国家实际上都是民族国家的形式，也就是说，在当时，似乎还有另一个构建民族国家的民族主义运动。我的问题是，您觉得这个民族主义运动和宗教改革之间有没有某种互动关系，或者它们是平行推进的，最后走向民族国家这样一个结果？

【崔之元】这个汪老师了解得比我更多。实际上，民族主义在欧洲大约是在18、19世纪才有的，而绝对主义国家在16、17世纪就有所发展，所以存在着是国家创造民族还是民族创造国家的问题。但是，我觉得这两个过程发生在不同的历史时期，宗教改革时期的民族主义还不是我们今天理解的民族主义，这个是更晚期出现的。

【主持人】两种不同的论述。一种论述，也就是在欧洲的经典论述，是以法国大革命作为它的最重要的转折点，法国大革命的政治形态联系上了民族主义，这是它的第一步。在现在的论述中有一些变化，其中有一些论述追溯它的早期雏形，可能是类似于英国和西班牙这些被认为最早的绝对主义国家，它们也被看成是最早的民族国家。一定程度上讲，宗教改革削弱了教会权力，有助于地方权力的上升，在这一点上，两者可能有一些关系。但是关于民族主义的论述，现在的理论争论比较多，取决于你着重于哪一点，比如以法国大革命为中心，它特别强调民族跟政治文化之间的关系。这个从历史上来说当然是有联系的，并不是完全没有联系。

就同学的提问，我再说一下我的理解，后面请崔老师再做一些解释。讲座的第一个部分引用了葛兰西的理论，从葛兰西回述到恩格斯，讲到现在的政党。恩格斯专门写过基督教和共产主义运动关系的论述，其中有一个很重要的关于宗教和共产主义运动的比较。在早期，它们都能通过精神、思想去掌握群众。今天，建制性的宗教其实已经衰落了，建制性的政党在精神上掌握群众的能力似乎是很弱的。但是，我们确实也可以看到大规模的宗教复兴现象，而且这部分宗教复兴也包含了政治含义。我认为现在的民粹主义就是例子。很明显，很多地区的民粹主义背后都有着一定的宗教背景或者共同信仰的背景。在当代世界，民粹主义这个词一旦不加分析，就容易有误解。在19、20世纪，民粹主义这个词很复杂，无论是在美国还是在俄国，都是相当沉重的政治概念，但现在的民粹主义似乎完全变成了它原本的另一面。这就提出了一个问题，崔老师刚才谈到了知识分子精英的运动，他分析了人文主义运动与宗教运动，以及和现在共产主义运动的区别。这个区别放在当代舞台里观察当代世界的政治生活和精神生活，我觉得可以为我们提供一个参照。这个背后隐含着另外一个预设，也是柄谷行人曾经在清华大学专门提到的关于他对未来世界的一个构想，也是蒲鲁东提出的，最终我们除了经济政治的改革之外，也需要一个普遍宗教。

从我们现实的过程来说，我想问崔老师，你怎么看民粹主义这个现象和范畴？一个是现象，因为现在什么都被说成是民粹，可是它到底是一个现象，怎么去解释？第二，这个范畴或者概念到底怎么使用？第三个就是在当代世界怎么使用宗教这个概念？

我也许还可以再加一个问题，关于货币的问题。你前面讲货币，提到马克思的商品商品化问题，就是关于对货币去商品化和弱化商品化的问题。实际上，在我看来，社会分红和基本收入，从社会构成的意义上就是弱化了商品化，在一定程度上使得我们在日常生活的世界里，出现了相当一部分空间，不处于商品交换的直接压力之下。这是另外一个范畴，也是让我觉得确实需要在历史当中进行反思的。或者我们认为失败了，但很难界定失败，历史上失败的事情可能过了一百年又再次出现了，它也许是下一个胜利，这些都不好说。我们理解历史不要被当下的某一种东西控制。

我一直觉得人民币是货币又不是货币，现在的人民币是充足的货币，它完全是货币，因为它就存在于商品交换的关系之中。但是，在 20 世纪的 50、60、70 年代，甚至到 80 年代，人民币是货币，但又不完全是货币，因为它代表的交换关系并不是今天我们说的这个纯粹的商品关系，必需品、基本收入实际都包含在某种关系中。怎么样来衡量它？这是一个问题。现在，特别对同学们来说，一说到人民币，可能就只有一个概念，没有历史性。货币有着自己的历史，人民币也有自己的历史，人民币在每一个历史阶段所蕴含的含义都不完全一样。

再回到前面的问题。现在建制性的政党在普遍溃败。这不是个别现象，也不仅在一个国家出现，而是从几乎所有的历史来看，政党都在溃败。建制性的宗教也不处于强势，但其他的一些宗教力量确实仍然非常强有力。你可以反对它，但它的掌握力和控制力都很强。总而言之，它的这种渗透力、影响力要怎么去解释？如果按照崔老师前面的解释去理解现在政治跟宗教之间的关系，我们对这种运动或现象是不是也需要研究和学习？可能它跟我们对立，我们不喜欢它，但它的能量到底从哪儿来确实值得研究，否则我们很难理解这个现象。

【崔之元】正好今天晚上我要在中国政法大学做一个报告，关于班农（Steve Bannon）和杜金以及民粹主义的问题。实际上，杜金是普京的顾问，普京虽然没有明确任命过他，但是俄罗斯内部和外部很多人都发现杜金和普京的民粹主义国家有关。刚才汪老师说得很对，在"十二月党人"以后，很多人去了农村，包括托尔斯泰也都是民粹主义者。英国的尚塔尔·墨菲（Chantal Mouffe）和拉克洛（Pierre Ambroise François Choderlos de Laclos）专门写了一本关于民粹主义的书。班农被特朗普正式解职后，PBS 很有名的主持人查理·罗斯（Charlie Rose）对他做了一个很长的访谈，就是关于民粹主义的。访谈中比较有意思的是，班农把特朗普比作威廉·詹宁斯·布莱恩（William Jennings Bryan），美国 19 世纪末 20 世纪初的"populist"。但特朗普不知道"populism"这个词，他不断地纠正说，是叫"popularlist"。班农后来说，特朗普这么理解也未尝不可。

【主持人】媒体时代的"populism"就变成了"popularlism"。

【提问】最近有文章说特朗普是16世纪的马丁·路德。您认为两者的相关性在哪里？

【崔之元】对这个问题我没有更深入的研究，所以我不敢轻易下结论。那些很有影响的宗教人物，我觉得是需要非常严肃对待的，所以我今天的讲座中引用了葛兰西对宗教改革的评述。我引用葛兰西的那段话，最早在我写重庆的文章中用过。多年前，我在重庆挂职过一段时间，发现黄奇帆进行的经济改革很有意思。我去了后，发现重庆在搞"三进三同"，于是我思考如何在理论上进行解释。当时我想到了一个我比较关注的人叫加里·威尔斯（Garry Wills），他是研究教会的普利策奖得主，我认为他的研究提供了一些答案。我当时做了一个类比，但现在我认为那个分析是不成功的。我的类比是，当时重庆政府要做的改革，实际上相当于斯金纳书里说的反宗教改革。反宗教改革并不是不承认宗教改革中有很多合理的因素，教会还是有必要存在的，这个组织还是有存在的必要性，但是教会组织本身必须改革，比如，哪个教区的人就必须住在哪里，原来并不是这样规定的，反宗教改革以后，教会要求传教士就要住在那个地方。恩格斯也提到过，德国农民战争中的农民一方有一个20条的纲领，马丁·路德写了一个反驳这20条的纲领，但这其中有一些互动，加里·威尔斯后来又解释为什么传教士很有必要。虽然传教士有很多腐败问题，特别是对男童的性虐待很普遍，但是他对教会还是有用的。我当时思考的出发点与之相似，并非有意识地去辩护什么，但我现在感觉自己当时有一点无意识辩护的特点。我现在认为这个思路是不成功的。

【主持人】天主教会里男童被侵犯的问题其实很早就出现了，到现在也一直存在。大家读过狄德罗（Denis Diderot）讲修道院的小说吗？当年它在启蒙运动中的影响很巨大。通识教育应该要读它。启蒙运动中的一些重要著作都应该读，因为可以了解宗教在什么时候发生了重大变化，从路德宗教改革到启蒙运动。

由崔老师说到的传教士要不要住在那个地方的问题，我又想到几点。第一，恋童问题肯定和住有关系，修道院的问题也和住有关系，腐败问题也是如此。你们知道清真寺是不住人的吗？每天清真寺里的人都会离开，到早晨再回来，清真寺并不提供居住的条件。现在从宗教力量来说，很明显，伊斯兰教的力量很大，也就是说，现在它的宗教性很强，但它在形式上其实是越来越自由的。我们可以看看最新的情况，比如伊斯兰教徒一天有五次祈祷，这五次祈祷就在一个可以坐下来的小毯子上进行。这些教徒随身拿着这个毯子，甚至不一定非要去清真寺才能祈祷。

刚刚有同学说，西藏的佛教寺院是住人的，有一段时期，包括工作组也住在寺院。这不是现在的传统，当年民主改革就是这么做的。但现在的性质又有点不一样。20世纪五六十年代，藏区的民主改革是挺有意思的现象。为什么叫作民主改革？因为改革有很重要的一方面涉及寺庙和政府之间、国家之间的关系。当时，有一些僧侣组成了寺院管理委员会，其负责人往往是低级僧侣，虽然地位非常低，但是他们是被民主选举出来的，参与寺院的管理。这样一来，住持和活佛的权力在一定程度上就被大大削弱了。因此，在这个意义上，当时的宗教改革被叫作民主改革。这个参与管理和"鞍钢宪法"有点相似，崔老师说是后福特主义，其中有一定的民主性。普通僧侣，尤其是底层僧侣，可以通过寺院管理委员会直接参与寺院管理，所以他们成了管理阶层。

我刚才说到政党和宗教，事实上，这些例子都可以作为分析的一种可能性。相比之下我对伊斯兰教最不理解。我虽然过去这些年每年都去新疆，可我还是觉得，自己不能真正进入伊斯兰教。即使晚上能住下来，但没有人和你一起吃饭，没有人可以和你交谈，没有人可以和你交心。那么，伊斯兰教发展的动力是怎么产生的？交流关系是怎么构成的？是因为信仰吗？刚才有本书里讲"Community of Discourse"，我把它译为"话语的共同体"。共同体首先一定要有"discourse"。当然，不是说穆斯林没有"discourse"，但问题是，信仰传播和交流的关系在他们那里的形式是什么？同学们也许可以去研究这些问题，去思考这些让你感兴趣的问题。现在还有最后一个向崔老师提问的机会。

【提问】我们在假期做实践活动的时候，发现民间有很多地方传播基督教，民间社会基督教化现象大量存在，好像到了"野蛮生长"的状态，您对这个现象或问题怎么看？

【崔之元】我在这方面没有什么研究，但我感觉中国民间社会还是很缺乏有比较自主性的公共生活，这样的话，民间社会就很容易被其他势力占据。这说明我们的公民社会是需要发展的，公民和国家之间应该有良性的互动，而不是说公民社会的自主发展就一定会对抗国家，但国家也要认识到，公民社会的发展实际也有利于国家治理。

【主持人】感谢崔老师，今天的讲座到此结束。

创造不同的未来：
中国、巴西和国家发展的新道路*

罗伯特·昂格尔

哈佛大学法学院庞德法理学讲座教授，美国艺术与科学院院士，前巴西政府战略事务部部长

---

* 讲座时间：2017 年 10 月 25 日。翻译：黄梓朋。

　　【主持人】这篇演讲题目为《创造不同的未来：中国、巴西和国家发展的新道路》，这也使我回忆起20多年前，大概是1993年或者1994年的时候我读到的两篇文章。我是通过发表在香港刊物《二十一世纪》上的两篇文章第一次知道昂格尔教授的。那时我们正在谈论产权改革，实际上想使用辩证法律研究理论，有学者谈论到了昂格尔的理论，所以那是我第一次知道这个名字，而且或许是同一时间，我读到了另一篇文章，讲的是如何以对比的眼光从俄罗斯和俄罗斯的改革视野解读中国的改革。这是一种由叶利钦领导的俄罗斯改革模型与中国改革之间的比较。我们知道在苏联和其领导的东欧体系瓦解之后，中国和在西方其他国家的大多数中国人都对叶利钦使用的休克疗法——尤其是叶利钦关于俄国和国家转型的模型——高度赞扬。大多数的观察者都轻视了中国自从"文化大革命"以来所实现的进步与发展的重要性。所以如何评价中国的道路和中国的改革是一件要紧事。这两篇文章在中国的知识分子中激起了第一轮争论。我认为那时大多数的中国知识分子对于这些观点和比较俄罗斯的视野都是持批评态度的，这属于学术上的少数派。所以有时候学术少数派是很重要的，一直都是这样。不同的声音、新的声音、新的想法，有时候比主流思想更重要。看起来好像他们处于边缘地带，但从长期来看，历史经验和实践可以证明，也许那些少数派所持的观点在一些情况下反而更加重要。我认为20多年来关于俄罗斯与中国之间比较的观点、分析、方法论以及整个世界冷战转型的过程和结果，对于我来说都是更积极的。所以，尽管我不知道昂格尔教授初次访问中国的具体时间，但无论如何，该种理论的引入与实践介入关于中国的分析都是不争的事实。在那时全球发展的大环境下，昂格尔教授对于中国国内的讨论就已经知情了。所以他的理论、讨论和观点也已经变成了中国国内观点。这两篇文章的作者、清华大学首屈一指的政治学家崔之元教授今天也坐在这里。

　　我知道对于在座的听众来说，不需要对昂格尔教授做太多的介绍，但我还是要提一些事情。其一是昂格尔教授是哈佛大学庞德法理学的讲席教授，这是非常重要的职位。昂格尔教授还于 20 世纪 70 年代和 80 年代为批判法学研究（critical legal studies）发起了一种类似知识分子的运动，这些运动发生了非常重要的变化，并且已经成为该思想体系中至关重要的一部分，北美法学研究的整体气氛都有了某种变化。另一件事就是他不仅是一位知识分子，是一位在教室里、阅览室中耕读授学的教授，也是一位政治家和积极分子。他曾经两次被任命为巴西战略事务部部长（Minister of the Strategy Affairs），所以他直接参与了巴西政治，他也利用这一职位和不只巴西国内的很多人一起共事，他曾经来到中国，与中国的政治人物合作，所以这是一个非常重要的职位。如果你查看网站，会发现他的研究覆盖了很多领域，从不同的法学研究到哲学、社会理论、经济学，等等，甚至包括宇宙学。从崔之元教授初次引入昂格尔教授的理论到现在，已经过去了二十三四年，现在至少有七本昂格尔教授的书被翻译成了汉语。你可以在书店找到它们，购买并且阅读它们。这给了我们很好的机会去学习、研究他的理论。此时此地，让我们欢迎昂格尔教授给我们带来他的第二次讲座，他的第一次讲座昨天下午在中央党校举办。昨天晚上他接受了中国国际电视台（中央电视台的一个频道）的采访，那是一个长篇采访。也许今天我们会重新播放这段采访，大家可以从网站上观看。现在我们有请昂格尔教授开始他的演讲。

【昂格尔】我的主题是"国家发展中的下一步"，它的范围及于全世界，但我着重考虑的是巴西、中国和美国的经验。

今天下午我将围绕两个核心思想组织我的论点。第一个思想是结构改革的首要性。在今天，如果我们不重组经济、不给市场经济以新的组织形式，我们就无法实现国家的发展。在当代历史上，国家发展实践都主要是为了解决需求侧的问题：使需求侧民主化，在大规模消费中创造市场。而如今，不对经济供给侧有清晰的认识就无法实现国家的进步与发展。在需求侧方面，我们总是寄希望于重新配置资源和花钱以取得进步。但在供给侧方面，如果没有结构性创新就无法实现进步。最重要的是结构改革，即那些定义市场经济的体系的改变。市场经济不存在单一的自然或者必然的力量（single natural and necessary force）。在主流经济学理论范畴内工作的经济学家仍然相信市场就是市场，合同就是合同，资产就是资产。但是 150 年来的法律分析已经证明，市场经济并没有预定的结构和法律力量（institutional and legal force），正如 19 世纪的自由主义者和社会主义者那样。我们认识到最重要的都是结构性改革，即改变制度安排，这首先体现在经济层面，其次是政治层面。但和他们不同，我们不再愿意把未来托付给一个确定的、教条的结构蓝图，所以我们的问题是，我们必须想象并实施一种结构性改革，同时避免结构教条主义。这个问题的一个结果就是任何一套我们发展出的结构性安排都要在参考过往经验的同时改正它们，因为我们无法将自己托付于任何一套单一、确定、排他的结构蓝图，它们必须在某种程度上自我修正。

第二个思想就是在我们所处世纪的大环境下，所有关于国家发展的思考都必须以解决一种进退两难的困境为起点。我们来简单展示一下这个困境。产生于 20 世纪后半叶的古典发展经济学（Classical Development Economics）的教义在于，促进国家发展的关键要素就是把劳动力和资源从低产的部分转移到经济中高产的部分，实践中也就是从农业转移到工业。这里的工业就是传统意义上的工业化，人们称之为大规模生产，通过以半熟练劳动力和高度层级化与特定化的生产关系为基础的固定机械与生产流程，来大量地生产标准化的产品和服务。当然，古典发展经济学的教义中也有制度和教育等基础性内容，但是发展经济学对于制度和教育所言甚少。发展的制度性框架应该是一个受规制的市场经济模式，它允许传统形式上的大规模的市场经济的存在，但也为国家和计划机构保留了权威，这些机构为发展经济学家们提供了一个施展的平台。教育的重要性被口口相传，但事实是，传统的福特式大规模生产并不要求工人受到多少教育。工人只需要做到三件事：第一，服从纪律；第二，具备基本的读写和算数能力，以读懂简单的指令；第三，身体灵巧，比如手眼协调能力正常。福特制大规模生产的工厂就只需要这些东西了。于是发展的关键就落在将劳动力和资源从低产领域向高产领域的转移上了。

现在结果证明这一通往经济发展的道路基于几种原因被破坏或者堵塞了。第一种原因是，在世界劳动力划分中，它已经不再是通往最高位置的路径，因为一种新的最先进的生产形式已经出现了，即知识密集型的生产方式，其极度灵活，具有高度实验性和创新性，如今处在经济层级的顶端。第二种原因在于，最新、最先进的生产实践——知识经济——可以以更低的成本产出更好的产品和服务，从而击败传统工业化。第三种原因是，在传统工业的派生领域，不同经济体之间为了最低劳动报酬和税收展开恶性竞争，从而产生世界范围内的劳动力和税收套利。第四种原因在于，最新的知识经济出现之后，传统发展经济下不同经济部门的分工消失了，不同部门之间的区别越来越小。举例来说，先进制造业可以被理解为透明化的知识服务，在这个新的范式下，工业和服务没有明显的差别。这是困境的第一重意义：传统工业化不再是通往国家发展的可靠道路。

困境的第二重意义在于，发展的替代方案，也就是知识经济，似乎无法为发展中国家提供解决方案。世界主要经济体中的知识密集型产业只以一种孤立的先锋（insular vanguard）姿态出现，而排除了每个国家中大多数的劳动力。这些孤立的先锋出现在每一个经济领域，不只是在先进的知识密集型制造业中，也出现在知识密集型的服务业，甚至还包括精确科学农业（precision scientific agricultural）领域。但是在每一个经济领域中，先进的生产实践（advance practice of production）仍然处在边缘位置，处在技术和企业精英的控制之下。掌握知识经济的巨头公司们总能找到办法把它们手中的部分生意商品化、常规化，然后分配给分布在世界各地的其他公司。于是迟来的福特制大规模生产模式就变成了掌握在少数人手中的高度隔离化（hyper-insular）的知识经济的伙伴。

如今我们能做什么？我们需要创立一种包容性的先驱主义（inclusive

vanguardism），一种广泛分布在整个产业体系的知识经济形式，为大多数的劳动力提供接近知识经济的途径。只要知识经济继续存在，而且仍然保持着当下局限的形式，在这些孤立先锋的控制下，经济停滞和经济不平等可能会出现。在当下的美国，有一种经济会停滞的说法，生产率增速的减缓看起来很正常，这归因于当下的技术潜力相比一个世纪以前的技术创新是很低的。但事实是，在多数先进的经济领域，导致经济停顿的根本原因是知识经济局限于少数的孤立先锋之手，而为广大劳动力所无法触及。广大的工人群体和公司都没有机会接触使得劳动力更为高产的生产实践。这是经济停滞的根本原因，也是经济不平等的一个原因。经济部门的等级化、先锋行业和普通行业的结构分工，这些普通行业包括正在衰退的大规模制造业以及技术和组织落后的小企业的后盾，都构成大规模不平等的原因。传统的减缓不平等的手段，包括从大企业手下保护小企业，以及通过累进税收和重新分配的社会支出来补偿性再分配，无法有效地克服根植于经济结构分配的不平等。因此，我们需要的是知识经济的包容性和激进化形式。它现在不存在于世界上。为了实现这一目标，我们必须在定义市场经济的制度中进行彻底的创新。

发展中国家面临的问题是，通过传统工业化实现经济增长的途径似乎不再可靠，而现在最先进的生产实践的包容性形式又似乎是知识经济所不可触及的。如果它甚至在拥有最多受过教育的人口和最精细的制度能力的世界上最富裕的经济体中都不存在，那我们如何才能期望在发展中的经济条件下创造它？这就是困境。我的论点是，这种困境只能通过找到一种方法，使看似无法开展的经济先锋具有包容性的形式来实现。在此基础上，把它分成几个部分或步骤来进行，这样就可以实现。这是我的两个核心思想，现在我建议分两步来考虑。第一步是考虑全球背景下的这些问题，以及世界经济中严重的不平衡状况。第二步是大致界定中国和巴西等发展中国家进步性的政治经济要素，至少以概要的形式提出一种学说，即今天国家发展的另类形式的制度学说。

首先要考虑的是在世界经济背景下，世界大经济体之间的全球失衡问题。让我们从美国开始吧。在 20 世纪的最后几十年，美国的经济增长往往在很大程度上建立在大众消费市场的基础上，但我们也知道，在同一历史时期，在美国产生对收入和财富的急剧重新分配，不平等情况急剧增加。现在，美国人怎么能够通过回归再分配来调和大众消费？部分答案是，拥有财产的民主被虚假的信用民主所取代。通过诉诸信贷和债务，大规模消费与回归再分配相协调，部分基于住房存量的估值过高，特别是在 2007 年至 2009 年危机之前的几年中。美国在这个历史时期，除了由中央银行、美联储采取的宽松货币政策，即扩张性货币政策的经济增长战略外没有其他的经济增长策略，而中央政府无所作为。这种通过宽松货币、债务和信贷实现经济增长的方法，又通过在危机之前中美之间的经济关系所促进，美国资本和贸易逆差的对应物成了中国的贸易和资本盈余。美国人利用世界经济中的这些不平衡作为逃避美国内部结构变革任务的一种方式。美国不是开发新的生产项目，也不是在将需求侧民主化之后，继续将供给侧民主化，而是将自己的经济增长战略建立在债务、信贷、宽松货币和全球失衡之上。

现在考虑巴西。在最近的历史时期，巴西经济增长的主导战略有两个基础。第一个基础是经济在需求方面的民主化，通过增加劳动报酬和社会转移，使大众消费成为可能。其生产和出口的情况逐渐消退，这种回归反映在与中国的贸易结构中。现在需要什么？现在有必要通过扩大获得经济和教育机会和能力的机构，使供应方面的巴西经济民主化。需求方面的经济民主化与供应方面的民主化之间存在着根本的不对称。需求方面的民主化可以通过货币实现，但供给方面的民主化需要结构性变革，即制度创新。现在，巴西有两种方法可以避免或推迟供应方面的结构创新任务。第一种方式，是短暂地诉之于粗俗的凯恩斯主义。当商品价格崩溃时，政府试图通过赤字支出延长失败的经济增长战略，并以这种方式人为地延长了这种方法的生命，但逐步破坏了公共财政，加剧了随后的危机。避免结构改革任务的第二种已经被证明是更为持久的方法，就是利用世界经济中的结构性不平衡作为逃避结构变革的工具。这种逃避的主要背景是巴西和中国经济之间的关系。只要巴西能够将这些未经转化的天然产品出口到中国，并通过这种方式维持自身，它就能找到一条简单的出路，而不必承担结构改革的任务。

中国是这个三角结构的最后环节。近几个历史时期中国经济增长战略的核心已经是以福特制的大规模生产导向出口，而不是中国国内市场的深化。现在，中国国内市场的深化不是一项简单地对资源的技术转向能够实现的，它需要在各个部门之间、地区之间以及国内的阶级之间进行大量的再分配。它本质上是冲突的，没有现成的公式可以与之相符，它必须经过思考和组织，因此需要一种思想和力量的辩证法，而现在形式的国家无法容纳这种思想和力量。中国不是面对结构变革的内部任务，而是通过利用世界经济中的这些结构性失衡来逃避这一任务，一方面表现在它与出口其资本和贸易顺差的美国的关系上，另一方面表现在它与巴西和其他国家的联系中，从中获得了未经改造的自然资源商品。中国现在必须从低工资、低生产率的经济转变为高工资、高生产率的经济。它也必须在供应方面重新组织经济生活，它必须找到一种方法来做世界上没有任何国家做过的事情，即以社会包容的形式建立知识经济，传播现在整个经济领域中最先进的生产实践，而不是让它在孤立的先锋队中被隔离。

因此，我们看到，在这三个例子中，管理这些国家的精英们已经利用世界经济的不平衡作为逃避结构变革工作的一种方式。如果不再逃避，就需要对现在占主导地位的全球化转变态度。中国、巴西和其他主要发展中国家没有挑战既定的世界秩序，特别是既定的世界经济秩序，而是在贸易体制的经济秩序中，寻求取得更有利的地位。它们没有将自己定位为修正的新兴权力，以要求并实现既定秩序的修订。

考虑世界贸易体制的例子，这是该秩序的许多方面之一：世界贸易组织条约和主要区域贸易协定主导下的世界贸易体制正在根据被称为"制度极端主义"（institutional maximalism）的原则进行组织。要参与当前的世界贸易体制，一个国家不仅要抽象地认同市场经济，还必须接受市场经济的一个非常特殊的版本。这种版本的市场经济，以补贴为借口，禁止政府与企业之间所有形式的战略协调，而这正是那些富国曾用以致富的手段。这个版本的市场经济在19世纪末开发出来的可恶的知识产权制度下，将最重要的技术创新放在少数跨国企业的控制下。

为了实践其修正使命，这些新兴国家应该主张在制度极简主义（institutional minimalism）的基础上构建开放性的世界经济，也就是说，最大限度地开放，并降低对于促进国家发展所需要的制度试验的约束，特别是那些为推进我称之为"包容性先锋主义"的项目所需要的试验，以便构建一个更具包容性的知识经济。参与世界经济应该不再是逃避结构改革任务的一种方式，所有新兴大国应该共同努力，修改世界秩序的基础，特别是世界贸易的基础。共同努力的目标是实现自由，进行国家发展所需要的替代性的制度试验。

我现在继续讨论我的论点的第二部分。我刚才讲的是在世界范围内寻找替代方案，现在我想在国内背景下考虑它，并概述这些国家的进步的政治经济的轴心。现在以这种方式进行思考，我脑中出现的是巴西和中国的例子。但我不相信自己会提出一套特殊的国家解决方案，这些解决方案在每个国家都会有不同的形式，但会对整个人类产生影响。在当今世界的意识形态辩论中存在一种奇怪的情况：有时以新自由主义为名的正统观念，不论有没有通过制度上保守的社会民主予以人性化，都是一种普遍的正统观念，它是一种声称适用于世界上所有国家的正统观念。但是异端观点是地方性的，进步主义的一般立场是通过将普遍正统的要素与每个国家背景下的特殊适应性结合起来，来发展这些国家性的异端观点。事实是，正如19世纪的自由主义和社会主义一样，普遍的正统观念只能通过普遍的异端来成功地对抗。因此，正是出于普遍化异端的精神，我对替代性的政治经济学的主要思路作出评论。

现在，让我区分这样一个替代方案的三个轴，一个既能在每个国家采取不同的形式，又能够维持普遍化，而不仅仅是一个地方性的异端理论。第一个轴是经济，它又有三个主要元素。第一个要素是组织我所谓的"包容性先锋主义"，找到一种方式，以包容性而非孤立的形式，来促进知识经济和后福特式的知识密集型生产。要做到这一点，我们必须在市场经济的制度和法律架构上进行创新，我们可以将这种创新想象分成几步。第一步任务是将信贷、技术、先进实践和知识扩展到更广泛的中小型企业，协调这一过程，以确定哪些有效，并在整个经济领域传播成功的试验。第二步，我们将明确在两个方面开始改变市场经济的法律结构：政府与企业之间的关系，以及企业之间的关系。关于政府与企业之间的关系，现在世界上有两种主要的政府—商业交易模式。美国政府对企业实行的公平规范的模式，以及东北亚的由国家官僚机构自上而下强加的统一贸易和产业政策制定模式。我们可以想象第三种方案，即政府和企业之间的战略协调形式，它是分散的、多元的、参与性的和实验主义的，其目标是在经济领域更广泛地传播最先进的生产实践，并且企业，尤其是中小型创新企业之间的关系，以发展合作竞争的做法，使这些企业能够在相互竞争的同时合作，集中资源，并通过汇集它们实现规模经济。然后，我们将进入第三个更激进的制度演变阶段，在这个阶段，我们将开始接近生产资源和机会、财产和合同制度的基本方式多样化。为什么市场经济必须固定在单一的版本上？经济权力下放可以以非常不同的方式组织，每种方式都有不同的目的，在不同的背景下最有效。在激进的实验主义和民主化的市场经济中，不同的财产和契约制度，即组织经济权力下放的不同方式应该能够通过试验共存。这是随着时间的推移我们希望实现知识经济的传播和激进形式的唯一途径。

第二个要素与资本和劳动力之间的关系有关。在廉价、无组织和无条件的工作基础上推广这种经济替代方案是不可能的。激进创新需要劳动力的回报向上倾斜。现在，只要福特制大众生产是主要的生产形式，工人就可以在大公司的支持下集结成大型生产单位，这是劳工组织和保护的经典形态。但要记住，这种组织劳动的方式只是在一个相对短暂的历史时期内，即从 19 世纪中叶到 20 世纪中叶方兴未艾。在几个世纪之前，工作是在分散的合同安排的基础上组织起来的，就像马克思在《资本论》前几章所描述的包出制（putting-out system）一样。现在，我们在世界上建立了一个新的包出制，在全球范围内再次在分散的合同安排的基础上组织劳动，由此导致很多人就业得不到保障。那些倡导替代性发展方案的进步主义认识，认为必须有一个项目，改变劳动与资本的关系，并从不稳定的就业和极度不安全的经济环境中拯救这些工人。

我将举例说明可以表征这种替代方案的两项原则。第一项原则是一种滑动规模，应该组织和代表不稳定的工人，并且在某种程度上，如果他们没有组织和代表，就必须有直接的法律保护。他们组织和代表的越多，对直接法律保护的需求就越少。反之，组织和代表的越少，对直接法律保护的需求就越大。第二种原则是定义法律保护的内容。法律保护的第一条规则是劳动力的价格中立，以临时或分包或不稳定形式提供的劳动力必须与稳定就业下的类似劳动力获得相同的报酬。灵活性不能成为工作待遇降级的借口，所有这些都需要一套新的法律思想来干预资本与劳动之间的关系。

现在我们来看这个经济方案的第三个要素，即金融与实体经济的关系。金融可以是一个好的仆人，但它总是一个坏主人。在目前的市场经济形式下，在世界所有主要经济体中，金融的作用都是一个谜。我们知道，绝大多数情况下，生产是根据私营企业的保留和再投资收益自筹资金的。绝大部分生产资金都是在生产系统内部产生的。那么银行和股票市场所有这些资金的意义是什么？从理论上讲，它为社会性的生产提供资金。事实上，私人流动资本的巨大优势与生产活动只有一种间接的或偶然的关系。在经济繁荣时期，金融与生产无关，在经济不景气时变成具有破坏性、不稳定性的危机之源，会破坏实体经济活动。降低财务危险的唯一方法是使其更有用。这意味着通过具有消极和积极形式的创新，将其用于实体经济的生产中。消极形式是阻止或禁止与产出扩大或提高生产率没有正面关系的各种金融活动。积极的形式是开发新的方式来挖掘金融的生产潜力。例如，通过政府举措，模拟完成在目前的市场经济安排下占总金融活动的一小部分的私人风险资本的未竟之业。

现在，我概述了这种替代方案的经济部分的内容：包容性先锋主义、知识经济的传播和激进形式、劳资关系的重组，以及金融与实体经济关系的重塑。这个经济计划必须由另外两个大项目维持，其中一个项目涉及教育，另一个项目涉及民主和政治。广泛的、激进的知识经济需要一种不同于现在世界普遍存在的教育。它必须首先是一种优先考虑分析和综合能力、想象力，而不是被动信息和记忆的教育。其次，因为这些能力没法无中生有地获得，所以它必须更倾向于选择性地深化，而不是如百科全书般广泛覆盖而又肤浅。再次，必须在学生和教师的合作教学和学习的基础上进行组织。最后，也是最重要的，它与所接收的知识体系的关系必须是辩证的。每个科目必须至少用两种对比的观点来教两次。这是解放思想的唯一方法。这种教育模式适用于技术教育，就像它适用于普通教育一样，它需要一种技术教育形式，侧重于通用的高阶实践和概念能力，比如使用数控机床所需的能力，而不是针对特定工作和机器的技能，或者传统的固定职业和贸易。

第三个大项目是一个关于政治和民主的项目。这些替代方案只有在能够掌握既定社会结构的政治生活背景下才能发展和繁荣。认识论是民主政治的根本基础。我们需要掌握结构并改变结构，否则结构就成了我们的命运。但是，我们不能信任任何神奇的公式或蓝图。我们必须能够实验，并随着时间的推移组织我们的实验。我们必须建立能够自我纠正的制度，能够根据经验自我调整。当今世界上存在的所有民主国家都是软弱的民主国家，它们是无法面对社会结构的民主国家，除非是在类似经济崩溃或军事冲突等危机情况下。它们的改变取决于危机，因此它们使"苟延残喘（living by the day）"的规则永久化。

我们需要高能民主（high energy democracies）。高能民主具有以下四个属性。首先，它组织了一种永久的多元化力量、一种相互紧张的力量。它将冲突理解为社会联盟而非社会解体的机制。其次，它通过可预期的选举、综合性的项目机制和常设方案，形成强有力的中央干预机制，从而能够快速解决问题。第三，它将强有力的中央干预与使国家的特定地区脱离一般的国家解决方案的社会能力相结合，从而为不同的模式预留空间。强有力的中央干预与激进的权力下放之间没有矛盾，这两者可以同时加深。第四，它需要有组织地收紧政治生活中的民众参与程度，即高温政治（high-temperature politics）。高能民主的特殊制度形式将根据其环境和历史在每个社会中有所不同。但是，这种民主使命的观念使我们走向了与今天存在的弱民主国家不同的方向。

现在我问一个问题，在我们的国家，是否存在真正的社会基础和选民，以实现我刚刚概述的那样的替代方案？我认为有。该替代基础可以用三种部分等同的形式描述。第一种形式与大多数这些社会的工人阶级的愿望和利益有关。他们想要什么？他们想要一点繁荣和独立。他们默认的基本态度属于小资产阶级，而不是无产阶级。在没有其他选择的情况下，他们的理想是传统的孤立家族企业或小型企业。在现代欧洲历史上，左翼人士将小资产阶级当作敌人，然后成为右翼运动的社会支柱。现在世界上的小资产阶级比无产阶级更多，如果我们主观地而不是客观地定义小资产阶级，那么他们就是人类的绝大多数。因此，我们的任务是以自己的方式满足他们这一愿望，并为其提供一系列制度选择，使其能够以更具成功前景的形式表达其愿望，而不是局限于落后的孤立小型家族企业。这种自助和主动的文化、寻求适度的繁荣和独立，是我所描述的替代方案的真正基础的一部分。但是，我们不应该以对小型家族企业的承诺的形式对其进行嘲笑或削弱，而应该帮助他们在更大范围的制度变迁中表达自己。

描述这种替代方案的真实社会基础的第二种方式，是说它指向一个反对所有寻租者利益的劳动者和生产者的多数者联盟。它不仅仅是作为一群待选的客户或者受益人，而且是作为一群能够重塑他们环境的创新者的代理人，来接近大多数人。描述替代方案的真实社会基础的第三种方式，是说它超越了国家生活的中心，能够到达地区，以及这些大国的不同区域。它将国家战略转化为一系列部分相同的区域战略，即大巴西（the profound Brazil）、大中华（the profound China）等。它们需要像我刚才描述的那样的替代方案。它吸引着大巴西、大中华来抵制宗主国精英及其精神殖民主义文化。现在推动像我这样概述的替代方案的理想是什么？它从根本上说不是平等的理想。进步主义的历史目标始终是神圣化人性，而不是使社会人性化。他们努力反对不平等，因为不平等是一种贬低的机制，他们想要的是共同的伟大，将人的生命、普通男女的生活提升到更高的强度、范围和能力。这些社会最重要的属性，所有前景的源泉在于它们的活力（vitality）。每个国家都是人类能源的储藏库，而这些国家的悲剧在于，由于缺乏工具和机会，这种能源的优势被浪费了。那些有活力的人最终卑微地生活。活力需要一个盟友，活力的盟友是想象力，尤其是制度想象力。想象力，用它来实现救赎！

【主持人】下面我们有请崔之元教授对昂格尔教授的讲座做一简要概述，并进行评论。

【崔之元】昂格尔教授一开始讲了他主要的哲学思想，就是关于对社会结构的看法。他认为他的思想是和19世纪的自由主义、社会主义有关联的，有一致的地方，也有不一致的地方。一致之处就是他承认社会结构的重要性，而不是像现在比较流行的社会民主主义者那样，后者基本上用再分配的办法解决问题，但不触及社会结构。但是这个结构，他并不认为有一种内在必然的发展规律，它不是按照一个预先制定的蓝图实现的。昂格尔教授接着讲了结构改革。他认为不能仅仅从需求侧进行改革，而是必须考虑到供给侧。

接下来昂格尔教授讲了关于当前发展中国家的一个重大悖论，即如何应对"二战"之后发展经济学关于工业化过程和劳动从低向高转化的过程问题。这一进程是建立在传统的工业化，即福特主义的大批量生产基础上的。发展中国家引进的并不是当前最先进的生产组织方式，因而始终会受到发达国家知识经济的制约，因为一直都是很低端的生产。同时，其他的发展中国家，比如说中国和印度，这些发展中国家会存在恶性竞争。

所以说这就像是一个悖论，因为发展中国家既要从农业国家转化，但是又不能转化成传统的福特主义的大工业，即使转化成功了，依然会面临发达国家顶层的制约和发展中国家之间恶性的竞争。同时发达国家本身也有大问题，它的所谓后福特主义的先进的知识经济方式本身是一个孤岛，没有把它传播到社会、生活等广泛的领域。怎么克服这个困境？昂格尔教授认为需要建立起包容性的先锋主义。然后他讲了美国、中国和巴西实际上都没有充分地实现供给侧结构改革，因为供给侧结构改革就是建立包容性的先锋主义。他说美国、中国和巴西都选择逃避供给侧结构改革。美国的消费是很普遍的，并且是大规模的，而且普通人也都是高消费的，但同时又和一种累退税制（很不公平的）结合，那怎么会变成这样？因为美国从原来每个人都有点财产的社会，变成了一种大量依赖消费者和消费者信赖的社会，这催生出大量借贷，因此美国实际上没有国家经济发展的战略。它的很多方面都是靠快钱，比如我们现在说的这种量化宽松政策，导致美国的货币非常充裕，这实际上等于逃避了应该进行的供给侧结构性改革。

巴西也是回避了供给侧结构性改革，因为巴西主要是在需求侧方面进行经济的民主化。他并没有认为不好，但是他认为非常不够，因为需求民主化用钱就可以实现，而供给侧民主化却就要进行制度创新、制度改革。巴西出口的初级产品，比如说石油和大豆，在出口条件比较好的时候，竟然导致了巴西的不成熟的工业化（pre-material deindustrialization）。中国也存在相似的问题，就是以晚期福特主义为主要生产形式，以大量出口为导向。中国其实几年前也提出了要发展内需，实际上是需要一个供给性结构改革，这个很难，是需要思想和社会力量以及很多东西的辩证结合。他觉得中国做得还不够，所以也是实际上逃避了供给侧结构性的改革，而且是利用了中国在国际贸易中的优势地位。所以他认为中国、巴西作为现在发展中的大国本来应该挑战当前的国际秩序，但是中国和巴西，还有很多其他的发展中大国，都简单地希望在当前的国际秩序中获得一个比较有利的位置。

为了反对主流思想，他认为应该提出一种具有普遍性的"异端"思想。所以他提出经济、教育、民主政治这三个方面。经济有三个方面：第一个是包容性，刚刚讲到的包容性的先锋主义，他进一步展开说了；第二个就是劳资关系的创新；第三个是金融对实体经济的服务。因此他讲的经济方面不仅是生产关系，而且是一种新的社会关系。而怎么能推广得更广阔，需要三个原则：第一个是更扩散，就是让中小企业更容易获得技术和资源；第二个是政府和企业，以及企业和企业之间的新型关系，包括企业之间的竞争和合作的关系；第三个是在财产和合同方面有创新。

和经济相对应的是教育方面，他强调的是要把人的分析和综合能力提高，而不只是死记硬背。同时如果你让一个人能够不是一辈子只干一个工作，在这个后福特主义中，他如果中途换工作的话，他需要有些基本的保障，这里也包括最低限的既定收入。无论你有没有工作，在所谓全民基本收入的情况下，你有工作，你也有基本收入，那么有了这个基本保障，人就更容易在中年的时候也可以换工作。他也希望有一种课程可以培养学生的创新能力，任何一门课的内容都要用相反的理论观点来讲授，至少上两次，从相反的一面来教同一门课。

他的最终关注点是民主政治，他认为现在西方主要国家的民主都是所谓的"weak democracy"，或者他把它叫作低能量的民主，这些低能量的民主不足以挑战现在的基本结构，所以他希望有一种高能量的民主，比如说美国现在，它是没有全民公决的，美国全国范围内都没有全民公决，它的加利福尼亚州可以有全民公决，但是美国国会在辩论医疗保险达到了一个僵局之后，它就没有办法继续下去，因为它没有一个全国范围的全民公投的机制。但是这也只是一个原则，各个国家的情况都不一样，具体的国家如何建立起具体的高能民主需要实际地探讨一下。

最后他指出，他所说的经济、教育、政治民主等这些方面的结构性改革的社会基础，至少可以从三个方面来看，这三个方面是等价的。绝大多数的工人阶级，期待和利益实际上是小资产阶级似的，因为他们需要独立，需要小康（modest prosperity），这是小资产阶级的理想。在西方的历史上，这往往和一个家庭的生意连在一起。但是新时代，小资产阶级已经是人类的主体，工人的心态也像小资产阶级的心态，是人类的绝大多数。但是不应该回到19世纪更早的那种资产阶级中去，而是要在新的条件下有新的理念和人生追求。

另外一个社会基础，就是对社会有益的生产者之间的一种联盟，他认为和小资产阶级是一种等价的表达。另外他说，作为一个大国，应该有相应的自主性、创新性。他认为这些都是支持他的创新性、教育性变革的力量。最后，他问所有的这种最大的目的和激励是什么，他认为重要的还不是平等，而是共享的伟大。他最喜欢用的比喻是，一个人一生只死一次。他认为我们目前的制度使人变得很渺小，像梦游一样，所以没死就跟死差不多了。使人成为一个伟大的人重要的是，我们要努力只死一次。但是这是一种共享的伟大，这是最核心的。他认为如果没有制度变革的话，中国和巴西这样的大国很强的生命力都被浪费了。"生命力"的朋友是"想象力"，对社会变革和个人变革的想象。他就介绍了这些。

我的总结到此为止，另外我需要做一个简短的评论。昨晚10点昂格尔教授接受中国中央电视台采访时，主持人询问他对中国共产党第十九次全国代表大会的看法，我和昂格尔教授开玩笑说，实际上你的理论可能会为习近平新时代中国特色社会主义思想提供一些支持。习近平主席过去五年提出供给侧结构改革的主要观点，但他没有给出更具体的内容，供给侧结构改革到底意味着什么？许多中国人将习近平主席的"供给侧结构改革"解释为里根经济学，所以没有制度的内容。但供给侧结构改革实际上是过去五年中国共产党和习近平的主要口号。而且昂格尔教授对包容性先锋主义的看法也与习近平的共同富裕非常吻合。教授还提到，当他被任命为巴西战略事务部部长时，他带领巴西政府的代表团与中国的国务院正式会晤。在那次会晤期间，昂格尔教授实际上首先提出了建立金砖国家的新开发银行。我希望他的想法能在不久的将来对中国的政策制定产生更有力的影响，谢谢！

【主持人】谢谢你的总结和非常有趣的评论。现在所有人都可以发言。

【提问】谢谢昂格尔教授，我有两个问题。第一个是关于供应方市场而非需求方的市场民主化。我认为在这个游戏中，赢的不是中小规模的商业人士，而是设置平台的大公司。中国最突出的例子是阿里巴巴，我认为，当政府关注供应方面时，像阿里巴巴这样的大公司只会刺激小规模商业人士的需求。所以我认为供需没有真正的区别，因为阿里巴巴不是一个小规模的商业公司。

【昂格尔】因此，世界目前形式的知识经济主要是由大企业而不是众多的中小企业来确定的。而这些大型企业已经从先进的生产实践中获得了不成比例的好处，并且它们已经将先进实践限制在这些狭隘的先锋队中。在您选择的特定示例中，这的确属实，因为它（阿里巴巴）是一家同时处理需求方和供应方的电子商务公司，但这是供需之间的表面联系。我将以不同的方式提出这个问题：经济不稳定和危机的根本原因是经济供给方面的突破与需求方面的突破之间没有自动趋同。供应无法创造自己的需求。凯恩斯处理了供求失衡的特殊情况。但问题比凯恩斯经济学所代表的问题更为普遍。问题是经济增长需要在需求方和供应方连续取得突破。但是，任何一方的突破并不能自动保证另一方的突破，这是经济不稳定的根本原因。

经济不稳定的第二个原因是金融与实体经济之间的这种混乱关系。现在知识经济在其包容性形式中如此有趣的原因之一，是它有希望在经济的需求方和供应方两方面都运作。在整个经济生活中，广泛传播的知识经济形式代表了供给方面的突破，但它也代表了需求方面的突破，因为它聘用了从事最先进的生产实践的劳动力，并自动要求提高其能力水平和对这种先进生产形式有效的参与度。因此，供给方和需求方随后汇合，不是像传统经济思想所假设的那样，而是仅在最后，在这种最激进和广泛的经济创新形式中。

【提问】第二个问题是关于地方政府的角色。在中国，政府对农民进行直接的补贴，这被视为地方政府公共服务的能力。在这种情形下，如何才能激发您在讲巴西的问题时所提到的活力呢？

【昂格尔】这种有条件的现金转移项目，我们称之为再分配社会支出。我理解你的问题是关于这些程序与我讨论过的这些结构化替代方案的关系。现在，这是一个非常复杂的问题，因为社会支出可以通过两种不同的方式来理解，这取决于具体情况，并取决于它所属的项目，一种是保守的方式，即传统的社会民主。这产生于20世纪中叶的西方发达国家，是最后一次重大的制度和意识形态妥协，我们可以把它理解为一种讨价还价。但是，威胁要重组生产和权力的力量放弃了这一挑战，并且作为交换条件，国家被允许获得更多的调节经济的权力，通过累进税收和社会支出的补偿性再分配来减少不平等，以及通过财政和货币政策反周期地管理经济，所以放弃了改变结构的任何可能性。欧洲传统社会民主的伟大历史成就是实现对人民及其能力的高水平投资，但传统社会民主的局限在于它放弃了经济组织中的供给侧结构创新议程，以及国家的组织。

现在，我们发现，如果没有结构性创新，就不能解决当代社会的根本问题，这意味着我们必须重新开放社会民主党派所妥协的条款。因此，从某种意义上说，所有这些转移计划都代表了我们必须超越的过去的一部分，这是当代政治中进步人士的典型态势。进步人士在当今世界通常会提出什么建议呢？他们的建议是将保守派对手的计划人性化，所以他们以这种身份出现在历史舞台上，他们没有自己的方案。他们的方案只是缓和保守派对手的计划。所以在这个意义上，所有这些方案，比如你提到的方案都不够，与结构改变的努力不同，它们是人性化努力的一部分。但是它们也可以指出一个完全不同的方向，你可能会说，在我所描述的所有这些结构创新计划中，其中一个要求是个人被保护在一个拥有至关重要的利益和能力受到保护的避风港中。人们必须拥有一套普遍适用的社会权利，这些权利是可移动的，不依赖于任何特定的工作，因此他们可以毫不畏惧，以便他们能够在创新和冲突中茁壮成长并采取行动。因此，如果我们有这样的计划，这并不意味着我们放弃了获得这些权利或这些转移的企图，但它们具有完全不同的意义。它们不仅仅是人性化措施的一部分，它们成为这种变革努力的条件。

【提问】非常感谢您的介绍。我认为这对发展中国家的新兴经济体尤为重要。我想问的是，多年来，从苏联到美国，现在是中国，我们是不是对苏联和中国这些地区给予了太多关注，或许我们应该去其他地方寻找替代方案，因为我们不能指望中国永远崛起，或者类似的东西。如果我们关注这些地区，然后出现崩溃，那么我们什么都得不到。这基本上就是西方现在正在发生的事情。第二个问题是，您提出了替代方案，并指出如果试图这样做，就可能面对新的挑战，其中一个挑战可能是超级大国试图控制大量资本和其他资本，并且还将面临来自那些不会真正理解你想要什么的更低阶层的挑战。那么在这二者之中，你如何制定战略？非常感谢！

【昂格尔】就你的第一点而言，世界上没有一个国家，没有我们可以看到并说，这就是未来的潮流的国家。因此，我今天下午集中讨论了知识经济孤岛形式的问题，我说当今世界上没有任何一个国家能够提供包容性的知识经济形式的例子，所以我们寻遍世界各地，并没有一个国家代表着未来的潮流，我们将遵循它。我们必须在没有现成模型的情况下创建替代方案。

这个问题我明天也会在一个话题中谈到，发展中国家的知识精英，都是在精神殖民主义的文化传统中工作，他们仅仅代表了富国建立的思想潮流，却没有独立的思想。在巴西，这些发展中国家的知识分子分为两个主要派系。一个派系是僵化的马克思主义，他们把马克思主义减半，丢掉了其中指向创造性转化的好的部分，但保留了历史宿命论的坏的部分。这是一半知识分子的状况。另一半知识分子模仿美式社会科学，特别是合理化既定制度的经济学。这两个派别假装是彼此的敌人，僵化的马克思主义者和二手的美国社会科学。但事实上，他们是盟友，他们是解除变革意志和变革想象力的盟友，所以富裕国家大部分都自满，认为不需要找到结构性替代品。在没有其他选择的独裁统治下，世界其他国家都处在沸腾、寻找和焦躁不安的状态中。但这些想法在哪里？因为这些思想是由这些在精神殖民主义的枷锁下屈服的知识分子精英所控制的，并且在这两个派系之间存在分歧，所以如果有经验刺激来寻找替代方案，这些思想就不存在了。在那些有着这种复杂的学术文化的富裕国家，就会出现虚脱。

这就是我们世界的情况，我们必须攻击它！攻击不能简单地处于哲学层面，攻击必须在每个领域：在法律、经济学、各种形式的社会科学中系统地展开。当下社会科学和僵化的马克思主义的主导精神是右翼黑格尔主义，存在的就是合理的。必须攻击这种主导精神，这是所有启蒙的基础。启蒙的基础是去理解对现实的洞察和对可能的替代的想象力之间的关系。在这种学术环境下，我们没有洞察力，我们有的只是神话。理解现象是为了抓住它可能成为什么，一种将事物理性化的社会思想就是纯粹的神话。

这就是第一个问题。对于第二个问题，我声称这些替代方案已经有了真正的社会基础，我用三种替代形式描述了这个基础。我相信真正的选民行动的主题已经存在于历史环境中，我们没有的是将这个真实的主体的愿望和利益转化为一个方案，一个权力和观念的方案，这就是我们的工作。

【提问】我是公共政策和管理学院的博士生。首先感谢教授的演讲，您的许多内容我都同意。但我想从一个轻微的批评开始，就是您刚才提到的，实施包容式先锋主义的社会基础。您提到积极地引导工人阶级的小资产阶级愿望，您提到打造反抗寻租者的工人和生产者的联盟，您提到将国家战略转化为区域战略，可是我在欧洲看到的正好与这三点完全相反。正如我们刚刚在加泰罗尼亚或苏格兰和英国"脱欧"的公民投票中所看到的那样，我们看到的是分离主义，而不是工人和生产者的多数联盟，我们看到的是越来越多的民族主义经济，所以人们不是围绕社会问题，而是围绕身份、文化中的身份聚集在一起。在我看来，这些很容易被大公司、大资本和 IT 公司利用，我认为到目前为止这一点并未受到挑战。我想问是否有以某种方式扭转这种趋势的实用建议？

【昂格尔】首先我要说的是，当然它确实让我感到担忧。但让我们以欧洲为例，作为欧洲霸权项目的传统社会民主制并没有对当今欧洲社会的任何基本问题作出回应，它对经济的等级划分没有回应，对劳资关系问题没有回应，对欧洲不稳定劳动力的发展、对金融与实体经济等关系都没有回应。

因此，传统的社会民主在欧洲社会的结构性问题上是无能为力的，它不仅在经济上无能为力，在政治上也无能为力。20 世纪欧洲生活的基本节奏是那样的，只在发生战争时会产生变化，然后在和平时，欧洲人会重新入睡，在消费中淹没他们的悲伤。因此，他们必须组织一种政治生活形式，在这种形式中，变革不再依赖于危机。现在他们已经做了相反的事情，如果你采取欧盟的组织原则，那就是越来越有能力塑造经济组织的基本形式，在布鲁塞尔这里体现在法律层面，在柏林这里体现在事实层面。定义教育和社会设施以及公民禀赋的权力已经下放给地方当局。

本来不应该如此。人们应该这样想，联盟的使命是保证所有公民的基本能力和禀赋，但是为了给予他们尽可能广泛的实验空间，我们必须直接逆转联盟的组织逻辑。现在社会存在一种真空，在这种真空中右翼民粹主义和民族主义兴起，它们兴起是因为传统社会民主主义的失败。但它是脆弱的，因为它没有方案，它的经济方案是什么呢？右翼民粹主义的经济方案与社会民主党的经济方案非常相似。这只不过是在为正在衰落的大规模生产工业进行辩护，却没有提供像我描述的包容性形式的知识经济项目那样的方案。

那么，他们的政治方案是什么，他们是否有宪法方案？不，他们没有，他们唯一的宪法方案是加强行政权力。对于国家，他们有什么方案？民族现在不过是一个部落的碎片，是对于民族认同特征的一个幻想，它不是通过相互参与实际建立社会凝聚力的一系列实践的创造。因此，在传统社会民主主义失败的真空中崛起的右翼民粹主义是脆弱的。它很脆弱，因为它没有方案，这对于开发像我提倡的替代方案来说是一个巨大的机会。

【提问】我想对您刚刚说的话发表一点评论，我完全同意您的观点，即右翼民粹主义没有方案，即使有，那也是个失败的方案。问题是，它现在吸引这么多人的原因之一就是他们所说的方式，在某种意义上说比其他方式更诚实。您提到的替代方案需要国际协调，这也是您的主要观点之一，如果没有国际协调，替代方案将失败，因为它试图解决的问题的根源也是基于全球失衡的状态。人们想要在不同的全球化视野中提出建议，他们现在无法提前做出，因为所需要的全球合作并不存在。

【昂格尔】我不同意你的观点，世界秩序的变化是这种重新定向的先行条件。因此，我主张的是，这些国家在全球经济中都在利用这些不平衡作为逃避结构变革工作的一种方式，但参与世界经济并不一定是逃避结构变革的方式。所以有一个序列，序列不是以世界秩序的变化开始的，它始于强大的国家计划。在演变的某些阶段，这些强有力的国家计划将会受到目前国际分工所施加的限制，正如我所提出的世界贸易制度的例子，然后各国必须承受来自改变世界秩序的压力，但世界秩序的变化不是第一步，它是第二步。在我看来，转型过程始于强大的国家计划的形成，为了开始，他们不需要将世界秩序的这种变化作为先决条件。这一点涉及解释所有这些想法的一个非常重要的问题。我不是在描述一个系统，它不是一个选择它或者抛弃它的一揽子计划，它是一个方向，而且在程序化论证中最重要的是首先定义方向，其次是选择向该方向移动的初始坐标点。

【提问】谢谢教授，我认为您是当今世界上一位非常强大的雄心勃勃的思想家。今天我们真的需要重新诠释人类的整个思想史，创造新的思想和想象力，超越当前的世界政治经济秩序，因为在过去的 40 年里，西方的主导政治哲学一直是经济学家的政治哲学，芝加哥大学，哈耶克和弗里德曼的"芝加哥男孩"，这些经济思想家与中国的邓小平、英国的玛格丽特·撒切尔和美国的里根等政治家一致，他们创造了全球新的自由主义和霸权。自由化、激进的私有化和市场化使我们的整个世界生活在新自由主义思想的独裁统治下。那么，今天我们怎样才能超越新的自由主义独裁统治，并拥有真正的批判性思想呢？谢谢！

【昂格尔】那是我论证的对象，有另一种替代方案。我认为陈述像我今天提出的论点一直存在一个问题，因此，我专注于一种替代形式，它与现存体制既不是非常接近又不是很远，它是一个中间层面，因为这对于解释这些想法最有用。但是在实际政治和政治说服的语言中，我们不能这样做，因为中间层似乎总是离现存太远而不现实，不足以引起热情，所以这就是为什么在实际政治中，人们在政治说服的语言中，避免中间水平，而是将接近的，或者实际的，和非常遥远的结合在一起。政治语言需要既实际又有预见性，而我刚才描述的那种程序式的论证方式是学院的和概念性的，其目标是绘制替代轨迹。北大西洋国家的统治精英的主要计划是在一个既定的几乎无法调整的制度安排框架之内，将欧洲式的社会保护与美国式的经济灵活性相协调。因此，他们的态度与传统社会民主的态度相同：避免结构性变革。

因此，人们认为所有大的替代方案都被 20 世纪历史的灾难所抹黑，现在剩下的就是将社会保护与经济灵活性相协调，进行适度和边际的制度调整，这就是大西洋两岸统治精英的心态。而我是反对这一论点的，我呼吁世界其他国家推翻在北大西洋地区盛行的这种观念的精神暴政，并重新考虑 20 世纪中期社会—民主的妥协条款，一个更广泛的结构变革议程。由于马克思主义等学说的影响，我们很难理解该议程的性质。像马克思主义一样，古典欧洲社会理论的前提是存在着制度，有这些预定的制度，如资本主义和社会主义，因此所有政治都必须包含两种形式中的一种，要么是通过改革管理制度，要么是通过革命式的替代，实现一种制度对另一种制度的完全替代。但历史上结构变化并不是这样发生的，没有这样的系统，没有不可分割的系统，没有封闭的政权菜单等待在历史中实现。历史上真正的结构性变化是零散的，但如果它坚持某个方向，它的结果就会变得具有革命性。今天，将一种制度替换为另一种制度的革命性的想法主要用作其对立观点的论据，世界上许多国家都受到前马克思主义者或伪马克思主义者或不再抱幻想的马克思主义者的支配，他们的思维方式是通过革命式的改变实现一种制度对另一种制度的替代，但是它不可能，或者即使有可能，但很危险。

【提问】非常感谢！我真的很喜欢这个演讲，而且我认为就结构的对抗而言，您最后说的话实际上正是对您演讲的实践。而我想要做的是就如何定义结构进一步向您提问。因为在听您演讲时，有时会感觉您所使用的术语似乎在偏移，让我举两个例子。第一个是知识经济的问题，您似乎认为知识经济是一个结构，但又可能并不是，因为它与许多其他东西相关联，并且现实存在的知识经济，和您所描绘的理想社会中存在的知识经济有很大的不同。姑且不去讨论知识经济的具体所指，问题在于通过技术创新等带来的劳动生产力的提高，会增加资本的收益，但也带来巨大的失业。因此，问题就变成了如何对待知识经济，并将它普遍化。似乎知识经济的概念会随着它的民主化而发生改变。同样的问题存在于供给和需求，因为您的话给人一种感觉，就是强调需求端的民主，而不是供给端。但人们对民主的理解是非常不同的，因为当我们说"需求被民主化了"时，又该如何理解巨大的不平等？您质疑这样的民主形式和概念，它似乎并不是强有力的民主概念，因此似乎二者之间有某种关联，不对整个制度民主化，似乎也无法在事实上将需求民主化。

【昂格尔】这是一系列令人生畏的问题，而且在这些论点中总是要考虑说话的细节和长度，我想我已经说了太长时间。因此，正如您所说，为了使其具有更广泛的范围，我在本演示文稿中省去了更多关于知识经济理念的细节。所以我不将知识经济视为制度结构，知识经济是一种生产实践。在每个历史时期都有最先进的生产实践。亚当·斯密和卡尔·马克思明白，研究经济生活基本原理的最佳方法是研究最先进的生产实践。而这在他们的时代是机械化制造，并成为工业大规模生产，现在是知识经济。因此，我们只知道现在在这些孤立的先锋队中这些边缘的表面的知识经济形式。我们用高科技行业来识别它，但这不是它的本质，它是一种具有一整套特征的生产形式。例如，它将产品和服务的非标准化与大规模生产结合起来，它将激进的主动权下放与维持协调和动力相结合。所以这就像游击队的行动，而不是传统的步兵营。它具有一系列更深层的特征，它有望放松甚至扭转收益递减的约束，它将生产实践与科学发现的实践相结合，因此它有可能从根本上改变工人与机器的关系。我们认为机器会学会做所有重复的事情，这样我们就可以为不可重复的事情留出时间。它需要改变生产的道德文化，它要求所有参与者在生产过程中比工业化大规模生产具有更高水平的自由裁量权和信任度，从而改变生产活动的道德预期、社会资本的积累，以及信任和自由裁量权的提升。这将是知识经济的激进化和传播形式，是当今最有成效的实践。现在，结构是我们常规活动的制度和意识形态框架，所以让我们用最一般的术语来思考结构的概念。我们可以将我们的活动分为两类。在我们认为理所当然的安排和假设的框架内，采取了一些举措，然后通常会在危机的挑衅下不断采取特殊行动，挑战和改变这一框架的各个方面。现在我们应该想要什么？我们应该想要的是缩小我们在框架内所做的常规行动与我们改变框架的特殊行动之间的距离，我们应该希望能够不断挑战和改变框架，作为我们普通活动的延伸，使我们更自由、更强大。我们不需要危机作为变革的条件，我们成为结构的主人，然后我们就会提升我们的基本经济和政治理想，即行动、行动的能力，避免成为命运的受害者，大意就是这样。我所描述的所有这些经济和政治选择代表了结构的不同解构方式，它们是自我修正完善的结构，它们是以这样的方式创造的结构，以使我们能够掌握它们，它们不再是命运。这在哲学术语中就是共同的元素。因此，我现在要说的是将关于知识经济的评论与每个结构的评论联系起来，知识经济的激进化和传播只有通过经济和政治生活以及教育组织的一系列结构变化才有可能。而且它们不仅仅是将一种结构替换为另一种结构，它们是结构特征的变化，因为结构不再仅仅是自然的结构。

现在让我把这与我认为是马克思最伟大的成就，即他对英国政治经济学的批判联系起来。他说，英国经济学家将经济学定为定律，实际上只是某种经济学的定律，他称之为资本主义。因此，革命性的洞察力是洞察社会生活的结构不是自然的，它们不是必然性，它们是人类的创造。但是，这种洞察力被一系列确定性的假设所限制和剔除，即历史上有一个菜单或一个封闭的替代方案清单，它们每个都是不可分割的系统，它们的继承受历史变迁规律支配，所有这些想法都是错误的，我们需要做的就是从这些幻想的限制中拯救原始的革命性洞察力。这就是这些论点的知识背景。

【提问】昂格尔教授您好，我是布朗大学的本科生，这学期在清华做交换学生。您强调缺乏针对社会经济特定结构的特定学说。从我的理解来看，您在这个替代方案中提议的是发展中国家摆脱发达国家的一种方式，例如社会民主。我只是在怀疑您这个替代方案在这一点上对发展中国家的引入条件有多大的可行度，特别是在教育投资和政府重组方面？因为我认为发展中国家在这些方面的讨论存在一些重大障碍。

【昂格尔】当然有障碍，但在我看来，最大的障碍是缺乏想法。因此，我在最后将把我对你问题的回答作为一种尝试，以简要的形式解释我的动机。我开始关注现在国家发展中的一个特殊困境，世界尚未理解这种困境，但这是核心问题。核心问题是传统工业化不再是经济增长的可靠途径。但是，在发展中国家的条件下，这种传播形式的知识经济的替代方案似乎仍然无法触及，甚至更难以触及。现在我们如何解决这个难题？我的基本论点是，我们解决这一难题的唯一方法就是通过找到一种方法来分部分或分步骤解决创造传播和包容性知识经济形式的任务，从而逐步解决这一难题，以使该项目变得可行。现在，这是争论的焦点，但这个论点具有我想要明确的政治和精神背景。因此，背景是这样一种观点，即世界上有一个革命性的计划已持续了两个世纪，它具有政治面貌和个人面貌。政治面孔由自由主义社会主义和民主的学说所承载，并且与对制度蓝图的承诺联系在一起。所以每个派系都有一个公式，自由党有一个，社会主义者也有一个。我不相信这些公式，我相信结构变化的首要地位，但我不相信结构性教条主义。所以我们必须解决这个问题，这是问题的一个方面。这场革命的另一方面是由世界流行的浪漫文化所承载的个人面孔，其中包含了每个人的伟大，神性和神的特征，因此印度农民或巴西工人在贫民窟看到了一部肥皂剧，而这个信息是以平凡人的伟大作为一种幻想，作为一种逃避而不是现实。现在这个计划已经让世界沸腾了两百年，这是一种政治形式，而且是个人形式。我希望这场革命能够继续下去，因为这场革命要继续下去必须以不同的形式进行革新，从我的角度来看，创造知识经济的包容性体现的任务更是一种挑衅或机会。我机会主义地把它视为重塑世界革命的一个机会，因此现在最终明确表明，这是我真正要思考的问题。

【主持人】今天的活动到此结束。谢谢大家参与！